Kerstin Schwarz 10.5.83

suhrkamp taschenbuch 905

10. Mai 1933
Bücherverbrennung

10. Mai 1983
Gedenkveranstaltung
des Deutschen Gewerkschaftsbundes
und
Schauspiel Frankfurt

Überreicht vom
Suhrkamp Verlag Frankfurt

Die Kampagne zur Kulturvernichtung, die in den Bücherverbrennungen am 10. Mai 1933 ihren ersten Höhepunkt fand, hatte den größten Exodus deutscher Schriftsteller und nach Ende der faschistischen Herrschaft eine Verdrängungsleistung, die ihresgleichen sucht, zur Folge. Der vorliegende Band sammelt die Stimmen der Betroffenen: Schriftsteller, Kritiker und Verleger. Begonnen wird mit einem Kapitel »Ahnungen«, das die Legende vom plötzlich hereinbrechenden Unglück zerstört. Es folgen Texte derer, die von den Ereignissen des 10. Mai 1933 betroffen waren, ob sie noch in Deutschland lebten oder schon im Exil. Dokumentiert werden aber auch die Auseinandersetzungen zwischen Schriftstellern und Institutionen und unter den Autoren, zum Beispiel Alfred Kerrs Abrechnung mit Gerhart Hauptmann oder Klaus Manns Debatte mit Gottfried Benn. Der abschließende Teil bringt Gespräche mit Schriftstellern und Verlegern aus dem Jahr 1982, die über ihr Leben und ihre Erfahrungen vor fünfzig Jahren berichten.

Die Bücherverbrennung selbst war nur ein Schauspiel, aber mit grauenhaften Folgen, die bis heute andauern. Die deutschen Schriftsteller, die vor fünfzig Jahren aus ihrem Land gejagt wurden, sind bis heute noch nicht wieder in den Kanon der deutschen Literatur eingegliedert. Die Aufgabe lautet noch immer, in der Entwicklung der deutschen Literatur eine Linie zu sehen, und nicht, der vertriebenen Literatur und ihren Repräsentanten einen Platz im wohlwollenden Getto zuzuweisen. Dazu bedarf es immer noch, sich der Ereignisse im faschistischen Deutschland zu erinnern. Die Sammlung *Dort wo man Bücher verbrennt* will dazu ein Beitrag sein.

Dort wo man Bücher verbrennt

Stimmen der Betroffenen

Herausgegeben
von Klaus Schöffling

Suhrkamp

Für Ernst Erich Noth

suhrkamp taschenbuch 905
Erste Auflage 1983

Quellenhinweise und Copyrightangaben
am Schluß des Bandes
Satz: Wagner, Nördlingen
Druck: Ebner Ulm
Printed in Germany
Umschlag nach Entwürfen von
Willy Fleckhaus und Rolf Staudt

1 2 3 4 5 6 – 88 87 86 85 84 83

... dort wo man Bücher verbrennt,
verbrennt man auch am Ende Menschen.
Heinrich Heine

Inhalt

Ahnungen

Dort wo man Bücher verbrennt

Auseinandersetzungen

Erfahrung Exil

Wir sind und bleiben unbequeme Zeugen

Ahnungen

Alfred Kerr

Zwecklose Prophetie

[1920]

Volle dreizehn Jahre, bevor der Nazi-Tiefstand staatlich wurde – dreizehn Jahre zuvor erschien diese Voraussage: 1920, am 22. September.

I.

In welcher Welt leben wir? Das Gefühl sagt: kurz nach einer Umkramung – die man irrend Revolution hieß. Die, statt alle Kräfte von links geschmeidigrasch und geistesgegenwärtig zusammenzufassen, eine Lähmung bewirkte durch tausend Spaltungen und Sektierereien. Durch sozialen Diskussionsquark auf Konzilen.

Die Umkramer nehmen einem die Lust, an die Wandlung von Jugendträumen in die Wirklichkeitswelt zu glauben – mit ihrem haarspaltenden Gesabber ... während der Augenblick versäumt wird.

Während irgendeine trübe, todfeindliche Gegenorganisation ihre von schwerindustriellen Steuerschwindlern bezahlte Falle schon gestellt hat.

II.

Wollt ihr euch nicht raffen? Eine mangelhafte Revolution scheint (so schrieb Lassalle) »in ihrem Schwärmen für das Was? – die reelle Seite des Wie?, der Verwirklichung, zu übersehen«.

Ihr Sekten – ihr werdet euer Programm grundsatzgetreu erfüllen ... und weiter noch verhandeln um Athanasiertum oder Arianertum, wenn der Daumen des körperlichen Siegers euch die Pupillen eindrückt.

Ihr werdet noch fortlallen, wenn die alte Dummheit wieder zur vollen Macht kam. Ihr werdet euch zerkratzen und zerschwatzen, wenn der fördernde Gedanke wieder eingesargt ist – auf künftige siebzig Jahre.

III.

Ich weiß, daß eure Gesinnung anständig ist.

Aber ist es, allerletzten Endes, Anständigkeit ... oder Mangel an Entschluß? Ist es Gesinnung ... oder Unfrische? Ist es Weisheit ... oder die Bewegungsunlust geistiger Menschen?

Gleichviel.

Man denkt an das Wort, womit nach Achtundvierzig Bismarcks alter Freund Gerlach sein Tagebuch schließt: »Ob ich die Reaktion noch erleben werde?« Merkwürdiger Klang.

Die Reaktion? Ihr seid mittendrin.

Ernst Bloch

Erinnerung: Hitlers Gewalt

[1924]

Erst ging man kalt daran vorüber. Zuckte die Achsel über das hämische Pack, das vorkroch. Über die roten Plakate mit den faselnden Sätzen, aber dem Schlagring dahinter. Was früh morgens grob ans Bett trat, den Paß zu fordern, schlug sich hier als Partei an. Juden ist der Zutritt zum Saal verboten.

All das konnte wieder zurück sinken. Es war noch zu fremd und zu wenig tief eingedrungen, das alte München lebte noch. Hier war die Erbitterung gegen den Krieg am frühsten gereift, hier war ins Stadtbild seit langem schöne Fremde hineingetragen und blühte mit, wurde heimisch. Die finstere Erinnerung an 1919, an Eisners Tod und den Einmarsch der Weißen konnte immerhin noch verblassen und die Roheit sich einkapseln, als wäre sie nicht gewesen. Der geglückte Kapp-Putsch, die Verjagung der sozialistischen Minister freilich zeigte von neuem gekräuselte Luft. Aber auch dieses ließ sich noch als Reaktion eines Bauernlands, einer Bauernstadt gegen sehr ungeschickte kommunistische Dilettantismen verstehen. Hitler schien dieser Akt ein Abgesang; je weiter man sich rein zeitlich von der Räterepublik entfernte, desto sicherer schien Bayern wieder ins alte Gesicht zu kommen.

Statt dessen, wie bekannt, wurde das Land von Tag zu Tag bitterer. Die Bauern, die Stadtbauern, sind hier als Pöbel noch da, primitiv, suggestibel, gefährlich, unberechenbar. Dieselben Menschen, welche bei Eisners Begräbnis in zahllosen Trauerzügen die Straßen geschwärzt hatten, hetzten die Führer von gestern in den Tod. Von heute auf morgen wechselten die Fahnengeschäfte den Sowjetstern mit dem Hakenkreuz; von heute auf morgen stellte das Volksgericht, von Eisner geschaffen, Leviné an die Mauer. Hier schwankt der treulose Pöbel, wie ihn alle Machthaber verachtet und gebraucht haben, und er schwankt nicht nur, sondern gewiß eben zeigte sich die Jagd auf Tiere und Menschen als seine eigenste Natur. Das waren nicht nur verelendete Kleinbürger, die bald diesem, bald jenem helfenden Mittel zulangen, war auch kein organisiertes Proletariat, nicht einmal relativ organisierbares, bei der Stange haltbares Lumpenproletariat, sondern durchaus nur Lumpenpack, die rachsüchtige, kreuzigende Kreatur aller

Zeiten. Von der Attrappe wird sie geblendet, von Studenten im Wichs, von der Magie der Aufzüge, Paraden und klingendem Spektakel; aber Votivbilder malt Bayern nicht mehr. Und so zweideutig, eindeutig wie der Pöbel sind die Zutreiber beschaffen, oft noch verächtlicher als dieser. Getaufte ungarische Juden wurden Spitzel Hitlers, gekaufte »Demokraten« aus dem Material balkanischer Journalisten füllten die Reihen. Die echten Thersites und Vansen wollten nicht fehlen, gaben dem Pöbel sein homogenes Haupt.

Dennoch aber weiß vom Ganzen noch nichts, wer nicht mehr weiß. Der Fall liegt tiefer, Ekel und Witz sind jetzt nicht mehr allein richtig. Denn abgetrennt von den scheußlichen Gaffern und Mittätern glüht im Kern neue Jugend, ein sehr kräftiges Geschlecht. Siebzehnjährige brennen Hitler entgegen. Bierstudenten von ehemals, öde, im Glück der Bügelfalte schwelgend, sind nicht mehr zu erkennen, es hämmert ihr Herz. Der alte Burschenschafter steht wieder auf, Schills Offiziere wiedergeboren, finden in Schlageter ihren Bruder, heldische Bünde mit allen Zeichen irrationaler Verschwörung sammeln sich unter einem geheimen Licht. Hitler, ihr Führer, hat die Schonung seiner Richter und diesen possenhaften Prozeß nicht verdient; aber selbst mit dem Witz Berliner Rechtsanwälte ist ihm nicht beizukommen, und auch Ludendorff, dies brutal beschränkte Mannssymbol, lebt nicht auf gleicher Ebene mit ihm. Der Tribun Hitler ist zweifellos eine höchst suggestive Natur, leider um gar vieles vehementer als die echten Revolutionäre, die Deutschland 1918 zitiert haben. Der abgematteten Ideologie des Vaterlands gab er ein fast rätselhaftes Feuer und hat eine neue aggressive Sekte, den Keim zu einer stark religiösen Armee, zu einer Truppe mit Mythos geschaffen. Nicht daraus auch erklärt sich die anhaltende Kraft des Hitlerschen Programms, daß hier Befreiung von Juden, der Börse, der Zinsknechtschaft des internationalen Kapitals, von dem vaterlandsfeindlichen internationalen Marxismus versprochen wird und ähnliche verworrene Musik für die Ohren des urteilslosen Kleinbürgertums. Sondern rückt hier die Wirtschaft an die Peripherie und die Staatsgesinnung wieder ins Zentrum, so klingt damit zugleich die Musik der alten, unbürgerlichen Zucht wieder auf, die säkularisierte Ethik der Ritterorden.

So ist nicht gering anzuschlagen, wie Hitler die Jugend hat. Man unterschätze nicht den Gegner, sondern stelle fest, was so vielen eine psychische Gewalt ist und sie begeistert. Gewiß auch zeigen sich von hier aus mancherlei Zusammenhänge mit dem Linksradikalismus, solche demagogischer, formaler, wenn auch nicht inhaltlicher Art. Dem bayrischen Pöbel wurde durch diese Verwandtschaft (zumeist nur eine windfängerische Kopie des Sozialismus, auf primitive Instinkte abgestimmt) der Fahnenwechsel erst recht erleichtert. Bei den Kommunisten wie bei den Nationalsozialisten wird wehrhafte Jugend aufgerufen; hier wie dort ist der kapitalistisch-parlamentarische Staat verneint, hier wie dort wird die Diktatur gefordert, die Form des Gehorsams und des Befehls, die Tugend der Entscheidung statt der Feigheiten der Bourgeoisie, dieser ewig diskutierenden Klasse. Es ist vor allem der Typus Hitler und derer, die nach ihm sich bilden, charakterologisch und formal stark revolutionär. Desto erkennbarer freilich auch sind die *Ziele und Inhalte* dieser Schar, trotz aller Verworrenheit, nur der völlig gegenrevolutionäre Willensausdruck versinkender Schichten und ihrer Jugend. Schon die zwanzigtausend Dollar der Nürnberger Industrie zeigen an, wie hier die Bourgeoisie sich gar nicht bedroht fühlt, wie sie der neuen, scheinbar kapitalfeindlichen Staatsmystik ohne Schreck gegenübersteht. Engels nannte den Antisemitismus den Sozialismus der dummen Kerls, wobei das nichtjüdische Finanzkapital und vor allem das Grundkapital vortrefflich gedeihen. Der Sozialismus des Kavaliers, der patriarchalisch-reaktionäre Antikapitalismus, ist ein noch viel größeres Mißverständnis oder vielmehr ein offener Betrug, um mittels des bloßen Gegensatzes zum Finanzkapital den sehr viel größeren Gegensatz zum Sozialismus zu verdecken. Völkisch statt international, romantisch-reaktionäre Staatsmystik statt des sozialistischen Willens zum Absterben des Staates, Autoritätsglaube statt der in allem echten Sozialismus latenten letzthinigen Anarchie – dieses sind unvereinbare Gegensätze des positiven Wollens, stärker als die scheinbaren Verwandtschaften der Form und der gemeinsamen Verneinung des Gegenwartsstaats. Othmar Spann, der österreichische Soziologe, ein kleiner Kopist der österreichischen Staatstheologen des Vormärz, suchte dieser Art dem Nationalsozialismus seinen Begriff zu schaffen; und was herauskam, war vom Sozialismus so verschieden wie die romantische Staatsvergötterung von dem Satz des jungen Engels: »Das Wesen des Staates wie der Religion ist die Angst der Menschheit vor sich selber.« Der Untertan rast umher, den der jahrhundertelange Feudaldruck hergestellt, zurückgelassen hat, und sehnt sich als formales Raubtier in den strengen Stall. Wühlt messianische Träume auf und pervertiert sie mit feudalen, radikalisiert die stumpfe Mitte, um sie zu asketischen Rebellen zu machen, und bezieht die Ideologie der »Rebellion« von Metternichs Gnaden, vom Urheber der Karlsbader Beschlüsse und Wächter der Heiligen Allianz.

Wohin also wird diese Unruhe noch treiben? Dreierlei trennt sich ab, gesondert zu betrachten, und ja auch bereits mit sehr verschiedenem Tonfall behandelt. *Unten* treibt das kleinbürgerliche Pack, wie es von Rot zu Weiß überlief und sich gern so hämisch wie begriffslos hetzen läßt. *Darüber* steht der Stoßtrupp Hitlers und seiner Offiziere, gute kräftige Jugend, roh und von dem scheußlichen Hintergrund der Nachläufer infiziert, aber im ganzen reinen Willens. Von der Börsenzeit, der Depression des verlorenen Krieges, der Ideallosigkeit dieser stumpfen Republik angeekelt. Hitler selbst hat hier in der bürgerlichen Jugend eine durchaus unbürgerliche Bewegung entzündet oder wenigstens angeblasen, eine gewisse asketische Energie geformt, die sich immerhin vom Stumpfsinn der ersten deutschen Kriegsbegeisterung, auch vom Oberlehrerpathos der gewesenen Vaterlandspartei um einige Grade unterscheidet. Sehr verräterisch aber ist zum *Dritten* wiederum die nationalsozialistische *Ideologie* und *Praxis.* Sie sucht den Bourgeois durch den Ritter zu vertreiben und erlangt nicht mehr, als daß sich der Bourgeois durch die jungen Ritter erst recht geschützt und konserviert fühlt. Und auch der Ritter selbst – er ist zwar menschlicher als der Bourgeois, aber zur Zeit noch unwirklicher als dieser, noch abstrakter und noch unklarer den Durchbruch in die Wirklichkeit verhindernd. Hitler, Hitlerismus, Fascismus ist die Ekstase bürgerlicher Jugend: dieser Widerspruch zwischen Kraft und Bourgeoisie, zwischen Ekstase und dem leblosesten Nationalismus macht die Bewegung zum Spuk. Der wird nicht realer durch die mitgeführten feudalen Gespenster, durch die Allianz von kräftig gegenwärtiger Begeisterung mit längst versunkenen Ritterträumen oder altgermanischem Volkskönigstum aus dem X. Jahrhundert. Immerhin trägt die Hitlerjugend zur Zeit die einzige »revolutionäre« Bewegung in Deutschland, nachdem das Proletariat durch die mehrheitssozialistischen Führer um seine eigene, um die einzig gültige, widerspruchsfreie Revolution gebracht worden ist. Ein Teil des Fascismus in

Deutschland ist gleichsam der schiefe Statthalter der Revolution, ein Ausdruck dessen, daß die soziale Lage auf keinen Fall statisch ist. Die echten Volkstribunen aber fehlen oder bewähren für sich das kluge Wort Bebels: Die Banalität ist die Gegenrevolution.

Ernst Toller

Reichskanzler Hitler

[1930]

»Die deutsche Revolution ist nicht daran zugrunde gegangen, daß das Volk nicht reif war. Jenes Wort von der notwendigen Reife eines Volkes zum Sozialismus ist dialektischer Seiltanz. Reif werden kann man nur in stündlicher und täglicher Arbeit, aber nicht, wenn eine Mauer zwischen Leben und Tat gesetzt ist. Kein Mensch wird reif allein durch Wissen, man muß ihm die Möglichkeit zum Marschieren geben, dann wird er, trotz Schwankens, trotz hemmender Nebenwege, zum Ziel kommen. Die deutsche Revolution ist gescheitert am Versagen der überlebenden Führer, an der Unzulänglichkeit von uns Jungen, die den Fanatismus hatten, aber nicht genügende Einsicht und Erfahrung. Heute stehen wir vor einem Schutthaufen der Revolution. Haben wir den Mut zur Wahrheit! Der mittel- und westeuropäische Sozialismus hat sich nicht von seinem Zusammenbruch bei Kriegsbeginn erholt. Da, wo er nicht bei Kriegsbeginn versagte, in Italien, erlebte er die schwerste Schlappe in der Nachkriegszeit. In sieben europäischen Staaten regiert der Fascismus. Keiner darf die Anzichungskraft dieses Sieges unterschätzen. Die Reaktion, die 1918 das Vertrauen zu sich verloren hatte, hat dieses Vertrauen dank der leichtsinnigen und geradezu verbrecherischen Fehler der sozialistischen und republikanischen Regierung wiedergewonnen.

Ein fundamentaler, gesellschaftlicher Umschwung, hervorgerufen durch bestimmte ökonomische Bedingungen, findet seinen Ausdruck in bestimmter seelischer Haltung der Klassen: jener, die den Umschwung will, und jener, die ihn erleidet. Die Erschütterung des Selbstvertrauens der bürgerlichen Mächte ging im Jahre 1918 Hand in Hand mit der Weckung des Selbstvertrauens in der Arbeiterschaft. Heute haben sich die Dinge gründlich geändert. Die Arbeiterschaft, 1918 im Entscheidenden einig, ist zersplittert und trotz zahlenmäßiger Organisationsstärke nicht kraftvoll genug. Die Republik hat alles vergessen und nichts gelernt. Die Reaktion hat nichts vergessen und alles gelernt ... Wir stehen vor einer Herrschaftsperiode der Reaktion. Glaube keiner, die Periode eines noch so gemäßigten, noch so schlauen Fascismus werde eine sehr kurze Übergangsperiode sein. Was jenes System an revolutionärer, sozialistischer, republikanischer Energie zerstört, ist kaum in Jahren wieder aufzubauen.

Das Volk hat feinen Instinkt für Mut und Unbedingtheit, für Wahrheit und Glauben an die Sache. Wo es diese Kräfte nicht sieht, erlahmt es.

Möge nicht der Tag kommen, da das Volk seinen Führern nicht mehr folgt, weil es ihnen nicht mehr glaubt.«

Diese Worte im Februar 1929 anläßlich des zehnten Todestages Kurt Eisners in der Gedenkfeier der Liga für Menschenrechte gesprochen und von den »Realpolitikern« in der üblichen Art belächelt, umreißen die aktuelle Situation.

Wir schreiben Silvester 1931.

Vor den Toren Berlins wartet Reichskanzler Hitler. Die republikanischen Führer beraten und beraten, sie stecken die Köpfe zusammen, sie suchen Parolen und sind mitsamt den Staatsparteileitern bereit – sich überrumpeln zu lassen.

Es ist an der Zeit, gefährliche Illusionen zu zerstören. Nicht nur Demokraten, auch Sozialisten und Kommunisten neigen zu der Ansicht, man solle Hitler regieren lassen, dann werde er am ehesten »abwirtschaften«. Dabei vergessen sie, daß die Nationalsozialistische Partei gekennzeichnet ist durch ihren Willen zur Macht und zur Machtbehauptung. Sie wird es sich wohl gefallen lassen, auf demokratische Weise zur Macht zu gelangen, aber keinesfalls auf Geheiß der Demokratie sie wieder abgeben.

Es heißt, die Menschen lernen nichts aus der Vergangenheit, anscheinend lernen sie auch nichts aus der Gegenwart. Sonst müßten sie sich daran erinnern, welche Methoden Mussolini, Pilsudski und andre angewandt haben.

Reichskanzler Hitler wird die Errungenschaften der Sozialdemokratie, auf die die Partei so stolz ist, mit einem Federstrich beseitigen. Über Nacht werden alle republikanischen sozialistischen Beamten, Richter und Schupos ihrer Funktionen enthoben sein, an ihre Stelle werden fascistisch zuverlässige Kaders treten. Bei der Reichswehr hat Hitler nicht viel Arbeit, dort braucht er nur die »angekränkelte« Generalität zu ersetzen. Wer heute über Reichswehr, Polizei, Verwaltung und Justiz verfügt, ist in normalen Situationen kaum mehr aus dem Sattel zu heben. Und die Opposition?, werden Sie fragen. Historische Analogien stimmen nicht mehr. Die Entwicklung der militärischen Technik ist dermaßen fortgeschritten, daß, selbst wenn die Opposition sich zur

Wehr setzen sollte, sie gegen die Kampfmittel, über die die Regierung verfügt, Giftgas, Tanks und Fliegerbomben, nichts ausrichten könnte. Aber, wird man einwerfen, bei der weltpolitischen Situation kann Reichskanzler Hitler sein außenpolitisches Programm gar nicht einhalten, dessen wesentlicher Punkt lautet: Zerreißung des Youngplans, Aufhebung des Versailler Friedensvertrages. Zweifellos wird er es nicht einhalten, heute biedert er sich schon beim englisch-amerikanischen Kapital an. Er wird die Geste nach außen setzen, und die Tat nach innen. Der Inhalt dieser Tat wird nackter, brutaler Terror gegen Sozialisten, Kommunisten, Pazifisten und die paar überlebenden Demokraten sein.

Manche Politiker glauben, die Ideologie Hitlers entspreche der Ideologie des Kleinbürgertums. Das Kleinbürgertum war noch nie von einer Ideologie »besessen«, es war noch immer bereit, die Ideologie wie einen Handschuh zu wechseln, wenn seinen Interessen Rechnung getragen wurde.

Jede siegreiche Partei hat Ämter und Gelder zu vergeben und daneben Machtstellungen, die dem Selbstgefühl schmeicheln. Hunderttausend Hitlerianer warten auf Ämter!

In dem Moment, wo eine Partei den Sieg zu erringen scheint, stößt zu ihr der zahllose Haufe von Interessenten, die sich von der unterliegenden Partei gelöst hat und diese Lösung durch doppelte Betonung der neuen Partei-Ideologie überkleistert.

Es hat keinen Sinn, die Hitler-Bewegung zu bekämpfen, indem man ihre chauvinistischen Begriffe übernimmt. Mit Begriffen hat es eine eigne Bewandtnis, ihre alten reaktionären Inhalte sind mit einer Art Vollzugsspannung geladen, die sich nicht in der Richtung ändert, auch wenn man ihnen mit Bauernschläue neue Inhalte unterschiebt. Der Endeffekt wird nicht sein, daß die nationalsozialistische Bewegung, die eine reaktionär-kleinkapitalistische ist, zum Kommunismus übergeht.

Es gibt eine einzige Macht, die noch ernsthaft mit dem Fascismus den Entscheidungskampf aufnehmen ... könnte, die Einheitsfront der freien Gewerkschaften. Aber heute fürchten ihre Führer um den aus Arbeitergroschen ersparten Millionenbesitz. Ist der Fascismus einmal stark genug, wird er auch vor den Gewerkschaften, die er in der ersten Zeit schonen mag, nicht haltmachen. Oder werden die Gewerkschaften wieder den Boden der Tatsachen betreten? Sieben Millionen organisierte Arbeiter haben das Wort.

Der Fascismus in einem Land zieht nach sich den Fascismus im andern.

Über unsren innerpolitischen Sorgen vergessen wir die Lage im Ausland. Daß Briand nicht der Gegenpartner des Reichskanzlers Hitler bleiben wird, wissen wir, daß aber auch in England die Arbeiterregierung von den Extrem-Konservativen über kurz oder lang gestürzt wird, vergessen wir.

Geschieht heute nichts, stehen wir vor einer Periode des europäischen Fascismus, einer Periode des vorläufigen Untergangs sozialer, politischer und geistiger Freiheit, deren Ablösung nur im Gefolge grauenvoller, blutiger Wirren und Kriege zu erwarten ist.

Wir schreiben Silvester 1931. Diesmal wird die Phrase Wahrheit: Die Uhr zeigt eine Minute vor zwölf.

Kurt Tucholsky

Der Hellseher

[1930]

»Sie ... sind Hellseher?«

»Ich bin von Haus aus eigentlich Schwarzseher – nun verbinde ich diese beiden Berufe ...«

»Erfolge?«

»Im Mai des Jahres 1914 notierte ich im Büchelchen: ›Was wäre, wenn ...‹ und wollte dartun, was sich begäbe, wenn es zu einem Kriege käme. Begeisterung Unter den Linden, allgemeiner Umfall ...«

»Wo haben Sie diese Arbeit veröffentlicht?«

»Ich war zu faul, sie niederzuschreiben.«

»Das kann jeder sagen. Wußten Sie denn, daß es einen Krieg geben würde?«

»So wenig wie ich sechs Tage vor Rathenaus Tod wußte, daß er gekillt werden würde. Trotzdem stieß ich am 22. Juni 1922 einen Kassandra-Ruf aus: Was wäre, wenn...«

»Und – wie sehen Sie heute? Hell? Schwarz? Hell? Bitte setzen Sie sich. Aber legen Sie nicht die Hand auf die Augen ... mit mir müssen Sie das nicht machen. Sagen Sie nur, was Sie wissen. Putsch?«

»Putsch trocken. Ich sehe kein Blut. Ich sehe die aufgeregte Insel Deutschland. Faschismus Lagerbräu.«

»Erklären Sie sich näher.«

»Wozu ein Putsch? Die Herren haben ja beinahe alles, was sie brauchen: Verwaltung, Richter, Militär, Schule, Universität – wozu ein Putsch? Immerhin ... es ist Frühling ... in Deutschland geschieht nie etwas, aber in den Köpfen steht: es muß etwas geschehn. Es kann schon etwas geschehn. Was wäre, wenn ...«

»Nehmen Sie etwas Kaffee. Es ist gar kein Kaffee, aber nehmen Sie nur etwas Kaffee, also: der deutsche Faschismus. Was wäre, wenn ...?«

»Der Stahlhelm, sorgsam gepflegt unter dem freundlichen Patronat einer Regierung, in der die Sozialisten stets auf die Koalition hinwiesen und in der die Rechten so taten, als wären sie ganz allein ... der Stahlhelm wird aufmarschieren. Geld hat er. Gedrillt ist er. Passieren kann ihm nichts.«

»Warum nicht –?«

»Weil er die Verwaltung wachsen hört. Weil er alles, was jemals eine Behörde gegen ihn unternimmt, wenn es eine wagte, etwas zu unternehmen, achtundvierzig Stunden vorher weiß.«

»Durch wen?«

»Durch seine Leute, die die Verwaltung durchsetzen wie der Schimmel den Käse.«

»Die Regierung?«

»Die Regierung weiß es, will nichts wissen, ahnt es, möchte nichts ahnen ... der Stahlhelm weiß.«

»Die Hitlerleute?«

»Halb so schlimm. Furchtbar viel Geschrei; Brutalitäten; Freude an organisiertem Radau; Freude an der Uniform, den Lastwagen und dem Straßenaufmarsch ... halb so schlimm. Vorspann – sobald sie den ersten Ruck gegeben haben, wird man sie bremsen, die armen Kerle. Es wird da große Enttäuschungen geben.«

»Und was wird geschehen?«

»Äußerlich nicht so sehr viel. Kleine lokale Widerstände der Arbeiter; die sind aber gespalten, desorganisiert, waffenlos, niedergebügelt von einer jahrelangen Vorbereitungsarbeit der Justiz. Die Besten sind nicht mehr. Die Zweitbesten hocken in den Zellen. Der Rest steht auf – und legt sich gleich wieder hin. Müde. Enttäuscht. Ausgehungert. Stempeln, stempeln, stempeln.«

»Ausrufung der Diktatur? Absetzung des Reichspräsidenten?«

»Wo denken Sie hin! Mussolini hat seinen kleinen König; die hier haben ihren breiten Hindenburg. Der bleibt. Der Reichstag wird so gut wie nach Hause geschickt ... niemand wird ihn vermissen. Denn was die da in den letzten Jahren getrieben haben: so etwas von Leerlauf, von Selbstzweck, von Insicharbeit ... so etwas war noch nicht da. Eine Karikatur des Parlamentarismus. Der ist fertig. Ein Direktorium, ein Ausschuß, irgend etwas mit harmlos-hochtönendem Namen, das wird regieren.«

»Und wie?«

»Immer verfassungstreu, oho! Druck mit staatsfeindlichen Mitteln auf den Staat – und dann verfassungstreu. Wie sie regieren werden? Viel harmloser, als die maßlos enttäuschten, aber bald gebändigten Kleinbürger glauben. Deren radikale Flügel werden rasch unterdrückt; auch Herr Hitler hat seine Schuldigkeit getan und kann gehn. Es wird keine Revolution sein, so wenig wie die von 1918 eine gewesen ist – Personalböen werden sie machen ...«

»Bitte, klarer. Was sind Personalböen?«

»Stürme in den Wassergläsern der Ressorts. Absägung der unbequemen Regierungssozialisten; Pensionierung von ein paar hundert Konzessionsschulzen, die sich schlecht und recht durchgebuttert hatten, bis zu diesem Augenblick – und die kindlich erstaunt waren, als es nun so weit war. Die Brüder hatten nie etwas andres gesehen als ›Realitäten‹ – also gar nichts. Von der wahren Kräfteverteilung im Lande fühlten sie nichts; hier mußten ihre Informationen versagen, denn statistisch läßt sich dergleichen nicht erfassen. Die werden verschwinden. Nun wird Deutschland stramm nationalliberal.«

»Mehr nicht?«

»Mehr nicht. Mehr ist gar nicht zu erzielen. Das wußten Schacht, Nicolai, selbst Seldte längst, ein paar Nazis wußten es auch, brüllten aber um des lieben Krieges willen mit den andern mit. Außenpolitisch: eine Art Friede mit denen da draußen; verklausulierte Weiterzahlung der Schmachtribute, natürlich ... wer kann denn auf den Mond fliegen? Platonische Liebe zu Italien, vergessen Südtirol; vage Noten an Frankreich, da geht Briand; Hin und Her; Verhandlungen mit England, mit Genf ... und an alle: Versprechen der absoluten Bolschewisten-Feindschaft. Das beruhigt ungemein. Was glauben Sie: Deutschland als Hort gegen Rußland! Eine sehr schöne Melodie.«

»Also ... innenpolitisch?«

»Nicht, was Sie denken. Ein paar Zuchthausstrafen ... ein paar Roheiten gegen die Juden ... gegen eine Handvoll Republikaner ... Beschränkung des Reichsbanners ... Verbot der KPD – weiter nichts. Ja, und die Beamten werden wieder flegelhaft.«

»Sozialversicherungen?«

»Zeitweiser Abbau – aber auch der halb so schlimm in seiner Auswirkung. Das ginge ja gar nicht. Man wird einiges plakatieren und vieles stehen lassen. Was wirklich abgebaut wird, das wird die Kampfkraft der Arbeiter sein. Auch die zahmsten Gewerkschaften werden nichts zu lachen haben.«

»Also ... nehmen Sie noch etwas Kaffee, also Jubel im Lande?«

»Gott, ja. Zunächst die übliche Verwirrung, an der Börse. Ach, diese Nase der Börse! Sie riecht alles, was in der Luft liegt –

nachher. Übrigens ist es ihnen gleich. Die Börse wird nicht geschlossen werden, und der Kurfürstendamm, dessen Bewohner sich ein paar Tage ängstlich zu Hause halten oder verreisen, wird nicht gestürmt. Pogrome? Nein ... Dann atmen sie wieder auf. Und alles geht weiter. Eigentlich, werden sie sagen, eigentlich ist ja alles gar nicht so schlimm.«

»Die Zeitungen?«

»Alle Obrigkeit kommt von Gott. Man muß sich nicht gegen das Gegebene auflehnen – das bekommt dem Inseratengeschäft nicht. Es sind Musterschüler; sie werden eine gute Zensur bekommen. Nach vier Wochen ist Ruhe im Lande ... ›Wenn auch ... so doch immerhin ...‹«

»Schlafen Sie nicht ein!«

»Verzeihen Sie: ich sah im Geiste Leitartikel. Geben Sie mir bitte noch etwas Kaffee. Auch in den Provinzstädten wird man auf die Dauer nicht zufrieden sein. Gewiß, die Jugend ist verhetzter als je, die Studenten hochfahrender, die Umzüge zahlreicher ... aber die Jugend hat im Grunde andre Sorgen. Und dann eben ... langsam ... die Enttäuschung ...«

»Worüber?«

»Daß Berlin nicht dem Erdboden gleichgemacht ist. Daß die Not andauert. Daß auch jetzt nicht die Arbeitsgelegenheiten aus der Luft geflogen kommen. Daß die Butter nicht billiger wird. Leise, ganz leise kommt die Unzufriedenheit. Davon spricht aber kaum einer.«

»Die öffentliche Meinung?«

»Bewußt entpolitisiert, bei einem Höchstmaß von politischen Schlagworten. Bündischer Unfug ... Demonstrationen ... Fahnen ... im übrigen lenkt uns eine hochwohlweise Regierung. Das haben die Deutschen immer so gehalten. Verloren ist allerdings, wer in diesen Jahren der Justiz in die Finger fällt. Mit dem ist es dann aus. Kurz: es ist eine Nachahmung des Faschismus – so, wie sie alles nachahmen ... finanziell, aber moralisch aufgebessert. Man wird ihnen geben, was sie brauchen, und wen sie brauchen. Kurz: es ist eine Nachahmung des Faschismus – so, wie sie alles nachahmen ... wie sie nicht einmal fähig sind, sich eine Bewegung für sich und aus sich heraus zu schaffen. Der Marsch auf Rom! Das war ein faszinierender Filmtitel. Auf Berlin marschieren sie gar nicht. Nach Berlin werden sie nur fahren, wenn sie sich von der Mittelstadt erholen wollen. In Berlin fallen sie nicht auf, wenn sie auf die Weiber gehen. Widerstand –? Verzeihung ... ich fühle, daß Sie das fragen wollen ... Widerstand? Nein, den finden sie wohl kaum. Von wem denn auch? Von dem bißchen Republik? Die hat in zwölf Jahren nicht verstanden, echte Begeisterung zu wecken, Menschen zur Tat zu erziehen, nicht einmal in ruhigen Lagen, wie denn, wenn es Kopf und Kragen zu riskieren gilt? Widerstand? Lieber Herr, das Land ist so weit entfernt von jeder Revolution! Dies ist ein Volk, das noch nicht einmal liberal ist. Die vielgelästerte Verwestlichung ist gar nicht so tief eingedrungen ... sie halten mildübertünchte Korruption für Parlamentarismus, wirres Geschwätz aller für Selbstbestimmungsrecht, Ressortstank für Politik, Vereinsmeierei für Demokratie ... sie sind nie liberal gewesen, auch 48 nicht. Sie spüren nicht, daß die Welt um sie herum anders denkt und anders fühlt ... sie spielen ihren politischen Skat ohne Partner. Wirft der andre die Karten hin, dann glauben sie, sie hätten gewonnen. Es ist ein Inselvolk.«

»Die deutschen Brüder im Ausland?«

»Werden sich ein paar Unannehmlichkeiten mehr zuziehn. Und das bißchen Kulturfassade, das kleine bißchen deutscher Freiheit – es ist zum Teufel.«

»Das ist alles?«

»Das dürfte alles sein. Ob es geschieht, weiß ich nicht. Wenn aber –: dann so. Übrigens ... ich bin Hellseher ... ich hatte eine Vision: Sie werden mir diese Sitzung honorieren ... Ich dachte an hundert Mark?«

»Hier haben Sie ein Bildnis Hindenburgs. Und lassen Sie sich draußen in der Küche ein paar Butterbrote geben ... Gott befohlen, junger Mann!«

»Heißen Dank, gnädiger Herr. Wenn Sie wieder etwas brauchen: Nepomuk Schachtel, Hellseher und Original-Astrologe mit ff. indischen Erkenntnissen. Täglich von 9 bis 8, Sonntags geschlossen. Und empfehlen Sie mich in Ihrem werten Bekanntenkreise –!«

Alfred Kerr

Vergebliche Warnung

[1931]

Fast drei Jahre vor Deutschlands Überrumpelung erschien dieser Mahnruf. Er hat alles vorausgesehn ... und nichts genützt. (Erschienen in der »Welt am Abend«, Januar 1931).

Er fragt, indem er die Nazis kennzeichnet, zweierlei: »Was haben wir von ihnen zu erwarten?« – »Was haben sie von uns zu erwarten?«

Unter Hinweis auf diesen Feldzugsplan setzte mich Goebbels im »Angriff« auf die Proskriptionsliste.

I.

Was haben wir von ihnen zu erwarten?
Die Balkanisierung Deutschlands;
Das Zurückschrauben der erworbenen Geistigkeit durch Feldwebel und stellungslose Mystiker;
Die Durchlöcherung der Ethik:
a) durch grundsätzliches Brechen des gegebenen Worts (Kriegslist gegen Landsgenossen, d. h. Sprachgenossen);
b) durch Heuchelei im Programm:
sie bekämpfen den Internationalismus ... äffen aber das Ausland; sie bekämpfen den Kapitalismus ... sind aber von Kapitalisten bezahlt;
sie sind »Patrioten« ... riskieren aber Deutschlands Untergang (Bürgerkrieg; Außenangriff).

II.

Was haben sie von uns zu erwarten?
Widerstand (geistigen und nicht mehr geistigen); von wem? und durch welche Mittel?

A. – *Widerstand von wem?*
Mit vorläufiger Beiseitelassung aller Unterschiede, von sämtlichen Linksparteien, vorneweg von den Arbeitern, *ohne weltanschauliche Auseinandersetzung innerhalb dieser Parteien* (sie

wäre 1. Zeitverlust. 2. Gefährdung einheitlichen Handelns).

Vielmehr soll dieser Zusammenschluß nur ein Zweckbund für den einen Fall sein ... Was später kommt, sind spätere Sorgen. Die nächste heißt: Nullung der Augenblicksgefahr. (Dann wird sie bloß eine Augenblicksgefahr gewesen sein.)

B. – *Widerstand durch welche Mittel?*

1. Die geistigen Mittel sind erschöpft; (macht euch nichts vor). Sie hätten auch keinen Sinn gegen eine Partei, die sich auf körperliche Gewalt stellt. Die körperlichen Störungen durch den ungeistigen Widerpart häufen sich.

Es kann zwar nicht schaden, wenn der Zweckbund sich die Vortragsorganisation der Gegenseite zu eigen macht (sie haben einen höchst reichhaltigen Vortrags-Spielplan mit systemvoll verteilten Rednern in bestimmten kurzen Zwischenräumen).

Das Mitmachen dieser Art Organisation kann nicht schaden: es wird aber im geringsten nicht entscheidend sein.

2. Ein zweites, noch halb geistiges Mittel ist: schärfster Druck auf die Geldgeber. (Wenn viele davon Geld aus Angst vor den Quacksalbern spenden: so sollen sie es künftig aus Angst vor uns verweigern.)

3. Das letzte Mittel ist nicht mehr geistig. Ich bin gewissermaßen »Pazifist solang es geht«. (Obgleich ich mit dieser Losung in einem Teil des vierjährigen Schwindelkriegs wallungsmäßig Irrtümer beging, die ich nicht wiederholen würde.) »Pazifismus solang es geht«? Es geht hier nicht länger.

Gebt euch keiner Täuschung hin. Vor Tatsachen die Augen zu schließen, wäre nicht kulturvoll, sondern dumm. Der gesamte Linksflügel Deutschlands hat für den von rechts gewollten Kampf zwar genug Soldaten, aber die Gegenpartei hat überdies die Offiziere. Somit nicht nur die Massen, sondern die Lenker. Das ist der Punkt.

Das erste, was ich vor achtzehn Jahren im »Pan« für künftige Umschichtungen anriet, war »einen General zu mieten«. Das ist heut in weiterem Sinn zu verstehn: möglichst rasch Ausbildung von Offizieren der linken Seite – die nicht einen Bürgerkrieg beginnen, aber da sein sollen, wenn er beginnt.

Alles andre ist Schall und Rauch ... wie die Dinge jetzt liegen.

Nach dem atavistischen Rücksturz der Erdbewohner im Weltkrieg einen lokalen noch tieferen zu erleben; vor dem zweiten derartigen Fall keinen Widerstand zu wagen; ihn körperlich nicht früh genug vorzubereiten: der sanfteste Geistesmensch verlangt es hoffentlich nicht.

Carl von Ossietzky

Kommt Hitler doch?

[1931]

Das waren vier Tage, die die Nerven der Welt erschütterten. Hitler erläßt Botschaften an Alle, apostrophiert die ausländische Presse; sein Herold Rosenberg aus Riga unternimmt vordatierte außenpolitische Schritte. Die Reichsregierung wird nicht sichtbar, sie scheint schweigend und hastig die Koffer zu packen. Endlich am vierten Tag abends erscheint der schlichte Star des Kabinetts am Mikrophon, teils um ein paar beschwichtigende Worte zu sprechen, teils um seine Vierte Notverordnung dem Volke menschlich näher zu bringen.

Und jetzt geschieht ein wirkliches Wunder. Die allgemeine Panik weicht kritikloser Vertrauensseligkeit. Jetzt nimmt der staatsparteiliche Deputierte wieder aufatmend sein Reisebesteck heraus, Kommerzienrats Rasierpinsel steht wieder auf dem gewohnten Platz. Was hat sich denn ereignet? Sind die Nazis zersprengt? Wächst der Regierung ein Kornfeld auf der flachen Hand, oder, wichtiger noch, hat sie einen Abnehmer dafür gefunden? Nichts von alledem. Der Herr Reichskanzler hat nur eine wenig sagende, farblose Rede gehalten, und alles erklärt sich beruhigt. Der von Oben verordnete Weihnachtsfriede kann ausbrechen, und im übrigen gab es in Berlin allein in der ersten Nacht unter dem Gesetze zum Schutze des inneren Friedens einen Toten, vier Blessierte.

Diese neue Notverordnung hat eine viel bessere Aufnahme gefunden als die vorangegangenen, weil sie dem allgemeinen Wunsch nach »etwas Durchgreifendem« entgegenkommt. Die Vierte Notverordnung, von den Vielen, die nach der befreienden Tat rufen, enthusiastisch begrüßt, ist in größerm Zusammenhange gesehn nur ein besonderes Stück der heutigen deutschen Zerstörungspsychose. Sie ist ein grobes und dilettantisches Opus, das demolierend durch die noch intakt gebliebenen Teile der kapitalistischen Apparatur fegt, ohne ein sozialistisches oder auch nur soziales Äquivalent zu bieten. Sie verteilt nicht das Brot, sondern reglementiert den Hunger; nicht Planwirtschaft wird geschaffen, sondern Zwangswirtschaft. Was nützt der Zwang, wo es nicht ein Überquellen zu bändigen heißt sondern die Schrumpfung? Hält man die fressende Energie der Auszehrung auf, indem man den Patienten in eine eiserne Corsage steckt? Nicht ordnend und befruchtend werden diese Dekrete wirken sondern keimtötend und lähmend, und ihre einzelnen Paragraphen werden bald als Grabkreuze auf dem nächsten Massenfriedhof der Wirtschaft ragen.

Zinssenkung, Mietsenkung, Preissenkung, Fluchtsteuer – das hört sich alles kraftvoll und wohlbedacht an und bleibt doch höchst problematisch. Und auch der Herr Preisdiktator ist da – Pfüat di Gott! – und erklärt sofort mit der Anmut der Bescheidenheit, daß er kein Wunderdoktor sei. Wieviele Diktatoren solcher Art hat es nicht seit Batocki sel. schon gegeben? Sie brüten Beglückungspläne aus, und wenn sie aus dem Amtszimmer kommen, sind sie nirgendwo zuständig und kehren traurig zu ihrer Sekretärin zurück. Doch da ist noch die Lohnsenkung, und jetzt verstärkt sich allerdings der Eindruck, daß dies das einzig Reale an dem ausgedehnten Kunstbau der dekretierten Wirtschaft ist. Das ist der feste Kern, der kleine aber betonierte Keller inmitten von haushohen Fortifikationen aus Pappe, die schnell zusammenfallen. Doch halt, nicht nur die Arbeiterschaft wird berührt, so einseitig, so klasseneng geht die Regierung nicht vor. Durch die Umsatzsteuer wird auch der noch mobile Teil der Produktion angezapft, auch hier wird das Leben tropfenweis versickern. Von hier droht neuer Bankrott, neue Deroute. Was für ein System regiert bei uns? Kein Liberalismus, kein Sozialismus, aber ein Fiskalismus, der ohne Plan, ohne Idee blindwütig drauflos verfügt. Der Reichskanzler verwahrt sich ausdrücklich dagegen, »Staatskapitalismus« zu treiben. Wenn ers nur täte! Statt dessen wird eine Fiktion von freier Wirtschaft aufrechterhalten, die unter dem nächsten Druck zerplatzen muß. Was dann? Fascismus, Kommunismus? Für beides muß Masse vorhanden sein, ein Streitobjekt, etwas, das es zu erobern gilt. Es ist zu fürchten, daß gerade dies unter den Händen der regulierenden und registrierenden Bureaukratie hinschwinden wird, und dann bleibt nur noch Vegetieren, langsames Hinsterben. Vielleicht sind wir darin schon weiter, als wir selbst wissen, und die Begeisterung, mit der diese Verordnungen begrüßt werden, bezeichnet schon die Euphorie.

So fährt Deutschland weiter, gebannt an den Magnetberg der Weltkrise. Ein Haufen armer desperater Seelen auf morschen Planken gefangen; morgen ein Totenschiff.

Die gleiche Not, die alle schwächt, ist Hitlers Stärke. Der Nationalsozialismus bringt wenigstens die letzte Hoffnung von Verhungernden: den Kannibalismus. Man kann sich schließlich noch gegenseitig fressen. Das ist die fürchterliche Anziehungskraft dieser Heilslehre. Sie entspricht nicht nur den wachsenden barbarischen Instinkten einer Verelendungszeit, sie entspricht vor allem der Geistessturheit und politischen Ahnungslosigkeit jener versackenden Kleinbürgerklasse, die hinter Hitler marschiert. Diese Menschen haben auch in bessern Zeitläuften nie gefragt, immer nur gegafft. Für das Schauspiel ist gesorgt, ebenso für ihr Muschkotenbedürfnis, die Knochen zusammenzureißen, vor irgend einem Obermotzen zu »melden«.

Vor einer Woche schien es für Hitler keine Hindernisse mehr zu geben. »An der Schwelle der Macht«, schrieben ›Times‹. Rosenberg fuhrwerkte in England als Diplomat herum; eine Straßenaufnahme zeigt den Botschafter des Dritten Reichs freundlich lächelnd im Gespräch mit einem londoner Bobby, der im Zweifel scheint, ob sein Hebräisch für die Unterhaltung auslangt. Auf die Tories hat Rosenberg aber ohne Zweifel mehr Eindruck gemacht. England suchte schon nach einer Formel, sich mit einem nationalsozialistischen Deutschland abzufinden. Es ist schwer zu glauben, daß das alles erledigt sein soll, nur weil Herr Brüning wieder einmal gesprochen hat, nur weil ein Bündel frischer Verordnungen herausgekommen ist.

Der neue Reichsminister Schlange-Schöningen hat kürzlich in einem Rundfunkvortrag ein paar beachtliche Gedanken geäußert: »Wer hat heute noch das Recht, die absolute Unantastbarkeit, die Heiligkeit des Privateigentums zu predigen? Wer unternimmt es, diesen Begriff heute auch nur klar zu definieren? Wird nicht auf allen Gebieten der Wirtschaft Tag für Tag am Privateigentum gerüttelt?« Das ist sehr richtig gesehen. Enteignet wird auf alle Fälle, es fragt sich nur: zu wessen Gunsten?

Es gibt in dieser Epoche eines beinahe mechanisch berstenden Privatbesitzes zwei Lösungen: eine sozialistische, die das Privateigentum überhaupt aufhebt, auf neuer Grundlage neu beginnt, ohne zu warten, bis die letzten Stücke, gleichfalls angekränkelt, auseinanderfallen. Und es gibt eine zweite Lösung, indem das ganze Volk einem alles aufsaugenden Industriekapitalismus tribut- und arbeitspflichtig wird. Für die Lebenshaltung des Einzelnen mag das zu Zeiten durchaus dasselbe sein, aber für das Bewußtsein ist es nicht gleichgültig, wer das Opfer fordert. Man vergleiche die heroische Haltung, die Rußland in seinen Entbehrungsjahren gezeigt hat, mit dem deutschen Marasmus, mit diesem verzweifelten Lazzaronitum, das sich, grotesk genug, nach außen hin noch zu nationalistischen Gebärden aufreckt.

Diese zwei Lösungen gibt es nur. Die der Regierung Brüning ist keine. Sie nimmt die verwegensten Operationen vor, sie stutzt die Wirtschaft wie eine Taxushecke, aber sie hält noch immer die Illusion hoch, als handle es sich hier um etwas Vorübergehendes, um einen unangenehmen Rückweg in »normale Zustände«, worunter die frühern vollkapitalistischen zu verstehen sind. Um die Folgen des unerhörten Drucks einer ex cathedra diktierten Wirtschaft zu überwinden, dazu ist diese Regierung zu schwach. Und der Staat ist auch nicht kräftig, nicht geschlossen genug, um die Gegenstöße eines allgemeinen Auflösungsprozesses, der sehr rebellische Formen annehmen kann, zu ertragen. Dann aber kommt die Stunde des Fascismus, dann wird die Hitlerarmee endlich etwas zu tun haben. Dann wird auch der Sieg des monopolisierten Kapitalismus vollkommen sein. Dann wird der S.A.-Landsknecht die Manneszucht in den Betrieben schon übernehmen. Dann werden die Gewerkschaften zertrümmert werden, und der deutsche Mann wird, befreit von dem unwürdigen Pariageist der gewerkschaftlichen Koalition und ihrem judäisch-marxistischen Tarifrecht, rank und schlank, hei, vor seinen Industrieherzog treten und ihm hochgemut seine Dienste als Kaufmann, Techniker oder Lampenputzer anbieten. Unter einer alten knorrigen westfälischen Eiche wird er seinem Lehnsherrn den Eid leisten, ihm allzeit treu, hold und gewärtig zu sein, und wer dann noch Geld sehen will, der wird erschossen.

Kommt Hitler also doch? Vor acht Tagen war der Schreckensruf »Fascismus ante portas!« Brünings Rede hat ihn nicht verscheucht, er ist nur einstweilen stehen geblieben. Gewiß will Brüning vor Hitler weder ruhmlos abtreten noch als minderberechtigter Partner vor ihm kuschen. Der Reichskanzler mag sich seine eigne Methode ausgedacht haben, mit dem Fascismus fertig zu werden. Aber um eine Methode, die man nicht kennt, zu tolerieren, dazu gehört Vertrauen, und dieses Vertrauen haben wir zu Herrn Brüning nicht, wie wir das hier vom ersten Tage seiner Kanzlerschaft an betont haben. Brüning will nur die Anmaßung des Fascismus, seinen Anspruch auf Alleinherrschaft brechen, nicht ihn selbst.

Neben den wirtschaftlichen Bestimmungen der Notverordnung sind die politischen in der öffentlichen Diskussion vernachlässigt worden. Und doch verdienen sie nicht mindere Beachtung. Sie geben einen wertvollen Einblick, wie sich die Regierenden die Abwehr des umstürzlerischen Nationalsozialismus vorstellen. Zunächst: die Herren wollen die Republik retten, indem sie sich Unterstützung durch republikanische Kräfte verbitten und diese unerwünschte Unterstützung unter Strafe stellen. Das undifferenzierte Versammlungsverbot, das Verbot, Uniformen und Abzeichen zu tragen, trifft ja nicht nur die Nazis, sondern viel ärger die von links. Ist es der Regierung ernst damit, den Verfassungsstaat zu verteidigen, so kann sie auf die Mobilisation aller demokratisch-republikanischen Kräfte nicht verzichten. Die res publica ist die öffentliche Sache. Der Staat, den Brüning und die Andern verteidigen, ein Homunculus, ein Retortengeschöpf. Die vorgebliche Parität wird in der Praxis zum schreiendsten Unrecht. Denn die Organisation des Staates selbst, Militär, Exekutive, Beamtentum steckt voll von unzuverlässigen Elementen. So wie die Justiz durchweg jeden Rotfrontmann bisher härter anfaßte als einen Nationalsozialisten, so wird der Mann aus dem republikanischen Verband in Zukunft schlechter dran sein als der vom Stahlhelm oder von Hitler. Aber es ist schon grotesk genug, daß Loyalität ebenso bestraft werden soll wie Auflehnung.

»Es ist schlimm um einen Staat bestellt, der seinen Bürgern verbietet, Abzeichen in seinen Farben zu tragen«, ruft der Bundesvorstand des Reichsbanners. Richtig, richtig, richtig. Doch dann heißt es: »Über ein kurzes, dann wird auch diese Regierung einsehen müssen ...« Nein, meine Herren, diese Regierung wird gar nicht einsehen. Diese Hoffnung ist ebenso töricht wie die Parole: Staat greif zu! Wenn dieser Staat zugreift, so nimmt er, wie er es immer getan hat, die Republikaner zuerst. Wäre die Regierung wirklich gewillt, gegenüber dem Nationalsozialismus Autorität zu zeigen, so hätte sie Hitler an dem Tage, wo er wie der Chef einer Nebenregierung im Kaiserhof Parade abhielt, als Hochverräter verhaften lassen müssen, ebenso wie Rosenberg bei seiner Rückkehr aus London. Dann dürfte auch Herr Gregor Straßer nicht mehr frei herumlaufen, der soeben wieder in Stuttgart gedonnert hat: »Und wenn wir bis an die Knöchel im Blut stehen müssen um Deutschlands willen, so haben wir es haben wollen.« Dann dürfte dieser Oberreichsanwalt sich nicht mehr auf seinem Posten befinden, der – nach den Worten des ›Berliner Tageblatts‹ – für die Verfasser der boxheimer Mordpläne eine Entlastungsaktion vorgenommen hat. Und dieser Herr Werner, der längste Arm des Staates, soll zupacken? Armes Reichsbanner, er wird dich zuerst haben und dich nicht so glimpflich behandeln wie Best und seine Bluthunde.

Eine Konzession an die Linke befindet sich allerdings in der Notverordnung: Herrn Groeners Lieblingskind, von seinem Carlowitz gepäppelt und gewiegt, die »Staatsverleumdung« fehlt. Ich gehe wohl nicht fehl in der Annahme, daß das Kapitel »Verstärkung des Ehrenschutzes« den einstweiligen Ersatz darstellt, um der lästigen Kritik den Mund zu stopfen. In diesen fünf Paragraphen blasen die Herren Geheimräte des Reichsjustizministeriums die Schicksalshörner der deutschen Pressefreiheit:

§ 1. Steht im Falle der üblen Nachrede (§ 186 des Strafgesetzbuchs) der Verletzte im öffentlichen Leben und ist die ehrenrührige Tatsache öffentlich behauptet oder verbreitet worden und geeignet, den Verletzten des Vertrauens unwürdig erscheinen zu lassen, dessen er für sein öffentliches Wirken bedarf, so ist die Strafe Gefängnis nicht unter drei Monaten, wenn der Täter sich nicht erweislich in entschuldbarem gutem Glauben an die Wahrheit der Äußerung befunden hat.

§ 2. Steht im Falle der Verleumdung (§ 187 des Strafgesetzbuchs) der Verletzte im öffentlichen Leben und ist die ehrenrührige Tatsache öffentlich behauptet oder verbreitet worden und geeignet, den Verletzten des Vertrauens unwürdig erscheinen zu lassen, dessen er für sein öffentliches Wirken bedarf, so ist die Strafe Gefängnis nicht unter sechs Monaten.

§ 3. In den Fällen der §§ 1, 2 kann das Gericht neben der Strafe und unabhängig von einer nach § 188 des Strafgesetzbuchs zu verhängenden Buße auf eine an die Staatskasse zu entrichtende Buße bis zu einhunderttausend Reichsmark erkennen.

§ 4. In Strafverfahren wegen Beleidigung bestimmt das Gericht, auch wenn die Tat auf erhobene öffentliche Klage verfolgt wird, den Umfang der Beweisaufnahme, ohne hierbei durch Anträge, Verzichte oder frühere Beschlüsse gebunden zu sein.

§ 5. In allen Strafverfahren wegen Beleidigung, in denen die Staatsanwaltschaft die Verfolgung übernimmt, ist das Schnellverfahren (§ 212 der Strafprozeßordnung) auch dann zulässig, wenn der Beschuldigte sich weder freiwillig stellt noch infolge einer vorläufigen Festnahme dem Gericht zugeführt wird.

Ist diese grobe, unnuancierte Fassung Unzulänglichkeit oder

Absicht? Auch Adolf Hitler »steht im öffentlichen Leben«, auch jene seiner Granden, die zur Nacht der langen Messer die Eisen wetzen lassen und vor fanatisierten Versammlungen zur Belebung der Hanfseilindustrie praktische Vorschläge machen. Gelingt es dem »Verletzten«, einem Richter, der durchaus kein braunschweigischer zu sein braucht, klar zu machen, daß alles legal gemeint sei, natürlich nur zur Abwehr irgendeiner »Kommune«, die die streng verfassungsmäßige Naziregierung bedroht, so ist der staatsloyale, der republikanische Redakteur geklappt. Gefängnis läßt sich ertragen, aber eine hohe Geldbuße ruiniert heute jedes Presseunternehmen. Großer Manitou, was bleibt dem Publizisten übrig, als von der Politik zu lassen und etwa über die Liebe zu schreiben, falls das nicht unter das Schund- und Schmutzgesetz fällt! Nachdem hundert Jahre um die Meinungsfreiheit gekämpft worden ist, genügen ein paar Paragraphen, um sie still zu beseitigen. So treibt Deutschland in Dunkelheit dahin, Verwesungsdünste steigen auf. Die eine Hälfte der Nation bettelt um Almosen, die andre muß es verweigern, weil sie selbst nichts hat. Das ist der deutsche Status Weihnachten 1931. Ein paar Menschen wird es noch geben, die in diesem mephitischen Gestank verfaulender Geister nach besserer Luft verlangen. Schlagt sie tot, das Reichsgericht fragt euch nach den Gründen nicht!

Walter Mehring

Porträt nach der Natur

[1932]

Niedergeschrieben in der Halle des Berliner ›Hotels Kaiserhof‹ – Februar 1932 –, als sich dort der ehemalige Erste-Weltkriegs-Gefreite A. HITLER teetrinkend aufhielt, um mit dem Reichspräsidenten seine Beförderung zum Reichskanzler auszuhandeln.

Ein Schritt von mir! Tuchfühlung fast! Da steht Er!
  Bum!
Aura von Waih-Geschrien – und Heil-Gezeter!
Fünf Herren! Zackig! Seele angewinkelt!
  Nacken krumm!
Zwei Falten! Mundabwärts gesteilt! Verhalten!
  Vom Schicksal eingeplättet!
Die rechte Schulter hängt! Krampfhaft-lässig! Stimme
  Böhmisch gefettet!   knarrt: Anpfiff!
Kinn flieht! Gehacktes Bärtchen trommelt: Angriff!

  Nachts aber träumt das!
  Bodenloses öffnet sich dem Falle –
  Der Wille irrt in Öden ohne Zweck
  Der Traum, kaftangewandet, spreizt die Kralle:
  Judas Rache!
  Den Albdruck weg!
  Den Albdruck weg
  Deutschland erwache!
Die Rechte in der Tasche! Linke mahnt! All-Deutschlands
                                                                      Ober-
  Haupt!
Versetztes Lächeln! Ein getretner, grober
Schani, der eines dicken Juden ekles Trinkgeld klaubt –
Verfluchte Drohnen! Faust stößt vor! Der Wunder-Attentäter!
  Mittelstandsheiland!
Den Kopf im Mythos! Knöcheltief durchs Blutmeer
                                                                      der Verräter
  Zum Rasse-Eiland!
Hat er geträumt? Er sieht sich um! Millionen folgen!
                                                          Bumm! Da steht er!

Axel Eggebrecht

Wer weiter liest, wird erschossen!

[1932]

Noch kurze Zeit Geduld: Wer dann in Deutschland noch von geistiger Freiheit spricht, der hält Leichenreden. Denn schon liegt er kläglich im Sterben, der vielgeliebte Held, der freie Geist. Eigentlich gibt es ihn schon gar nicht mehr – machen wir uns doch nichts vor. Und bei allem gerührten Gedenken an den nahezu Verblichenen müssen wir zugeben, daß er selber an seinem Ende schuld ist. Er wartet in Frieden ab, ob er an Entkräftung eingehen oder ob man seinen Kopf auf legale Weise rollen lassen wird.

Wir wissen, daß die Notverordnung jede Maßnahme jeder Regierung gegen alle Art von geistiger Arbeit erlaubt. Wir wissen, daß alle Schreibenden, Redakteure, Setzer, Drucker und Botenjungen unter verschärfte Aufsicht gestellt sind. Wir wissen, was die Filmzensur treibt. Wir wissen, daß am Rundfunk seit Monaten die seltsame Operation der sukzessiven Kastration vollzogen wird. Wir wissen von ungezählten Fällen der Bedrückung, der Vergewaltigung, der Einschränkung. Ach – wir wissen ja überhaupt alles, nicht wahr?

Entschuldigen Sie die Pedanterie. Das eben ist es ja. Darum handelt sichs. Wir sind dabei, uns selber aufzugeben. Es gibt fast keinen gemeinsamen Lebenswillen der Geistigen mehr. Wir sind gelangweilt durch das – wie man nun schon überall hört und liest – veraltete, liberalistische Ideal der geistigen Freiheit. Unsre Verbände quälen sich selbst bei bösartigsten Vorkommnissen kaum noch mal eine lendenlahme Erklärung ab, wie das Beispiel des Schriftsteller-Schutzverbandes zeigt. Es ist vorbei. Man legt die Hände in den Schoß und wartet auf Hitler.

Das Verrückte, das Perverse dabei ist, daß immer noch, bei allem muntern Gerede über die Diktatur, die Wenigsten sehen, wie sehr sie schon Wirklichkeit geworden ist. Immer davon reden – nie drauf achten, wie sie eigentlich gemacht wird. Deshalb erlaube ich mir als Musterbeispiel darzubieten: Verbot und Beschlagnahme des ›Illustrierten Arbeiterkalenders‹.

Dieser Abreißkalender erscheint seit neun Jahren jeden Herbst im kommunistischen Verlage Carl Hoym Nachfolger. Und alle Jahre wieder folgt, ein paar Tage nach dem Erscheinen, das Verbot. Nur zwei Jahrgänge hat der Verlag freibekommen können, darunter den vorletzten. Der hatte dann freilich eine Auflage von 100 000.

In jeder Buchhandlung kann man völkische, militärische, nationale, religiöse, naturschwärmerische und was weiß ich sonst noch für Kalender bekommen. Die sind natürlich alle ohne Interesse für Staatsanwälte und Amtsrichter. So was haben sie selber zu Hause hängen. Aber dieser verdammte Kommunismus, den man jeden Tag im Jahre auffrischen, von der Wand ablesen kann – nein, das geht zu weit. Da wird eingegriffen. Nun ist es in frühern Jahren, bis zur Einführung der segensreichen Notverordnungen, gar nicht so leicht gewesen, triftige Gründe für diese Verbote auszuknobeln. Dieser Kalender ist nämlich alles andre als eine platte Parteimache, als ein bloßes Propagandastückchen. Natürlich verleugnet er auf keiner Seite seinen Zweck: In der Stube, in der Wohnküche des kommunistischen Arbeiters zu hängen, damit er an ihm die Tage abzähle, die ihn der Erfüllung seiner Hoffnungen näher bringen. Im übrigen handelt es sich um ein ungemein sorgfältig gearbeitetes, lebendiges, mit großen Kenntnissen zusammengestelltes Werk. Jeder dieser Kalender ist eigentlich ein kleines Kompendium des revolutionären Sozialismus. Die Bilder sind vortrefflich ausgewählt.

Peter Panter hat an dieser Stelle vor etwa einem Jahr einen dieser Kalender besprochen. Und wie dieser, so sind sie alle: Wirkungsvoll und inhaltsreich.

Viele Monate Schufterei. Druck, Korrektur. Die ersten Exemplare gehen hinaus. Drei, vier, fünf Tage vergehen. Dann kommt so ein Brief:

»128 G. 2609/31.

Beschluß!

In dem Verfahren gegen die unbekannten Verbreiter der Druckschrift ›Illustrierter Arbeiterkalender 1932‹

wegen Vorbereitung zum Hochverrat

wird die Druckschrift: ›Illustrierter Arbeiterkalender 1932‹ – verantwortlich für den Inhalt: August Creutzburg, Berlin; Gesamtredaktion: Grau; Verlag: Carl Hoym Nachfl., Hamburg-Berlin; Drucker: R. Boll, Buchdruckerei G.m.b.H., Berlin NW, gemäß §§ 41, 73, 81 Ziffer 2, 86 StGB., 4 Ziffer 1 Reichsgesetzes zum Schutze der Republik vom 25. März 1930 RGBl. I, S. 91, – 27 Reichsgesetzes über die Presse vom 7. Mai 1874 RGBl. I, S. 65, 94 ff. StPO. beschlagnahmt, weil sie der Einziehung unterliegt. Der Verdacht einer strafbaren Handlung ergibt sich aus Seite 26,

54, 55 (Bild), 95 (Bild mit Text), 104, 177 (Bild mit Text), 205 (Bild mit Text), 206, 216, 237 (Bild mit Text), 242.

Berlin NW 40, den 22. 10. 1931. Alt-Moabit 11.

Das Amtsgericht Berlin-Mitte, Abt. 128. gez. von Noel, Amtsger.-Rat.«

Der biedere Laie wird sich zunächst wundern über die freilich unwiderlegliche Begründung: Der Kalender wird beschlagnahmt, weil er der Einziehung unterliegt. Auch die Anziehung eines 57 Jahre alten Pressegesetzes zum Verbot eines Abreißkalenders wird ihn befremden.

Das sind aber nur kleine Schönheitsfehler. Die ganze Zauberkraft dieses Dokuments kann man nämlich nur verstehen, wenn man jede einzelne angeführte Seite und jedes beanstandete Bild nachprüft. Und das eben ist ja durch die flinke Beschlagnahme (aus Gründen der Einziehung) vorläufig unmöglich.

Als anstößig sind da zunächst einmal alle Stellen angeführt, die Ausdrücke wie »Zerschlagung der Staatsmaschine, Eroberung der Macht, bewaffneter Aufstand« enthalten. Es handelt sich dabei um Zitate aus Marx und Lenin. Offenbar sind unsre Gerichte zurzeit mit einer durchgreifenden Reinigung marxistischer Schriften beschäftigt.

Das sind natürlich keine juristischen Begründungen mehr. Das ist simple Willkür. Eigentlich sollte es noch sozialdemokratische Funktionäre und vielleicht sogar Zeitungen geben, die sich schamerfüllt an die freiheitlichen wilhelminischen Zeiten erinnern, in denen dergleichen alle Tage gedruckt werden durfte ...

Das alles ist aber noch harmlos gegen die Gründe, die für die Beanstandungen von Bildern in diesem Kalender aufgeführt werden. Zeichnungen, die Figuren des hamburger Aufstandes von 1923 oder auch der pariser Kommune zum Gegenstand haben, sind nicht erlaubt. Auch eine Aufnahme bewaffneter, offenbar russischer Arbeiter in Marschkolonne ist staatsgefährdend – wobei zu bemerken ist, daß dergleichen in den verschiedensten Publikationen bürgerlicher Verlage fortwährend ungestört verbreitet wird. In einer kürzlich erschienenen Biographie Hitlers in Photos wird die Nazi-Bewaffnung vor dem münchner Putsch in allen Einzelheiten gezeigt. Das ist natürlich ganz was andres.

Aber keine noch so ausschweifende Phantasie wird erraten können, worum es sich bei den beiden verbotenen Bildern auf den Seiten 95 und 237 handelt: Um die Reproduktion einer Käthe-

Kollwitz-Radierung; und um das Photo eines lesenden Knaben.

Die Werke der Käthe Kollwitz hängen in staatlichen Sammlungen. Den berühmten Zyklus »Bauernkrieg« kann jeder Mensch in jeder Buch- oder Kunsthandlung erwerben. Hier aber ist das wunderbare Bild des Verzweiflungszuges, über dem Hände, Fahnen und Sensen gegen den fahlen Himmel geschwenkt werden, verboten. Vielleicht wegen der Unterschrift: »Ausgebeutete Bauern, kämpft unter der Fahne der Revolution«. Aber die sagt ja doch nur in dürren Worten, was jeder Betrachter sowieso aufs stärkste empfindet. Ein deutscher Richter braucht freilich nicht zu wissen, daß Aussprechen manchmal auch Abschwächen bedeutet.

Das letzte der verbotenen Bilder aber, diese Seite 237, sie könnte einmal klassisch werden in einer Geschichte der geistigen Bevormundung. Da sitzt ein Proletarierjunge im Wollsweater und liest, mit einem Finger folgt er den Zeilen eines dicken Buches, das vor ihm liegt. Das sieht ganz brav und harmlos aus. Wahrscheinlich ein Band Heldensagen oder ein Abenteuerschmöker? Nein, die Unterschrift des Bildes verrät den Verworfenen: »Ohne revolutionäre Theorie keine revolutionäre Praxis«. Der Lausejunge liest offenbar ein verbotenes Buch. Die Abbildung einer derartigen Handlung ist selbstverständlich ebenfalls zu verbieten.

Wahrscheinlich hat sich der Herr Amtsgerichtsrat für einen Augenblick ins bereits perfekte Dritte Reich geträumt. Dort wird ja die hitlersche Parole gelten: Grübeln und denken ist jüdisch, der Deutsche glaubt und handelt. Der Führer selbst hat in der Vorrede seiner vorhin erwähnten Bildbiographie das Lesen als unerheblich bezeichnet.

Wir nähern uns offenbar der Zeit, in der die gute alte Arbeiterparole: Wissen ist Macht an sich den Tatbestand des Hochverrats bilden wird. Zu lange haben wir gezögert. Zu gleichgültig haben wir zugesehen. Nun ist es zu spät. Der Geist wird verboten. Wer weiter liest, wird erschossen!

Ernst Bloch

Tag und Dunkel

[1932]

Ganz Übles zieht sich zusammen. Die Kälber wählen jetzt nicht nur ihre Metzger selber, sie treiben ihnen bald ihresgleichen zu. Und die roten Führer treffen den Ton nicht, der aufhorchen ließe.

Dafür haben die Metzger den Ton desto stärker. Und er kommt nicht aus den kraftlos gewordenen Schlagworten der linken Redner bei uns zu Hause. Im Gegenteil, in diesen Schlagworten schlägt überhaupt nichts. Sie schlagen weder ein, noch schlagen sie den Feind, noch schlagen sie die Stunde an, die für das Kapital geschlagen hat, vielmehr geschlagen hätte, wenn die Arbeiter geeint und auch die roten Losungen nicht so klischeehaft wären. Und eines ist besonders traurig: die Nazis erlangen Volksgeruch, während die Marxisten, unglaublicherweise, ihn verlieren. Und der Muff des hintersten Biertisches gibt sich als fortgeschrittenes Bewußtsein, während Marx, phantastischerweise, als von vorgestern ausgegeben und so von den Dummköpfen angesehen wird. Man hat ein völlig verwildertes Volk mit gefährlichen Narren um sich, dirigierenden Metzgern über sich. Trotzdem: die Metzger merken das kommende Ende, und wenn dies Ende ihrer Wirtschaft nicht wäre, wären sie nicht Metzger. Wenn es im Osten nicht hell würde, wäre dem Westen das Herz nicht so schwer im Leib. Beides muß stets zusammengesehen werden, damit man über einige Jahre und über unseren verdüsterten Schauplatz hinaussehe. Es ist zwar schwer zu sagen, was in dieser Zeit stärker ist, ob die herankommende braune Bestie oder das, was sie fällen wird. Aber daß sie am Ende gefällt werden wird, spürt sie selbst; Hitler und was mit ihm zusammenhängt, ist der letzte Bravo des Kapitals. Ebendeshalb ist er der schrecklichste, ebendeshalb stehen die Füße derer, die ihn hinaustragen werden, vor der Tür. Die Zeit wäre nicht dunkel, wenn nicht gleichzeitig das Licht in ihr wäre, gegen das die Nacht sich sammelt.

Max Herrmann-Neiße

Verdammnis 1933

[1936]

Ich sah das Dunkel schon von ferne kommen,
als das Gebirg noch schimmernd sichtbar blieb,
und bangte mich und wartete beklommen,
daß Gott uns aus dem Paradies vertrieb.

Noch lag der See in friedlichem Verweilen,
verliebt nur streichelte ihn leis der Wind,
die Boote schaukelten sich an den Seilen,
und Möwen kreisten spielerisch geschwind.

Ich aber konnte aus den Vogelchören
und aus der Wellen flüchtigem Geraun'
bedrohlich eine düstre Mahnung hören
und hatte zu dem Frühling kein Vertraun.

Schon hatte sich der Horizont umzogen,
und alles Strahlende versank und schwand,
zwischen der Erde und dem Himmelsbogen
stand plötzlich störend eine schwarze Wand.

Für immer war das Friedliche vernichtet,
nicht mehr vergönnt den Möwen Flug und Laut,
aus dichten Finsternissen aufgeschichtet
war etwas vor das Licht der Welt gebaut.

Aus Lustgefilden wurde eine Wüste,
kein Gärtchen schlichter Eintracht blieb verschont.
Kein Licht vom Berg den Wanderer mehr grüßte,
kein Abendwald, in dem das Märchen wohnt.

Aus der Umnachtung schien kein Pfad zu führen,
und nirgends dämmerte ein Morgen hell,
das Herz des Himmels war nicht mehr zu rühren
von Lerchenliedern und gesprächigem Quell.

Noch war kein gutes Menschenwort vernommen,
das um den Nächsten gütig sich bemüht.
Vielleicht wird nach der Flut die Kunde kommen,
daß paradiesisch neu die Welt erblüht.

Dort wo man Bücher verbrennt

Stefan Zweig
[Brief an Frans Masereel]
[1933]

Lieber Freund!
Ich müßte Dir sechs Briefblätter schreiben, denn seit dem Tage, wo wir [uns] sahen, hat sich die Welt reichlich verändert. Nach Schweden bin ich natürlich nicht gegangen und das war sehr klug, denn man hätte das natürlich als Flucht deklariert oder als Anmaßung, daß wir es überhaupt noch wagen, ein Wort in deutscher Sprache zu sprechen. Vielleicht hast Du das gestrige Dekret der deutschen Studentenschaft gelesen, die auffordert, aus allen Privatbibliotheken alle »undeutschen« Bücher verbrennen zu lassen (auch die Studie über Dich gehört dazu) und daß in Hinkunft wir unsere Bücher zuerst hebräisch erscheinen lassen und allenfalls davon Übersetzungen erlaubt werden. Du lachst wahrscheinlich wenn Du dies liest, aber die Haßpsychose in Deutschland ist so, daß dies buchstäblich wahr ist und in der deutschen Studentenschaft als Befehl verkündet wird. Was sonst geschieht, spottet jeder Beschreibung, jede Art von Recht, Freizügigkeit ist in Deutschland aufgehoben, und es wird nur ganz kurze Zeit dauern, und wir haben in Österreich das gleiche Schicksal. Was man dann tun wird, ist unklar, ich habe die stärkste Abneigung, Emigrant zu werden und würde das nur im äußersten Notfall tun, denn ich weiß, daß alles Emigrantentum gefährlich ist, man macht dadurch die Zurückgebliebenen zu Geiseln und erschwert ihnen das Leben. Jetzt wären die Verhältnisse für uns noch viel fürchterlicher als im Kriege, dort war wenigstens die Entschuldigung einer Psychose aus wirklicher Gefahr, während hier eine rein provokatorische Haltung vorliegt, die auch über kurz oder lang zu den schwersten internationalen Konflikten führen muß. Alle diese national-antisemitischen Exzesse sind ja vorläufig nur da, um das Volk zu beschäftigen und auf billige Weise zu begeistern. Nach und nach wird aber die Regierung außenpolitische Erfolge unbedingt brauchen und dann sehe ich wirklich verhängnisvolle Entwicklungen voraus. Seit zwanzig Jahren, seit 1914 ist alles was geschehen ist, der Krieg, der Frieden von Versailles, gegen die Vernunft geschlossen und für uns, die mit einem unerklärlichen Optimismus immer wieder an Aufstieg, Einigung ge-

glaubt haben, der Beweis erbracht, daß wir falsch gedacht haben und daß vielleicht die Hälfte, oder vielleicht die ganze Mühe vergeblich gewesen sind. Am ärgerlichsten bei allem aber ist, daß man unter dieser täglichen Gehässigkeit, den Bedrohungen und Spannungen nicht recht arbeiten kann. Aber vielleicht gewöhnt man sich auch daran. Man muß nur lernen, innerlich zu resignieren, härter, strenger, abgeschiedener und vielleicht auch gleichgültiger zu leben.
Sei vielmals gegrüßt von Deinem getreuen

Stefan Zweig

Oskar Loerke

[Aus dem Tagebuch]

[1933]

Donnerstag, 27. April 1933

Draußen Frühling, Sonne, nach langer Kälte. Schicksalsgefühl: es ist nichts zu machen. Am 10. Mai sollen Bücher öffentlich verbrannt werden, symbolisch die Autoren. Aus unserm Verlag Schalom Asch, Döblin, Beer-Hofmann, Schnitzler! Wo führt das hin. Schwarze und weiße Listen! Auch die Buchhändler haben welche. Suhrkamp ist gestern abend nach Hamburg gefahren, um wenigstens eine Erweiterung der positiven Listen zu erreichen. Dr. Bermann ist noch immer nicht zurück, er verkennt offenbar die Lage. Korrektur meines Aufsatzes. Der Bücherabsatz des Verlages war letzte Woche wie abgeschnitten. Die Bücher der neuen Autoren kamen ballenweise zurück.

Alfred Döblin

[Brief an Ferdinand Lion]

[1933]

[...] Am 10. Mai ist autodafé, ich glaube, der Jude meines Namens ist auch dabei, erfreulicherweise bloß papieren. So ehrt man mich. Aber die Sache hat doch zwei Seiten: nämlich wie wird es später sein, in 1 Jahr, in 2 Jahren, wann wird die »Gleichschaltung« der Verlage erfolgen? Arzt kann ich nicht mehr sein im Ausland, und schreiben wofür, für wen? Ich mag über dieses fatale Kapitel nicht nachdenken. Was meinen Sie? Rätselraten. [...]

Erich Ebermayer

[Die Tatsache dieser Bücherverbrennung ist etwas Irreparables]

[1933]

Leipzig, 10. Mai 1933

[...]

Nachts

Was heute abend geschah, ist seit Beginn der Revolution zweifellos das Schwerste für mich und das Schwerwiegendste überhaupt. Es kam völlig unerwartet.

Ich saß mit M. in einer Weinstube beim Alten Theater, als plötzlich das Radio aufquirlte. Anfangs hören wir gar nicht hin. Dann schraken wir auf. Was ist da los? »Wir befinden uns auf dem Schloßplatz in Berlin«, sagt der Sprecher. »Der Scheiterhaufen ist errichtet!« Der Scheiterhaufen? Ein Freudenfeuer? Ein Siegesfeuer? Ein verspätetes Maifeuer? Ich bin ein alter Freund von Maifeuern – sollen die Nazis ihre Siege getrost durch Feuer feiern! »Hunderte von Studenten schleppen immer neue Wagenladungen heran ...« Wagenladungen – wovon zum Teufel? »Tausende und Abertausende von Menschen füllen Kopf an Kopf den weiten Platz. Eine warme Frühlingsnacht liegt über Berlin.« Zwischen den leisen Worten des Sprechers ist das Raunen der Masse zu hören, Rufe, Autohupen, das Manövrieren von schweren Lastwagen.

Was geht da vor? Wir lauschen in gespannter Erregung, ich fühle, daß da etwas Tolles geschieht. Und dann geht es los. Irgendeiner spricht, ein Führer der Studenten, soviel wir verstehen: schneidend, kalt. Voll dumpfen Hasses und forscher Dummheit – diese Nazimischung kennen wir ja nun schon zur Genüge. Er spricht im Namen der Berliner Studenten, im Namen der deutschen Jugend, im Namen des geistigen Deutschland. Worte, so unsagbar albern, verlogen, phrasentriefend, wie wir sie selbst in diesen vergangenen drei Monaten selten gehört haben. Dieser einfältige Schwätzer wagt es, die deutsche Literatur der letzten fünfzig Jahre anzuklagen, die Dichtung Europas zu begeifern. Im Namen der Jugend sagt er ihr den Kampf an und die restlose Vernichtung –!

Jetzt wird der Scheiterhaufen von Studenten entzündet. Man hört im Lautsprecher die ersten Flammen aufschlagen, als ob

Lappen im Wind schlügen, so klingt es. Dann knackt Holz. Äste brechen. Das Lodern der großen Flamme ist zu hören.

M. und ich sitzen wie erstarrt, wie in einem Krampf da. Ringsum die Bürger hinter ihren Schoppen kümmern sich kaum um das, was vorgeht. Es interessiert sie nicht, es sind ja keine »Nachrichten« und keine »Musik«.

Und doch ist es die ungeheuerlichste Nachricht, die an diesem Abend den Äther durcheilt, die tollste Musik!

Jetzt tritt ein Student vor den brennenden Holzstoß, eine hohe, erregte Stimme ruft:

»Ich übergebe der Flamme das Werk des ...«

Wie ein Peitschenhieb saust der Name durch den Raum. Ein Name, der diesen Leuten hier in der kleinen Leipziger Weinstube wenig oder nichts sagt, der mir ein Stück meiner geistigen Welt bedeutet, dem ich Stunden reiner Beglückung und tiefer Erkenntnis verdanke, der Name manchen Mannes, an dessen Tisch ich oft und oft gesessen.

Ein anderer Student tritt vor:

»Ich übergebe der Flamme das Werk des ...«

Ein Mensch, den ich gern habe. Mit dem ich gewandert bin in den Tälern des Harzes und an den Küsten Italiens.

Und immer neue Studenten treten vor. Neue Namen klingen in den Äther hinaus. Jeder Name ist ein Stoß mitten in mein Herz. Thomas Mann, Stefan Zweig, Franz Werfel, Fritz von Unruh, Ernst Toller, Erich Maria Remarque, Bert Brecht, Heinrich Mann, Walter Hasenclever, Theodor Wolff, Klaus Mann, Arnold Zweig, Kurt Tucholsky. Die Russen. Die Engländer. Die Franzosen. Und wieder Deutsche. Endlos ist die Reihe. Nach jedem Aufruf das Gejohle der Menge, das harte Aufschlagen der auf den Scheiterhaufen geschleuderten Bücherstöße, das gierige Züngeln und Prasseln der Flamme, die sich auf neue Beute stürzt.

Die Studenten sprechen langsam, überdeutlich. Unsere Nerven sind am Zerreißen. Ich muß jeden Augenblick damit rechnen, daß auch mein Name aufklingt. M. ist bleich wie die weißgekalkte Wand hinter ihm. Alles Leuchten ist aus seinen hellen Augen geschwunden. Ein wilder, stummer, leidenschaftlicher Haß, eine Empörung ohne Maß, eine Trauer, als ob der Tod ihm verkündet würde, liegt auf den reinen und jungen Zügen. Jedesmal, wenn ein Autor verbrannt wird, dessen Vorname Erich ist, faßt er instinktiv nach meinem Arm, die Sekunde zwischen Vorname und

Nachname dehnt sich endlos. Es sind leider drei oder vier Erichs unter den Verbrannten ...

Dann ist es aus. Ich bin nicht dabei. Nicht gefährlich genug, nicht »berühmt« genug! Ich werde auf kaltem Wege abgewürgt. Nicht durch die läuternde Flamme. Ich weiß nicht, ob ich erleichtert sein soll. Das andere wäre wenigstens eine klare Lösung gewesen.

Wir gehen hinaus in die warme, düfteschwere Nacht. Ein paar Schritte, dann sind wir im Park. Weit dehnen sich die Wiesen im milchigen Licht der Nacht. Schweigend gehen wir, an Bänken vorbei, wo Pärchen umschlungen in der linden Mainacht sitzen, tiefer in den Wald hinein, ins Dunkel.

Wir wissen, wir haben eben etwas sehr Schweres erlebt, etwas Endgültiges: die Unantastbarkeit des freien menschlichen Gedankens ist aufgehoben. Die Tatsache dieser Bücherverbrennung ist etwas Irreparables. Es ist Schande und Elend. Es ist Kapitulation und Auflösung. Es ist die Scheidung des neuen Deutschlands von der gesitteten Welt.

Und für mich? Für mich, das fühle ich deutlich wie einen körperlichen Schmerz, freilich auch schon wie eine Befreiung von quälenden Zweifeln, ist es die endgültige Unmöglichkeit eines Kompromisses! Nie mehr für eine Jugend kämpfen, arbeiten, leben, die sich zu solcher Untat hergibt! Nie einen Staat anerkennen, der das billigt, fördert oder gar befohlen hat! Nie das mehr Deutschland nennen, was sich hinter diesen Frevel am Geiste stellt!

Oder ist heute Abend das wirkliche Deutschland zwar ins Gesicht geschlagen worden wie nie zuvor – aber wird es im geheimen weiterleben? Jetzt erst recht!

Darf man diesen verhetzten Buben zurufen: »Ihr tötet nicht den Geist!«? Hat es einen Sinn, weiter an das wirkliche Deutschland zu glauben, auf das wirkliche Deutschland zu hoffen und zu warten? Es kann, das weiß ich jetzt, Jahrzehnte dauern. Es werden, das weiß ich jetzt, sehr schwere Zeiten für mich, für uns alle, kommen. Allgemein und persönlich! Jahre tiefster Einsamkeit, Jahre bitterster Kämpfe, Jahre des Beiseite-Stehen-Müssens, der Erniedrigung und Peinigung – wenn nicht Schlimmeres.

Soll ich das auf mich nehmen? Muß ich es auf mich nehmen?

Wir sitzen auf einer Bank tief im Wald. Dunkel um uns, Stille. Nur das ferne Brausen der Stadt. Fern wölbt sich der rote Lichtbogen über der Gegend des Hauptbahnhofes, als brenne auch dort ein riesiger Scheiterhaufen.

»Wir müssen weg . . .«, sagt M. leise, als spüre er meine Gedanken. »Wir gehen ins Ausland. Bitte, bitte, laß uns weggehen . . .! Heute früh noch! Morgen Abend!« Sein Gesicht ist starr, weiß und starr, wie ich es noch nie gesehen. »Ich kann in diesem Land nicht mehr leben!« sagt er leise.

Oskar Maria Graf

Verbrennt mich!

[1933]

Wie fast alle linksgerichteten, entschieden sozialistischen Geistigen in Deutschland habe auch ich etliche Segnungen des neuen Regimes zu spüren bekommen: Während meiner zufälligen Abwesenheit aus München erschien die Polizei in meiner dortigen Wohnung, um mich zu verhaften. Sie beschlagnahmte einen großen Teil unwiederbringlicher Manuskripte, mühsam zusammengetragenes Quellenstudienmaterial, meine sämtlichen Geschäftspapiere und einen großen Teil meiner Bücher. Das alles harrt nun der wahrscheinlichen Verbrennung. Ich habe also mein Heim, meine Arbeit und – was vielleicht am schlimmsten ist – die heimatliche Erde verlassen müssen, um dem Konzentrationslager zu entgehen.

Die schönste Überraschung aber ist mir erst jetzt zuteil geworden: Laut ›Berliner Börsencourier‹ stehe ich auf der ›weißen Autorenliste‹ des neuen Deutschlands, und alle meine Bücher, mit Ausnahme meines Hauptwerkes ›Wir sind Gefangene‹, werden empfohlen: Ich bin also dazu berufen, einer der Exponenten des ›neuen‹ deutschen Geistes zu sein!

Vergebens frage ich mich: Womit habe ich diese Schmach verdient?

Das ›Dritte Reich‹ hat fast das ganze deutsche Schrifttum von Bedeutung ausgestoßen, hat sich losgesagt von der wirklichen deutschen Dichtung, hat die größte Zahl ihrer wesentlichsten Schriftsteller ins Exil gejagt und das Erscheinen ihrer Werke in Deutschland unmöglich gemacht. Die Ahnungslosigkeit einiger wichtigtuerischer Konjunkturschreiber und der hemmungslose Vandalismus der augenblicklich herrschenden Gewalthaber versuchen all das, was von unserer Dichtung und Kunst Weltgeltung hat, auszurotten und den Begriff ›deutsch‹ durch engstirnigsten Nationalismus zu ersetzen. Ein Nationalismus, auf dessen Eingebung selbst die geringste freiheitliche Regung unterdrückt wird, ein Nationalismus, auf dessen Befehl alle meine aufrechten sozialistischen Freunde verfolgt, eingekerkert, gefoltert, ermordet oder aus Verzweiflung in den Freitod getrieben werden.

Und die Vertreter dieses barbarischen Nationalismus, der mit

Deutschsein nichts, aber auch rein gar nichts zu tun hat, unterstehen sich, mich als einen ihrer ›Geistigen‹ zu beanspruchen, mich auf ihre sogenannte ›weiße Liste‹ zu setzen, die vor dem Weltgewissen nur eine *schwarze* Liste sein kann!

Diese Unehre habe ich nicht verdient!

Nach meinem ganzen Leben und nach meinem ganzen Schreiben habe ich das Recht, zu verlangen, daß meine Bücher der reinen Flamme des Scheiterhaufens überantwortet werden und nicht in die blutigen Hände und die verdorbenen Hirne der braunen Mordbanden gelangen.

Verbrennt die Werke des deutschen Geistes! Er selber wird unauslöschlich sein wie eure Schmach!

Oskar Maria Graf

Nachschrift zu diesem Protest 1960

Der Inhalt dieses Protestes, der nach dem 10. Mai 1933 in der Presse der ganzen Welt erschien, berichtet über die Fakten, die dazu Anlaß gaben. Die Folge davon war, daß die Münchner Studenten im Beisein der Professorenschaft meine Bücher in der Aula der Münchner Universität verbrannten. Im Juni des gleichen Jahres wurde ich von der Hitlerregierung ›aus dem Deutschen Reiche ausgebürgert‹ und lebte 25 Jahre lang als paßloser Emigrant und Staatenloser in den Ländern meines Exils. Erst im März 1958 erhielt ich die USA-Bürgerschaft.

Heutzutage, da fast jeder Mensch davon überzeugt ist, daß in den letzten Jahrzehnten alle Politik Bankrott gemacht hat, empfindet man sicherlich Bezeichnungen wie ›entschieden sozialistisch‹ oder ›sozialistische Genossen‹ als längst überholte, inhaltlose Phrasen, oder man versteht darunter etwas politisch höchst Anrüchiges, das man, schon rein aus Gründen des privaten Fortkommens, energisch ablehnt. Bei einer Gesellschaft, welche mit aller Hartnäckigkeit bemüht ist, die durch barbarische Diktaturen erzeugte Entmenschlichung unseres gesamten Lebens hinzunehmen oder zu vergessen, ist das weiter nicht verwunderlich. Eine solche Gesellschaft gebärdet sich, je nach dem Machtbereich, in welchem sie sich befindet, konformistisch oder nonkonformistisch, was im Grunde genommen auf das gleiche hinausläuft. Keiner nämlich glaubt mehr an das, was er sich vormacht, und paßt sich der jeweiligen Situation an. Dazu kommt nunmehr seine dauernde Angst vor dem unerwarteten Atomtod, die ihn gänzlich zukunftslos gemacht hat, so daß er sich nur noch dem leeren Sichgehenlassen und der hektischen Jagd nach dem ablenkenden Augenblick ergibt, weil ihm alles andere unwichtig und sinnlos erscheint. In diesem Zustand fällt es ihm um so leichter, sich jeder Selbstverantwortung zu entziehen.

Ich war nie Parteisozialist und habe mir nicht erst von marxistischen Schriftgelehrten sagen lassen müssen, was Sozialismus ist. Mir ist – um mit Gorki zu reden – »mein Sozialismus von Kind an auf den Rücken geprügelt worden«. Das hat mich – nicht etwa aus einem inneren Wagnis, sondern gleichsam instinktiv und zwangsläufig – zum Rebellen gemacht, über dessen Wesen ich mir längst vor Camus Klarheit verschafft habe. Der Rebell bedarf keiner sozusagen moralischen Zurede von anderer Seite, er handelt nicht nach dem Rezept einer politischen Überzeugung, die ihm von irgendwelchen politischen Ideologen oktroyiert worden ist, sondern einzig und allein aus einer grundmenschlichen Empörung gegen jeden Mißbrauch der Schwächeren durch die Stärkeren, aus der erlittenen Einsicht, daß Unrecht und Unmenschlichkeit, niederträchtiger Massenbetrug und chauvinistische Völkerverhetzung gemeine Verbrechen asozialer Machthaber sind. Das macht ihn zum Sozialisten, denn kein Mensch kann schließlich allein und für sich wirken, und bei allem provokativen Einzelgängertum, das ihn kennzeichnet, wird die Grundhaltung des Rebellen doch von dem unzerstörbaren Glauben an die Solidarität der Gleichen bestimmt. Mehr als für jeden anderen Menschen besteht für ihn die unabweisbare Verpflichtung, zu jeder Zeit und mit allen seinen Kräften dafür einzustehen und zu kämpfen, was im Grunde genommen alle wahrhaft sozialistischen Parteien erringen wollen: eine Gesellschaftsordnung, in welcher der einzelne und die Völker das gleiche Recht erhalten, in Freiheit und Frieden am Aufbau einer glücklichen Welt mitzuwirken. Danach habe ich stets zu handeln versucht, und jeder, der dafür kämpfte – ganz gleich, ob er sich nun Kommunist, freier Sozialist oder Sozialdemokrat nannte –, war und ist für mich ein ›Genosse‹. Dafür haben viele meiner Freunde, und nicht nur Arbeiter, sondern auch Geistige, gläubige Christen und Priester, die Folterungen in den Konzentrationslagern oder den Märtyrertod erlitten. Dies je zu vergessen, hielte ich für einen schamlosen Verrat.

Oskar Maria Graf

Bertolt Brecht

Die Bücherverbrennung

[1938]

Als das Regime befahl, Bücher mit schädlichem Wissen
Öffentlich zu verbrennen, und allenthalben
Ochsen gezwungen wurden, Karren mit Büchern
Zu den Scheiterhaufen zu ziehen, entdeckte
Ein verjagter Dichter, einer der besten, die Liste der
Verbrannten studierend, entsetzt, daß seine
Bücher vergessen waren. Er eilte zum Schreibtisch
Zornbeflügelt, und schrieb einen Brief an die Machthaber.
Verbrennt mich! schrieb er mit fliegender Feder, verbrennt
mich!
Tut mir das nicht an! Laßt mich nicht übrig! Habe ich nicht
Immer die Wahrheit berichtet in meinen Büchern? Und jetzt
Werd ich von euch wie ein Lügner behandelt! Ich befehle euch:
Verbrennt mich!

Kurt Tucholsky
[Brief an Walter Hasenclever]
[1933]

[...]

Unsere Bücher sind also verbrannt. Im Buchhändlerbörsenblatt ist eine große Proskriptionsliste für in vierzehn Tagen angekündigt. Dieser Tage stand an der Spitze des Blattes in Fettdruck: »Folgende Schriftsteller sind dem deutschen Interesse abträglich. Der Vorstand des Börsenvereins erwartet, daß kein deutscher Buchhändler ihre Werke verkauft. Nämlich: Feuchtwanger – Glaeser – Holitscher – Kerr – Kisch – Ludwig – Heinrich Mann – Ottwalt – Plivier – Remarque – Ihr getreuer Edgar – und Arnold Zweig.« In Frankfurt haben sie unsere Bücher auf einem *Ochsenkarren* zum Richtplatz geschleift. Wie ein Trachtenverein von Oberlehrern.

Nun aber zu Ernsthafterem. Wenn die umliegenden Völker mehr Würde haben als die meisten Emigranten, die es nicht lassen können, deutsche Zeitungen und deutsche Produkte weiter zu kaufen, statt resolut auch das kleinste deutsche Stück Ware abzulehnen, wenn also wirklich boykottiert wird, kann sich Hitler *in dieser Form* wirtschaftlich nicht halten. Von »Zusammenbruch« ist gar keine Rede – bitte glauben Sie nicht, daß ich in den üblichen Emigrantenfehler verfalle. Aber gar nichts zu fressen ...? Da besteht am Horizont die leise Möglichkeit einer Abwandlung dieser Diktatur in eine Monarchie. Vielleicht nach einem sehr kurzen blutigen Übergangsstadium, aber das ist nicht nötig. Übersteht Hitler den nächsten Winter, dann werden wir mit ihm begraben. Übersteht er ihn nicht, also irgend etwas wie eine Monarchie. [...] Sie werden dann etwas von Treue an das angestammte Herrscherhaus erleben ...! Das ganze Bürgertum würde erleichtert aufatmen. Denn:

Sie haben es *so* nicht gewollt. Gespräch mit einem hiesigen Buchhändler, ennem Sachsen, gleene verschmitzte Augen, naduralisierdr Schweizr. Vermögender Mann. Erst: »Glauben Sie, daß man diese ausrangierten Werfel, Wassermann und so weiter ersetzen kann – hat die nur die Presse gemacht?« – Ich: »Darf ich mal die letzten Börsenblätter sehn?« – Bitte. Und ich lese. Da kommen sie nun aus allen Löchern gekrochen, die kleinen Provinznutten der Literatur, nun endlich, endlich ist die jüdische Konkurrenz weg – jetzt aber! Will Vesper in seiner *»Neuen Literatur«*: immer feste! (Ich werde nun langsam größenwahnsinnig – wenn ich zu lesen bekomme, wie ich Deutschland ruiniert habe. Seit zwanzig Jahren aber hat mich immer dasselbe geschmerzt: daß ich auch nicht einen Schutzmann von seinem Posten habe wegbekommen können.) Binding ist ein großer Mann. Dann: Lebensgeschichten der neuen Heroen. Und dann: Alpenrausch und Edelweiß. Mattengrün und Ackerfurche. Schollenkranz und Maienblut – also Sie machen sich keinen Begriff, Niveau null. Obgleich Vesper so anständig ist, gegen Ewers vorzugehen, hat der *»Horst Wessel«* von diesem 90 Auflagen (*»Hitler«* 383). [...] Na gut. Ich sage zum Buchhändler: »Werden Sie das hier in der Schweiz los werden?« – Er: »Nein. Ich nicht.« – Und nun gings los. Er wäre ja erst Feuer und Flamme für Hitlern gewesen, abr nu schbizdz es sich che immer mähr zu ... kurz: Revolution ja – Aufschwung ja – Juden – immer feste – aber, aber: Geschäfte! Und nun keine Geschäfte ... Die können, soweit ich das sehen kann, auch nicht heute und morgen kommen. Woher denn? Es heißt: panem *et* circenses, nicht: panem aut circenses. Da sehe ich die Möglichkeit, daß der Stern Adolfs verbleicht. Ich brauche Ihnen nicht zu sagen, daß das, was wir einmal die deutsche Linke genannt haben, nicht mehr wiederkommt. Und mit Recht nicht. Was mit mir wird, weiß ich nicht. [...] Und sie werden sich feiern lassen. [...] Und sie werden sich rühmen, wie sie durchgehalten haben! Sie, Herr Hasenclever, waren unterdes an der Riviera, aber wir hier ...! Und Rowohlt wird ein Buch herausgeben: »Vier Monate im Konzentrationslager«, und es wird überhaupt alles herrlich sein. [...]

George Grosz

[Brief an Walter Mehring]

[1933]

[...]

Mit der Bücherverbrennung bin ich im Prinzip einverstanden. Keine Frage, moderne Nationen können mit Militärgesangbuch und Armeeverordnung und ein paar Klassikern auskommen – siehe Rußland! Schade nur, daß nun der ganze »rechte« Hugenbergkitsch anstelle des rosigen roten verlegt wird. Na schön. Daß sie meine Hetzbücher als Symbol mitverbrannten, nehme ich ihnen nicht übel; ein paar Blätter sind ja doch unverbrennbar und werden weiterleben. Wir haben vorerst das game verloren – das ist alles. Hitlermann hat alle Trümpfe in der Hand ...

[...]

[Aus:] Braunbuch über Reichstagsbrand und Hitler-Terror

Auf den Scheiterhaufen!

[1933]

»In Berlin hat die politische Polizei schätzungsweise etwa 10 000 Zentner Bücher und Zeitschriften beschlagnahmt und in die Ställe der ehemaligen berittenen Schutzpolizei geschafft, wo sie einer eingehenden Sichtung unterzogen werden. Die Durchführung der Beschlagnahme ging nicht immer reibungslos von statten. Bald nach dem Bekanntwerden der Aktion schafften viele Büchereien ihre Bücher in Schlupfwinkel, um sie dem Zugriff der Polizei zu entziehen. Die meisten Verstecke wurden jedoch ausfindig gemacht. Viele Büchereien wurden in Remisen, Kellern, Gartenlauben, Böden und in Privatwohnungen verteilt, vorgefunden.«

(»Völkischer Beobachter« vom 21./22. Mai 33.)

»Wir sind nicht und wollen nicht sein das Land Goethes und Einsteins. Eben gerade das nicht.«

(Hussong, »Berliner Lokal-Anzeiger« vom 7. 5. 33.)

»Als der Kalif die berühmte Bibliothek der Stadt Alexandria verbrennen lassen wollte, flehten einige ihn an, diese wertvolle Sammlung zu verschonen.

›Warum?‹ fragte der Kalif. ›Wenn in diesen Büchern steht, was im Koran steht, sind sie überflüssig. Und steht in ihnen anderes, so sind sie schädlich.‹

Deshalb wurde die Bibliothek von Alexandria verbrannt.«

Am 10. Mai loderten auf dem Platz vor der Berliner Oper, gegenüber der Universität, die Flammen eines großen Scheiterhaufens. Der ganze Platz war von braunen und schwarzen Formationen der SA und SS militärisch abgeriegelt. Lastautos brachten riesige Stapel von Büchern. Musikkapellen spielten, Rufe dröhnten, der Propagandaminister Goebbels kam im Auto angerast. Im Jahre neunzehnhundertdreiunddreißig fand dieses einzigartige Schauspiel der Bücherverbrennung statt, begleitet von den Klängen des »Horst-Wessel-« und des Deutschland-Liedes.

Es flogen auf den Scheiterhaufen die Werke von Karl Marx, Friedrich Engels, von Lenin und Stalin, von Rosa Luxemburg, Karl Liebknecht und August Bebel. Die Verbrennung der Werke dieser großen Gelehrten und Kämpfer, die der arbeitenden Menschheit den Weg zu ihrer Befreiung gewiesen haben, wurde zum Schauspiel für eine entfesselte reaktionäre Meute. »Deutschland, Deutschland, über alles ...«!

Es flogen in die züngelnden Flammen die Werke pazifistischer Schriftsteller, es verbrannten die Bücher bürgerlicher Dichter und Sozialreformer, deren Namen den höchsten Rang im bürgerlichen Deutschland bedeuteten. Das Feuer vernichtete Bücher von Thomas Mann und Heinrich Mann, Leonhard Frank, Magnus Hirschfeld, Sigmund Freud, Jacob Wassermann, Stefan Zweig, Bert Brecht, Alfred Döblin und Theodor Plivier. »Deutschland, Deutschland über alles ...«!

Diese Verbrennung von fortschrittlichen Geistesschöpfungen spielte sich unweit der Postamente von Alexander und Wilhelm von Humboldt an der Berliner Universität ab. Wilhelm von Humboldt, der diese Universität begründete, ein Träger des Geistes der Aufklärungsepoche, wollte das Preußen der Junker auf das Niveau der bürgerlichen Welt des Westens erheben. Vor seinem Denkmal führte jetzt die deutsche Studentenschaft in SA-Uniform den Pogrom gegen die fortschrittliche Literatur durch. »Deutschland, Deutschland über alles ...«!

Das knisternde Feuer vor der Berliner Universität, der schwelende Rauch über den Köpfen einer chauvinistisch aufgepeitschten Menge, eine Ansprache des Reichspropagandaministers Goebbels – ein Schauspiel, das von dem hitlertreuen Berliner »12 Uhr-Blatt« in unbewußter Selbsterkenntnis »gespenstisch« genannt wird. Vergessen sind die schlechten Erfahrungen, welche die Unterdrücker aller Jahrhunderte mit ihren Scheiterhaufen gemacht haben! Die Gespenster des Mittelalters werden erweckt. Die Flammen vor der Berliner Universität sollen neben den Werken des Marxismus auch die Spitzenleistungen der bürgerlichen Kultur und Wissenschaft der letzten 150 Jahre in Deutschland verzehren.

In allen Teilen Deutschlands tobt die Zerstörungswut gegen jede fortschrittliche Literatur. Zehntausend von Privatbibliotheken wurden bei den Haussuchungen beschlagnahmt, oft an Ort und Stelle vernichtet oder willkürlich weggeschleppt. Die Bibliothek im Leipziger Volkshaus, eine der wertvollsten und größten Büchereien Deutschlands mit unersetzlichen und seltenen Werken der Arbeiterbewegung, fiel dem Haß der braunen »Kulturträger« gegen den Marxismus zum Opfer.

Einige Beispiele öffentlicher Bücherverbrennungen, nach Meldungen der deutschnationalen »Telegrafen-Union« vom 10. Mai 1933:

»Berlin, 10. Mai. In München fand im Lichthof der Universität eine Feier statt, bei der der Rektor, Geheimrat von Zumbusch, das neue Studentenrecht übergab. Die Festrede hielt der Bayerische Kulturminister Schemm, der über die nationale Revolution und die Aufgaben der Universitäten sprach. Den Abschluß bildete ein Fackelzug zum Königsplatz, wo die Verbrennung undeutscher Bücher stattfand.

In Dresden sprach auf der Kundgebung der Studentenschaft der Dichter Wilhelm Vesper, auch dort bildete sich nach dem Festakt ein großer Fakkelzug, der zur Bismarck-Säule führte, wo nach einer Ansprache des Ältesten der Dresdner Studentenschaft die gesamte Schund- und Schmutzliteratur verbrannt wurde.

In Breslau fand die Kundgebung der Studentenschaft auf dem Schloßplatz statt. Nach der Festrede des Universitätsprofessors Bornhausen wurden etwa 40 Zentner Schund- und Schmutzliteratur verbrannt.

In Frankfurt a. M. leitete Universitätsprofessor Fricke den Akt ein, der auf dem historischen Römerberg vollzogen wurde. Ein Wagen mit der Büchertracht, die symbolisch verbrannt werden sollte, wurde von zwei Ochsen auf den Verbrennungsplatz gezogen. Die Verbrennung schloß mit der Absingung des ›Horst-Wessel‹-Liedes.«

Einige Tage vorher waren in Düsseldorf die Werke des großen deutschen Dichters Heinrich Heine den Flammen des Scheiterhaufens übergeben worden.

Herr Goebbels nannte in seiner Berliner Rede die Fahrt der Ochsengespanne zum Scheiterhaufen, die Verbrennung der Literatur, »eine starke symbolische Handlung«. Die Verbrennung war nicht nur symbolisch gemeint: die Reaktion der deutschen Faschisten will in Wahrheit das gedruckte Wort, das ihr nicht paßt, ganz und gar unsymbolisch verbrennen, so wie sie die Verbreiter und Verfasser der antifaschistischen Literatur physisch ausrotten will.

Eine braune Liste

von verbrennungswürdiger Literatur finden wir in der Hugenbergschen »Nachtausgabe« vom 26. April 1933:

SCHÖNE LITERATUR: Schalom Asch, Henri Barbusse, Bertolt Brecht, Max Brod (ausgenommen sein Roman »Tycho Brahe«), Alfred Döblin (ausgenommen »Wallenstein«), Ilja Ehrenburg, Albert Ehrenstein, Arthur Eloesser, Lion Feuchtwanger, Iwan Goll, Jaroslav Hasek, Walter Hasenclever, Arthur Holitscher, Heinrich Eduard Jacob, Joseph Kalenikow, Gina Kaus, Egon Erwin Kisch, Heinz Liepmann, Heinrich Mann (außer »Flöten und Dolche«), Klaus Mann, Robert Neumann, Ernst Ottwalt, Kurt Pinthus, Theodor Plivier, Erich Maria Remarque, Ludwig Renn (nur sein Werk »Nachkrieg«), Alfred Schirokauer, Arthur Schnitzler, Richard Beer-Hoffmann, Ernst Toller, Kurt Tucholsky, Arnold Zweig, Stefan Zweig, und von Adrienne Thomas das Buch »Die Katrin wird Soldat«.

POLITIK UND STAATSWISSENSCHAFTEN: Lenin, Karl Liebknecht, Karl Marx, Hugo Preuss, Walter Rathenau, Rudolf Hilferding, August Bebel, Max Adler, S. Aufhäusser, E. I. Gumbel, N. Bucharin, L. Bauer und Helen Keller. Von Lassalle alles, außer »Assisenreden« und »Über den besonderen Zusammenhang der gegenwärtigen Geschichtsperiode mit der Idee des Arbeiterstandes«.

GESCHICHTE: Generell sollen sämtliche pazifistischen und »defaitistischen« Schriften entfernt werden, sämtliche probolschewistische Literatur aus der Geschichte Rußlands. U. a. sollen ausgemerzt werden Werke von Otto Bauer, Karl Tschuppik, Oskar Blum, Paul Hahn, Müller-Franken, »Bismarck und seine Zeit« von Kurt Kersten, »Zur deutschen Geschichte« und »Zur preußischen Geschichte« von Franz Mehring, Werke von Glaeser, Upton Sinclair.

Der Leiter des Kreises Berlin-Brandenburg der deutschen Studentenschaft, Gutjahr, leitete die Bücherverbrennung auf dem Platz vor der Berliner Universität. Er ließ außer den Büchern der genannten Autoren u. a. noch Werke von Engels, Sigmund Freud, Emil Ludwig, Alfred Kerr, Ossietzky, Theodor Wolff, Georg Bernhard, Bertha von Suttner, Rosa Luxemburg, Theodor Heuss, Freiherrn von Schöneich und Vandevelde in die Flammen wandern.

Die ideologische Schwäche der braunen Herrscher zeigt sich in diesem Vernichtungskrieg gegen Wissenschaft und Literatur, in dem angeblichen Bestreben, aus den öffentlichen Bibliotheken auch alles verschwinden zu lassen, was zum Verständnis der Geschichte der Kultur und der Wissenschaft unentbehrlich ist.

Die Verbrennung aller Werke des deutschen fortschrittlichen Denkens durch Hitler kann keinen Augenblick vergessen machen, was die Menschheit in der Vergangenheit dem geistigen Leben Deutschlands zu verdanken hat. In den Flammen der Scheiterhaufen auf dem Berliner Opernplatz ist keineswegs die Fähigkeit Deutschlands, der Entwicklung der menschlichen Kultur zu dienen, verbrannt. Nie und nimmer sind Hitler, Goebbels, Göring und Rust die Vertreter des »wahren deutschen Geistes«.

Deutschlands wirklich große Schöpferkraft für den kulturellen Fortschritt ist in jenen Millionen Menschen begründet, die von dem Hitler-Regime als antifaschistische Arbeiter, Wissenschaftler, Künstler und Intellektuelle mit grausamer Härte verfolgt und geschlagen werden. In diesen Millionen ist die Fähigkeit Deutschlands verbürgt, in der Zukunft ein führendes sozialistisches Kulturland zu werden.

Ernst Toller

Offener Brief an Herrn Goebbels

[1933]

Als am zehnten Mai die Werke deutscher Schriftsteller, Philosophen und Forscher auf den Scheiterhaufen geworfen wurden, haben Sie, Herr Goebbels, diesen barbarischen Akt beschützt und gut geheißen und in Ihrer Rede die verbrannten Werke jener Männer, die ein edleres Deutschland repräsentieren als Sie, »geistigen Unflat« genannt.

Sie haben aus den deutschen Verlagen, Theatern, Buchhandlungen, Bibliotheken, Schulen unsre Werke verbrannt, Sie verfolgen die Verfasser, sperren sie ein oder jagen sie aus dem Land.

Sie vertreiben von den deutschen Universitäten die besten Lehrer.

Aus den Konzertsälen die Dirigenten und Komponisten.

Aus den Theatern hervorragende Schauspieler.

Von ihren Arbeitsstätten und aus den Akademien Maler, Architekten, Bildhauer.

Es genügt Ihnen nicht, die zu quälen, die Sie in Ihre Gefängnisse und Konzentrationslager kerkern. Sie verfolgen selbst die Emigranten durch die mannigfachen Mittel Ihrer Gewalt, Sie wollen sie (um in Ihrer Sprache zu reden:) geistig und physisch »brutal und rücksichtslos vernichten«.

Und was ist der Grund so abgründigen Hasses?

Diese Männer glauben an eine Welt der Freiheit, der Menschlichkeit, der sozialen Gerechtigkeit, diese Männer sind wahrhafte Sozialisten, Kommunisten oder gläubige Christen, diese Männer sind nicht gewillt, die Stimme der Wahrheit zu verleugnen und der Macht sich zu beugen.

Die Verfolgungen und Ächtungen sind für uns Verfolgte eine große Ehrung, mancher von uns wird jetzt erst beweisen müssen, daß er diese Ehrung verdient.

Sie geben vor, die deutsche Kultur zu retten, und Sie zerstören die edelste Arbeit der deutschen Kultur.

Sie geben vor, die deutsche Jugend zu erwecken, und Sie blenden ihren Geist, ihre Augen, ihre Sinne.

Sie geben vor, die deutschen Kinder zu retten, und Sie vergiften ihre Herzen mit den schändlichen Phrasen eines stupiden Nationalismus und Rassenhasses.

Sie geben vor, das werktätige Volk zu befreien, und Sie schmieden es in die Knechtsfesseln sozialer und geistiger Unfreiheit.

Sie geben vor, Deutschland von seinen »Schuldigen« zu reinigen, und Sie verfolgen die Schwächsten, die Juden.

Sie geben vor, daß Sie und der deutsche Geist identisch sind, aber Ihre Taten sind die Ächtung der Ideen Goethes und Lessings, Herders und Schillers, Wielands und Rankes und aller jener Männer, die um die reinsten Werte Deutschlands gerungen haben und sie in die Welt trugen.

Ich las in diesen Tagen Ihre künstlerischen Werke und die ihrer Pgs. Daß Sie ein schlechtes Deutsch schreiben, will ich Ihnen nicht zum Vorwurf machen, Gewalt verleiht noch kein Talent, daß Sie aber die deutschen Theater zwingen, diese armseligen Werke zu spielen, ist kläglich.

Sie sprechen soviel vom Heldentum, wo haben Sie es bewiesen? Auch wir kennen ein Heldentum, das Heldentum der Arbeit, des Charakters, des unbedingten Menschen, der zu seiner Idee hält.

Sie sprechen soviel von der Feigheit Ihrer Gegner. Wir versprechen Ihnen, daß Ihre Verfolgungen uns härter, Ihr Haß uns reifer, Ihr Kampf uns kämpferischer machen werden.

Wir sind nicht schuldlos an unserem Schicksal, wir haben viele Fehler begangen, der größte war unsere Langmut.

Wir werden, dank der Lehre, die Sie uns gaben, unsere Fehler überwinden. Und das ist Ihr Verdienst.

Gustav Regler

Am Vorabend der Autodafés

[1934]

Doktor Wassermann, der jüdische Arzt in Mannheim, legte die Mitgliedskarte des »Bundes der Sowjetfreunde« mit einem ironischen Seufzer auf die Seite. Das ist für lange zu Ende, sagte er vor sich hin. Das lange Gesicht, überrieselt von hundert fast spöttischen Fältchen, lockerte jetzt die grimmige Skepsis, die eben noch jene Muskel gezerrt hatte. Er knöpfte den weißen Operationskittel auf und sah in den Garten hinunter.

An der gestreiften Jalousie vorbei fiel ein breites Sonnenband über das Mobiliar des Balkons, über den Liegestuhl, den schwachbeinigen Gartentisch und die bunten Stöße von Büchern, die neben dem Stuhl und überall auf dem Boden verstreut lagen. Wassermann schob mit der Hand einen Stoß auseinander. Es ist lächerlich, dachte er; man weiß doch gar nicht, was sie überhaupt meinen. Sie können doch nicht ein ganzes Jahrhundert wegstreichen wollen. Er las einen Buchtitel: Feuchtwanger, Erfolg! Schön, der hat sie porträtiert, wie sie anfingen: wie sie das Fememorden zu lernen begannen; sie habens gut gelernt. Er griff einen zweiten Band: Arnold Zweig, Grischa. Das gefällt ihnen auch nicht. Fünfhundert Seiten für einen unschuldig Erschossenen, das hören die starken Männer nicht gern. Das ist zuviel Sentimentalität für Leute, die schon wieder einen neuen Krieg brauchen.

Der Arzt starrte auf die verfemten Bücher nieder. Er hatte sie sich ein letztes Mal nach hier draußen zusammengetragen. Sozusagen, um Abschied zu nehmen. Schon seit drei Monaten waren sie ein gefährliches Hausinventar; von morgen, vom 10. Mai 33 an waren sie Anklageschriften, die den Besitzer die Freiheit kosten sollten. Er überlas die Titel auf den Rücken: sie verbrannten tatsächlich den Frieden. Besser gesagt, unsre Kriegsmüdigkeit.

Fast zärtlich stöberte er in dem Buchstoß, man sah den zaghaften Händen den Widerspruch an, der den Mann verwirrte. Was nützte es, dachte er, die Niederlage des Pazifismus zu erkennen? Unfaßlich war doch, daß so viel weit gespannte Menschlichkeit keinen Eingang gefunden hatte in ein ganzes Volk. Unreife Studenten konnten auf den Werken von Gorki herumtrampeln, konnten Balzac beschlagnahmen, und Herr Röhm trug den

Schmiß, in den sein Kutschergesicht ausplatzte, und sein weiches Gesäß wie ein satter Gott auf einem Pferd schaukelnd an der Parade von hunderttausend SA-Burschen vorbei.

Doktor Wassermann bückte sich zu einem zweiten Bücherstoß, griff ein Buch nach dem andern auf und legte es in den Liegestuhl: der »Zauberberg«, intellektuelles Vergnügen vieler Wochen, »Mutter Marie«, wie eine weite Bucht tiefer Gefühle. »Hiob«, Legende, bei der man Scham und Sehnsucht zugleich empfunden hier im abgebrühten städtischen Westen Europas. »Glückliche Menschen« des fanatischen Individualisten Kesten. Wie hautnah dachten sie alle an die Wahrheit herangekommen zu sein? »Gefährten« von Seghers, dichteste Atmosphäre der Emigration. Eine gläubige Fanatikerin. Sie macht manchmal traurig. Sie soll Kommunistin sein. Becher »Ein Mensch unserer Zeit«. Ein Lyriker, der bis zum Letzten gegangen war. Lava über die alte Welt. Und ein fast kindliches Fingerzeigen in das neue Land. Er hat mir Rußland nah gebracht. Aber vielleicht bin ich zu alt für so viel Glauben.

Der Arzt sprang auf. Ich werfe das nicht weg! tobte er. Plötzlich waren sie alle um ihn: die melancholischen frommen Juden von Roth, die verwirrende Chauchat aus dem Zauberberg, die roten Matrosen des Plivier und die Alabama-Girls der Mahagonnyoper. Und mitten hinein donnerten Becher und Weinert ihren roten Alarm. Die Welt eines aufgewühlten, kritischen Jahrzehnts stieg aus den gehäuften Büchern, die irgendein klotziger SA-Mann jetzt abholen durfte. Wehrte sich denn niemand? Sollte es keinen geben, der sich vor seine Bücher stellte, die ihm mehr waren als ein Leben unter solchen Horden jemals werden konnte? Jener Archimedes, der, um seine Zeichnungen zu schützen, sich vor das Schwert plündernder SA warf – sollte es ihn nicht geben in diesen Tagen?

Wassermann schrak zusammen. In der Tiefe der Wohnung schrillte die Hausglocke. Patienten? Seit dem Judenboykott gab es sie kaum noch, die treusten wagten nicht zu kommen. Das Parterre war von ständig lauernden Nazimietern bewohnt. Es konnte nur ein provozierender SA-Mann sein mit einer Sammelliste. Oder – Wassermann überblickte die ausgebreitete Bibliothek – sie kamen schon, um für ihren Scheiterhaufen zu sammeln.

Er merkte, daß sein Herz hart klopfte. Ein engendes Gefühl griff ihm in die Kehle. »Weit weg von Archimedes, mein Lieber«, verspottete er sich und trat in die Wohnung, um zu öffnen. Im Treppenhaus stand ein Arbeiter. Er machte stumme Zeichen und drängte an dem Doktor vorbei in den Vorraum. Ehe der Arzt, der ihn als einen alten Patienten erkannte, grüßen konnte, hatte der Arbeiter die Flurtür zugeschlagen, den Arzt höflich, aber energisch in das Sprechzimmer gezogen und in überstürzter, wenngleich keineswegs ängstlicher Weise den Grund seines Besuches erklärt; er setzte an den Beginn seiner sehr männlich anmutenden Berichterstattung, daß er in der Hauptsache gekommen sei, weil er noch einen Ausweg sehe und das Seine dazu tun möchte, dem Arzt zur möglichen Rettung vor diesen Schurken zu verhelfen.

»Was haben Sie denn vor«, fragte Wassermann, gerührt von der Schlichtheit seines proletarischen Besuchers. Es sei rasch erzählt, versicherte der Arbeiter, und obschon er mit vielen Umständlichkeiten begonnen hatte, hielt er sich jetzt doch an ein konzentriertes Erzählen: auf der Krankenkasse hätten sie heute vereinbart zu sagen, nur der Doktor Wassermann sei ihr Arzt, zu dem allein hätten sie Vertrauen. Der Beamte habe den ersten Genossen (so nannte der Arbeiter die Demonstranten) schroff abgewiesen, beim sechsten aber sei er stutzig geworden und habe in einer Liste nachgesehen; dann sei er weggegangen, während die andern vor dem Schalter gerufen hätten: der Wassermann gibt uns Medizin, der Wassermann schreibt uns krank, wenn wir krank sind, und so ähnlich. Daraufhin sei aber plötzlich SA dagewesen und habe die ganze Bude ausgeräumt, er habe später aber noch gehört, weil er sich unerkannt draußen bei der Schlange wieder angestellt hätte, wie der Beamte zu dem Sturmführer sich geäußert habe, der Jude hätte die Leute wohl aufgehetzt. Und da habe der Sturmführer sich nochmals den Namen nennen lassen und mit einer bestimmten Handbewegung gesagt, der Wassermann sei dieser Tage sowieso fällig.

Der Arbeiter schloß seinen Bericht, sah sich mit einem aus Bedauern und Wut gemischten Blick in dem mit so wertvollem Gerät ausgestatteten Ambulatorium um und meinte dann: »Ja, also Herr Doktor, das Wichtigste ist jetzt: Mal alles sauber machen!«

Der Arzt hörte diesen Ausdruck aus dem ungedruckten Lexikon der Illegalität und wunderte sich, daß er nicht bedrückter wurde von der Nachricht so aktueller Gefahr. Aber er war zu freudig bewegt über die Dankbarkeit, die ihm seine ärmsten Patienten da entgegenbrachten. Er dachte an die Bücher auf dem Balkon. Die Leser von Thomas Mann und Toller und Feuchtwanger standen nicht auf, um ihre großen Lieblinge zu schützen; die erwerbslosen Proleten aber ließen sich für ihren Doktor zur Krankenkasse hinausprügeln. Es gab also den Widerstand: aber wie unerwartet, wie überraschend war die Stelle, wo er geleistet wurde! Ganz unten gab es den Mut – wahrhaftig, das hatte nichts mehr mit Archimedes zu tun! Von ganz unten kam die Stimme.

»Es ist viel da zum – Saubermachen!« sagte Wassermann herzlich, führte den Arbeiter auf den Balkon, zeigte dem neuen Freund die gefährlichen Stöße, nannte einige Autorennamen wie Kisch, Tucholsky als besonders bedrohliche Faktoren und gab dem Arbeiter den Weg zu den Büchern frei, entschlossen, sie ihm auf die erste Frage hin sämtlich als Heizmaterial zu schenken.

»Ich habe einen Platz«, sagte der Arbeiter, »wo sie eine Zeitlang liegen können. Haben Sie einen Koffer da, besser zwei kleine. Ich packe jetzt ein und hole abends alles ab!« Schon kniete er nieder und ordnete die Bücher. Gerührt stand Wassermann an der Flügeltür des Balkons, sah auf den Arbeiter: einmal kommen die da unten dran, das ist sicher. Und ob ichs noch erlebe – so wichtig ist das nicht.

Der Arbeiter hob den Kopf und schielte über die Balkonmauer ebenfalls in den Garten. Es gab anscheinend eine Hinterpforte. Um so besser, dann war der Transport gesichert. Plötzlich sprang er auf, zeigte in unbeherrschtem Erstaunen in die Reihe der Bäume, drehte ein lachendes Gesicht zu dem Arzt, der aber nichts anderes entdecken konnte, als einen halb eingeschrumpften Kinderluftballon; die grüne Blase hatte sich in einer der Birken verfangen, wo sie schwachatmig in dem Geäst schwankte.

»Kann man da hinten hinaus?« fragte der Arbeiter, und als habe er ganz sinnlos gefragt und hätte die Antwort selbst geben können, überstieg er vorsichtig die gestapelten Bücher und verschwand in der Wohnung, um bald im Garten unten wieder aufzutauchen, zum Erstaunen des Arztes ganz in der Haltung eines inspizierenden Gärtners. Wassermann begriff mit einem Mal, wie ungewöhnlich dieser Mann schon auf Vorsicht geschult war. Er sah ihn sich über die Blumen bücken, die Spitzen der Hecken prüfen, und erst nach einer Weile sah er ihn unter der Birke, in der jener seltsame Vogel sich niedergelassen hatte. Nur einen kurzen Augenblick stand der Mann an dem weißen Stamm;

kaum hob er die Arme, aber über ihm bewegte sich schon der Ballon, zitterte und verließ dann den Baum. Der Mann hatte ihn nur gelockert, scheinbar aber etwas abgerissen. In kraftloser Kurve trieb der Ballon an dem nahen Zaun entlang und torkelte in den Nachbargarten. Wassermann verstand das ganze Spiel nicht und trat in den Wohnsaal zurück, neugierig, was der Arbeiter ihm mitzuteilen hätte.

»Er kommt von der Saar«, sagte der Mann aus der Küche tretend. Er hielt eine zerknitterte Zeitung in der Hand, seine Augen blinzelten in kindlicher Freude: »Und die Nazis unten haben nichts gemerkt.«

Welch eine neue Menschenart, dachte der Arzt. Dieser Prolet entwickelte eine spezifische Klugheit, trotz Hunger und Verfolgung. Er griff nach der Zeitung: Arbeiterzeitung. Saarbrücken.

Wie immer, wenn er sich freute, schloß er sein Gesicht und warf die Stirn in skurrile Falten. Neben sich hatte er den Kopf des Arbeiters, der eifrig mitlas und immer wieder zu ihm aufschaute, um die Wirkung im Gesicht des Arztes zu studieren. Wassermann blätterte um: Ein kommunistisches Blatt. Ein Blatt, das den Tod bringen konnte. Er las nur die Überschriften: Göring, der Henker. In der Folterkammer der SA. Hitler, der Thyssenknecht. Arbeiterkorrespondenz aus Neunkirchen. Anfrage an die Saarregierung. Schwarzschürfen vor Gericht. Kultur auf dem Scheiterhaufen.

Sein flüchtiger Blick hielt an. Er zeigte dem Arbeiter einen fett gedruckten Aufruf. Man errichte, so stand da zu lesen, in Paris eine Freiheitsbibliothek: alle von den Nazis verbrannten Bücher sollten zur Schande von Hitlerdeutschland gesammelt und öffentlich den Arbeitern des Geistes und der Hand zugänglich gemacht werden. Die beiden Männer sahen sich an, der Arzt zog ein Geldstück aus seiner Tasche. »Dann geht also die Bibliothek nach Paris«, sagte er. »Machen Sie Pakete! Wenn sie auch welche beschlagnahmen, eins wird sicher durchrutschen. Warten Sie, ich hole Papier.«

Als er aus dem Küchenschrank die Packbogen griff, erinnerte er sich plötzlich, daß so etwas schon einmal vorgekommen war. Jawohl, 1918, im Feldlazarett, als er vier Exemplare von Leonhard Frank, »Der Mensch ist gut«, bei einem Verwundeten gefunden hatte. Er hatte nichts denunziert, hatte die Bücher weiter befördert, eins lancierte er sogar auf den Tisch des Chefarztes. Alarm in allen Baracken. Eine große Untersuchungsaktion. Und trotzdem – heute war es noch anders. Heute war man im Trommelfeuer, während Millionen noch meinten, mitten im Frieden zu sein.

Wassermann warf das Papier vor den Arbeiter: »Wollen wir nicht nach der Saar auswandern?« fragte er in freundlicher Ironie. Der Arbeiter hatte schon das Papier gepackt: »Nein«, sagte er, »die arbeiten so – und wir arbeiten so.« Dann kniete er nieder und breitete die Bogen auf dem Linoleumteppich aus.

Arnold Zweig

Rückblick auf Barbarei und Bücherverbrennung

[1934]

Was mich und so viele Kameraden zwang, Heimat und Habe aufzugeben, enthüllte sich der Allgemeinheit bald. Es trat nicht ans Licht des Tages, sondern an das einer Nacht, wenn man so sagen darf, der denkwürdigen Nacht des 10. Mai 1933; und zwar in dem törichtesten Exzeß, den ahnungslose Köpfe ersinnen konnten und den seine Urheber später wahrscheinlich gern ungeschehen gemacht hätten.

Dank sei der Verehrung des Buches, die durch die griechische Antike wie vor allem durch die jüdische Bibel in die Welt des Westens Eingang fand! Sie erhält jene merkwürdige Feierlichkeit lebendig, die kaum so schnell vergessen werden wird.

Der Vorgang vollzog sich auf dem Platz zwischen Berliner Staatsoper und dem alten Bibliotheksgebäude aus Friedrichs II. Tagen und ließ die Hitlerei der ganzen Kulturwelt befremdlicher erscheinen als vieles, was von den Herren des neuen Deutschland vorher und nachher praktiziert wurde.

Mir freilich waren schon damals viele ihrer Gesetze, Anordnungen und amtlichen Maßregeln schauerlicher erschienen als gerade dieses Autodafé linksgerichteter Literatur und Wissenschaft von Weltruf. Eine Schreckenskammer des Rückfalls und der Barbarisierung hatte sich aufgetan, ohne Scham und ohne Skrupel. Nun finde ich die Gewohnheit, Morde ungestraft zu lassen, schlimmer, die Seelen der Deutschen nachhaltiger zerstörend als das Heizen öffentlicher Plätze mit guten Büchern; mir erscheint die Austreibung, Einkerkerung, Auspeitschung freiheitlich und geistig gesonnener Menschen um ihrer Gesinnung willen oder aus Gründen ihrer Abstammung entehrender für den deutschen Namen und die Herabwürdigung von Liebes- und Ehebeziehungen unter die Perspektiven der Hundezucht widerwärtiger und auch gefährlicher für die Welt als gerade jener Scheiterhaufenakt kümmerlicher Beauftragter des Herrn Goebbels. Aber ich gebe mir Rechenschaft darüber, daß für einen Schriftsteller der Umgang mit Büchern seit seinem zehnten Lebensjahr zur Selbstverständlichkeit gehörte und daß mir des ferneren die Verachtung des Buches durch den deutschen Militarismus nur zu drastisch eingeprägt wurde, so daß gerade dieser Akt der Barbarei nichts Erregendes mehr hatte, schon als er mir in dem folgenden Freundesbericht geschildert wurde:

»Berlin, 14. Mai 1933

... Ich war neulich zur Hexenverbrennung der Bücher, stand eingepfercht von neun bis zwölf Uhr abends, für Dich wäre es körperlich nichts gewesen, aber es hat gelohnt. Umrahmt von einer Opernhausflanke, Hedwigskirche und Alter Bibliothek, war ein Scheiterhaufen errichtet von etwa drei Meter Durchmesser, ganz preußisch mit Lineal geschichtet. Das Publikum, meist kleine Leute mit etwas Mittelstandseinschlag, in weitem Bogen, von Schupo und Seilen abgegrenzt. Auf dem freien Platz machten sich SA und Schupo wichtig. Dann gingen Verkäufer herum: ›Bonbons, Schokolade, Zigaretten!‹ – ›Warme Würstchen, warme Würstchen!‹ Wurstmaxe mit vielen Witzen, überall, wo er entlangging: Lachsalven im Volk. Das Publikum von tierisch zufriedener Blödheit, ganz stumpf, passiv und völlig ahnungslos. Unterhaltungen, wie wir sie nicht schöner erfinden könnten, wurden gezwitschert, Witze gemacht und belacht, die Zeit bis zur Verbrennung gemütlich vertrieben. ›Was verbrennen die eigentlich?‹ – ›Na, jüdische Bücher!‹ – ›Nein, undeutsche, so unsittliche.‹ – ›Sollte man alle nehmen und in die Spree schmeißen!‹ – ›Na, da würde die Spree ja ganz verseucht, erstens wegen der Sperre, wo im Wasser kommen würde, und zweitens, weil die »Biecher« so zersetzend sind. Nee, da müßte man die ganzen Biecher nehmen und den Hausfrauen in die Waschkiche jeben, damit se können die Wäsche mit kochen, da würde man wenigstens Kohlen sparen.‹

Gegen zehn Uhr fing es an zu regnen, schließlich zu gießen, einzelne Schirme wurden entfaltet, ich hatte mir unterwegs von einem Kind einen Kinderschirm geborgt: als ich das winzige Ding öffnete, stürmischer Heiterkeitserfolg. Ich war schadenfroh wegen des nassen Holzes und hörte die einzelnen Meinungen, womit man die Biecher tränken würde, damit sie doch brennten. ›Na, scheen schwarz werden wir ins Gesichte werden, und stinken wird das. Eigentlich war's doch scheener neulich auf dem Tempelhofer Feld.‹ Dann kam ein Zug sehr häßlicher Mädchen, mit roten Nasen, Haarsträhnen und giftigem Gesicht. Sie latschten mit Musikbegleitung, ziemlich klitschnaß und bibbernd über den

Platz. Nach einer weiteren Stunde ein Zug Studenten, sehr schlapp, sehr häßlich aussehend, mufflig und in zufriedenem Trott, viele, viele, viele, mit Fackeln; Jungens und Kinder mit Fahnen. Jeder, der an dem preußischen Scheiterhaufen vorbeikam, schmiß seine pechgetränkte Fackel hinein; das Feuer lohte hoch auf, bis zur Höhe des ersten Stockwerks vom Kronprinzenpalais. Bengalische Beleuchtung und gefilmt! Ich schadenfroh über Blamage vorm Ausland. Dann schleuderten sie in Riesenbögen die Fackeln hoch durch die Luft, die ganze Zeit erklang eine mystisch-düstere Musik in Moll. Jetzt rückten hinten drei Autos an, auf denen stand: ›Möbelfuhre‹. Das waren die Revolutionskarren mit den Opfern. Die Studenten saßen und standen bis aufs Dach dieser Karren, zum Teil in Wichs – bengalisch beleuchtet und gefilmt! Richtig Riesengaudi. Schließlich um Mitternacht, wegen Stimmung, ergriffen sie die Bücher und schmetterten sie einzeln mit Wollust ins Feuer. Die Funken stoben haushoch, und die einzelnen Blätter taumelten brennend durch die Luft, als spotteten sie über diesen Tod. Ich mußte an die heilige Johanna denken: ihr Herz wollte nicht brennen. Dann kam eine Rede von Goebbels mit dröhnendem Lautsprecher: ›Kommilitonen, das Zeitalter des jüdischen Geistes ist nun zu Ende. Vierzehn Jahre habt ihr die Schmach undeutschen Geistes ertragen müssen, habt ihr in Knechtschaft geschmachtet. Heute um Mitternacht nehmen wir die große symbolische Handlung vor, die Befreiung vom jüdischen Geiste. Der jüdische Geist wird verbrannt, und in den Flammen wird der deutsche Geist emporsteigen. Ich übergebe hiermit den Flammen: die Schriften des Juden Magnus Hirschfeld wegen Verbreitung von Unzucht und Entmannung des deutschen Volkes. Ich übergebe den Flammen: die Schriften des Juden Sigmund Freud wegen Unzucht und Verleumdung der deutschen Volksseele. Ich übergebe den Flammen: Heinrich Mann wegen Hochverrats usw. usw. Der arme und harmlose Kästner (Pünktchen und Anton!) wurde auch öffentlich gerichtet, ebenso Theodor Wolff, Georg Bernhard, Kerr, Tucholsky usw. Sie vergaßen: Feuchtwanger und auch Stefan und Arnold Zweig und viele andere, die auf der Liste in einem Universitätsaufruf standen, zu nennen. Aber mir war es doch sehr lieb, daß wir nicht öffentlich aufgerufen wurden, denn mir wurde ordentlich gruslig ums Herz. Dies Volk hätte genauso zufrieden glotzend gestanden, wenn sie die lebendigen Menschen verbrannt hätten. Dann ging alles müde, satt und auf seine Kosten gekommen nach Hause. Als Finale wurde natürlich noch Horst-Wessel-Lied mit hochgehobener Hand angestimmt. Ich als einzige, zwischen Tausenden eingeklemmt, sang weder noch hob den Arm vor den vorbeiziehenden Hakenkreuzfahnen. Ich dachte, es ist mir schnuppe, und wenn die mich lynchen, ich hebe meinen Arm nicht und singe nicht. Aber mir war nun ganz klar geworden, daß an ein Hierbleiben nicht mehr zu denken war. Daß wir gehen müssen. Wohl oder übel...«

Das Grotesk-Komische des Vorgangs vermochte nicht, wie man sieht, der begabten Briefschreiberin sein Schauerliches zu verdekken; und um ihn nicht an der Oberfläche zu belassen, untersucht man, was sich vielleicht an allgemeinen Ortsbestimmungen von ihm ablesen läßt. Was ist eigentlich Barbarei? fragt man sich einmal; welcher Typ Mensch läßt seine Rache symbolisch an Gegenständen aus? Welcher Grad von Selbsttrunkenheit macht so blind und toll, daß man die Wirkung völlig außer acht läßt, die in einer wissenschaftlich und geistig gerichteten Kulturwelt die Vernichtung so hochgezüchteter Geistigkeit notwendig haben mußte?

Man weiß, daß die seefahrenden Völker des Nordens – Nordgermanen nennt sie die Wissenschaft nach ihrer Sprachgruppe – in die römische Welt einbrachen, hungrig nach Essen, nach Genüssen, nach Reichtum, nach Land. Da sie andere Gegenwerte als Rudern und Segeln, Kämpfen und Sterben nicht zu bieten hatten, blieb ihnen nur, um das Begehrte zu erwerben, Gewalt und Raub – zumal Arbeit ihnen als entehrend galt, gut genug für Frauen und Sklaven, und sie jede lang andauernde Anstrengung ablehnten. Wie schlecht erzogene Kinder vermochten sie sich nur dann einer Tätigkeit zu widmen, wenn sie ihnen Rausch und Lust verschaffte – jenen Rausch und jene Lust, die mit dem wilden und kurzen Einsatz aller Körperkräfte zusammenhängen und von der Wissenschaft Funktionsfreude genannt werden: Glück der Muskeln und Organe, des Hauens, Treffens, Rasens. Es war keine kleine Leistung der modernen Welt, diese Wildheit zur Freude an sportlicher Tüchtigkeit, körperlichem Können und leiblicher Schönheit emporzuzüchten. Zwischen diesen Germanen und den hunnischen Reitervölkern war prinzipiell kein Unterschied. Zeigten jene eine große Seetüchtigkeit, so konnten diese ihre überlegene Kavallerietaktik bis nach Gallien tragen, nach Châlons-sur-

Marne, wo sie von bereits zivilisierten Franken und Westgoten unter der Führung römischer Legionen und ihres Generals Aetius ihre Marne-Schlacht erlitten. Sie, wie jene nordgermanischen Seehelden nun, machten sich unsterblich, weil sie unter anderem des Goldes und des Elfenbeins wegen griechische Statuen zerschlugen oder ihren Köpfen die Emailaugen ausstachen, die sie für Edelsteine hielten. Sie kannten den Wert von Gold, Elfenbein oder Beryll; daß die Form der Statuen, ihre Einmaligkeit und Schönheit, einen unvergleichlich höheren Wert verkörperte, begriffen sie damals nicht, kein Ahnen davon sprach noch zu ihren Seelen. Und doch waren sie dazu bestimmt, nach einer Erziehung von tausend Jahren selbst Bildwerke hervorzubringen, die auf ihre Art den griechischen glichen.

Die Barbaren der Völkerwanderung also traten als naive Räuber in die westliche Gesittung ein, voll von Kräften und Möglichkeiten; aber die Menschheit hat ihnen noch heute nicht vergessen, daß sie damals eine Welt geistiger Werte zerstörten, nur weil sie kampftüchtiger waren, weniger Seelenkraft und Lebensstrom in höhere menschliche Betätigungen umgesetzt hatten. Der Barbar, der zum Feueranmachen zufällig das einzige Manuskript einer Tragödie des Euripides benutzt, welche von nun an zu den »uns leider nicht erhaltenen Werken des Dichters« gehört – weiß er, was er tut? Im entferntesten nicht – weder was eine Tragödie ist, noch wer Euripides war, noch was der Vers eines Dichters wiegt. Hätte er den grauhaarigen Mann Euripides in einem erstürmten Hause vorgefunden, er hätte ihn erschlagen, wie jener römische Soldat den Archimedes, oder zum Sklaven gemacht, wie der berberische Moslem den Cervantes, und dabei das beste Gewissen gezeigt, ja kräftig gelacht, wenn jemand versucht hätte, ihn über die Tragweite seines Tuns aufzuklären. Weder war sein Wissen so erzogen noch seine Phantasie so tragfähig, ihn Achtung vor den Trägern des Geistes zu lehren: er schlägt sie tot, mißhandelt sie, drillt sie den ganzen Tag, belustigt sich an ihren Qualen und bildet sich ein, man werde zum Schluß die Ausrede gelten lassen, er habe nicht gewußt, was er tue. So verhält sich dem lebendigen Menschen gegenüber, wer die Bücher der klaren und mutigen Schriftsteller verbrennt.

Heute nämlich, nach fünfzehnhundert Jahren, stehen wieder Barbarenhorden auf, trunken von der Begierde, sich materielle Werte, Arbeitspläne diesmal und Bankguthaben, durch Anwendung körperlicher Gewalt zu verschaffen. Vier Jahre Krieg hatten genügt, um die Achtung vor Rechten, Gesinnungen, Fleiß und Tüchtigkeit abzuschleifen, die die europäische Gesittung ihnen angezüchtet hatte. Da sie sich von Anfang an der militärischen Machtzentren bemächtigen durften, die der Weimarer Republik geblieben waren, ließ man sie ungestört, ängstlich zusehend, so groß werden, daß sie sich zunächst einmal mit Gewalt das deutsche Volk unterwerfen konnten. So setzten sie sich in den Genuß seiner Geschicklichkeit, Gesittung, seines Fleißes und des Rufes vor allem, welchen der deutsche Friedensaufbau während der letzten vierzehn Jahre dem deutschen Staatswesen wieder verschafft hatte. Daß man Deutschland wieder achtete und die Untaten des Krieges in Belgien, Polen, Serbien, überall, zu vergessen begann, daran waren, nach dem allgemeinen Urteil, außer den deutschen Republikanern und Sozialisten, den großen deutschen Gelehrten und Künstlern auch wir deutsch-jüdischen Geistigen erheblich beteiligt.

Und nun, um sich gleich recht einzuführen, ja keinen Irrtum aufkommen zu lassen, wirft sich das Dritte Reich, trunken von seinem Siege, dem kein Kampf vorherging, auf das, was sich mit Waffen nicht verteidigen kann, auf die jüdische Minderheit, die christlichen Kirchen und die geistigen Werte. Jene werden ausgetrieben, entrechtet, unterdrückt, besudelt, der Willkür von Streichern und Anstreichern preisgegeben oder durch läppische Prozesse erniedrigt; diese werden öffentlich verbrannt, um kundzutun, wie wenig in den Seelen dieser neu heraufquellenden Schicht die Achtung vorhanden war, die Judentum, Christentum und europäische Neuzeit überallhin getragen zu haben glaubten: die Achtung vor dem Buch. Wieder zerstört man Werte, die man nicht begreift. Wieder wundert man sich über das Aufheben, das die gesund gebliebene Welt von diesem Akte macht, wieder hält man seine Rückbildung für das Recht des Stärkeren und Besseren, für höhere Art und kulturelle Gesundung.

Es ist nur zu klar: diese Art militarisierter Kleinbürger kennt keinen anderen Respekt als den, den scharfes Zuschlagen erzeugt. Der Dünkel, mit dem sie auftreten, fehlt nur noch an dem Krankheitsbilde, das sich dem Sachkenner bietet: ungezügelte Machtgier, Lustverlangen unter Ablehnung der Arbeit (arbeiten müssen andere), Begeisterung für körperliche Funktionsfreuden, Bereitwilligkeit, sich die Güter der Welt durch den Einsatz des Lebens in einer Anzahl Kampfhandlungen zu verschaffen, und die Ahnungslosigkeit vor den wahren Werten, die unsereinem das Leben reich und schön machen: alles das ist wieder beisammen. Aber diesmal tritt man nicht mehr naiv auf, sondern hysterisch und darum noch gefährlicher als ehedem. Die Wikinger, Normannen, Dänen brauchten viele Jahrhunderte, bis sie wiedergutmachen konnten, was sie damals angerichtet; aber sie brachten als Entgelt wenigstens unverbrauchten Seelenstoff in die europäische Zivilisation, das unermeßliche Kraftreservoir aus den Einöden der Gletscher. Was aber bringt die ausgelaugte, von hysterischen Reden trunkene Jugend der deutschen Großstädte und Landstriche Neues, Unverbrauchtes für Europa mit? Erinnert man sich nicht mehr der Leere, die anderthalb Jahrhunderte lang das Leben der preußischen Garnisonen auszeichnete? Hat man schon die kulturelle Anmaßung vergessen, mit welcher das kitschigste wilhelminische Borussentum auf das Frankreich, Rußland, England des neunzehnten Jahrhunderts herabsah, nur weil die Literaturen und Philosophien dieser drei Reiche hoffnungslos oberhalb dessen lagen, was der preußische Kommißmensch zu erblicken vermochte? Dieser preußische Kommißmensch aber war ein Muster an innerer Sauberkeit, verglichen mit dem Menschentyp, den das Dritte Reich überall hinstellt, wo es an die Welt grenzt: stellen muß, denn es hat nichts anderes. Niemals – man wird versucht, in Superlativen zu schreiben – hat es eine kahlere Mischung von Unvermögen und Selbstlob gegeben als das Geistesleben im Braunen Reich; jeder Schritt führt zur Selbstentlarvung, den die Machthaber in die Welt der Formen und Erlebnisse wagen. Das erste Jahrzehnt des zwanzigsten Jahrhunderts hatte den Deutschen seit langer Zeit wieder vorwärtsgewandte Schöpfer gegeben, die durch Worte, Farben, Plastiken, Töne noch unerschlossene Seelentiefen zum Ausdruck zu bringen suchten, vorwegnehmend-geschmeidig und künstlerisch hochgezüchtet wie die Brüder Mann, ins Neue vordrängend wie Wedekind und Lehmbruck, Kokoschka und Barlach, roh durchbrechend wie Schmidt-Rottluff oder um den Bildaufbau kämpfend wie Rohlfs, Kirchner, Franz Marc, Paul Klee. Der Haß gegen sie konnte sich damals nur laut, aber nicht gewalttätig äußern; es war derselbe Haß gegen die wirkliche Kunst und den Sinn von Kunst und Geist überhaupt, den einst die gleichen, nur französischen Spießbürger gegen Manet, Cézanne, van Gogh betätigten. Kein Propagandaministerium der Welt vermag darüber hinwegzutäuschen, daß Haß gegen wirkliche Kunst, solange sie zeitgenössisch und lebenswichtig ist, Haß gegen den kritischen und schöpferischen Geist, Haß gegen alles Ungewohnte, Unabgegriffene, Durchbrechend-Neue als Anzeichen der raubbereiten Barbarei verstanden wird, der naiven wie der hysterischen. Wer Bücher verbrennt, verbrennt auch Bibliotheken, bombardiert offene Städte, schießt mit Ferngeschützen oder Fliegerbomben Gotteshäuser ein. Die Drohung, mit der die Fackel in den Bücherstapel fliegt, gilt nicht dem Juden Freud, Marx oder Einstein, sie gilt der europäischen Kultur, sie gilt den Werten, die die Menschheit mühsam hervorgebracht hat und die der Barbar anhaßt, weil er halt barbarisch ist, unterlegen, roh, infantil. Unentwickelt oder im Rückfall – das gilt hier gleich. Der Historiker Delbrück glaubte das Eindringen der Barbaren in römisches Gebiet auf die Erschöpfung der Goldbergwerke im Epirus zurückführen zu müssen. Das Römische Reich, unfähig, seine Heere mit Geld zu löhnen, besoldete sie durch Übergabe von Land an die Veteranen und machte sie dadurch unbeweglich, an den Boden gebunden, zahlenmäßig beschränkt durch die verfügbaren Ländereien. Die heutige Welt, höher entwickelt als das kaiserliche Rom, kennt diese Schwierigkeiten nicht; aber es scheint, daß andere, uns noch rätselhafte Vorgänge ihren Blick trüben, ihr Verständnis für die Zeichen der Zeit lähmen und den Willen zur Abwehr schwächen, der wieder einmal die Güter der Gesittung zu verteidigen hätte. Da wir ein Geschlecht sind, das schon viel erlebt hat, werden wir wohl auch noch schaudernd und staunend Zeuge des Ausgangs sein, den dieser Kampf nimmt – der Kampf zwischen der Gesittung und der Gier nach Macht oder, kurz: zwischen dem Buch und dem Brand.

Denn man irre sich nicht, gehaltvolle Bücher sind schwer zu verbrennen, und es sollen schon einmal Brände durch Bücher erstickt worden sein.

Erich Weinert

Der Brand auf dem Opernplatz

[1935]

Das war nicht neu, das waren alte Dinge,
Das war zu allen dunklen Zeiten Brauch:
War je ein Regiment der Finsterlinge
Von Angst bedrängt, daß es der Geist bezwinge,
Umwölkte es verfallner Götzen Bauch
Mit Blutdampf, Brandgeruch und Opferrauch.

Ich nenne Finsterlinge jene Brut,
In deren innerem Wesen es beruht,
Des Unrechts Privilegien zu erhalten.
Sie stellt des Urrechts gärenden Gewalten
Gewalt entgegen, um sie auszuschalten.
Sie selber lebt vom Unrecht, das sie tut.

Wir wissen doch, weshalb sie uns verbrannten:
Der deutschen Feigheit, die wir tief erkannten,
Wir hatten dieser Feigheit Mut gemacht.
Millionen Feuer hatten wir entfacht,
Daß er nicht irrlief beim Beginn der Nacht.
Drum wissen wir, weshalb sie uns verbannten.

Das war nicht neu. Wer je den Massenglauben
An gottgesetzte Ordnung unterwühlt,
Den hieß es seiner Stimme zu berauben.
Denn dieser Stimme Schall zerbrach die Schrauben
Und drohte wie ein Donner zu zerstauben,
Was nur die Dummheit noch zusammenhielt.

Drum griffen sie in ihrem ersten Grimme
Nach unsrem Wort mit ihrer Mörderhand.
Sie zündeten ein Feuer auf im Land
Und glaubten, daß es in der Glut verglimme.
Sie glaubten, sie verbrennten unsre Stimme.
Doch war es nur Papier, was sie verbrannt.

Wir sind noch da. Wir sind noch nicht begraben.
Wir sind nicht schmählich aus der Welt geflohn.
Sie fühlen unsre Stimme sie bedrohn.
Denn nichts als Angstwut brüllt aus ihrem Hohn,
Weil wir dem Regiment nicht Ruhe gaben.
Sie wissen, daß wir scharfe Waffen haben.

Wer in die Hände fiel der Niedertracht,
Sie hat den Mund der Wahrheit stumm gemacht.
Doch seine Stimme ist nicht umgebracht;
Sie lebt in unsrer Bruderschaft Gedächtnis.
Aus unsrem Munde in der Zeiten Nacht
Erschalle neulebendig ihr Vermächtnis!

Wir sind noch da. Nicht müde des Gefechts.
Wir schreiten über die im Kampf Verglühten.
Wir scheuchen aus der Dämmerluft der Mythen
Die Henkermeister und die Troglodyten,
Bis siegreich aufflammt über dem Gekrächz
Das Wort der Wahrheit und das Wort des Rechts!

Alfred Kantorowicz
Ein Jahr Deutsche Freiheitsbibliothek
[1935]

Verehrte Freunde und Kollegen, werte Genossen,

Am 10. Mai 1935 sind zwei Jahre vergangen, seit auf öffentlichen Plätzen in den Haupt- und Universitätsstädten des Reiches frenetisierter Pöbel, angefeuert von Ministern und willfährigen Professoren, den Extrakt der fortschrittlichen deutschen Literatur seit Gotthold Ephraim *Lessing* in die Scheiterhaufen warf. Durch Haß und durch Unkenntnis getrübt, zelebrierten deutsche Studenten aller Orten mit »Feuersprüchen« diesen Akt des Vandalismus. Auf dem Opernplatz in Berlin, zu mitternächtlicher Stunde, vor den flammenden Holzscheiten, romantischer Kulisse, die die *Wirklichkeit verdecken soll*, hielt der Reichsminister *Goebbels* seine »Festrede«: »Das Alte liegt in den Flammen«, rief er aus. »Das Neue wird aus der Flamme unseres eigenen Herzens emporsteigen.«

Die Studenten, die SA, die Kleinbürger, die gekommen waren, einem romantischen Schauspiel beizuwohnen, sie glaubten an die *»Flamme des eigenen Herzens«*, worunter sich jeder das seine vorstellen mochte. Dieser Appell verlangte kein Nachdenken, er verlangte Hingebung; er entsprach ihrer Trägheit und dem Bedürfnis ihrer *soziologischen Unsicherheit*, sich selbst bestätigt zu wissen. Er entsprach nicht der Wirklichkeit aber dem Wunschtraum, in dem die bürgerliche Jugend jener Tage schwelgte. Ihnen allen hat ein beispielhafter Vertreter ihrer selbst das Wort geredet: Ernst von Salomon, der sagte: »Nicht um die Dinge zu wissen, war nötig, sondern ihnen hingegeben zu sein.« Sie wußten nicht, daß sie, bereitwillig und dienstbar den *Verführern* und *falschen Magiern*, den Flammen übergaben: *Wegweiser* der *Vergangenheit* und der *Zukunft*, ihrer *eigenen* Zukunft.

Diese Studenten und mit ihnen die deutschen Kleinbürger, Angestellte, Beamte, Handwerker, kleine Kaufleute, wußten nicht und wissen noch nicht, gegen was sie kämpfen und wofür sie kämpfen. Das ist ihre Stärke; es ist zugleich ihre Schwäche. Sie kämpfen *gegen sich selbst*, sie zerschlagen wütend die eigene bessere Zukunft, da man ihnen suggeriert, sie zerschlügen eine schlechte Vergangenheit. Sie kämpfen hingegeben für die Restauration des Schlechten aus der Vergangenheit, da man ihnen weismacht, sie kämpften für die bessere Zukunft. So *vernichten* sie wollüstig und besessen, was der *Größe*, der *Würde*, der *Freiheit* und der *Zukunft des deutschen Volkes* gedient, indem sie vermeinen zu vernichten, was die Vergangenheit geschändet und die Zukunft versperrt habe.

Phantome sind es, gegen die sie kämpfen, denn es gibt weder diesen »Marxismus«, noch diesen »Kulturbolschewismus«, gegen den sie anrennen wie Don Quixote gegen die Windmühlenflügel. In der Wirklichkeit ist dieser »Marxismus«, gegen den gehetzt wird, dieser »Kulturbolschewismus«, der ausgerottet werden soll, nichts anderes als das Spiegelbild gerade jener Untaten, welche die Gewalthaber im heutigen Deutschland selbst begehen und selbst planen – also das ungefähre Gegenteil von dem, was wirklich Marxismus und wirklich Kulturbolschewismus ist. Die Verführten lassen sich narren von diesem Popanz, diesem ad hoc konstruierten Bürgerschreck grausiger Phantasie. Denn die, von denen sie geführt zu werden glauben und in Wahrheit verführt werden, sind eifrig und mit allen Mitteln der modernen Technik am Werke, die allgemeine *Verwirrung* zu vergrößern. Sie wissen, daß nur die *Unwissenheit* der Verführten den falschen Propheten im Dienste zynischer Profiteure Spielraum läßt. Wenn die Unwissenheit aufhört, ist es mit ihrer Macht vorbei. Sie setzen alles daran, die Unwissenheit zu erhalten und zu verhindern, daß die Wahrheit, die Erkenntnis der Wirklichkeit sich Bahn bricht. Deshalb haben sie die Unwissenden dazu verführt, jene Bücher zu verbrennen, aus denen sie die Wahrheit hätten erfahren können, wenn sie darauf gekommen wären, sie zu lesen.

Es ist *kein Zufall* gewesen, keine Affekthandlung, sondern eine *planmäßige Aktion der nationalsozialistischen Staatsraison*, daß von Lessing bis Heinrich Mann, von Marx bis Lenin, von Heine bis Wassermann, von Voltaire bis Gorki die Werke der Schriftsteller und Wissenschaftler des fortgeschrittenen Bewußtseins seit zwei Jahrhunderten verbrannt, verboten, zensuriert, verleumdet oder de facte unterdrückt worden sind. Was übrig blieb, wurde falsch interpretiert, böswillig zensuriert dargeboten mit untergeschobenen Inhalten, die niemals die Inhalte jener Schriftsteller der Weltliteratur gewesen sind. Nehmen wir als ein Exempel die Aufführung von Schillers »Don Carlos«, in der die Worte: »Sire, geben Sie Gedankenfreiheit« fehlen.

Es ist ein *kurzatmiges* Beginnen, kurzatmig wie das ganze Unternehmen des Nationalsozialismus, der mit hysterischem Gekeuch für sein »Tausendjähriges Reich« plädiert, dieses Reich, welches in der tieferen Wirklichkeit schon jetzt ein Anachronismus ist und sehr bald nur eine unselige Epoche der Geschichte sein wird, zwischengeschaltet in einer Zeit großer historischer Umwälzungen. Armseliges Unterfangen, die historische Bedeutung eines Ludwig *Feuerbach* dadurch vergessen machen zu wollen, daß unausgegorener Pöbel, der keine Zeile seiner Schriften gelesen, geschweige denn begriffen hat, seinen *Grabstein* verwüstet. Unsinniges Beginnen, die Lehre von den wirklichen Verhältnissen der Menschen, die *Marx* und *Engels* gegeben haben, aus der Welt schaffen zu wollen mit dem Verbot ihrer und ihrer großen Nachfahren Schriften. Groteske Anmaßung, die Tatsachen, die, den wirklichen Verhältnissen der Menschen entsprechend, Lenin, Stalin und ihre großen Schüler geschaffen haben, verschweigen zu wollen dadurch, daß die literarischen und philosophischen Zeugnisse der vollzogenen großen Revolution von den Hitler, Goebbels und Rosenberg für »Schmutz und Schund« deklariert werden. Kindlicher Versuch, einen der größten Deutschen, Gotthold Ephraim *Lessing*, um seine historische Bedeutung bringen zu wollen, indem man einen Bartels, diesen Literaturprofessor von Gnaden der Literaturverächter, auf ihn losläßt. Lächerlicher Anspruch, zu vermeinen, daß die Deutschen, die *Heines* Lieder lieben, sie vergessen könnten, weil einige Narren sie als undeutsch auf einen närrischen Index setzen. Und was für ein Unterfangen kurzsichtiger Gewalttäter, mit einem Schlage beinahe die ganze zeitgenössische Weltliteratur vergessen machen zu wollen, von *Selma Lagerlöf* bis *Gorki*, von *Gide* bis *Romain Rolland*, von *Dreiser* bis Andersen *Nexö*, von Heinrich *Mann* bis Lion *Feuchtwanger*, von ... bis ...: es gibt ja kaum einen Namen eines großen lebenden Schriftstellers, dessen Person und dessen Werk nicht gehaßt, verachtet, angegriffen, wenn nicht gar verboten oder verschwiegen wird.

Es ist *vergeblich*, was sie planen, so selbstsicher und höhnisch sie es auch unternehmen, die Wahrheiten, die in der großen Literatur enthalten sind, als undeutsch zu diskriminieren. Niemals ist etwas dadurch undeutsch, daß es wahr ist, daß es der Freiheit und dem Fortschritt der Menschen zu dienen versucht hat. Das merken schon viele im Bereich des unglücklichen Zwischengebildes, das sich den Namen »Drittes Reich« gegeben hat. Den legitimen Wunsch der Menschen, die Wirklichkeit zu erkennen, können auch auf kurze Dauer die Metaphern nicht befriedigen, welche die Volksbetrüger an die Stelle der Wirklichkeit zu setzen wünschen.

In diesen Jahren ist stark geworden die *Begierde nach der Wahrheit*, die die große Literatur vermittelt. Diese Begierde ist unbezähmbar. Tausende von Beispielen zeigen uns, daß in Deutschland heute die gute Literatur und alle Bücher, welche von den wirklichen Verhältnissen der Menschen zeugen, inbrünstiger *gesucht* und *studiert* werden als je in Zeiten, da sie offen auf dem Markte lagen. Das vielleicht beweiskräftigste Merkmal für die unbezähmbare Gier Zehntausender nach guter – und das ist im Fall Hitlerdeutschland gleichzusetzen mit verbotener – Literatur, ist die Tatsache, daß selbst dieses Bedürfnis kommerzialisiert worden ist: in Deutschland blüht heute der Schleichhandel mit Büchern, die auf dem nationalsozialistischen Index stehen.

Es ist noch nicht genügend bekannt, daß dieser Drang nach der Wahrheit, nach Erkenntnis und Darstellung der wirklichen Verhältnisse sich in Deutschland selbst nicht nur rezeptiv, sondern auch *produktiv* bemerkbar macht. In der letzten Zeit sind eine Anzahl von Manuskripten in unsere Hände gelangt, teilweise von unbekannten Autoren, aus den Grenzen des »Dritten Reiches« unter Lebensgefahr herausgeschmuggelt. Sie zeigen uns, daß die Vorgänge in Deutschland aus dem unmittelbaren Erlebnis heraus ihren echten literarischen Niederschlag finden. Sie wissen nicht nur von den Leiden, sondern auch von dem unbeugsamen Widerstand, der Neuformation der deutschen Revolutionäre, der Avantgarde besserer Zukunft, zu berichten. So unbehülflich in Sprache und Kunstmittel sich einige dieser Manuskripte noch darbieten, gerade sie sind es, die unsere Hoffnungen bestärken, daß neben den offiziell begünstigten quasi-literarischen Äußerungen eine echte Literatur unterirdisch wächst, eine Literatur, die entlarven wird, die richtigstellen wird, die Zeugnis ablegen wird.

Der wichtigere Teil der Arbeit für die bessere Zukunft wird in Deutschland selbst geleistet; wir wissen es. Das konnte uns, deutsche *Emigranten* in Frankreich und aller Welt, nicht hindern, uns ebenfalls einzusetzen auf allen Gebieten für die Erkenntnis der Wahrheit über Deutschland. Der Kampf unserer Freunde im

Lande mußte uns anspornen, da wir Leben und relative Freiheit gerettet hatten, überall uns einzusetzen *für* unser Volk, für seine *Befreiung aus Knechtschaft und Lüge*. Ein kleiner Sektor dieses Kampfes war, daß wir mit Hilfe der französischen und englischen Freunde, bedeutender Männer und Frauen wie H. G. *Wells*, Bertrand *Russell*, Wickham *Steed*, Professor *Haldane*, Lady *Oxford*, Romain *Rolland*, André *Gide*, Professor *Langevin*, Professor *Levy-Bruhl*, Heinrich *Mann*, Lion *Feuchtwanger*, Bruno *Frank*, Professor Georg *Bernhard* neben vielen anderen deutschen, französischen, englischen, auch schweizerischen Intellektuellen am 10. *Mai* 1934 in *Paris die »Deutsche Freiheitsbibliothek«* errichteten, die zu Studium und Lektüre die wichtigsten jener Bücher und Schriften enthält, die in Deutschland heute nur illegal gelesen werden können.

In *Paris*, in *London*, in *Prag*, in *New York* und *Boston* fanden im vergangenen Jahr öffentliche Kundgebungen der hervorragendsten Intellektuellen dieser Länder statt: eine Demonstration gegen die Schändlichkeit der Unterdrückung und Verleumdung der Weltliteratur in einem ehemals großen Kulturlande, für die Bewahrung des großen *Kulturerbes*, für die *Zukunft*, die *Macht* und die *Wahrheit* der *Literatur*.

Angespornt durch die intellektuelle Solidarität der großen Schriftsteller, Wissenschaftler und Künstler der Welt, haben wir unter schweren, gestehen wir es zu: zeitweise unter verzweifelten materiellen Bedingungen unsere Bibliothek und das ihr angegliederte Archiv von rund zweihundertfünfzigtausend Belegstücken über die wirklichen Verhältnisse im »Dritten Reich« erhalten, erweitert, all denen zugänglich gemacht, die lernen, erkennen und kämpfen wollen. Die Verlage und die Zeitschriften der deutschen Emigration haben unsere Materialien in Anspruch genommen, die meisten großen politischen und kulturpolitischen Werke der Aufklärung und des Kampfes, die in der deutschen Emigration erschienen sind, beziehen sich zurück auf das Material, das bei uns gesammelt worden ist und das wir gerne zur Verfügung gestellt haben und auch in Zukunft zur Verfügung stellen werden.

Heute, am 10. Mai 1935, sind unsere Freunde in London, in Prag, in New York, in Boston und hier in Paris versammelt, um erneut die Notwendigkeit unserer Arbeit und unseres Kampfes zu bekennen. Wir versprechen: uns nicht klein kriegen zu lassen. Wir vertreten hier auf diesem *kleinen Sektor des großen Kampfes* mit unseren schwachen, aber ganz hingegebenen Kräften, die Zukunft, die über eine fatale Gegenwart triumphieren wird. Wir marschieren *an der Seite der Wahrheit*, die nicht auf die Dauer verfälscht werden kann, ebensowenig wie die großen Wahrheiten der Weltliteratur auf die Dauer den dummen Lügen und den brutalen Repressalien der Betrüger unterliegen können.

Paul Zech

Die Tür ins Freie

[1935]

Auf einem Scheiterhaufen brannte
sein Werk verspottet und bespien.
Und als er durch die Straßen rannte
und sein Gesicht wie eines Irren schien:

Es hat ihn niemand aufgenommen
wie man zu einem Wurm sich bückt /
wenn Wagenräder immer näher kommen.
Das Rad / es hätt' auch ihn zerdrückt.

Gott aber hat ihm eingegeben /
daß es nicht wert ist / dieses Narrenspiel /
nur einen Tag dafür zu leben.
Und was er hier verlor: es wog nicht viel.

Nur was geschehen mußte /
zu dem war jetzt sein Ich erwacht.
Und was er weiterhin noch wußte /
hat ihm die Tür ins Freie aufgemacht.

Ernst Ottwalt

In diesen Tagen

[1936]

I

In diesen Tagen wird die Erinnerung wach an jenen 10. Mai des Jahres 1933, der als der Tag der Schmach und der Schändung heute schon in die Annalen der Kulturgeschichte eingegangen ist: der Tag der Bücherverbrennung auf dem Opernplatz in Berlin.

Tag der Schmach und der Schändung, – er ist und bleibt es, wenn sich auch bei manchem ein belustigtes Erstaunen einstellen mag über den kindischen Aberwitz derjenigen, die allen Ernstes wähnten, was sie da den Flammen übergaben, sei vergessen und vernichtet für alle Zeiten. Und es bedarf zu diesem Erstaunen nicht erst jener Selbstpersiflage der Nationalsozialisten, die an jenem 10. Mai in Frankfurt am Main vor sich ging. Dort hielt man es für einen besonderen Schimpf, daß man die für das Brandopfer bestimmten Bücher auf einem Rollwagen zum Scheiterhaufen fuhr, vor dem zwei Ochsen gespannt waren. Metzgergesellen mit weißen Schürzen führten sie am Halfter, und vor ihren unschuldigen Stirnen trugen die Ochsen ein Brett, auf dem die Parole dieses Tages zu lesen stand: »Wider den undeutschen Geist«!

Tag der Schmach und der Schändung, – sie können es nicht lassen: mit einer Brandstiftung begannen sie ihre blutige Herrschaft, selbst, wenn sie »Kultur« stammeln wollen, kommen sie ohne Brandstiftung nicht aus, und sie werden – steht das Volk nicht vorher gegen sie auf – damit enden, eine ganze Welt in Brand zu setzen ...

So begann der Wahnsinn der faschistischen Kulturbarbarei: da standen sie in weitem Viereck um den Scheiterhaufen, ein feuchter Frühsommerabend hatte sich auf die Stadt gesenkt, kriegerische Märsche erklangen im Hintergrund, und diese Hüter deutscher Kultur sangen aus rauhen Kehlen jenes Lied, das ihnen am besten in diese Situation zu passen schien, und es verschlug ihnen nichts, daß das Gebrüll »Volk ans Gewehr!« sich zu kultureller Betätigung nicht gerade in unmittelbare Beziehung bringen ließ.

Ein blasser, reich bepickelter Student mit Braunhemd und randlosem Kneifer trat vor und sprach: »Gegen Klassenkampf und

Materialismus! Für Volksgemeinschaft und idealistische Lebensauffassung! Ich übergebe der Flamme die Schriften von Karl Marx!« Und was in den Augen dieses jungen Menschen flackerte, war nicht nur der Widerschein der Flamme, die das kalte Gemächsel des Propagandachefs angezündet hatte, es war der helle Irrsinn der faschistischen Demagogie.

Ein zweiter folgte: »Gegen moralischen Verfall! Für Sitte, Familie und Staat! Ich übergebe der Flamme die Schriften von Heinrich Mann!« Und es war der stumpfen Fresse dieses Burschen anzusehen, daß er nie ein Buch von Heinrich Mann gelesen hatte.

Den Feuerreigen beschloß der Spruch: »Gegen Frechheit und Anmaßung! Für Achtung und Ehrfurcht vor dem unsterblichen deutschen Volksgeist! Verschlinge auch, Flamme, die Schriften der Tucholsky und Ossietzky!« Und es war mit Händen zu greifen, daß über die schmutzige Bewußtseinsschwelle des Sprechers niemals auch nur ein flüchtiger Gedanke an jenen Mann gehuscht war, der zur gleichen Zeit im Konzentrationslager Sonnenburg auf das Unmenschlichste von den Hütern eben dieses »unsterblichen deutschen Volksgeistes« gequält wurde.

Obwohl man vorsorglich ihre Leinen- und Pappeinbände entfernt hatte, brannten die Bücher nicht gut. Man mußte immer wieder Petroleum zu Hilfe nehmen, und der dichte Ölruß, der in weichen, schwarzen Flocken durch die Luft wirbelte, ließ die Assoziation »Brandstiftung« noch zwangloser auftauchen.

Der Manager dieses funebren Faschings, der im Umgang mit Petroleum und Rundfunk, Benzin und Lügen Wohlerfahrene, schrie und fistelte, flötete und donnerte eine halbe Stunde lang über deutsche »Kultur«, und der eifernden Versprechungen und der glühenden Schilderungen dessen, was nach diesem Tage an kultureller Blüte sichtbar werden sollte, war kein Ende: »Wir werden ... der Nationalsozialismus wird ... wir werden ...«

Und was haben sie getan? Drei Jahre faschistischer Kulturbarbarei geben wohl Anlaß genug, sich die vorliegenden Ergebnisse dieser »kulturellen« Bemühungen des Naziregimes vor Augen zu halten. Bleiben wir auch nur im Wäg- und Meßbaren der Statistiken, die die braunen Gewalthaber selbst zu veröffentlichen gezwungen sind, und die wahllos einigen wenigen Nummern faschistischer Zeitungen entnommen wurden, so sehen wir:

Seit jenem Tage ist die deutsche Buchproduktion trotz dem

massenhaften Vertrieb amtlicher Hetzschriften über Gasschutz und Geopolitik, »Wehrwillen« und »Sippenforschung« um mehr als dreißig Prozent zurückgegangen. Die Literatur – soweit sie nicht ganz offen und ungeniert ihre Existenzberechtigung einzig und allein aus den Befehlen des Propagandaministeriums herleitet, ist ein Trümmerhaufen barer Ohnmacht, platter Unvernunft und kindischer Schnurrpfeifereien geworden.

Seit jenen Tagen ist im Dritten Reich der Hochschulbesuch um sechsunddreißig Prozent zurückgegangen, und die derzeit Regierenden lassen keine Gelegenheit ungenützt, ihren Willen zu bekunden, diese Zahl um weitere zwanzig Prozent zu senken.

Seit jenen Tagen hat das faschistische »Erziehungsministerium« so viele Schulklassen geschlossen, daß heute zwanzig Prozent aller akademisch gebildeten Lehrer völlig arbeitslos und fast vierzig minderbeschäftigt sind.

In diesen Tagen hat eine amtliche Berufsberatungsstelle mitgeteilt, daß trotz einem Heraufschnellen der Sterblichkeitsziffer auf eine Höhe, wie sie nur in den schlimmsten Kriegszeiten zu verzeichnen war, für mehr als neunzehntausend deutsche Medizinstudenten keine Arbeitsmöglichkeit vorhanden sein wird.

Seit jenen Tagen sank der Export deutscher Bücher – der einen respektablen Posten in der Außenhandelsbilanz der Weimarer Republik darstellte – trotz schonungslosem Dumping auf ein Minimum, ging die Filmproduktion trotz Millionensubventionen für die Filmindustrie um mehr als zwanzig Prozent zurück, der Export deutscher Filme sogar fast um die Hälfte.

Genügen diese Notizen eines vollkommenen kulturellen Zusammenbruchs? Müssen wir noch sprechen von dem, was alle Tage und jeden Augenblick unseres Denkens an Deutschland ausmacht, was den Hintergrund bildet, vor dem sich dies alles abspielt?

Die deutsche Wissenschaft, geschändet und gedemütigt durch schamlose Geschichtsklitterungen, darf als ihr oberstes Prinzip nicht mehr die Erforschung der Wahrheit betrachten, sondern die restlose, wendige, zynische Erfüllung der demagogischen Bedürfnisse der Diktatoren des Dritten Reichs. Hunderte Gelehrter von Weltruf, darunter nicht wenige Nobelpreisträger, sind wegen der Fortschrittlichkeit ihrer Gesinnung oder wegen ihrer Abstammung von ihren Lehrstühlen verjagt, und in verödeten Hörsälen spreizt sich Dunkelmännerei, hinterweltlerischer Dilettantismus und schmierige Vetternwirtschaft. Und wo es den Nationalsozialisten gelungen ist, einen wirklichen Könner vor den Karren ihrer Demagogie zu spannen – wie etwa den Chirurgen Sauerbruch – da zerren sie ihn von Mikrophon zu Mikrophon und schleifen ihn triumphierend durch die Spalten ihrer Zeitungen, um der Welt ihre Kulturfreundlichkeit zu demonstrieren.

Und der Rest heißt: Hunger und Pogrome, Gesinnungsterror und Gewissensdruck, schrankenlose Willkür und Ausbeutung, geifernde Hetze zum Kriege, unter dessen Vorbereitungen das arbeitende Volk fast zusammenbricht. Der Rest heißt: fünfzig abgehackte Köpfe, sechstausend viehisch Ermordete, hunderttausend Gefolterte, Gefangene, lebendig Begrabene. Heißt alles das, was zwischen den Pendelschwingungen nationalsozialistischer »Kultur«, vom bestialischen Irrsinn der Sterilisierungsgesetze bis zur Lagerordnung des Konzentrationslagers Lichtenburg – die für die geringfügigsten Verstöße Prügelstrafe »bis zu fünfzig Stockhieben« und »Todesstrafe durch Erhängen« vorsieht – Platz zu blutigem Leben hat.

Diese flüchtige Zwischenbilanz faschistischer Kulturpolitik erhebt keinen Anspruch auf Vollständigkeit, aber sie ist notwendig und wird jeweils immer wieder gezogen werden müssen, um das gemeinsame Angriffsziel aller derjenigen klarzustellen, zwischen denen am 10. Mai 1933 eine Schicksalsgemeinschaft geschaffen worden ist, deren Grundzüge schon Jahre vorher erkennbar geworden waren.

Was dort brannte, waren ja nicht nur die Bücher derjenigen Autoren, die klar und bewußt den bürgerlichen Staat und das Gesellschaftssystem des Kapitalismus bekämpft hatten, und die damit den wildesten Zorn und den geiferndsten Haß der Nationalsozialisten auf sich gezogen hatten, der unbedingtesten, entschlossensten, vertiertesten Wächter eben dieser Gesellschaftsordnung. Was die Herostraten deutscher Kultur dort unter der bequemen, demagogischen und weiträumigen Bezeichnung »Asphaltliteratur« zusammenfaßten, war alles Fortschrittliche in der deutschen Literatur, das ihrem vernunftfeindlichen Wesen verdächtig und verhaßt war. Es waren die Bücher von Männern, die vor der drückenden und drängenden Problematik der Gegenwart nicht feige und verlogen auswichen, sondern die die Verpflichtung spürten, Antwort auf Fragen zu geben, die die historische Situation aufgeworfen hatte. Und viele von denen, die damals

Lösungen zu geben versuchten, wissen heute bereits, daß ihre Antworten manchmal unzureichend, manchmal falsch, manchmal sogar schädlich gewesen sind. Und doch bleibt ihr Verdienst, wenigstens gefragt zu haben.

Andere wissen es noch nicht, aber ihr Haß gegen den Faschismus ist deshalb nicht schwächer, ihre Liebe zur Kultur nicht lauer und ihre Bereitschaft zur Teilnahme am Kampf gegen die braune Barbarei nicht zögernder geworden. Für diese ging an jenem 10. Mai des Jahres 1933 nicht der Glaube an die sittlichen Kräfte und kulturellen Werte der Weimarer Republik in Flammen auf, sondern nur Zweifel an ihnen wurde geweckt. Für diese verbrannte nicht zu Asche das gläubige Vertrauen an die Vereinbarkeit von Kultur und Geistesfreiheit mit den barbarischen Bedürfnissen einer verfaulenden Ordnung der menschlichen Gesellschaft, sondern die verzweifelte Frage nach dem Woher und Weshalb dieser Katastrophe ließ seltsame Konjektionen und Hypothesen entstehen, die in der Realität keine Stütze fanden. Und nicht wenige gab es und gibt es unter den verbrannten und verbannten Schriftstellern, die vor der Tragik eines Teilproblems – wie etwa dem des faschistischen Antisemitismus – die historischen Zusammenhänge nicht sehen konnten. Nicht wenige auch, die verzweifelten und verstummten, um sich dann schließlich still aus der Welt davonzumachen.

Und doch hat sich jene »Asphaltliteratur«, gegen die sich die Aktion »wider den undeutschen Geist« vom 10. Mai 1933 richtete, aus der Asche des Scheiterhaufens erhoben. Die großen Traditionen der deutschen Literatur, unlösbar verbunden mit der Geschichte der westeuropäischen Kultur, die von Lessing zum jungen Goethe, zu Hölderlin, Grabbe, Heine führen, die eng hineingestellt und unlösbar verbunden sind mit den strahlenden Namen der europäischen Kulturgeschichte, Impulse von ihr empfangend und ihr Impulse zu weiterer Entwicklung gebend, sind übernommen worden von der deutschen Literatur der Emigration. Das gewaltige und unvergängliche Erbe der deutschen idealistischen Philosophie, im Marxismus und im Heldenkampf des deutschen Proletariats Wirklichkeit geworden, lebt und wirkt in ihr und durch sie, und sie beginnt – unsicher noch, zögernd, erschreckt von der Größe ihrer historischen Mission – die großen Losungen kommender Jahrhunderte in den Horizont der deutschen Geschichte zu schreiben: Ausrottung der Unterdrückung des Menschen durch den Menschen, Humanismus.

Die wahre deutsche Literatur ist in die Emigration gegangen, die Emigrationsliteratur ist *die* deutsche Literatur.

II

In diesen Tagen ist die Richtigkeit dieser einfachen Tatsachenfeststellung bestritten worden, und zwar in einer Diskussion, deren äußerer Verlauf und Inhalt aus zwei Gründen festgehalten werden müssen. Einmal sind – es wird darüber zu sprechen sein – ernsthafte Diskussionen in der deutschen literarischen Emigration außerordentlich und beklagenswert selten, so daß jede einmal begonnene Diskussion unbedingt bis zu jenem Ende durchgeführt werden sollte, an dem sich für die schöpferischen Positionen der Emigrationsliteratur und für unseren gemeinschaftlichen Kampf um die deutsche Kultur praktikable und bleibende Ergebnisse gewinnen lassen.

Zweitens aber war es kein Geringerer als Thomas Mann, der diese Behauptung eine »unhaltbare Übertreibung«, einen »polemischen Mißgriff«, einen »Mangel an Überblick und künstlerischer Gerechtigkeit« nannte. Und diese Bemerkungen machte Thomas Mann gegenüber einem sicheren Herrn Korrodi, der als Mitarbeiter der »Neuen Zürcher Zeitung« sich mancherlei auf seine »Neutralität« gegenüber »Deutschland« zu gute hält. (Überflüssig zu betonen, daß es sich bei dieser »Neutralität« keineswegs um Deutschland handelt, sondern um das gegenwärtig in Deutschland herrschende faschistische Regime.)

Der äußere Verlauf dieser Diskussion ist kurz folgender: am 11. Januar 1936 erschien im »Neuen Tagebuch« eine Notiz, die sich gegen den jetzigen Inhaber des S. Fischer-Verlags in Berlin richtete, gegen den Inhaber des Verlages, der u. a. Gerhart Hauptmann, Thomas Mann und Hermann Hesse, um nur einige wenige zu nennen, zu seinen Verlagsautoren zählt. Dem Herausgeber des »Neuen Tagebuch« gebührt das Verdienst, rechtzeitig einen äußerst raffinierten Plan der Nationalsozialisten signalisiert zu haben. Es handelt sich einfach darum, daß der S. Fischer-Verlag seinen Sitz ins Ausland verlegen wollte. Für jedermann war klar, daß ein jüdischer Unternehmer die zu diesem Zwecke nötigen Kapitalien unter gar keinen Umständen ohne die ausdrückliche Genehmigung der faschistischen Regierung ins Ausland hätte überführen können. Es handelte sich also um nicht mehr und nicht weniger als um den Versuch einer Spaltung der deutschen Emigrationsliteratur, um den Versuch, gewisse Autoren aus der antifaschistischen Front herauszusprengen und dem mehr oder weniger unmittelbaren Einfluß des Propagandaministeriums zurückzugewinnen. Weiterhin wäre mit der Verwirklichung dieses Plans den Faschisten auch die Möglichkeit gegeben worden, dem ständig zurückgehenden deutschen Buchexport dadurch aufzuhelfen, daß im Ausland scheinbar »neutrale« Bücher über das Dritte Reich erscheinen.

Gegen diese Notiz Leopold Schwarzschilds, die nach Lage der Dinge durchaus richtig war, veröffentlichten drei Autoren des S. Fischer-Verlages eine Gegenerklärung in der »Neuen Zürcher Zeitung« vom 18. Januar. Und zwar war diese Erklärung, die den verspäteten Verleger-»Emigranten« in Schutz nahm, unterzeichnet von Thomas Mann, Hermann Hesse und Annette Kolb.

Leopold Schwarzschild nahm diese Erklärung zum Anlaß eines längeren Artikels im »Neuen Tagebuch«, in dem er noch einmal alle Gründe aufführte, die ihm gegen diese Verlagsunternehmen zu sprechen schienen, und in diesem Artikel – »Antwort an Thomas Mann« überschrieben – stellte er fest: »Als einziger aller materiellen und kulturellen Werte kann also die deutsche Literatur in ihrer Gänze, nicht nur in Splittern und Partikeln, außerhalb des Reiches und außerhalb seines zerrüttenden Einflusses erhalten und für einen besseren Tag ›einsatzbereit‹ überwintert werden.«

Diese Behauptung, über deren Stichhaltigkeit hier also zu sprechen ist, rief jenen eifrigen »Neutralen« auf den Plan, jenen Herrn Doktor Korrodi, der in einem Artikel der »Neuen Zürcher Zeitung« grausam mit Leopold Schwarzschild ins Gericht ging. Das Fürchterlichste an der ganzen Diskussion schien diesem »Neutralen« die Tatsache zu sein, daß ein Jude wie Leopold Schwarzschild es wagt, von der Emigrantenliteratur als von der »deutschen Literatur« zu sprechen, wo es sich doch in Wahrheit um »jüdische Literatur« handle. Oh nein: Herr Doktor Korrodi ist nicht Mitarbeiter des »Angriffs«, Herr Doktor Korrodi ist Mitarbeiter der »Neuen Zürcher Zeitung« und als solchem stehen ihm andere Formulierungen zur Verfügung als etwa »jüdische Weltpest« und ähnliche. Er ist – als »Neutraler« – selbstverständlich »gerecht« und beschränkt sich daher auf folgenden Satz: »Hier hat man es schwarz auf weiß, daß ein Teil der Emigranten . . . die deutsche Literatur mit derjenigen jüdischer Autoren identifiziert.«

Und auch der übrige Inhalt seines Artikels beweist, daß er sich von reichsdeutschen nationalsozialistischen Literaturhistorikern einigermaßen unterscheidet, z. B. darin, daß er wirklich deutsche Literatur kennt und gelesen hat, u. a. auch die Emigrationsliteratur, von der er freilich nur die »von ihrer Werkleistung besessenen Nichtjuden« und einige »jüdische Schriftsteller« gelten läßt, die »kein anderes Vorhaben kennen, als durch still gereifte Bücher für ihre Sache zu sprechen«. Und damit können wir Herrn Doktor Korrodi wieder beiseitestellen, seine »Neutralität« steht nun wohl fest.

An diesem Punkt der Diskussion tritt Thomas Mann auf mit einem – von der »Neuen Zürcher Zeitung« abgedruckten – Brief an Korrodi, den wir als eine klare und entschiedene Absage an den Nationalsozialismus werten können. Mit einem Brief, der in aller erfreulichen Deutlichkeit zeigt, daß Thomas Mann nicht davor zurückschreckt, mit der Klarheit, die er seinem Lebenswerk und seiner Persönlichkeit schuldet, sich gegen den deutschen Faschismus auszusprechen. Mit einem Brief, der diese ganze Diskussion weit über ihren kleinen äußeren Anlaß erhebt und zu einem fortwirkenden Ereignis machen wird. Mit einem Brief, dessen Schluß folgendermaßen lautet:

»Und bis zum Grunde meines Gewissens bin ich dessen sicher, daß ich vor Mit- und Nachwelt recht getan, mich zu denen zu stellen, für welche die Worte eines wahrhaft adligen deutschen Dichters gelten:
›Doch wer aus voller Seele haßt das Schlechte,
Auch aus der Heimat wird es ihn verjagen,
Wenn dort verehrt es wird vom Volk der Knechte.
Weit klüger ist's, dem Vaterland entsagen,
Als unter einem kindischen Geschlechte
Das Joch des blinden Pöbelhasses tragen.‹«

Unsere Freude und unsere Genugtuung über dies starke Bekenntnis Thomas Manns gegen den Faschismus würde es begreiflich erscheinen lassen, wenn wir es uns genügen ließen an der bloßen Registrierung seiner Ablehnung des Nationalsozialismus und der fatalen Argumente, mit denen ein Korrodi die faschistische Rassenhetze in einen Kreis anständiger Menschen einschmuggeln wollte. Aber es scheint uns richtiger, auch von jenen

Mißverständnissen Kenntnis zu nehmen, die in diesem Artikel Thomas Manns in bezug auf die historische Position der deutschen Emigrationsliteratur zum Ausdruck kommen.

Es handelt sich ja doch nicht darum, ob es gelänge, den einen oder den anderen Schriftsteller zu nennen, der ein Leben im Dritten Reich, die schmachvolle Duldung, die die Faschisten ihm angedeihen lassen, einer ehrlichen, offenen, mit mancherlei Nöten belasteten Verfechtung seiner Prinzipien in der Emigration vorzieht. So klein und begrenzt ist das Problem nicht. Auch wir kennen manchen Schriftsteller, von dem es uns leid tut, ihn nicht in der Emigration zu sehen, und ganz gewiß sind von den emigrierten Schriftstellern Fehler begangen worden, was die Verdächtigung dieses oder jenes Berufskollegen betrifft, der im Dritten Reich geblieben ist, ohne daß er sich für das überlassene Plätzchen am Eßnapf nun durch Lobhudeleien des faschistischen Regimes erkenntlich gezeigt hätte. Aber dieser Autoren sind sehr wenige, wollen wir von »wirklichen Könnern und Gestaltern« sprechen. Und auch bei ihnen ist die Grenze zwischen dem bloßen Geduldet-werden und der aktiven ideologischen Unterstützung der faschistischen Diktatur außerordentlich fließend. Der alternde Emil Strauss z. B., den Thomas Mann nennt, hat sich kürzlich gemüßigt gesehen, einen Roman zu veröffentlichen, in dem er der deutschen Sozialdemokratie der Bismarckschen Zeit hämische Fußtritte versetzt. Der Nachweis, Strauss sei hier seiner literarischen Tradition treu geblieben, wird sich nach diesem Werk schwerlich erbringen lassen!

Und weiter: ist nicht mit Händen zu greifen, daß die Prinzipien des Nationalsozialismus in jedem kleinsten Detail noch mit den Prinzipien der literarischen Traditionen Deutschlands völlig und absolut unvereinbar sind? Die viel beschriebene »Hölderlin-Renaissance« im Dritten Reich, die krampfhaften Wiederbelebungsversuche an der Romantik, die radikale Ausmerzung ausnahmslos jeder fortschrittlichen Tendenz aus der deutschen Geistesgeschichte, die Diffamierung des Realismus, der Nietzsche-Kultus, – muß denn noch immer nachgewiesen werden, daß und wie sehr dies alles einen völligen Bruch mit alldem bedeutet, was wir »deutsche Literatur« nennen können?

Es handelt sich durchaus nicht um Personalfragen, wie Thomas Mann zu denken scheint, wenn wir in der Tat die »deutsche zeitgenössische Literatur« mit der Emigrationsliteratur identifizieren.

Und noch in diesem engsten Bereich sprechen die Tatsachen für uns. Es gibt einige begabte jüngere Autoren, die ihr Verbleiben im Dritten Reich heute schon mit ihrem völligen künstlerischen Bankrott haben bezahlen müssen. Erik Reger, der Autor der »Union der festen Hand«, schreibt Heimatromane von abenteuerlicher Plattheit. Ernst von Salomon, der Autor der »Geächteten«, erhebt sich in seinen »Kadetten« kaum mehr über das Niveau irgendeines in der Literatur dilettierenden Berufsoffiziers. Und Hans Fallada endlich hat nach der wüsten Mystik seines Romans »Wir hatten mal ein Kind« den Tiefpunkt seines Absturzes mit seinem »Märchen vom Stadtschreiber, der aufs Land flog« erreicht, mit einem Buch, das ebenso gut ein Max Jungnikkel hätte schreiben können.

Wohl aber wissen wir, daß in Deutschland mit dem Sturz des Faschismus die unendliche Fülle schöpferischer Energien frei werden wird, die heute unter dem faschistischen Terror erstickt werden. Wir sind fest davon überzeugt, daß in der blühenden Kraft dieser Literatur Namen auftauchen werden, deren Träger wir heute nicht in der Emigration sehen. Aber die großen Werke dieser Literatur, die wir mit leidenschaftlicher Freude begrüßen werden, kann nur und wird dieselben Tendenzen verfolgen, die gleichen Prinzipien vertreten, die gleichen Traditionen fortsetzen, die die deutsche Emigrationsliteratur heute zu ihren wertvollsten und bestimmenden Prinzipien rechnet.

Thomas Manns Mahnung an die emigrierten Schriftsteller, sich »vor Selbstgerechtigkeit zu hüten« ist gewiß dort berechtigt, wo es um den praktischen Nachweis geht, daß wir alle uns der großen Verpflichtungen, die uns unsere historische Position vorschreibt, würdig und gewachsen erweisen. Von »Selbstgerechtigkeit« gegenüber dem, was heute im Deutschland Hitlers »Literatur« genannt wird, kann jedoch keine Rede sein, die Unvereinbarkeit der Prinzipien schützt uns vor einem Liberalismus des Urteils, der hier verhängnisvoll werden müßte.

Übrigens spricht Thomas Mann in diesem Zusammenhang auch von sich selbst und von seiner besonderen Stellung innerhalb der Emigrationsliteratur. Er sagt von den emigrierten Schriftstellern im Anschluß an jene Warnung vor der »Selbstgerechtigkeit«: »Sie sollten zum Beispiel Berufsgenossen, die zwar um ihrer europäischen Gesinnung und um der Vorstellung willen, die sie vom Deutschtum hegen, auf Heim und Heimat, Ehrenstand und Vermögen verzichten; die zwar sich keinem Wink mit dem Zaunpfahl zugänglich zeigten, man könne sie im Grunde ganz gut brauchen und werde ihres unbegreiflichen aber nun einmal vorhandenen Weltansehens wegen ein Auge zudrücken, sondern blieben, wo sie waren, und es vorzogen, Blüte und Verfall des Dritten Reichs in der Freiheit abzuwarten, aber auf keinen Fall, weder für den, daß die gegenwärtige deutsche Herrschaft besteht, noch für den, daß sie vergeht, alle Brücken zu ihrem Lande abzubrechen und sich jeder Wirkungsmöglichkeit dort zu begeben wünschten: – die Schriftsteller sollten gegen einen solchen nicht sofort den Vorwurf der Felonie und der Abtrünnigkeit erheben, sobald er in Fragen der Neuansiedlung deutschen Geistes ... anderer Meinung ist als sie.«

Wir wissen nicht, wer gegen Thomas Mann den Vorwurf der »Felonie« erhoben hätte. Wurden von unserer Seite aus etwa die »Geschichten Jakobs« oder »Größe und Leiden der Meister« kritisiert, so ganz gewiß nicht der Tatsache wegen, daß auch diese letzten Werke Thomas Manns im Verlag S. Fischer im Berlin des Dritten Reichs erschienen sind und innerhalb der Reichsgrenzen verkauft werden. Es ist jedermann bekannt, daß Thomas Mann bereits im Jahre 1933 Gelegenheit genommen hat, in aller Offenheit und Öffentlichkeit die Gründe darzulegen, die ihn dazu veranlaßten, weiterhin auf dem innerdeutschen Buchmarkt zu erscheinen. Die Diskussion ging eben darum, ob diese Gründe gewichtig genug waren, sich um ihretwillen mit der Tatsache abzufinden, daß die Nationalsozialisten jederzeit die Lüge ihrer Kulturfreundlichkeit mit dem fatalen Hinweis auf Thomas Manns Duldung im Dritten Reich »belegen« konnten.

Wir treiben keine faule Diplomatie um Thomas Mann. Wir gedenken ihn nicht hinterlistig zu »fangen« oder etwa wie einen unsicheren Verhandlungspartner auf dieser oder jener seiner Äußerungen »festzulegen«. Der Mann, der nicht nur in weiten Teilen der Welt als einer der reinsten Repräsentanten deutschen Geistes gilt, steht uns als Charakter und als Dichter zu hoch, als daß wir in lahmer Courtoisie etwa bestehende Meinungsverschiedenheiten durch Stillschweigen aus der Welt lügen wollten.

Wohl aber kämpfen wir um jenen Thomas Mann, der die »tiefe, von tausend menschlichen, moralischen und ästhetischen Einzelbeobachtungen und -eindrücken täglich gestützte und genährte Überzeugung« hegt, »daß aus der gegenwärtigen deutschen Herrschaft nichts Gutes kommen kann, für Deutschland nicht und für die Welt nicht«. Wir danken ihm für sein klares und starkes Bekenntnis zum Antifaschismus, aber wir werden um ihn kämpfen und wir wissen, daß ein Mann von seinem Range es sich auf die Dauer nicht genügen lassen kann an dem Standpunkt eines leidenden – doch mehr oder weniger unbeteiligten Zuschauers, der den Sturz des Faschismus »abwartet«. Der Faschismus stürzt nicht von allein, er muß gestürzt werden. Und die weithin hörbare Stimme eines Thomas Mann, dessen Werk in aller Welt gekannt und geliebt wird, kann viel zu dem Sturz eines Regimes beitragen, das – um sich an der Macht zu halten – gezwungen ist, alle fortschrittlichen Tendenzen in der deutschen Geistesgeschichte zu diffamieren und ihre Verkündung und Fortführung mit Folter und physischer Vernichtung zu bedrohen.

Wir danken Thomas Mann auch für seine Warnung vor »Selbstzufriedenheit« der Emigrationsliteratur, denn wir sind uns dessen wohl bewußt, daß zu Selbstgerechtigkeit und Selbstzufriedenheit kein Grund vorliegt. Aus der Erkenntnis, daß der Nationalsozialismus nicht der Ausbruch eines Massenwahnsinns ist, sondern der letzte, blutige Versuch des Kapitalismus, sich an der Macht zu halten, aus der Erkenntnis, daß dieser Versuch nicht nur unternommen wird mit den fürchterlichen Mitteln eines rasenden Terrors, sondern auch mit einer planmäßigen, in ihrem Umfang ungeheuerlichen Vergiftung der Gehirne mit der faschistischen Ideologie; aus der Erkenntnis, daß der Faschismus nicht ein Gebäude für die Ewigkeit ist, sondern daß er gestürzt werden kann und gestürzt werden wird durch die gemeinsame Erhebung des gequälten Volkes gegen seine Unterdrücker, und aus der Erkenntnis, daß die reale Grundlage der Emigrationsliteratur der heldenhafte Kampf der deutschen Arbeiterklasse gegen die faschistische Diktatur ist, – aus diesen Erkenntnissen erwachsen unsere Aufgaben. Und es erscheint uns an der Zeit, darüber zu sprechen, ob und wie die deutsche Emigrationsliteratur diesen Aufgaben gerecht wird.

Hier wird vor allem eines klar: ob es sich um die Stellung des Schriftstellers in der zu formierenden Volksfront gegen den Hitlerfaschismus handelt oder um die Methoden und Ziele unserer Auseinandersetzung und Widerlegung der faschistischen Ideologie, um die schaffensmethodologischen Fragen unserer Literatur oder um die undeklamatorische, operative Behandlung des

Problems unserer Stellung zum Kulturerbe, – überall und immer stoßen wir auf die Tatsache, daß Kritik und Selbstkritik in unserer Arbeit fehlen.

Wir kennen den Wert der scharfen, analytischen Kritik gegen unseren Feind, den Wert einer Kritik, die auf der absoluten und unwandelbaren Unvereinbarkeit der Prinzipien beruht. Kennen wir aber den Wert der Selbstkritik innerhalb der Front gegen die Kulturbarbarei? Gibt es in dieser Front etwa keine Probleme mehr? Sehen wir nicht immer wieder – und letztmalig an den Artikeln Thomas Manns –, daß und wie sehr Meinungsverschiedenheiten vorhanden sind? Wollen wir etwa höfliches Schweigen an die Stelle des Kampfes der Geister setzen? Wir haben nicht den geringsten Grund, an der Vereinbarkeit der Prinzipien aller derjenigen zu zweifeln, die sich für den Kampf gegen den Faschismus zur Verfügung gestellt haben. Die Selbstkritik, die aus dieser Vereinbarkeit erwächst, ist ein treibendes Moment des Prozesses; ist Hilfe für den Kritisierenden und Hilfe für den Kritisierten. Warum verzichten wir auf die scharfe Waffe der Selbstkritik, die eine Waffe im Kampf gegen den Faschismus ist?

Es fehlen bei uns die leidenschaftlichen Diskussionen um Ziel und Methoden dieses Kampfes. Die Probleme der Emigrationsliteratur werden nicht behandelt, und das Ergebnis unserer Unterlassungen wird über kurz oder lang unsere Front schwächen. Daher wird es eine der wichtigsten Aufgaben dieser Zeitschrift sein, immer wieder auf diese Probleme hinzuweisen und an ihrer gemeinsamen Lösung zu arbeiten.

Und gerade weil wir wissen, daß wir unseren Kampf nur in engster Gemeinschaft mit jenen führen können, die in Deutschland selbst ihr Leben täglich und stündlich aufs Spiel setzen; gerade weil wir wissen, daß dies der Boden ist, aus dem die Emigrationsliteratur ihre Nahrung zieht, darum erscheint uns als das Ziel unserer ideologischen Arbeit innerhalb der Front gegen die faschistische Kulturbarbarei und unserer Selbstkritik jene Gesinnung, die aus den Worten Heinrich Manns spricht:

»Die Literatur, ob sie es will oder nicht, ist im Begriffe, ganz und gar sozialistisch zu werden. Warum? Weil außerhalb der sozialistischen Welt keine Literatur mehr bestehen kann. Die Literatur geht unweigerlich zu den Arbeitern, weil bei ihnen die Menschlichkeit geachtet, die Kultur verteidigt wird.«

Und diese Feststellung ist kein Wunschtraum, sondern ist geschöpft aus der strahlenden Wirklichkeit der Sowjetunion, des Bollwerks des Weltfriedens, des Horts der Kultur und der Menschlichkeit.

[. . .]

Heinrich Mann

Die Bücherverbrennung

[1936]

Als vor drei Jahren die Bücher in Berlin verbrannt wurden, gelangten viele von ihnen anstatt auf den Scheiterhaufen in die Taschen junger Leute, die froh waren, sie so billig zu bekommen.

Nicht immer verschmäht einer gute Bücher, wenn er auch gerade den unbeleckten Urmenschen spielt und die Rasse gegen die Gesittung verteidigt. Ein längst zivilisiertes Volk kehrt nicht so leicht in die Wälder der Ahnen zurück. Das nimmt man, es ist Komödianterei, und krankhaft ist es auch. Eine ungesunde Grausamkeit war in den deutschen Gemütern damals ausgebrochen, und manchen war ihr Nervensystem dermaßen erschüttert, daß sie alles haßten, das Denken und ihr Wissen. Nur infolge einer kläglichen Selbsttäuschung empören Intellektuelle sich gegen das Denken. Indessen kommt es vor; und als vor drei Jahren »dynamische« Knaben die Bücher auf den Holzstoß schleuderten, unter Zurückbehaltung des einen oder anderen, empfingen sie für diese wirre Angelegenheit den Beifall erwachsener Schriftsteller, die offenbar geistig gestört waren.

Sagen wir's, wie es ist: die Sehnsucht nach der Seele des Urviehs ist im modernen Menschen vorhanden, gerade ein gehobener Verstand wird von ihr verzehrt, gesetzt, ihm fehlte die Haltung, die nur der befestigte Charakter gibt. Sollte darum der gehobene Verstand gesenkt werden? Nein. Sondern umgekehrt müssen die Charaktere verstärkt werden, damit eine gesittete Nation nie wieder in die Versuchung kommt, ihre Bücher zu verbrennen. Geboten ist, daß der höhere Verstand zurückfindet zu der einfach menschlichen Wahrheit und daß der Schriftsteller eines Sinnes mit dem Arbeiter wird. Dann gibt es keine Bücherverbrennung mehr.

Das Bücher-Autodafé gehört zu dem Empörendsten, was eine Volksbewegung an Schaustellungen geboten hat. Solche Taten richten vor allem das Regime, das sie veranlaßt und den Nutzen hat. Sein fester Boden sind, wie man sieht, die geistig Armen, und gestützt wird das Regime von Männern, die alles verleugnet haben, ihre eigene Vergangenheit und die gesamte Leistung ihrer Vorgänger.

Gleich beim ersten Auftreten dieses Regimes haben die neuen Herren des einstmals achtbaren Landes auf die verdächtigsten Seiten der Menschennatur gesetzt. Mit einer frei erfundenen, aber bösartigen Rassenlehre haben sie die Massen hysterisch erregt. Sie haben dem Größenwahn eines ganzen Volkes geschmeichelt, haben es in Verfolgungswahn gehetzt; – aber besonders muß bei ihnen etwas brennen. Das Vergnügen an Bränden, das sonst vereinzelt bei krankhaft Veranlagten vorkommt, das Volk, das ihnen in die Hände gefallen war, sollte sich ihm ergeben. Der Reichstagsbrand und die Bücherverbrennung sind ziemlich das erste, was dem Regime eingefallen ist: man sollte vor ihm erschaudern. Und wenn diese Leute sich eines, hoffentlich nahen, Tages auf und davon machen, werden sie wahrscheinlich ihre Paläste in Flammen verlassen.

Der Bücherverbrennung soll man gedenken – um der Ohnmacht willen, die sich erdreistete, Scheiterhaufen zu errichten für Geisteswerke: als ob Geisteswerke nicht feuerfest wären. Wer immer sich gegen das Denken erdreistet, bricht zusammen. Die Gewalt kann alles: Wehrlose ducken, bis sie gehorsam lügen und jeden Blödsinn für wahr nehmen, der ihnen eingetrichtert wird. Die Gewalt kann das Verbrechen durchsetzen und zur gemeinen Übung machen. Sie läßt die Menschen tief sinken und entehrt sie: sie überzeugen und ihre Achtung erzwingen, das kann sie nicht. Und dieselben Studenten, die 1933 im Nationalsozialismus voran waren, gerade sie haben ihn als erste aufgegeben. Die am glühendsten Bücher heizten, sind jetzt glücklich, wenn sie heimlich ein paar gerettet haben. Sonst hätten sie nicht mehr viel zu lesen. Ihr Land, das in früherer Zeit eher zuviel Gedrucktes von sich gab, bringt nichts Beträchtliches mehr hervor – immer ausgenommen die Handbücher für Wehrwissenschaft.

Da die freie, ehrliche Literatur bei den Machthabern verpönt ist, bleibt ehrgeizigen Schriftstellern nur übrig, zu liefern, was verlangt wird: Verherrlichungen der Machthaber. Die Tugenden des Regimes müssen gepriesen, seine Legende muß unterkellert werden. Zu diesem Zweck hat die Naziregierung nie dagewesene Preise ausgesetzt. So viel Geld wurde in Zeiten, als die Literatur etwas galt, für sie nicht ausgegeben. Heute schreit man sich heiser nach einer »nationalsozialistischen Volkskunst«; aber die Anschauungen der Partei haben nichts mit Kunst, haben nichts mit Volk zu tun, daher ist bei den Preisen nichts herausgekommen, man verteilt sie schon nicht mehr. Genaugenommen gibt es in diesem Deutschland keine Literatur, und es kann auch keine aufkommen unter einem Regime, das sich an dem geistigen Erbe der Nation vergriffen hat.

Die emigrierten Schriftsteller haben in Paris und anderen Hauptstädten eine Sammlung verbrannter Bücher begründet; ihr Name ist: Freiheitsbibliothek. Nur die Freiheitsbibliothek ist gegenwärtig die Zuflucht alles dessen, was mehrere literarische Generationen hinterlassen haben: in der Heimat ist es nicht mehr so leicht zu finden. Diese Bibliothek hat gewiß praktische und geschichtliche Bedeutung, aber nicht geringer ist ihr Wert als Gleichnis. Sie beweist das unzerstörbare Wesen einer geistigen Kultur, die viel zu alt ist, als daß ein Ausbruch von Barbarei ihr viel anhaben könnte. Die Barbaren haben nichts weiter vermocht, als sie für einen Augenblick in die Verbannung zu schicken – eine Kultur, die im Altertum wurzelt und allem verbunden ist, was die westliche Welt geistig empfangen hat an Gedanken und Formen.

Gewiß, der Fall ist ungewöhnlich: eine ganze Literatur sieht sich gezwungen, auszuwandern mit Mensch und Buch. Um so nachdrücklicher muß gesagt werden, daß eine Literatur in Katastrophen nicht untergeht: Bücher und Menschen leben weiter. Deutsche Literatur entsteht immer noch. Sie entsteht in Frankreich, in der Schweiz, auf anderen Punkten des Erdballs, und bleibt deutsch wie je. Auch ist anzunehmen, daß Schriftsteller, die berufen waren, Katastrophen zu erleben, aus ihnen eine Menge gelernt haben. Besonders sind unsere Beziehungen zu unseren Kameraden in den anderen Ländern enger geworden.

Was ist das Weltkomitee gegen Krieg und Faschismus? Im Grunde ist es eine Kampfabteilung der internationalen Volksfront, ihre Abteilung für Geisteskampf. Unser Kamerad Barbusse schuf sie zur rechten Zeit, jetzt sammeln Wahrheit und Gerechtigkeit alle ihre Kräfte zum Schutz der Nationen gegen die ungerechte, lügnerische Gewalt. Die Volksfrontbewegung ist eine Weltbewegung; auch der Faschismus geht auf Weltherrschaft aus. Das Geschick meines Landes bleibt untrennbar von dem der anderen. Wenn seine Stunde schlägt, wird es aufstehen gegen seine verabscheuten Tyrannen und sie zum Teufel jagen, niemand muß ihm helfen. Gleichwohl werden seine Tyrannen stark oder schwach sein je nach der Stärke der Ideologien, die in der übrigen Welt für oder gegen sie kämpfen.

Nun ist in dieser Sache die Entscheidung gefallen: der überwältigende Erfolg der französischen Volksfront. Er erfüllt mit Bewunderung und Dank für dies tapfere Volk alle, die es lieben. Auch dieses Volk war angegangen worden, abzuschwören, was es glaubt, Freiheit und soziale Gerechtigkeit. Es hat sich geweigert, völlig im klaren, daß der Verlust der Freiheit überall dieselben Übel, das gleiche Unheil nach sich zieht. Verlorene Freiheit macht elend. Eine Nation, die das mit oder ohne ihren Willen erleidet, wird materiell wie geistig ausgeplündert und heruntergebracht. Der Faschismus verbrennt Bücher: so ist er. Aus den französischen Schulbüchern würden die Gedichte von Victor Hugo entfernt werden, wie in den deutschen Goethe gestrichen ist.

Da aber die Volksfront in Frankreich gesiegt hat und auch in Spanien an der Macht ist; da sie überall im Vormarsch ist und, auf das gesamte Europa gerechnet, die erdrückende Mehrheit hat, ist nicht einzusehen, wie das Reich Hitlers ihr noch lange widerstehen könnte. Wirtschaftssanktionen täten gewiß das Ihre. Unwiderstehlich ist der moralische Druck. Hinsichtlich Hitlers wäre mit zwei Dingen schon viel geschehen: verachten und nicht kennen. Bedenken Sie, welche Macht das Schweigen wäre, angesichts eines Regimes, das sich nur erhält dank lärmenden Theaterwirkungen. Sein Sturz ist sicher; aber das Regime muß stürzen, bevor es die Welt in das blutige, letzte Abenteuer stößt.

Dies Regime der Gewalt und Lüge wird aus vielen Gründen unterliegen. Es hat eine Nation mißbraucht und ihre Arbeit vergeudet. Es hat nichts begriffen von Europa, seinem Geist und Willen – denn Europa will den ungeteilten Frieden, will Sicherheit und Dauer. Die Worte, die Victor Hugo 1871 sprach, heute sind sie der Ausdruck einer großartigen Gewißheit:

»Gerade wie die Menschheit ein und dieselbe ist, gibt es auch nur ein und dasselbe Volk. Den menschlichen Fortschritt zu verteidigen, wo immer ihm Gefahr droht, ist die einzige Pflicht. National gesinnt heißt sittlich gesinnt sein.«

Ernst Erich Noth

[Vorspiel zum Weltenbrand]

[1937]

»Zähne zusammenbeißen, Schnauze halten, blöde grinsen«, befahl sich Hesse. Er stand fest eingekeilt in der Menge der Schaulustigen auf dem Rathausplatz. Der Scheiterhaufen brannte schon. Aber Hans konnte sein Gesicht nicht einmal zur Andeutung einer Grimasse verziehen. Er war wie gelähmt. Alle Muskeln waren angespannt. Hier war kein Lächeln mehr möglich, nicht einmal ein Hohnlächeln. In fast allen Gesichtern stand grausame Neugier, als warte man auf eine Hinrichtung. Die meisten der hier Versammelten beanspruchten anscheinend ihren Anteil an der Untat. Sie schienen durch ihre Zustimmung ihre Mittäterschaft im voraus zu bezeugen. Was vermochte da Vernunft gegen die Wogen der Vernichtungswut? Nie zuvor war Hesse von seinem Land so beschämt und gedemütigt worden. Auf einmal verstand er Georgs Erklärung, daß man hier nicht weiterleben konnte. Hesse war endgültig aus seinen Gaukelträumen erwacht. Er befand sich jäh in einer anderen Welt. In einer fremden Welt, zu der er nicht mehr gehörte. Ein Volk verriet offen und öffentlich seine Dichter, seine Denker, seinen Geist. »Vielleicht wissen sie wirklich nicht, was sie tun?« legte sich Hesse eine Entschuldigung zurecht. Aber dieser Trost war lendenlahm. Er zwang sich, ein unbestechlicher Beobachter zu sein. Auf dem Rathausplatz waren nicht nur Hunderte sondern Tausende versammelt. Wieviele unter ihnen dachten und fühlten wohl wie er? Hans wußte es nicht. Hatte Angst vor den Folgen ihres Wegbleibens oder Gefolgschaft für die Brandstifter sie hierhergeführt? Es gab jetzt unter den Menschen mehr Verstellung und Falschheit als je zuvor. Überall war man von Mißtrauen und Verdacht umgeben.

Eine Kapelle der SA spielte Militärmärsche. Das Publikum ging melodiepfeifend und taktstampfend mit. Die mitreißende Marschmusik benebelte die Sinne und unterband jedes selbständige Denken. Gegen die mobilisierten Massen und das höhere Recht der größeren Zahl schien der einzelne machtlos. Hesse fiel auf, wie laut, lärmend, herausfordernd, protzerisch hierzulande seit der Machtübernahme der Braunen sich alles gab.

Nun nahte sich der Festzug der Bücherverbrenner. Die Musik

brach ab, die Menge verstummte. Diese plötzliche Stille war unheimlich, obwohl sie nur kurze Zeit währte. »Wie die Stille vor dem Sturm«, meinte Hans für sich. Er spürte ein herannahendes Unwetter. »Wenn sie doch nur weiter johlten und brüllten«, wünschte er sich. »Dann würde niemand den Aufschrei hören, den ich vielleicht nicht mehr lange unterdrücken kann.« Dabei stand er ruhig auf seinem Platz. Er war nun auf eine geradezu verwegene Art neugierig, zu sehen und zu erleben, wie die Geistesaustreiber ihr Spiel treiben würden.

Ein Fahnenmeer von riesigen schwarzen Hakenkreuzen auf rotumrandetem weißen Feld wogte heran. Dahinter marschierte eine Kolonne Schlägertypen der Schwarzhemden. Hinter diesen kamen Scharen von Braunhemden, junge und ältere Männer. Ihr Aufmarsch wirkte nicht ganz so eindrucksvoll wie der der SS. Die harten Marschtritte schienen das Schweigen nicht zu brechen. Sie machten es drückender und bedrohlicher. Dann kamen die Studentenverbindungen in großem Galawichs. Fackelträger flankierten den Zug. In der hereinbrechenden Dämmerung kamen ihre Lichter nicht gegen die Flammen des Scheiterhaufens an. Dennoch wirkte dieses Feuergefunkel auf Hans wie das Vorspiel zu einem gespenstischen Weltenbrand.

Auf einmal löste sich die Spannung in der Menge. Man hörte erstaunte, dann jubelnde Zurufe. Schallendes Gelächter lief durch die Reihen und verbreitete sich unwiderstehlich. Das schrille Kreischen der Frauen, das tiefe Grunzen der Männer verriet höchste Belustigung. Die Lachwelle war von der Hauptstraße aus aufgestiegen. Jetzt unterschied man auch die Rufe inmitten der Lachsalven: »Phantastisch! Unbezahlbar! Ganz toll!« Hesse reckte sich höher und höher und konnte endlich erkennen: Ein mit Büchern hochbeladener Mistkarren, von Ochsen gezogen, schwankte heran. Hans schloß die Augen. Wieder war es ihm zum Kotzen. Das war also ihr Humor! Seine Wangen glühten. »Das ist eine Fieberphantasie«, dachte er in dem ohnmächtigen Versuch, gegen das Zeugnis seiner eigenen Augen anzukämpfen. Dann meinte er den Verstand verloren zu haben. Er spürte plötzlich einen Schlag in seinem Magen und fing selbst an, lauthals zu lachen. Er brüllte vor Lachen. Ein paar Leute neben ihm schauten ihn verdutzt an. »Lachen, lachen!« rief eine Stimme in ihm. »Sie lachen doch alle. Das ist die Wirklichkeit.«

Hinter dem Mistkarren schritten Universitätsprofessoren in Talar und Barett. Professor Müller marschierte in der ersten Reihe. Mit erschreckender Klarheit begriff Hesse, um was es sich bei dieser Marschordnung handelte: Es war eine gezielte Verhöhnung, eine gewollte Demütigung, diesen Platz direkt hinter dem Mistkarren und danach zwangsläufig in der ersten Reihe um das Schafott den Herren Professoren in voller akademischer Berobung zuzuschanzen. Ihnen schlossen sich in zwangloser wirkendem Durcheinander Privatdozenten und Verwaltungsbeamte der Universität an. Hesses Augen suchten den Freund, fanden ihn aber nicht. Hans blickte noch einmal auf die unerschütterlich würdevoll wandelnden Professoren. Sie wollten ihm plötzlich wie Pastoren an der Spitze eines Trauerzuges erscheinen. »Aber sie haben selbst den Geist aufgegeben«, dachte Hesse. »Sie geleiten ihre Berufung ins Grab.« Ihn überkam Bitterkeit, Verachtung und Haß. Das waren also die geistigen und moralischen Führer, denen man sich anvertraut hatte, wenn auch mitunter nicht ganz ohne Vorbehalte und wohl auch nicht in allen Fällen! Das waren also die Männer, die dauernd von der ihnen so heiligen Unantastbarkeit von Forschung und Lehre geredet und in hochtrabenden Vorlesungen die »zweckfreie Wissenschaft« gefeiert hatten. Ein kleiner Druck von oben auf den richtigen Erpressungsknopf, ein bißchen Verwirrung und Angst, vor allem die Angst, Amt, Besoldung und Pension aufs Spiel zu setzen, hatten sie so leicht so weit gebracht. »Jawohl, die neuen Herren haben das Spiel gewonnen«, gestand Hesse sich ein. »Das hier, diese niederträchtige öffentliche Zurschaustellung, was der Geist in diesem Lande und in den Augen der Machthaber wert ist, bestätigt das. Das Entscheidende bei dieser Bücherverbrennung ist die Komplizenschaft, derer sie sich versichert haben, diese weithin sichtbare Demütigung von Geistesträgern, diese offen bekundete Verachtung, die diese in den Augen vieler nun auch zu verdienen scheinen.« Jetzt schämte sich Hans, daß er Georg zugeredet hatte, an dieser Veranstaltung teilzunehmen. Er schämte sich, den Freund in diesem Zug der Entwürdigten vermuten zu müssen und sich selbst hier auf diesem Platz zu wissen. »Wie wird es weitergehen?« fragte er sich. Zum ersten Mal stellte er sich die Frage nach seinem eigenen Schicksal. Man konnte sich mit diesen Verhältnissen nicht abfinden. Unmöglich, in diesem Land weiterzuleben. Unmöglich, schon durch Duldung und Absonderung auch nur die geringste Verantwortung an den Dingen mitzutragen. Müller hinter dem Mistkarren und Kirchburg an der Spitze der Redaktion! Konnten die Nazis überhaupt auf solche Verbündete stolz sein? Aber das war eine müßige Frage. »Sie haben heute alle Bande zwischen mir und dem Vaterland zerrissen«, dachte er in hilfloser Wut. »Sie haben mir meine Freiheit wiedergegeben«, spann er den Gedanken weiter, als er die Gruppe der Talarträger vorübergehend aus den Augen verloren hatte. »Aber was soll ich mit dieser Freiheit anfangen?« »Frei«, dieses Wort hatte längst seinen echten Klang verloren. Nicht nur hierzulande, wo eine Unterdrückungsherrschaft und damit die Knechtschaft begonnen hatte. Auch für Hans selbst, da er diesem Wort nicht sogleich einen praktischen Sinn geben konnte, außer dem »nur fort von hier«.

Hesse verfolgte den weiteren Ablauf wie von einem bösen Zauber gebannt. Reden wurden gehalten. Er konnte aber kaum etwas verstehen. Er sah, wie Studenten auf den Mistkarren kletterten. Sie warfen die Bücher Kommilitonen zu, die direkt am Feuer standen. Ein hünenhaft gewachsener blonder Jüngling in schwarzer Uniform stand jetzt auf der Rednertribüne. »Wir überliefern den Flammen ... Schmutz und Schund ... marxistisches Gift ... jüdische, kulturbolschewistische Machwerke ...« Der Wind trug Hans diese Wortfetzen und den stechenden Brandgeruch zu.

Alfred Döblin

[Verbrannte und verbotene Bücher]

[1937]

Liebe Freunde,
es hätte sich bestimmt noch 1932 keiner von uns träumen lassen, daß man in Deutschland geistige Ausrottungen vornehmen würde. Wir kannten alle – und mit dem Gefühl des intensivsten Widerwillens – den fürchterlichen Ungeist, der an den deutschen Universitäten herrschte. Aber wer von uns hätte es für möglich gehalten, daß diese Studenten sich eines Tages aufmachen würden, um ihren Haß offen, konspirativ und unter Billigung eines offiziellen Deutschlands auf alles loszulassen, womit sie nicht fertig wurden, und jene unvergeßliche, erschütternde Bücherverbrennung am Opernplatz in Berlin vorzunehmen. Dieser Akt war kein Zufallsakt. Er mag ein Impuls gewesen sein, aber die Flammen am Opernplatz beleuchteten einen bestehenden und (nicht nur bei diesen Studenten und ihren Lehrern) noch fortbestehenden Zustand in Deutschland.

Es ist ein Unglück für ein Volk, wenn sein Nationsbegriff so wächst wie in Deutschland. In dem Lande, das uns jetzt aufgenommen hat (Frankreich), haben mächtige Freiheitskämpfe, starke Köpfe der Literatur und Philosophie unverwüstlich bis zum heutigen Tage in den Begriff der Nation eingetragen und eingegraben: das Wissen von den Rechten des Menschen, vom Stolz des Individuums. Was die alten Religionen lehren und wessen sich die Priester lange nicht mehr annahmen: daß wir freie Wesen sind, keiner dem anderen vorgesetzt und einer wie der andere aus der Hand derselben Urmacht entlassen, das haben hier die weltlichen Schriftsteller aufgenommen. Und es gelang, dem Nationsbegriff diesen Sinn, den einer Gesellschaft freier Wesen zu geben.

In Deutschland aber mißlang bis zum heutigen Tage alles, was in dieser Richtung lief. Ich habe Deutschland immer als ein unglückliches, leidendes, entstelltes Land empfunden. Wie sich auch seit Jahrhunderten klare und hellsichtige, aufrichtige Männer mühten, alles lief immer wieder auf die Mühle der Fürsten, der Militärs, des Staates und seines Beamtentums. So ging es schon mit Luther, der die Deutschen vom Joch Roms lösen wollte, aber sie gerieten nur unter das noch viel schwerere ihrer Landesfürsten. Keine Revolution gelang den Deutschen: auf den Krieg von 1813, der ihr »Freiheitskrieg« werden sollte, folgte die düstere Heilige Allianz, die Erhebung von 1848 endete mit Bismarck und der »Eisernen Faust«. Und als wir dann 1918 hatten und unerwartet dem Volk eine große Freiheit in den Schoß fiel –, was haben sie damit gemacht?

Wer sah damals nicht schon in den ersten Jahren der Republik das Wühlen des alten Geistes? O, sie konnten nicht davon lassen, sie mochten nicht, sie wollten nicht die Freiheit. Und während große Massen dumpf hintrotteten, fiel die alte herrschende Macht unter neuem Namen wieder über sie.

Die Freiheit wurde in Deutschland nicht ermordet, wie Siegfried von Hagen erschlagen wurde. Nein, offen handelte dieser Hagen. Der Siegfried aber war nur ein alter Trottel, er träumte, er schlief, er verstand nicht, was um ihn her vorging, er ließ sich die Augen verbinden, die Hände fesseln, man sagte ihm: So hast du ja immer gelebt, es ist ja deine Art, so zu leben, es ist deutsche Art.

Ach, liebe Freunde, in einem solchen Lande Schriftsteller zu sein! – Und man müßte ganz und gar verzagen, wenn man nicht wüßte, wieviel Gutes, Ehrliches, Klares und Bewußtes auch in diesem Lande steckt, das Kant und Goethe, Hölderlin hervorgebracht hat. Auch an diesen Früchten soll man es erkennen! Aber wir haben es unendlich schwerer in Deutschland, als es Schriftsteller in anderen, vielleicht viel weniger entwickelten Ländern haben, weil nämlich in Deutschland auch der Gegengeist, das Menschenfeindliche, die Menschenverachtung organisiert ist.

Wahrhaft als freie Schriftsteller müssen wir arbeiten, leben und kämpfen, als ganz und völlig Freie, vielleicht hie und da öffentlich geehrt, aber im Geheimen und in der Praxis mit dem Achselzucken der Geringschätzung bedacht.

Man könnte unter diesen Umständen froh sein, außerhalb der Grenzen dieses Landes zu leben, wenn man nicht an den Felsen der Sprache und des leidenden, unterdrückten Geistes dieses Landes gefesselt wäre. Ja, es ist so: wenn wir auch außerhalb des Landes wohnen, wir tragen ein Stück seines Bodens mit uns. Und alle Eroberungen, die sie drüben machen könnten, sind nicht so viel wert, wie das, das wir in uns mitgenommen haben und pflegen, so gut und so schlecht, wie es uns gegeben ist.

Keine Stimmen von drüben reichen zu uns herüber, vieles ist

feige, vieles scheut sich, mit uns Berührung zu haben, – aber alle Beklemmung weicht, wenn wir sehen, wer wie wir drüben nicht mehr lebt und auf der Wanderschaft ist, wie wir, – unter vielen andern auch Goethe, den ganze Schulbücher nicht mehr nennen.

Wir kennen Deutschland: Kein Geist hat uns vertrieben, sondern der uralte eingeborene Feind des freien Schriftstellers, der Staat, – und in diesem Falle noch ein besonderer Machtstaat: der deutsche. Was geschah, ist eine Etappe in diesem Kampf. Der Kampf ist nicht abgeschlossen. Mit Schaudern sehen wir, was sich jetzt in der Welt vorbereitet. Mehr als je müssen wir da sein! Die Kanonen werden donnern und werden sich als die wahre Stimme der Welt gebärden. Wir wissen: sie können brüllen und vernichten. Aber Lärm beweist nichts und der Tod ist keine Tatsache. Gedanken, die auf Taubenflügeln schwingen, bewegen und erhalten die Welt.

Theodor Balk

Alameda und Opernplatz

[1942]

Am 28. Februar 1574 findet in Mexico das erste Auto-da-Fé statt. Vierundsiebzig Angeklagte werden an diesem Tag vom obersten Inquisitor wegen Häresie verurteilt. Darunter ein gewisser Pedro de Treja, dem man zu Last legt, verbotene Bücher zu lesen und gefährliche Schriften zu verfassen.

Von Büchern ist auch in dem ersten Glaubensedikt der Inquisitionstribunale in Mexico die Rede. Allen Einwohnern von Stadt und Land wird da angeordnet, ein Inhaltsverzeichnis ihrer Bücher an das Büro der apostolischen Inquisition abzugeben.

Calificadores ist der Name der Buchzensoren. Eine Hafenequippe – visita de navios – untersucht im Hafen von Vera Cruz die ankommenden Schiffe nach geistiger Kontrabande.

Der Scheiterhaufen, auf dem die Häretiker verbrannt werden, ist vorerst ein improvisierter. Bald wird ein dauerndes Gestell errichtet, ein richtiger Quemadero. Am östlichen Ende der städtischen Parkanlage, Alameda genannt.

Auf der Stelle, die einst das Quemadero einnahm, erhebt sich heute das Palacio de Bellas Artes, der Palast der schönen Künste. In einem Saal dieses Palastes findet am 9. Mai 1942 eine Versammlung statt. Auch in ihr ist von Büchern die Rede. Von Büchern, die jenseits des Ozeans in dem alten Kulturland Deutschland, in der Stadt Berlin, am 10. Mai 1933 verbrannt worden sind. Auch in ihr wird Anklage erhoben. Anklage gegen die, die Jahrhunderte nach dem Erlöschen der Inquisitionsscheiterhaufen auszogen, um mit Feuer den Geist aus dem Körper der Menschheit auszubrennen.

Am Richtertisch sitzen als Richter und Beisitzer die Nachkommen jener, die bis in das Jahr 1817 unter der Jurisdiktion der Inquisitionstribunale standen, sitzen die zeitgenössischen Verfasser von Schriften, deren Werke an jenem 10. Mai angesichts des in Stein gehauenen und so entmachteten Alexander von Humboldt verbrannt wurden: Dr. Enrique González Martínez, der Präsident des Pen-Klubs von Mexico. Lic. Antonio Castro Leal, gewesener Rektor der Universität von Mexico. Ermilo Abreu Gómez, ein hervorragender mexikanischer Schriftsteller, Pablo Neruda, Lateinamerikas größter Dichter, Anna Seghers, Ludwig Renn und Bruno Frei. Die einen als Vertreter der mexikanischen und lateinamerikanischen Kultur, die anderen als Vertreter der Bewegung »Freies Deutschland«, des »Heinrich-Heine-Klub« und der »Österreichischen Republikanischen Aktion«.

Doch nicht nur Anklage wird erhoben von dieser Stelle, an der einst das buchstabentötende Feuer brannte. Verkündet wird von ihr die Gründung eines Verlags, der die Bücher der aus Europa geretteten deutschen Schriftsteller herausbringen soll, des Verlags »Das Freie Buch«.

Unweit der Alameda ist die Sendestation XEB. Am Abend nach der Kundgebung im Palacio de Bellas Artes sprechen in der Stunde »La voz de la libertad desde México« zu den unsichtbaren Hörern der beiden Amerika vom Mikrophon Ludwig Renn und Lic. Antonio Castro Leal vom Sinn und Unsinn des Feuers, das in Berlin angesteckt, heute über ganz Europa wütet. Dichtung und Prosa von Bert Brecht und Anna Seghers werden in spanischer Übersetzung vorgetragen. Es erklingen das Moorsoldaten- und das Dachaulied. Das anonyme Lied der Opfer vom Börgermoor und das Lied des jungen österreichischen Dichters Jura Soyfer, den Dachau erschlagen – aber nicht für die Menschheit getötet hat.

So geschah es, daß im Lande, wo einst die Inquisition herrschte, und auf dem Platze, wo einst der Scheiterhaufen brannte, durch die Bewegung »Freies Deutschland« die anklagende Stimme jenes Deutschland erklang, das keine moderne Inquisition und kein neuzeitlicher Scheiterhaufen töten kann.

Alfred Kantorowicz

Vortrupp der Zukunft

Zum Jahrestag der Bücherverbrennung

[1942]

Am 10. Mai 1933 verbrannten die Nazis auf dem Opernplatz in Berlin und auf den öffentlichen Plätzen aller Haupt- und Universitätsstädte Deutschlands im Beisein johlender SA-Horden, gleichgeschalteter Professoren und nazistischer Jugendlicher Bücher, die sie als »Schmutz- und Schund-Literatur« bezeichneten. Am 10. Mai 1940 setzten sich die Armeen Hitlers im Westen in Bewegung. Sie überrannten Holland, Belgien und Frankreich. Es gehört zur tragischen Schuld des alten Europa, daß ihm die gleichnishafte Bedeutung des Aktes vom 10. Mai 1933 erst durch die Fakten, die der Mai 1940 schuf, voll zum Bewußtsein kam.

Schon im März 1933 hatten sich sogenannte »Aktionskomitees gegen den undeutschen Geist« formiert, die Listen der von den Nazis geächteten und gefürchteten Autoren und Bücher anlegten, mit dem Sinn fürs Totale, der den Nazis eignet. Es versteht sich, daß die wichtigsten Werke der europäischen Kulturgeschichte und der Weltliteratur sich auf diesem Index befinden: von Lessing und den Aufklärern, Voltaire und den Enzyklopädisten begonnen bis zu Einstein, Freud, Marx, Engels, Lenin, Stalin, Romain Rolland, Thomas Mann, Heinrich Mann, H. G. Wells, Gorki, Selma Lagerlöf, Carl von Ossietzky, Masaryk, Sinclair Lewis, Dreiser, Upton Sinclair, Barbusse, Scholochow und Andersen-Nexö haben die Nazis sich ausnahmslos an allen Denkern und Schriftstellern vergriffen, die in den letzten zweihundert Jahren Vorkämpfer der Freiheit, des sozialen Fortschrittes und der Humanisierung des menschlichen Geistes gewesen sind.

Sie haben ihre Werke verbrannt, verboten, zensuriert, entstellt oder falsch interpretiert: von Goethe, der dem Hitler »unsympathisch« ist, den sie doch lieber nicht als einen Schundschriftsteller deklarieren wollten, wissen sie wohl kaum mehr, als daß er einmal einen Satz geschrieben hat, der ihnen liegt: »Uns ist ganz kannibalisch wohl, gleich wie fünfhundert Säuen«; und von Schiller, dessen Freiheitsdrama »Wilhelm Tell« sie nun verboten haben und aus dessen »Don Carlos« sie den Satz: »Sir, geben Sie Gedankenfreiheit!« hinauszensiert haben, gefällt ihnen am Besten die Strophe des Reiterliedes aus dem Wallenstein: »Im Felde, da ist der Mann noch was wert . . .«

Der Kampf des Nationalsozialismus gegen das Denken, gegen die Vernunft, gegen die Literatur und die Wissenschaft ist kein Zufall. Dieser Haß, der sich in den Reden und Schriften der »Führer« so oft spreizt – dieser Haß entspringt nicht nur der Dummheit oder der Halbbildung der vorgeschobenen Vertreter dieses Systems. Er sollte den 10. Mai 1940, den totalen Krieg, vorbereiten helfen. Niemals kann ein System mit solchen Zielen zulassen, daß die von ihm Beherrschten und Betrogenen zur Erkenntnis ihrer wirklichen Situation kommen. Das wäre ja sein Ende.

Die Aufgabe der in Hitlers Herrschaftsbereich als Schriftsteller bezeichneten Agitatoren ist es, die Wirklichkeit umzulügen, die Untaten und die Verbrechen, die das herrschende System den Deutschen aufgezwungen hat und die es nun der ganzen Welt aufzwingen will, zu rechtfertigen.

Kann man als Schriftsteller unter solcher Herrschaft (und gar für solche Herrschaft) wirken? Kann man sich dem »gleichschalten«, ohne sich selbst aufzugeben? Es ist gültig, was Heinrich Mann gleich zu Beginn des Exils gesagt hat: »Literatur kann es nur geben, wo der Geist selbst eine Macht ist, anstatt daß er abdankt und sich beugt unter geistwidrige Gewalten.«

Heinrich Mann gab ein großes Beispiel. Ihm sind viele gefolgt; die besten Schriftsteller deutscher Zunge: Thomas Mann, Leonhard Frank, Ludwig Renn, Bert Brecht, Lion Feuchtwanger, E. E. Kisch, Robert Musil, Alfred Döblin, Anna Seghers, Arnold Zweig, Franz Werfel, Stefan Zweig, Joseph Roth, Ernst Toller, Johannes R. Becher, Rudolf Leonhard, Oskar Maria Graf, Ferdinand Bruckner, Bruno Frank, Willi Bredel, Erich Weinert, Theodor Plivier, Friedrich Wolf, Bodo Uhse, A. Scharrer, René Schikkele, Berthold Viertel, Alfred Kerr, Alfred Polgar, Ernst Bloch, Paul Zech, Hermann Broch – und wieviele andere noch.

Man hat ein solches Phänomen in der Geschichte noch nicht gesehen: daß nahezu die gesamte qualifizierte Literatur einer Nation ins Exil geht oder verstummt. Keineswegs etwa nur die, die zufällig in einem jüdischen Elternhause geboren sind. Es ist wichtig auszusprechen, daß die deutschen Schriftsteller, gleichviel welcher Herkunft, ihr Land verlassen haben, weil ein Schriftsteller unter der Herrschaft des Nationalsozialismus nicht schreiben, nicht denken, nicht atmen kann.

Die deutsche Literatur ging ins Exil – oder in die Katakomben. Das will sagen, daß auch viele, die aus irgendwelchen Gründen im Lande verblieben, dem Regime die Gefolgschaft verweigerten, verstummten oder sogar sich einreihten in die Oppositionsbewegung im Lande selbst. Man übersieht zuweilen, daß es neben der Emigration deutscher Schriftsteller ins Ausland auch noch eine »innere Emigration« gibt, deren zahlenmäßiger und qualitativer Bedeutung wir erst ganz inne werden können, wenn in einem nazifreien Deutschland die Manuskripte der in Deutschland verbliebenen antifaschistischen Schriftsteller an die Öffentlichkeit gelangen werden. Die meisten von diesen sind für uns noch anonym und soweit wir von ihnen wissen, werden wir uns hüten, ihre Namen öffentlich preiszugeben. Aber man darf einen Namen nennen, dessen Träger vielleicht nicht gerade für die kämpferische »innere Emigration« beispielhaft ist, aber gewiß für eine bedeutende Anzahl von Schriftstellern in Deutschland. Ich spreche von Erich Kästner, der mit Ekel und Verachtung allen Lockungen des Regimes getrotzt hat. Sein Tod hat ihn dem Zugriff der Gestapo entrückt.

Aus dem, was ihm verblieb, machte Goebbels einen sogenannten »Reichsverband der Schriftsteller«, das heißt, er summierte Tausende von gleichgeschalteten Federn – in seinem Hang fürs Kolossale gibt er ihre Zahl mit dreißigtausend an – die alle zusammen noch keine Literatur ergeben. Laßt uns die Probe aufs Exempel machen: Die letzte mir zugängliche Statistik ergibt, daß im Jahre 1937 von den dreißigtausend Schreiberlingen des Goebbels'schen »Reichsverbandes« insgesamt 79 Bücher in andere Sprachen übersetzt worden sind – im gleichen Jahre wurden von den rund zweihundert exilierten deutschen Schriftstellern 85 Bücher übersetzt und zum Teil in sehr hohen Auflagen verbreitet.

30 000 : 200 – 79 : 85. Das ist eine seltsame aber überaus beweiskräftige Gleichung. Will man ihrer beglückenden Sinnfälligkeit ganz inne werden, so muß man dazu bedenken, daß hinter dem »Reichsverband«, hinter der geförderten oder geduldeten Produktion seiner dreißigtausend Mitglieder die gewaltige materielle Macht, der weitverzweigte, gefürchtete und korrumpierende Einfluß des Goebbelsapparat stand. Ausländische Verleger wurden gekauft, unter Druck gesetzt: man werde ihre Produktion im Reiche nur zulassen, wenn sie ihrerseits einige den Nazi-Machthabern genehme Werke gleichgeschalteter Autoren publi-

zieren, – oder anders herum: man wird sie und ihre Autoren im Reich boykottieren lassen, wenn sie weiterhin die Werke deutscher Emigranten drucken. Hinter den rund zweihundert exilierten deutschen Schriftstellern aber steht materiell nichts als die Not, die Sorge um die Gewährung des Asylrechtes, um die Bezahlung der Miete, oft um das nächste Mittagessen. Die Polizei der Länder, deren Regierungen in jenen Jahren noch glaubten, die Nazis appeasen zu können, jagt die schutzlosen Nazigegner; die Behörden machen ihnen Schwierigkeiten. Ihre Papiere sind nicht mehr in Ordnung zu bringen. Und dennoch! Der Geist siegt: das ist zumindest einmal keine Metapher, sondern eine in Zahlen ausdrückbare, beweisbare Realität.

Der Geist siegt: aber unter welchen Opfern! Die Verlustliste der deutschen Schriftsteller im Exil ist bedeutend. Sie allein, wenn nichts anderes, würde für die Härte des Kampfes sprechen, den deutsche Schriftsteller in diesen Jahren zu führen hatten und für die Zerreißprobe ihrer psychischen Widerstandskraft, einer Probe, der dieser oder jener nicht auf die Dauer standhielt. Nur wenige sind eines natürlichen Todes gestorben, wie Jakob Wassermann, der kurz nach Anbruch der Schreckensherrschaft von uns ging oder wie Alfons Goldschmidt, Artur Holitscher, Max Herrmann-Neiße, Werner Hegemann, Helmut von Gerlach und René Schickele, die nach Jahren des gemeinsamen Kampfes im Exil (und teilweise durch das Exil) verschieden.

Erich Mühsam haben die Nazi-Bestien im Lager zu Tode geprügelt und aufgehängt; Theodor Lessing haben sie jenseits der Grenze »gekillt«; die Publizisten Erich Baron, Franz Braun u. a. haben sie in Gefängniszellen aufgeknüpft. Carl von Ossietzky haben sie zu Tode gequält. Der versprechende junge Kunsthistoriker Albert Müller ist als Soldat in Spanien vor dem Feinde gefallen. Rudolf Olden war das erste direkte Opfer dieses Krieges in unseren Reihen: sein Schiff wurde auf der Überfahrt nach Kanada torpediert, er und seine Frau waren unter den Opfern.

Joseph Roth endet in der Emigration am Elend der Emigration. Der alte Franz Hessel, der Proust und Jules Romains ins Deutsche übertragen und sein Leben lang innig dem tieferen Verständnis der neueren französischen Literatur gedient hat, stirbt an den Folgen der langen Haft in französischen Konzentrationslagern. Und in dieser Stunde zittern wir um das Schicksal einiger hochverdienter und tapferer deutscher Schriftsteller, die sich noch in der Gewalt der beflissenen Nazilehrlinge von Vichy befinden.

Neben diesen ist die verlängerte Reihe derer zu nennen, deren Nerven der Zerreißprobe nicht standgehalten haben. Walter Hasenclever, den ich im Konzentrationslager Les Milles bis zur letzten Stunde zu weiterem Ausharren zu überreden suchte, nahm die genügende Dosis Veronal aus Furcht davor, daß am nächsten Morgen die SS unsere Lagerwachen ablösen könnte. Ernst Weiss machte ein Ende beim Einmarsch der Nazitruppen in Paris. Walter Benjamin gab den Kampf auf, als er von spanischen Grenzposten verhaftet worden war und nach Frankreich zurückgesandt werden sollte. Der Kunsthistoriker Carl Einstein entzog sich den deutschen und den französischen Nazis durch einen Sprung in den Fluß. Und mit der Erinnerung an diese Schriftsteller, die dem direkten Zugriff der Nazis auf eine beklagenswert voreilige Weise zu entkommen suchten, verbindet sich die Trauer um jene, die aus allgemeineren Motiven des Exils den Tod suchten: wir denken an Toller, an Tucholsky und nun an Stefan Zweig. Gerade der Abgang Stefan Zweigs weist uns auf die tragische Situation jener exilierten Schriftsteller deutscher Zunge hin, die, erfüllt von tiefem Pessimismus, verzweifelnd meinen: mit dem Ende ihrer Welt sei alles zu Ende.

Zu Unrecht, wie wir hier aussprechen. Viele von uns haben die innere Gewißheit, daß unser Kampf im Exil dazu beigetragen hat, legitime Kulturbestände der alten Welt mit in die neue hinüberzuretten und daß unser zukünftiger Kampf und unsere (aus den Erfahrungen und Leiden dieser Jahre geschöpften) zukünftigen Werke dazu beitragen werden, die neue Welt, ein neues Europa kulturell und sozial wohnlich einzurichten. Wir sind keine Nachhut. Wir sind nicht die letzten Überlebenden einer zusammenstürzenden Zivilisation. Wir sind ein Vortrupp. Wir sind mit der Zukunft und die Zukunft ist mit uns.

Nein, wir sind nicht allein. Wir sind kein von unserem Volke isolierter »Klüngel von Literaten«, wie Herr Goebbels das so gerne möchte. Millionen unseres Volkes erwarten mit Inbrunst den Tag der Freiheit, den Tag, da sie sich wieder mit uns, wir uns wieder mit ihnen vereinigen dürfen. Unser großer, verehrter und geliebter Freund Romain Rolland schrieb uns einst:
»Ja, ich bin mit Euch – Euch, dem besseren Deutschland, dem unterdrückten, vertriebenen, aber unbesieglichen Deutschland, das leidet aber kämpft. Alles von jenem Deutschland, das wir

lieben und verehren, ist in Euerm Lager. Bei Euch sind Goethe und Beethoven, bei Euch sind Lessing und Marx. Sie sind mit Euch in dem Kampf, den Ihr führt. Ich zweifle nicht an Euerm Sieg. Habt Vertrauen! Die Zukunft wird sich an Euer Beispiel erinnern und sie wird es ehren.«

Ludwig Renn

[Neunter Jahrestag der Bücherverbrennung]

[1942]

In der Nacht des 10. Mai 1933 war in Berlin ein seltsames Schauspiel zu sehen. Vor dem Denkmal Alexander von Humboldts brannte ein Feuer. Leute traten dicht heran und warfen Bücher in die unruhigen Flammen. Die Nazis verbrannten die Bücher ihrer Feinde, und Humboldt, mit seinem unbeweglichen Statuenantlitz, blickte auf das Treiben herab. Als erster bedeutender, nichtspanischer Europäer hatte er Mexiko besucht und nach seiner Rückkehr gegen das spanische Kolonialregime protestiert.

Dieser Humboldt hatte damals protestiert, lebte er noch, würde er auch heute protestieren, gegen die Nazis, die viel schlimmer sind als die Herrscher in Neu-Spanien.

Die hier ansässigen Nazis nun mißbrauchten den ehrbaren Namen Humboldts und entfernten im Dezember des vergangenen Jahres aus ihrer Bibliothek in Mexiko die Werke solcher Autoren wie Thomas Mann, Sinclair Lewis und der Pazifistin Berta von Suttner, da sie deren Einfluß auf die Nazis fürchteten, die durch Hitlers »Mein Kampf« und andere Elaborate führender Nazis – getreu dem Grundsatz »Wenn ich das Wort Kultur höre, ziehe ich meinen Revolver« – in Unbildung gehalten wurden.

Bei der Bücherverbrennung in Berlin vor neun Jahren waren die Nazis viel radikaler gewesen als heute in Mexiko. Damals hatten sie Bücher von Voltaire, Henri Barbusse, Jaroslav Hašek, dem bedeutenden tschechischen Satiriker, Selma Lagerlöf, der bekannten schwedischen Lyrikerin, verbrannt. Warum? – Diesem Verbrennungsradikalismus gelang es jedoch nicht, eine Literatur zu vernichten, die, wenn auch lange Zeit vorher entstanden, ganz offensichtlich eine Anti-Hitler-Literatur war. Liest man aufmerksam die deutschen Klassiker, Werke von Schiller, Goethe, Herder, Lessing und Heine, stößt man auf eine Grundidee, die in immer neuen Formen zum Ausdruck kommt. Es ist der Ruf nach Freiheit! Freiheit? Befreiung vom deutschen Neofeudalismus, Freiheit für diejenigen, die ihre Meinung geäußert hatten. In seinem Drama »Don Carlos« läßt Schiller den Marquis Posa folgende Bitte an König Philipp II. richten: »Geben Sie Gedankenfreiheit!« Wenn die Deutschen heute im Theater diese Worte hören, reagieren sie mit überschäumender Begeisterung. Für sie ist dieser düstere König Philipp Hitler, der grausame Heuchler.

Wozu diese Bücherverbrennung, wenn man doch nicht die gesamte Literatur mit freiheitlichen Ideen verbrannte? Im übrigen enthält jede gute Literatur freiheitliche Elemente. Angenommen, man hätte alle guten Bücher, von Kant und Goethe bis hin zu Einstein und Thomas Mann, verbrannt. Ich bin sicher, es wäre das gleiche geschehen wie bei jenem Gedicht, dessen Geschichte ich erzählen will: Eine deutsche Frau verwahrte in ihrem Schrank das Gedicht eines Freundes, das sie für sehr wertvoll hielt, das aber eindeutig antinazistisch war. Da sie Angst hatte, solange sie es bei sich zu Hause wußte, lernte sie es auswendig und verbrannte es dann. Bei einem Spaziergang entlang der Grenze schrieb sie es auf und schickte es, damit kein Wort verlorenginge, einer Freundin ins Ausland. Ich frage also: Hat dieses Gedicht nicht einen besonderen Glanz erhalten durch diese Anstrengung, es zu retten? Welchen Sinn sollte Literatur haben, wenn sie nicht gelesen oder rezitiert würde? Eigentlich lebte sie gar nicht.

Hitler bewirkt mit seinen Verfolgungen nur, daß die Deutschen sehr aufmerksam ihre Klassiker lesen, vor allem deren Rufe nach Freiheit. Wozu also die Verbrennung? Ein verbranntes Buch gleicht dem Phönix, der, verbrannt, verjüngt aufersteht. Und dieser Vogel fliegt so lange, bis er den Verbrecher erreicht hat, der seine Geschwister tötete; mit dem Schnabel hackt er ihm die Augen aus.

Oskar Maria Graf

Nie wieder vergessen!

[1943]

Vor zehn Jahren, am 10. Mai, ließ das Hitler-Regime die Bücher der freiheitlichen Schriftsteller in ganz Deutschland öffentlich verbrennen. Auf dem mittelalterlichen Scheiterhaufen lagen aber nicht nur die Werke mißliebiger, *deutscher* Autoren – die Bücher der Amerikaner Jack London und Upton Sinclair, jene der Tschechen Masaryk und Benesch, die des großen Österreichers Sigmund Freud, die Werke der Franzosen Romain Rolland und Malraux und alle Bücher der Russen von Gorki bis Ehrenburg, kurzum, das gesamte wahrhaft humanistische Schrifttum der Welt ging in Flammen auf!

Dieser 10. Mai – ewiges Schandmal nazistischer Barbarei! – müßte in Zukunft auf der ganzen gesitteten Welt in sein Gegenteil verwandelt werden, in einen Tag des Nie-wieder-Vergessens und in einen Tag der Manifestation für die Freiheit des Geistes!

Nationen und Religionsgemeinschaften feiern an bestimmten Tagen ihre großen Männer oder die denkwürdigen Ereignisse ihrer Geschichte. Für die Arbeiter der Welt bedeutet der 1. Mai Besinnung, Kampf und Verbundenheit mit ihren Brüdern in allen Ländern. Schöne Sitten haben den Mutter- und Vatertag ins Leben gerufen – nichts aber wäre erhebender und nachhaltiger, als wenn die freien Völker der Welt den 10. Mai von jetzt ab und für immer als den Tag der Solidarität mit den freiheitlichen Schriftstellern feiern würden!

Während einst an diesem Tag Bücher in Flammen aufgingen, die einem geistfeindlichen Regime gefährlich erschienen, müßte in allen Ländern der Welt die breiteste Öffentlichkeit einen internationalen *Tag des freien Buches* feiern!

Bücher sind Waffen im großen Befreiungskampf von heute! Bücher sind Pflugscharen für morgen! Kein Volk kann wünschen, daß sein freier, schöpferischer Geist durch Gewalt zum Absterben gezwungen wird!

Darum müßten gerade heute, an diesem 10. Mai, die Literaturfreunde aus den von Hitler unterdrückten Nationen, die in Amerika Zuflucht gefunden haben, müßten alle Gegner politischer und geistiger Tyrannei, müßten alle jene, denen daran liegt, daß ihre besten Literaturwerke nicht untergehen, die Bücher ihrer emigrierten, verfemten Schriftsteller in der *Ursprache* kaufen und schenken!

Dies die Losung für heute: 10. Mai – Tag des freien Buches! – Tag der Solidarität mit den von Hitler verfemten Schriftstellern!

Dies die Losung für immer: 10. Mai – Tag des Nie-wieder-Vergessens – Tag der Manifestation für die Freiheit des Geistes!

Thomas Mann

Deutsche Hörer!

[1943]

Deutsche Hörer!

Als ich mich im Sommer 1932 an der Ostsee aufhielt, bekam ich ein Paket zugeschickt, aus dem mir, als ich es öffnete, schwarze Asche, verkohltes Papier entgegenfiel. Der Inhalt bestand aus einem verbrannten, nur gerade noch erkennbaren Exemplar eines Buches von mir, des Romans ›Buddenbrooks‹, – mir übersandt vom Besitzer zur Strafe dafür, daß ich meinem Grauen vor dem heraufkommenden Nazi-Verhängnis öffentlich Ausdruck gegeben hatte.

Das war das individuelle Vorspiel zu der ein Jahr später, am 10. Mai 1933, vom Nazi-Regime überall in Deutschland in großem Stil veranstalteten symbolischen Handlung: der zeremoniellen Massenverbrennung von Büchern freiheitlicher Schriftsteller, – nicht deutscher nur oder nur jüdischer, sondern amerikanischer, tschechischer, österreichischer, französischer und vor allem russischer; kurzum, auf dem Scheiterhaufen qualmte die Weltliteratur, – ein wüster, trauriger und ungeheuer ominöser Jux, den übrigens viele daran beteiligte junge Leute sich guter Dinge zunutze machten, um von den Büchern, die sie heranschleppten, möglichst viele zu mausen und so auf billige Art zu förderlicher Lektüre zu kommen.

Es ist merkwürdig genug, daß unter allen Schandtaten des Nationalsozialismus, die sich in so langer, blutiger Kette daranreihten, diese blödsinnige Feierlichkeit der Welt am meisten Eindruck gemacht hat und wahrscheinlich am allerlängsten im Gedächtnis der Menschen fortleben wird. Das Hitler-Regime ist das Regime der Bücherverbrennungen und wird es bleiben. Der Choc für das europäische Kulturgewissen war heftig und wirkt unaufhörlich nach, – während in Deutschland dieser Akt nationalistischer Betrunkenheit wohl schon so gut wie aus der Erinnerung verdrängt ist. Sehr bald schon nach stattgehabtem Humbug bildete sich in London eine ›Society of the Friends of the Burned Books‹, an deren Spitze H. G. Wells stand. Sie arbeitete mit Pariser Emigrantengruppen zusammen und stellte die Mittel zur Errichtung einer ›Deutschen Freiheitsbibliothek‹ in Paris zur Verfügung. Am ersten Jahrestag des Autodafés, dem 10. Mai 1934, wurde diese eröffnet und ist natürlich seitdem, samt ihrem ganzen Anti-Nazi-Archiv, ein Opfer der Gestapo geworden. Das Datum des 10. Mai aber bleibt der Erinnerung, zum mindesten der angelsächsischen Völker, unauslöschlich eingeprägt, und die zehnte Wiederkehr jenes 10. Mai hat hier in Amerika zu wahrhaft rührenden und uns deutsche Europa-Flüchtlinge tief beschämenden Kundgebungen geführt. Um zwölf Uhr mittags gingen an diesem Tage in der New York Public Library und in dreihundert der größten öffentlichen Bibliotheken im ganzen Lande die Flaggen auf Halbmast, und an all diesen Stätten versammelte man sich, um den Ansprachen von Vertretern der Literatur und der Wissenschaft zuzuhören, die der Nazi-Untat gedachten und die Unantastbarkeit des freien menschlichen Gedankens bekräftigten. Der ›Council of Books in Wartime‹ brachte eine Broschüre heraus, die eine Liste der bekanntesten der verbrannten und verbannten Buchtitel enthält und an dreißigtausend Bibliotheken, außerdem an alle Schulen, Colleges, Universitäten und Buchhandlungen des Landes versandt worden ist. Das amerikanische Propaganda-Amt hatte künstlerische Plakate herstellen und verbreiten lassen, die Symbol mit Symbol beantworten: Man sieht darauf, wie Rauch und Flammen aus dem Bücher-Scheiterhaufen den Kulturschänder Hitler erstikken. Ein Komitee für die ›Wiederherstellung verbrannter und verbannter Bücher in Europa‹, zu dessen Sponsoren erste Namen des Landes gehören, gab eine Liste der Werke in Auftrag, die als erste wieder in die Bibliotheken eines befreiten Europas eingereiht oder neu aufgelegt werden sollen. Hörspiele und Reden der bekanntesten Radio-Kommentatoren gingen über die Netzwerke und gedachten der barbarischen Lustbarkeit, die dem alten Kulturvolk der Deutschen vor zehn Jahren geboten wurde. Raymond Gram Swing und Elmer Davis sprachen zum Thema, es sprachen Sinclair Lewis, Eve Curie und viele andere. Ich rede nicht von den Ausstellungen der Buchhandlungen, den Diskussionen und Zeremonien in vielen Schulen. Genug, der zehnte Jahrestag der deutschen Bücherverbrennung wurde hierzulande zu einem Bekenntnistage, zu einer Demonstration von großartiger Treuherzigkeit für die Kulturidee und für das Wort »Ihr tötet nicht den Geist«. Und wir Europäer hatten uns wieder einmal zu fragen, ob nicht die Werte abendländischer Gesittung heute auf dieser Seite des Ozeans besser aufgehoben sind, edelmütigeren Schutz genießen als drüben bei euch.

Gegen den angeblichen Materialismus dieses Landes, das sich mit seinen Verbündeten anschickt, den alten Kontinent aus den Händen blutiger Banausen und räuberischer Schwindelrevolutionäre zu befreien, behaupten eben diese Banausen und Kulturhenker, die edle Feste Europa idealistisch zu verteidigen. Abgetakelte Wagnerianer geben sich die Miene, als dürften sie verächtlich auf das Land Walt Whitmans herabblicken. Und doch wird es weit eher dieser sein und nicht der spätromantische Theatraliker des Deutschtums, auf dessen Namen die kommende Welt ihre Gelübde ablegen wird.

Anna Seghers

Geglüht und gehärtet

Zum zehnten Jahrestag der Bücherverbrennung

[1943]

Daß wir den Jahrestag der Bücherverbrennung feiern, das allein zeigt, daß das verbotene Buch in dem Scheiterhaufen des 10. Mai statt zu Asche zu werden, geglüht und gehärtet wurde zu einer handfesten Waffe im Kampf gegen Hitler. Für uns in Mexiko fällt der 10. Jahrestag der Bücherverbrennung zusammen mit dem ersten Jahrestag der Verlagsgründung »Freies Buch«.

Die Zeit, in der wir leben und schreiben, die Zeit der mächtigen Umwälzungen im Denken und in den gesellschaftlichen Strukturen, ähnelt in vielen Stücken dem ersten Abschnitt unseres Zeitalters, dem Anfang der Neuzeit. Was damals verfolgt und verboten war, das freie Wort, das fand eine mächtige Hilfe in der eben entstandenen zauberhaften Kunst, der Buchdruckerei. Umsonst tobten die Dunkelmänner gegen die neue Erfindung. Umsonst legten Kirchen und Magistrat ihre Hand auf die ersten großen Pressen. Die jungen Buchdrucker zogen mit ihren leicht beweglichen Karren – vergleichbar heute den illegalen fahrbaren Sendern in den faschistischen Ländern – von Ort zu Ort, um ihre Presse zur Messezeit aufzuschlagen, wenn sich viel Volk in den Städten zusammenfand, das gierig war auf die Flugschriften über die großen Probleme der Zeit, und um wie der Wind abzuziehen, sobald die Behörden sie aufstöbern ließen. Zuweilen geschah es, daß ein Drucker gefangen wurde und an seine Heimatstadt ausgeliefert. Man fing einen auf der Frankfurter Messe und schickte ihn gekettet nach Wien, doch seine Blätter waren längst auf dem Markt zerstreut und ihre Gedanken, die religiösen und politischen Freiheiten der Bürger und Bauern, in allen Gehirnen.

Ein Ulrich von Hutten, ein Thomas Münzer schickten damals ihre Boten durch Deutschland, um Druckereien zu finden, die es riskierten, ihre Bücher zu drucken. Das konnte ein Wagnis auf Leben und Tod sein, denn nicht nur den Büchern drohte das Feuer, sondern auch dem Schriftsteller und dem Drucker. Damals wie heute zeigte der Druckort an, wo der Schriftsteller Freiheit zum Arbeiten fand.

Etwas von der alten, in der Erfindung selbst mitbedingten, aber verlorengegangenen Einheit von Gedanken und Druckwerk, von Schreiben und Setzen, von der gewußten Gemeinsamkeit aller, die an dem Zustandekommen des Buches arbeiten, gibt es jetzt wieder in unserem kleinen Verlag, der zum 10. Mai des vergangenen Jahres (1943) sein erstes Buch herausbrachte. Der Druckort Mexiko, der seinen Büchern vorgedruckt ist, wird auch, wenn die Schriftsteller selbst ihr Asylland verlassen haben, den künftigen Zeiten das Land angeben, in dem sie frei atmen konnten.

Alexander Abusch

Am Tage der Bücherverbrennung

Ein außergewöhnlicher Abend des Heinrich-Heine Clubs

[1944]

Nicht genau am 11. Jahrestag der Bücherverbrennung stattfindend, aber dem Gedächtnis dieses Tages der nazistischen Schmach gewidmet, war die Veranstaltung des Heinrich-Heine-Klubs in Mexiko am 11. Mai, die den Titel trug »Verbannte und Verbrannte«. Neun in Mexiko lebende Schriftsteller traten auf, erzählten Anekdoten oder eigene Erlebnisse rund um das Thema Bücherverbrennung. In Ernst, Scherz und Satire wurde die tiefere Bedeutung des Abends ausgedrückt, der abwechslungsreich und lebendig wie selten zuvor ein literarischer Abend war.

ANNA SEGHERS, die zum ersten Mal wieder vor einem großen Publikum auftrat und mit sehr herzlichem Beifall begrüßt wurde, gab dem Abend die Einleitung: Sie sprach über die Geschichte der Zensur und der Bücherverbrennung und über ihre eigenen Erlebnisse vor vier Jahren im Mai 1940, als die Invasion der Hitlerarmeen in Frankreich begonnen hatte. LEO KATZ erzählte von der Bücherverbrennung im alten Alexandrien und der Bücherverfolgung im gegenwärtigen Rumänien. PAUL MAYER vom Leben der deutschen Schriftsteller unter der Hitlerdiktatur in den Jahren 1933 bis 1938, KURT STERN von einem kleinen Analphabeten in Madrid, der als Kämpfer für die spanische Republik lesen lernte, BRUNO FREI von dem Erlebnis der österreichischen Kultur in den bangen Stunden unmittelbar vor Hitlers Einbruch in Österreich – und BODO UHSE gab dem Abend den reinen und klaren Ausklang, indem er an dem Erlebnis seiner Rettung vor der Gestapo und der Diskussion mit einem nationalistischen Schriftsteller am Tage seines Abschiedes klarmachte, daß der aus Deutschland flüchtende Schriftsteller ein deutscher Schriftsteller blieb, weil er im Exil den Kampf um Deutschland fortzusetzen entschlossen war.

An diesem Abend wurde auch viel und herzhaft gelacht: gegen die Nazis, trotz der Nazis und über sie. Dabei wurde EGON ERWIN KISCH, der mit seinem unverwüstlichen »Magdalenenheim« natürlich im vornherein die Lacher auf seiner Seite hatte, die Palme des Humors durch THEODOR BALK mit seiner einfallsreichen Schilderung einer Haussuchung durch Gestapobeamte und durch

LUDWIG RENNS Erzählung von den »Schiebe-Büchern« im Berliner Gefängnis 1933 erfolgreich streitig gemacht. Der humoristische Teil des Abends zeugte vielleicht noch tiefer als der ernste von dem ungebrochenen Optimismus der verbannten und verbrannten Schriftsteller, deren Bücher bald, sehr bald, in ein freies Deutschland zurückkehren werden.

Stefan Zweig

[Mittelalter war mit einemmal Trumpf geworden]

[1944]

Man kann dreißig oder vierzig Jahre inneren Weltglaubens schwer abtun in einigen wenigen Wochen. Verankert in unseren Anschauungen des Rechts, glaubten wir an die Existenz eines deutschen, eines europäischen, eines Weltgewissens und waren überzeugt, es gebe ein Maß von Unmenschlichkeit, das sich selbst ein für allemal vor der Menschheit erledige. Da ich versuche, hier so ehrlich als möglich zu bleiben, muß ich bekennen, daß wir alle 1933 und noch 1934 in Deutschland und Österreich jedesmal nicht ein Hundertstel, nicht ein Tausendstel dessen für möglich gehalten haben, was dann immer wenige Wochen später hereinbrechen sollte. Allerdings: daß wir freien und unabhängigen Schriftsteller gewisse Schwierigkeiten, Unannehmlichkeiten, Feindseligkeiten zu erwarten hätten, war von vorneweg klar. Sofort nach dem Reichstagsbrand sagte ich meinem Verleger, es werde nun bald vorbei sein mit meinen Büchern in Deutschland. Ich werde seine Verblüffung nicht vergessen. »Wer sollte Ihre Bücher verbieten?« sagte er damals, 1933, noch ganz erstaunt. »Sie haben doch nie ein Wort gegen Deutschland geschrieben oder sich in Politik eingemengt.« Man sieht: all die Ungeheuerlichkeiten, wie Bücherverbrennungen und Schandpfahlfeste, die wenige Monate später schon Fakten sein sollten, waren einen Monat nach Hitlers Machtergreifung selbst für weitdenkende Leute noch jenseits aller Faßbarkeit. Denn der Nationalsozialismus in seiner skrupellosen Täuschertechnik hütete sich, die ganze Radikalität seiner Ziele zu zeigen, ehe man die Welt abgehärtet hatte. So übten sie vorsichtig ihre Methode: immer nur eine Dosis und nach der Dosis eine kleine Pause. Immer nur eine einzelne Pille und dann einen Augenblick Abwartens, ob sie nicht zu stark gewesen, ob das Weltgewissen diese Dosis noch vertrage. Und da das europäische Gewissen – zum Schaden und zur Schmach unserer Zivilisation – eifrigst seine Unbeteiligtheit betonte, weil diese Gewalttaten doch ›jenseits der Grenze‹ vor sich gingen, wurden die Dosen immer kräftiger, bis schließlich ganz Europa an ihnen zugrunde ging. Nichts Genialeres hat Hitler geleistet als diese Taktik des langsamen Vorfühlens und immer stärkeren Steigerns gegen ein moralisch und bald auch militärisch immer schwächer werdendes Europa. Auch die innerlich längst beschlossene Aktion zur Vernichtung jedes freien Wortes und jedes unabhängigen Buches in Deutschland erfolgte nach jener vortastenden Methode. Es wurde nicht etwa gleich ein Gesetz erlassen – das kam erst zwei Jahre später –, das unsere Bücher glatt verbot; man veranstaltete statt dessen zunächst nur eine leise Tastprobe, wie weit man gehen könne, in dem man die erste Attacke auf unsere Bücher einer offiziell unverantwortlichen Gruppe zuschob, den nationalsozialistischen Studenten. Nach dem gleichen System, mit dem man ›Volkszorn‹ inszenierte, um den längst beschlossenen Judenboykott durchzusetzen, gab man ein geheimes Stichwort an die Studenten, ihre ›Empörung‹ gegen unsere Bücher öffentlich zur Schau zu stellen. Und die deutschen Studenten, froh jeder Gelegenheit, reaktionäre Gesinnung bekunden zu können, rotteten sich folgsam an jeder Universität zusammen, holten Exemplare unserer Bücher aus den Buchhandlungen und marschierten unter wehenden Fahnen mit dieser Beute auf einen öffentlichen Platz. Dort wurden die Bücher entweder nach altem deutschem Brauch – Mittelalter war mit einemmal Trumpf geworden – an den Schandpfahl, an den öffentlichen Pranger genagelt – ich habe selbst ein solches mit einem Nagel durchbohrtes Exemplar eines meiner Bücher besessen, das ein befreundeter Student nach der Exekution gerettet und mir zum Geschenk gemacht –, oder sie wurden, da es leider nicht erlaubt war, Menschen zu verbrennen, auf großen Scheiterhaufen unter Rezitierung patriotischer Sprüche zu Asche verbrannt. Zwar hatte nach langem Zögern der Propagandaminister Goebbels im letzten Augenblick beschlossen, der Bücherverbrennung seinen Segen zu geben, aber sie blieb noch immer eine halboffizielle Maßnahme, und nichts zeigt deutlicher, wie wenig sich Deutschland damals noch mit solchen Akten identifizierte, als daß das Publikum aus diesen studentischen Verbrennungen und Ächtungen nicht die geringsten Konsequenzen zog. Obwohl die Buchhändler ermahnt wurden, keines unserer Bücher in die Auslage zu legen und obwohl keine Zeitung mehr ihrer Erwähnung tat, ließ sich das wirkliche Publikum nicht im mindesten beeinflussen. Solange noch nicht Zuchthaus oder Konzentrationslager darauf stand, wurden meine Bücher noch 1933 und 1934 trotz allen Schwierigkeiten und Schikanen fast ebenso zahlreich wie vordem verkauft. Erst mußte jene grandiose Verordnung ›zum Schutz des deutschen Volkes‹ Gesetz werden, die Druck, Verkauf und Verbreitung unserer Bücher zum Staatsverbrechen erklärte, um uns gewaltsam den Hunderttausenden und Millionen Deutscher zu entfremden, die noch jetzt uns lieber als alle die plötzlich aufgeplusterten Blut- und Bodendichter lesen und in unserem Wirken treu begleiten wollten.

Dieses Schicksal völliger literarischer Existenzvernichtung in Deutschland mit so eminenten Zeitgenossen wie Thomas Mann, Heinrich Mann, Werfel, Freud und Einstein und manchen anderen, deren Werk ich ungleich wichtiger nehme als das meine, teilen zu dürfen, habe ich eher als Ehre empfunden denn als Schmach, und jedwede Märtyrergeste widerstrebt mir dermaßen, daß ich dieser Einbeziehung ins allgemeine Schicksal nur ungern Erwähnung tue. Aber seltsamerweise war es gerade mir beschieden, die Nationalsozialisten und sogar Adolf Hitler in persona in eine besonders peinliche Situation zu bringen. Just meine literarische Gestalt unter all den Geächteten ist in den hohen und höchsten Kreisen der Berchtesgadener Villa immer wieder Gegenstand der wildesten Erregung und endloser Debatten gewesen, so daß ich den erfreulichen Dingen meines Lebens die bescheidene Genugtuung beifügen kann, dem zeitweilig mächtigsten Manne der Neuzeit, Adolf Hitler, Ärgernis verursacht zu haben.

Schon in den ersten Tagen des neuen Regimes hatte ich unschuldigerweise eine Art Aufruhr verschuldet. Es lief nämlich damals durch ganz Deutschland ein Film, der nach meiner Novelle ›Brennendes Geheimnis‹ verfaßt und ebenso betitelt war. Niemand nahm daran den geringsten Anstoß. Aber am Tage nach dem Brand des Reichstags, den vergeblich die Nationalsozialisten aus ihren Schuhen in die der Kommunisten zu schieben suchten, ereignete es sich, daß vor den Kinoüberschriften und Plakaten ›Brennendes Geheimnis‹ die Leute sich sammelten, einer den andern zwinkernd anstoßend und lachend. Bald verstanden die Gestapo-Leute, warum man bei diesem Titel lachte. Und noch am selben Abend jagten auf Motorrädern Polizisten herum, die Vorstellungen wurden verboten, vom nächsten Tage an war der Titel meiner Novelle ›Brennendes Geheimnis‹ aus allen Zeitungsankündigungen und von allen Plakatsäulen spurlos verschwunden. Aber ein einzelnes Wort, das sie störte, zu verbieten, ja selbst unsere gesamten Bücher zu verbrennen und zu zerstören, war immerhin eine ziemlich einfache Sache gewesen.

Erich Kästner

Bei Durchsicht meiner Bücher

[1946]

Mein erstes Buch, der Gedichtband »Herz auf Taille«, erschien Ende 1927. Im Jahre 1933 wurden meine Bücher in Berlin, auf dem großen Platz neben der Staatsoper, von einem gewissen Herrn Goebbels mit düsterfeierlichem Pomp verbrannt. Vierundzwanzig deutsche Schriftsteller, die symbolisch für immer ausgetilgt werden sollten, rief er triumphierend bei Namen. Ich war der einzige der Vierundzwanzig, der persönlich erschienen war, um dieser theatralischen Frechheit beizuwohnen.

Ich stand vor der Universität, eingekeilt zwischen Studenten in SA-Uniform, den Blüten der Nation, sah unsere Bücher in die zuckenden Flammen fliegen und hörte die schmalzigen Tiraden des kleinen abgefeimten Lügners. Begräbniswetter hing über der Stadt. Der Kopf einer zerschlagenen Büste Magnus Hirschfelds stak auf einer langen Stange, die, hoch über der stummen Menschenmenge, hin und her schwankte. Es war widerlich.

Plötzlich rief eine schrille Frauenstimme: »Dort steht ja der Kästner!« Eine junge Kabarettistin, die sich mit einem Kollegen durch die Menge zwängte, hatte mich stehen sehen und ihrer Verblüffung übertrieben laut Ausdruck verliehen. Mir wurde unbehaglich zumute. Doch es geschah nichts. (Obwohl in diesen Tagen gerade sehr viel zu ›geschehen‹ pflegte.) Die Bücher flogen weiter ins Feuer. Die Tiraden des kleinen abgefeimten Lügners ertönten weiterhin. Und die Gesichter der braunen Studentengarde blickten, den Sturmriemen unterm Kinn, unverändert geradeaus, hinüber zu dem Flammenstoß und zu dem psalmodierenden, gestikulierenden Teufelchen.

In dem folgenden Jahrdutzend sah ich Bücher von mir nur die wenigen Male, die ich im Ausland war. In Kopenhagen, in Zürich, in London. – Es ist ein merkwürdiges Gefühl, ein verbotener Schriftsteller zu sein und seine Bücher nie mehr in den Regalen und Schaufenstern der Buchläden zu sehen. In keiner Stadt des Vaterlands. Nicht einmal in der Heimatstadt. Nicht einmal zu Weihnachten, wenn die Deutschen durch die verschneiten Straßen eilen, um Geschenke zu besorgen. Zwölf Weihnachten lang! Man ist ein lebender Leichnam.

Es hat zwölf Jahre gedauert, bis das Dritte Reich am Ende war. Zwölf Jahre haben genügt, Deutschland zugrunde zu richten. Und man war kein Prophet, wenn man, in satirischen Strophen, diese und ähnliche Ereignisse voraussagte. Daß keine Irrtümer vorkommen konnten, lag am Gegenstand: am Charakter der Deutschen. Den Gegenstand seiner Kritik muß der Satiriker natürlich kennen. Ich kenne ihn.

[...]

Peter Suhrkamp

Zur Bücherverbrennung am 10. Mai 1933

[1947]

Die Bücherverbrennung am 10. Mai 1933 war eine heimtückische Aktion. Unter dem agitatorischen Vorwand, die Intellektuellen und Gebildeten als Klasse zu treffen, wurde versteckt ein Schlag gegen jede Aufklärung geführt; die Spießerdummheit wurde mit Revolutionsregie als flammender Engel auf dem Altar des Vaterlandes enthüllt. Dummköpfe werden lieber brennen und morden als denken, das wußten sie. Die Bücherverbrennung als Volksbelustigung, das war ein Attentat gegen den Menschen, hier begann es; die Flammen, die zuerst über den Bücherhaufen prasselten, verschlangen später im Feuersturm unsere Städte, menschliche Behausungen, die Menschen selbst. Nicht der Tag der Bücherverbrennung allein muß im Gedächtnis behalten werden, sondern diese Kette: von dem Lustfeuer an diesem Platz über die Synagogenbrände zu den Feuern vom Himmel auf die Städte. Kein vernünftiger Mensch, kein Mensch mit Verstand wird mit Feuer spielen.

Das Bedürfnis, das andere, das Unbekannte kennenzulernen und zu verstehen, ist das Wesen des Geistigen. In der menschlichen Existenz ist es Verständnis und Verständigung. Das geistige Leben verdunkeln oder terrorisieren, heißt Verständnis und Verständigung unterdrücken, und das heißt: Krieg vorbereiten. Der Gebrauch des Geists zur Überlegenheit über den andern in Macht oder Besitzanhäufung ist Mißbrauch des Geistigen. Wenn heute der Tag des Freien Buches proklamiert wird, ist das die Proklamation einer Forderung: das geistige Leben in allen Formen jedem Menschen zugänglich zu machen. Jedem Menschen! In jeder Form!

Alfred Kantorowicz

Am 10. Mai 1933...

[1947]

Am 10. Mai 1933 flammten auf dem Opernplatz zu Berlin und auf vielen öffentlichen Plätzen der Haupt- und Universitätsstädte des Reiches Scheiterhaufen, in denen Bücher verbrannt wurden. Das war kein »spontaner Akt« einer unvernünftigen Menge gewesen, sondern eine wohlüberlegte und sorgfältig organisierte Veranstaltung nationalsozialistischer Staatsraison. Wie die Reichstagsbrandstiftung am 28. Februar 1933 das Fanal des Terrors gegen alle Antifaschisten, der Judenboykott vom 1. April 1933 der Auftakt der Pogrome, die Auflösung und Ausraubung der Gewerkschaften am 2. Mai 1933 die Proklamierung der sozialen Unterdrückung gewesen waren, so waren die Autodafés vom 10. Mai der sichtbare Beginn der amtlich verfügten und mit terroristischen Mitteln durchgeführten Entgeistigung und Barbarisierung Deutschlands. Der Dr. Goebbels bezeichnete die Bücher, die an diesem Tage in die Flammen geschleudert und von diesem Tage an auf den Index der im Dritten Reich verbotenen Druckschriften gesetzt wurden, als »Schmutz- und Schundliteratur«.

»Schmutz und Schund« – das waren die Werke von Heinrich Mann und Thomas Mann, Sigmund Freud und Einstein, Marx und Lenin, Voltaire und Heine, Romain Rolland und H. G. Wells, Barbusse und Gorkij, Upton Sinclair und Scholochow, Selma Lagerlöf und Helen Keller, Jaroslav Hasek und Martin Andersen-Nexö, Carl von Ossietzky und Ernst Toller, Karin Michaelis und Arnold Zweig, der Großteil der zeitgenössischen Literatur von Weltgeltung und ein wesentlicher Teil der Klassiker der europäischen Literatur und Philosophie seit den Tagen der Aufklärung.

Das Todesurteil gegen die deutsche Literatur (die diesen Namen verdiente), das die Nazis am 10. Mai 1933 proklamierten, wurde in absentia vollstreckt. Geist und Kultur waren dem plumpen Zugriff des Abhubs der menschlichen Gesellschaft entzogen; sie waren in die Katakomben gegangen oder sie hatten außerhalb der deutschen Grenzen ein Refugium gesucht, innerhalb der deutschen Grenzen aber ein inneres Refugium in den Herzen und im

Verstande des besseren Teiles der Deutschen gefunden. Nur an einigen wehrlosen Leibern tobte sich das Delirium der Barbaren physisch aus: den Dichter Erich Mühsam haben sie im Konzentrationslager erschlagen und aufgeknüpft, den Professor Theodor Lessing haben Gestapo-Handlanger ermordet, Carl von Ossietzky, den Unvergeßlichen und Unsterblichen, haben sie bis zu seinem Tode gemartert. Die Schriftsteller Kurt Tucholsky, Ernst Toller, Walter Hasenclever, Ernst Weiß, Walter Benjamin, Carl Einstein, Stefan Zweig und andere sind aus Abscheu und Furcht vor der zerstörerischen Gewalt der Barbaren in den Tod gegangen. Hier im Lande sind Männer wie Adam Kuckhoff und der junge Haushofer als Soldaten im einzig gerechten Kriege gegen die Tyrannen gefallen. Männer wie Ernst Wiechert und Günther Weisenborn, Karl Schnog, Ernst Niekisch haben ihre mutigen Bekenntnisse zur Kultur und zur Freiheit der Worte und Gedanken in den Konzentrationslagern mit ihrer Gesundheit, ja, beinahe mit ihrem Leben bezahlen müssen.

Aber alles in allem an die 250 Schriftsteller deutscher Zunge haben beizeiten den Machtbereich der Barbaren verlassen. Die in der Welt geachtetsten und bekanntesten Namen der zeitgenössischen Literatur sind ihnen zuzuzählen. Sie und mit ihnen Tausende deutscher Wissenschaftler (Nobelpreisträger unter ihnen), Künstler, Musiker im Exil haben den deutschen Geist, die deutsche Kunst und die deutsche Literatur vor der Welt und in der Welt würdig repräsentiert. Ihr Kampf und ihre Werke trugen dazu bei, die Kulturbestände des alten Europa zu bewahren und in das neue Europa, das nun auf den Trümmern entstehen soll, hinüberzuretten.

Die Namen dieser bedeutenden Männer und Frauen sind der jüngeren Generation in Deutschland fremd geblieben. Sie kennen ihre Meister nicht mehr – oder noch nicht (um es hoffnungsvoll zu formulieren). Das immerhin hat nationalsozialistische Gewalt zuwege gebracht, wie sie ja leider im Negativen, Destruktiven so viel zuwege gebracht hat. Man wird da von Grund auf neu beginnen müssen. Aber es ist wohl eine dankbare Aufgabe, junge Deutsche zu lehren, daß es für sie nun hoch an der Zeit ist, sich mit den schöpferischen Leistungen und der charakterlichen Vorbildlichkeit großer Deutscher vertraut zu machen, deren Weltgeltung, deren Bedeutung für das deutsche Schrifttum, ja, deren Existenz man ihnen unterschlagen hatte.

Es ist beispiellos: 250 Schriftsteller einer Generation verstummen oder verlassen ihr Land. Man hat dergleichen in geschichtlichen Zeiten noch nicht erlebt, daß nahezu die gesamte qualifizierte Literatur eines Landes sich den Usurpatoren widersetzt. 250 Schriftsteller! Viele bedeutende und die bedeutendsten, viele berühmte und die weltberühmten Autoren deutscher Zunge unter ihnen.

Individualisten, wie deutsche Dichter und Denker es in der Regel zu sein pflegen, waren sie bei aller Eigenart doch miteinander verbunden durch das Bewußtsein, daß ein schöpferischer Deutscher von Selbstachtung und von Achtung für die Würde und die Freiheit des Geistes nicht mit dem Regime des Antigeistes paktieren konnte.

Heinrich Mann hatte uns gelehrt:

»Lieber gleichgeschaltet als ausgeschaltet, damit kann ein Bankier zur Not noch durchkommen, ein Schriftsteller nicht. Ihn schließt gerade sein Verzicht auf innere Ehrenhaftigkeit von seinem Beruf aus. Wer das Unehrenhafte einer solchen Lage nicht empfindet, kommt für die Literatur überhaupt nicht in Betracht. Wer es aber empfindet und dennoch hinnimmt, wird persönlich uninteressant und bringt bestimmt nur Unwirksames hervor . . . Literatur kann es nur geben, wo der Geist selbst eine Macht ist, anstatt daß er abdankt und sich beugt unter geistwidrige Gewalten.«

Es ist ein Ehrentitel der zeitgenössischen deutschen Literatur, daß sie diese Sentenz Heinrich Manns zu ihrem Ehrenkodex gemacht hat. Es hat sich dieses, die deutschen Schriftsteller verbindende Bewußtsein nicht nur etwa passiv ausgedrückt in der Tatsache, daß sie ihr Land verließen, in dem Geist und Gesittung keine Heimat mehr hatten, sondern aktiv in Werk und Tat.

Werk und Tat, das ist bei einem Schriftsteller bis zu einem hohen Grade ein Synonym: seine Tat ist ja sein Werk. Sein Werk aber ist seine Tat. Mit ihm stellt er sich seiner Zeit und ihren Problemen, mit ihm greift er in den Kampf ein, bisweilen in den Tageskampf, und niemand erkühne sich, diese Bezugnahme auf die Probleme und die Not der Zeit eines Dichters für unwürdig zu erklären. Zu allen Zeiten sind große Dichter in die Emigration gegangen, und viele der unsterblichen Werke der Weltliteratur sind entstanden als Kampfschriften des Exils; es genüge, darauf zu verweisen, daß Dantes Göttliche Komödie in der Verbannung geschrieben wurde, Cervantes' Don Quichote im Gefängnis, und wir Deutschen nennen mit Stolz die Namen der großen Emigranten Büchner, Heine, Herwegh und Freiligrath.

Unsere Großen setzten eine ehrwürdige Tradition fort, wenn sie in zornigen Aufrufen und brandmarkenden Abrechnungen schändliche Taten, von Nichtswürdigen begangen, an den Pranger stellten: vor der Weltöffentlichkeit, aber auch vor dem eigenen Volk.

In ihrem Lager war das Deutschland, das Kredit in der Welt genoß, und sie haben diesen Kredit erhalten und vermehrt durch die Bedeutung der Werke, die sie in den Jahren des Exils schufen. Unser großer, verehrungswürdiger Freund und Meister Romain Rolland schrieb mir einst: »Alles von jenem Deutschland, das wir lieben und verehren, ist in Eurem Lager. Bei Euch sind Goethe und Beethoven; bei Euch sind Lessing und Marx. Sie sind mit Euch in dem Kampf, den ihr führt. Ich zweifle nicht an Eurem Sieg! Habt Vertrauen! Die Zukunft wird sich an Euer Beispiel erinnern und sie wird es ehren.«

Dieses Lager umfaßt die äußere wie die innere Emigration, alle deutschen Schriftsteller, wo immer sie sich auch befanden, die sich den Maßstäben, die das Goebbels'sche Propagandaministerium setzte, nicht gleichgeschaltet haben; all jene, die um der Gedankenfreiheit und um der Würde der Literatur willen ins Exil oder in Deutschland in die Katakomben gingen.

Die Grenzen zwischen der inneren und äußeren Widerstandsbewegung der deutschen Schriftsteller sind in Einzelfällen verwischt. Ludwig Renn zum Beispiel war im Deutschland Hitlers jahrelang im Zuchthaus, bevor er vom Ausland her den gleichen Kampf für die freie Literatur, für die Freiheit schlechthin, fortsetzte. Der junge Schriftsteller Jan Petersen war jahrelang Vertrauensmann einer in Deutschland illegal arbeitenden Gruppe von Schriftstellern, bevor er mit einer Botschaft dieser Gruppe im Sommer 1935 auf dem Internationalen Schriftsteller-Kongreß zu Paris erschien. Günther Weisenborn verbrachte einen Teil des Jahres 1937 in den Vereinigten Staaten, im Zwiespalt, ob er offiziell emigrieren, oder in die innere Emigration nach Deutschland zurückkehren solle. Er entschied sich dafür, zurückzukehren und den Kampf im Lande fortzusetzen. Johannes Wüsten ging 1934 ins Exil und endete nach der Besetzung Frankreichs in einem deutschen Zuchthaus. Das gleiche Schicksal widerfuhr dem Dichter Emil Alphonse Rheinhardt. Doch sind dies Ausnahmen. Im allgemeinen waren innere und äußere Emigration durch eiserne Barrieren voneinander getrennt, so sehr sie auch im Geist miteinander verbunden blieben. Die Erlebnis-Inhalte der beiden Gruppen, auch ihre Ausdrucks- und Wirkungsmöglichkeiten waren voneinander verschieden. Die Not des Exils – diese entsetzliche, hierzulande noch nahezu völlig unbekannte materielle und moralische Not – hat die draußen niemals übersehen machen, daß die Not derer, die hier im Lande blieben, ohne sich durch Kompromisse mit den Widergeistigen zu beflecken, vielleicht noch grausiger und noch tragischer war. Denen, die hierzulande geistig und persönlich unkorrumpiert überlebt haben, gebührt das erste Wort. Ihre Legitimation ist unbestreitbar. Ihre persönlichen Erfahrungen und Erkenntnisse der inneren Entwicklung Deutschlands sind für die, die nun aus der äußeren Emigration zurückkehren und ihren Platz an der Seite ihrer überlebenden deutschen Geistesbrüder wieder einnehmen wollen, unschätzbar.

Andererseits haben sich durch rein materielle Bedingtheiten, zum Beispiel dadurch, daß man in Deutschland die im Ausland erschienenen Bücher, so sie von einigem Wert waren, nicht mehr erhalten konnte, die im Lande verbliebenen Schriftsteller nicht über die geistigen und literarischen Entwicklungen der Umwelt auf dem Laufenden halten können. Hier wiederum sind die Erfahrungen derer, die von draußen kommen, von Wichtigkeit. Die beiden Perspektiven – das meint die Perspektiven derer, die sich hier in Katakomben ihre Integrität gewahrt haben, und die Perspektiven derer, die aus der Distance von draußen ins Land schauten, ergänzen sich und benötigen sich wechselseitig. Jene wissen um die charakteristischen Einzelheiten des Alltagslebens unter der Herrschaft der Tollwütigen; diese konnten von ihrem entfernteren Standort aus die großen Zusammenhänge besser überschauen. Und sie hatten auch das unschätzbare Glück, die Verbindung mit der Welt aufrechterhalten zu können und damit zugleich die Chance, das geistige Deutschland in der Welt und vor der Welt zu repräsentieren.

Die beiden geistig miteinander verbundenen, physisch für Jahre voneinander getrennten Gruppierungen haben neben so vielem anderen auch dies gemeinsam: daß wenig von dem, was sie getan, was sie geschaffen und was sie gelitten, bisher hierzulande bekannt geworden ist. Ja, selbst die Namen der großen Mehrzahl

von ihnen – und unter dieser Mehrzahl befinden sich weltanerkannte und weltbedeutende Schriftsteller deutscher Zunge – sind der jüngeren Generation in Deutschland nahezu unbekannt geblieben; von ihren Werken kennt man oftmals nicht einmal die Titel, und doch sind gerade sie dazu berufen, zu Verbindungsmännern zwischen der geistigen Tradition Deutschlands und der nun nach den tausend Jahren sich ratlos und verwirrt umschauenden deutschen Jugend zu werden.
[. . .]

Hans Mayer

Die deutsche Literatur und der Scheiterhaufen

Bücherverbrennung, nach 15 Jahren

[1948]

Fragen wir ruhig, ob man diese ganze Bücherverbrennung des 10. Mai 1933 nicht allzu wichtig nimmt. Wir sollten heute mißtrauisch sein gegen Gedenkfeiern, hinter denen nicht die wirkliche Beziehung zu Fragen unserer Gegenwart sichtbar wird. Sehr häufig ersetzen Kulturbetrieb und pseudohistorisches Gepränge die geistige Bemühung um Forderungen des Tages. Nun ist unleugbar, daß die Geschichte des Dritten Reiches im Vergleich zu jenem Feuerzauber der brennenden Bücher weit grauenvollere Rückfälle ins Barbarische, in die Inhumanität scheinbar überwundener Kulturstufen zu verzeichnen hat. Gegenüber Auschwitz und Maidanek und Oradour und Lidice, gegenüber Buchenwald und Dachau, gegenüber der Art, wie man die Leute des 20. Juli zu Tode brachte oder auch (auf anderem Gebiete) der Art, wie man die Geschichte vom »Jud Süß« auf die Leinwand brachte, verblaßt das Grauen, das damals, im Mai 1933, noch als Ahnung oder Vorahnung die außerdeutsche Welt erfaßte. Das war damals ein Schauspiel; und ein geheimer Mangel an Ernsthaftigkeit war unverkennbar. Die Art, wie man Bücher von Heinrich Mann und Ludwig Renn, von Jakob Wassermann und Erich Kästner, von Remarque oder Karl Marx oder Sigmund Freud auf den Holzstoß schleuderte, wirkte als Spektakel; sie war ›spektakulär‹, wie die Franzosen so etwas zu bezeichnen pflegen: denn es war das ein Autodafé ohne praktische Wirksamkeit. Man verbrannte ›nur‹ die Bücher, nicht aber die Autoren. Man war ihrer nicht habhaft geworden. Im Gegenteil, Erich Kästner hat sogar berichtet, wie er sich unter der Menge befand und zuschaute, als man den Schriftsteller Erich Kästner den Flammen übergab. Er blieb am Leben. Schließlich besaßen alle diese Autoren hohe Auflagen. Zusammengeraffte Bände aus öffentlichen Büchereien mochten da brennen; Tausende von derselben Auflage aber standen während der ganzen Dauer des Dritten Reiches sorgsam gehütet, und natürlich ängstlich versteckt, in den Bücherschränken im Lande. Nur wenn gelegentlich eine Haussuchung erfolgte, fand man die Bände, die dann als Belastungsmaterial für Roland

Freisler dienen mochten. Es ging also vergleichsweise glimpflich zu an jenem 10. Mai. Damals folterte man die wirklichen Schriftsteller, die man als Geiseln besaß, die Carl von Ossietzky und Erich Mühsam, noch unter Ausschluß der Öffentlichkeit. Man folterte insgeheim und verbrannte öffentlich nur bedrucktes Papier. Abermals also: soll man die Erinnerung an diesen Tag wirklich immer von neuem aufwecken und wirken lassen?

Doch: man soll das tun. Die Propaganda des Joseph Goebbels verstand sich auf den Gebrauch der Symbole, und die Bücherverbrennung war ein Symbol. Auch wir sollten sie, vom ganz anderen Standpunkt her, in ihrer Symbolik erkennen. Kaum ein anderes Ereignis aus der Geschichte des Dritten Reiches, besonders aus seinen Anfängen, ist gleichermaßen geeignet, das Wesen dieser Hitler-Herrschaft, nämlich den *Rückfall in die Barbarei,* deutlich zu machen. Das Problem des kulturellen Rückschritts aber, des Rückfalls in die Barbarei, ist das zentrale Thema unserer Epoche: besonders für den Schriftsteller. Barbarei jedoch bedeutet in unseren Zeitläufen nichts anderes als den Rückfall in Gesellschaftsformen, in Denk- und Lebensweisen, die geistig durch frühere Epochen bereits überwunden waren. Man hüte sich, Primitivität mit Barbarei zu verwechseln. Die Geistesart der primitiven Völker ist ›primitiv‹ im Verhältnis zum Erscheinungsreichtum des modernen Geistes, aber sie ist nicht ›barbarisch‹. Der Begriff der Barbarei knüpft sich niemals an eine Haltung, die vorwärts strebt, sondern stets an den Prozeß eines Zerfalls, eines ›Rückfalls‹. Barbarei bedeutet heute den Rückfall in überwundene Formen der menschlichen Kultur.

Genau das aber wurde hinter der Bücherverbrennung sichtbar. Wir verbinden mit dem Anblick von Holzstoß und Autodafé die Vorstellung des Hexenhammers, der Hexenprozesse und der Inquisition. Nun gehörten aber diese Institutionen aus der Welt der späten Gotik und des Barock, wie schaurig sie uns heute anmuten können, noch in den Zusammenhang einer geistig und nach dem Lebensgefühl in sich geschlossenen Welt. Die katholische Welt des späten Mittelalters und der Gegenreformation bediente sich der Ketzerverbrennung, der Bücherverbrennung und des dazugehörigen »peinlichen Verhörs« auf Grund einer allgemeinen, nicht in Frage gestellten Lebens- und Glaubenshaltung. Die großen geistlichen Spiele Calderóns waren, ganz wie die Bilder Grecos, Ausdruck solcher Kultur – und in nicht geringerem Maße als

Inquisition oder Scheiterhaufen. Allein seitdem hatte es die Aufklärung und den Rationalismus gegeben. Die großen Humanisten des 18. Jahrhunderts, die Franzosen vor allem, hatten den Kampf gegen Hexenprozesse und Inquisition geführt; ihrem Wirken war es zuzuschreiben, wenn das davon unzertrennliche Mittel der ›Gewissensforschung‹, die Folter, aus dem Bereich des Strafrechts zu verschwinden hatte. Sogar Friedrich II. von Preußen begann seine Regierungszeit mit der offiziellen Abschaffung der Folter.

Wenn das alles nun unter Hitler, Himmler und Goebbels neu aus den Schächten der Vergangenheit hervorgezerrt wurde, so erschien es als Instrument in einer geistig ganz anders entwickelten Gesellschaft und mußte die Funktion neuer Barbarei einnehmen. Tatsache ist denn auch, daß nicht bloß die Bücherverbrennung in geschichtlicher Wiederholung auftrat, sondern das gesamte Zubehör der überwundenen Epoche: Geist der Hexenprozesse in Justiz und geistigem Leben, die Inquisition als Grundgedanke eines Gesinnungsstrafrechts, die Folter und Marter als notwendige Begleiterscheinung. Alles aber in einer Welt, die nun nicht mehr ein geschlossenes Weltbild besaß, sondern alles im Gegenteil als Zubehör hervorzerrte, um dadurch die Konflikte der gespaltenen Gesellschaft aus dem Bewußtsein der Menschen zu tilgen. Der Faschismus als Ganzes war in seinen Erscheinungsformen ein Rückfall in die Barbarei, aber er war gleichzeitig höchst ›aktuell‹ als Ausdruck ungelöster und unerlöster Konflikte in Wirtschaft und Gesellschaft. Darum waren die Autodafés des 10. Mai gleichzeitig barbarisch *und* innerlich unernst.

Geist und Politik des Hexenhammers bedeuteten die bewußte Abkehr von Vernunft, Wissenschaft und Humanität. Es hat eine tiefe Bedeutung, wenn Thomas Mann in seinem Roman vom Dr. Faustus, der unter anderem auch ein Roman vom deutschen Faschismus ist, eine seiner Figuren, einen vom faschistischen Denken angekränkelten deutschen Intellektuellen, mit dem Namen Dr. Institoris versieht. Den gleichen Namen trug auch der Verfasser des Buches »Hexenhammer« aus dem Jahre 1487! Wir erkennen also hinter der Bücherverbrennung des 10. Mai 1933 das Gesamtsystem aus Terror und Propaganda, Hexengeist, Folter und spektakulärer Schaustellung. Alles aber bleibt Wiederholung früherer Lebensformen in einer gewandelten Welt; alles dient dem Zwecke der Verhinderung gesellschaftlicher Vorwärtsentwicklung: es ist Rück*fall* und bewußter Rück*schritt* in einem.

Weil man also in jenem Ereignis die gesamte Funktion des Dritten Reiches, und am Dritten Reich die Gesamtfunktion des Faschismus, sichtbar machen kann, ist es richtig, auch heute noch jener Zeremonie auf dem Berliner Opernplatz oder dem Frankfurter Römerberg oder jener anderen Holzstöße in deutschen Städten zu gedenken.

Dieser Rückblick aber kann nicht genügen. Wir wollen keine Archivare sein, die sich über das geschichtliche Ereignis um seiner selbst willen beugen, ohne daraus Folgerungen für die eigene Zeit zu ziehen. Man sollte weiter fragen, wie es zu jenem Bücherbrand kommen konnte – und ob wirklich alle Vorkehrungen getroffen sind, um neue Wiederholung zu vermeiden. Nun wäre es allzu einfach, wollte man den Hexenzauber der brennenden Bücher ausschließlich auf das Konto des entgleisten Intellektuellen Joseph Goebbels buchen. Uns täuscht keine Erinnerung, wenn wir im Geist noch die Studenten des Jahres 1933 vor uns sehen, heute ›seriös‹ gewordene Vertreter des geistigen Lebens, die damals eifrig und willig die Büchereien säuberten, um Sachwerte und geistige Gebilde den Flammen zu überantworten. Man denke nur einen Augenblick an die großartige Rolle der deutschen Studenten auf dem Hambacher Fest von 1832, als sie den zurückgekehrten Emigranten Ludwig Börne umjubelten und der Polenfahne, dem damaligen Symbol europäischer Freiheit, die Ehre erwiesen; man denke an die hessischen Studenten um Georg Büchner und an die Berliner oder Wiener jungen Studierenden des Jahres 1848, um die grauenvolle Wandlung innerhalb eines Jahrhunderts zu ermessen. Vor hundert Jahren das deutsche Studententum des Hambacher Festes als getreue geistige Gemeinschaft gerade jener Männer, die aussprachen, was sich hundert Jahre später in jenen Büchern fand, die man zum Scheiterhaufen schleppte.

Man soll auch hier keine kollektiven Urteile abgeben. Wir wollen in dieser Stunde gewiß nicht jene vergessen, die ihr Leben der deutschen Widerstandsbewegung gewidmet haben. Allein wir müssen doch erkennen, daß hinter jener Bücherverbrennung eine wollüstige und gewollte Absage junger, scheinbar dem Geist ergebener Menschen stand: an alles, was damals, 1933, den Ausdruck fortschrittlichen Geistes und freiheitlicher Literatur bedeutete. Wie könnte man verschweigen, daß es Nachfahren dieser Studenten sind, die in den letzten Jahren in Stuttgart gegen Büchners »Woyzeck« und in Mannheim gegen Brechts »Dreigroschenoper« demonstrierten; die in Hamburg moderne Bilder heimlich übermalen und in Mainz anonyme Briefe schreiben, daß man die ausgestellten modernen Maler möglichst schnell verbrennen solle. Es scheint also nach wie vor genügend Anlaß vorhanden, über den 10. Mai 1933 auch heute noch nachzudenken.

Wir müssen noch weitergehen in der schmerzhaften Klärung und Selbstbefragung. Das Autodafé an Heinrich Mann und Sigmund Freud wurde nur möglich durch die Billigung weiter Kreise der offiziellen deutschen Literatur. Am 10. Mai verbrannte man Heinrich Manns Bücher, aber Wochen vorher bereits waren in feierlicher Sitzung die Akademien der Künste, der Wissenschaft und der Dichtung zusammengetreten, um diesen deutschen Humanisten und Demokraten in rituellem Zorn als Volksfeind auszuschließen, und nur die große Ricarda Huch hatte die würdige, die einzig mögliche Antwort eines deutschen Schriftstellers gegeben, als sie sich mit ihm solidarisch erklärte. Achtundachtzig andere deutsche Schriftsteller dagegen, die sich auch heute wieder als Bestandteil der deutschen Literatur fühlen, ohne, mit wenigen Ausnahmen, die Zeichen echter geistiger Wandlung zu zeigen, unterschrieben statt dessen die schmachvolle Huldigungsadresse an ihren Führer Adolf Hitler. Dürfen wir als deutsche Schriftsteller wirklich vergessen, wie viele Professoren der deutschen Literatur und Vertreter des deutschen Schrifttums nicht davor zurückscheuten, die unsägliche Prosa Hitlers und Rosenbergs als Gipfelpunkte der deutschen Literatur zu feiern? Wird ein deutscher Schriftsteller jemals die schändliche, und seitdem so sorgfältig gereinigte, Literaturgeschichte des Dr. Paul Fechter in die Hand nehmen, ohne sich selbst mitschuldig zu fühlen am geistigen Verrat? Es ist schmerzhaft, aber notwendig: wir müssen, um endlich klare Begriffe unter uns zu schaffen, die Haltung so vieler deutscher Schriftsteller in jenen Jahren mit der wundervollen Klarheit vergleichen, wie sie *Italiens* wichtige Schriftsteller vor dem Faschismus, wie sie fast alle großen Schriftsteller *Frankreichs* dann später vor der Kollaboration und dem Geist von Vichy beweisen sollten. Solche Selbsterkenntnis hat nichts zu tun mit dem künstlich erzeugten (und glücklicherweise doch von uns allen abgelehnten) Gegensatz der äußeren oder der ›inneren‹ Emigration. Wir wissen zum Glück, wie viele große und beachtenswerte deutsche Schriftsteller im Lande *und* im Exil den Wert und die Ehre der deutschen Literatur erhalten haben. Aber wir dürfen niemals vergessen, daß ein erschreckend großer Teil der deutschen Schriftsteller aus geistiger Enge oder Opportunismus, aus einer lächerlich kurzsichtigen Hoffnung auf Konjunktur, oder auch aus Koketterie mit der Inhumanität, bereit war, das Schauspiel sogenannter Reinigung der deutschen Literatur von allen fremdrassigen und ›untermenschlichen‹ Bestandteilen mitzumachen. Auch in Frankreich versuchte Vichy nach 1940 den Prozeß gegen die angeblich verderbliche Literatur, der man vorwarf, eine gesunde französische Jugend ›verführt‹ zu haben. Man mußte diese Kampagne rasch und vorzeitig abbrechen. In Deutschland hat man sie zwölf Jahre lang immer breiter, mit immer größerer Tiefenwirkung, immer wieder unter Mithilfe deutscher Schriftsteller, durchführen können. Das darf nicht vergessen werden.

Damit aber, meine verehrten Anwesenden, sprechen wir von dem, was *heute* zu tun ist: von der Lage unserer heutigen deutschen Literatur, und von den Bedrohungen, denen sie abermals in unseren eigenen Kreisen ausgesetzt bleibt. Was können wir tun, um auch einer neuen oder umgewandelten Form des Hexenhammergeistes zu begegnen? Es steht nicht gut um die Literatur heute in Deutschland. Benutzen wir den Augenblick der Rückschau, um Dinge auszusprechen, die wir alle, jedenfalls soweit uns die Literatur am Herzen liegt, die »chose littéraire«, wie die Franzosen so schön sagen, genau kennen. Wenn sich die Bücherproduktion im heutigen Deutschland anarchisch ausnimmt, so sollte darauf nicht mit dem begütigenden Einwand geantwortet werden, das sei recht gut; als ein Beweis der »freien Konkurrenz« auf dem Gebiete der Literatur, eines konkurrierenden Ringens der Schriftsteller um die Gunst des Lesers. Diesen Einwand mochte man noch um die Jahrhundertwende erheben, vielleicht sogar noch während jener kurzen materiellen und geistigen Prosperität im Zeichen der Weimarer Republik. Damals gab es noch etwas wie einen gemeinsamen Maßstab des literarischen Wertes, wenigstens bei jenen Leserschichten, die sich überhaupt für Literatur einsetzten. Ursprünglich gab es in der stabilen bürgerlichen Welt ein anerkanntes Wertniveau, das der sachkundige Schriftsteller, der selbstkritische, an großen ausländischen Beispielen geschulte Schriftsteller, geschaffen, woran aber auch der wichtigste Teil der Leser, das sogenannte Bürgertum von Bildung und Besitz, mitgearbeitet hatte. Kein Verleger hätte damals den völlig dilettantischen Lyrikband in Satz gegeben, kein ernsthafter Kritiker hätte

stands ist nicht nur die großangelegte Auseinandersetzung der Linken mit ihrer eigenen Theorie und Praxis, Weiss entwirft auch ein Gesamtbild der europäischen Linken zwischen 1917 und 1945....

Weiss will die Kunst als das kollektive Gedächtnis der Menschheit nicht vom revolutionären Prozeß der Befreiung abtrennen, ja für ihn wird der politische Kampf erst in der kulturellen Revolution zur Erfüllung gebracht....

Er verschweigt nichts von der Tragödie des Stalinismus und von dem, was sie als Erbschaft hinterließ. Aber sein Roman wird nicht zur Anklage, zum Pamphlet. Eher handelt er mit Schmerz und Scham von der Unfähigkeit zu trauern im Sozialismus....

Was Benjamin vorschwebte, als er seine Pariser *Passagen*-Arbeit skizzierte, das hat Peter Weiss in der *Ästhetik des Widerstands*, diesem gewaltigen Epitaph auf die Arbeiterbewegung in der Epoche des Faschismus, verwirklicht: die Beschreibung eines Zeitalters aus seinen Ruinen.« *Hanjo Kesting, Der Spiegel*

»Der Roman ›*Die Ästhetik des Widerstands*‹ ist für mich eines der erregendsten, mutigsten und traurigsten Bücher meiner Zeit.« *Wolfgang Koeppen*

»Wir sagten: *Ulysses* – und das nicht allein, um den Rang der Weiss'schen Epopöe zu bezeichnen, sondern weil wir glauben, daß es sich bei der *Ästhetik des Widerstands* um einen ebenso listigen wie gelungenen Gegen-Entwurf zum Joyceschen Kompendium handelt – Herakles tritt auf den Plan und fordert Odysseus in die Schranken der Poesie!« *Aus der Laudatio von Walter Jens zur Verleihung des Georg-Büchner-Preises an Peter Weiss*

Weiss, Peter: Notizbücher 1960–1971. Mit zahlreichen Abbildungen. 2 Bde. es 1135. DM 28,–

– Notizbücher 1971–1980. Mit zahlreichen Abbildungen. 2 Bde. es 1067. DM 24,–

Suhrkamp

99815

sich bereitgefunden, ihm Lob zu hudeln: keine an Maßstäben erzogene Leserschicht hätte das obskure Erzeugnis akzeptiert.

Wir kennen alle Gefahren des Snobismus, der Effekthascherei und der literarischen Mode, die das Gegenstück solcher Vorzüge bildeten. Trotzdem war dadurch eine Leistungshöhe als Forderung auch an den minder bedeutenden Schriftsteller und Kritiker gestellt. In jenen Jahren der Weimarer Republik wurden neue Schichten der Leser gefunden. Auch hier war die dunkle Kehrseite unverkennbar: Zeitungen wie das Berliner Tageblatt, die Vossische, die Frankfurter Zeitung, schufen für weite Schichten den Maßstab im Literarischen, den man ihnen im Politischen nicht abzunehmen gedachte. Oder noch schlimmer: man las mit Interesse die wohlgeformten Leitartikel Georg Bernhards und Theodor Wolffs, wählte dann aber Hitler oder Hugenberg. Die große liberale Presse ›machte‹ den literarischen Erfolg. Der politische Einfluß aber knüpfte sich an die Generalanzeigerpresse.

Wir wollen feststellen, daß heute kein Maßstab in literarischer Produktion und Konsumtion in Deutschland vorhanden ist, wonach sich der Leser zu richten vermöchte. Wir haben Verleger auftauchen sehen, die zwar eine Lizenz besaßen und besitzen, sonst aber keinerlei Voraussetzung für einen Beruf von solcher Verantwortlichkeit. Soweit gerade die ältere Leserschicht noch Erinnerungen besaß an die Möglichkeiten verantwortlicher Verlagsproduktion, wurde sie verstört und verärgert und begegnete schließlich fast allen Neuerscheinungen seit 1945, soweit es sich nicht um ›bewährte‹ Namen der Literatur handelte, mit eindeutigem Mißtrauen. Die jungen Leser aber kauften wahllos, was auf oder hinter dem Ladentisch gehandelt wurde, lasen alles ohne jeden Maßstab – und fanden sich plötzlich in völliger Wirrnis. Es schien ihnen manchmal, als seien diese gedruckten Gedichte oder jene Erzählungen, die man ihnen verkaufte, schludrig geschrieben, ohne geistige Beziehung zur Zeit, überhaupt ohne alles Streben nach tieferer Aussage. Allein der zweifelnde junge Leser mußte feststellen, daß Kritiker der Tageszeitungen das Produkt bereitwillig lobten und anpriesen: also mochte es offenbar angehen, und die Suggestion des gedruckten Wortes in Deutschland besorgte den Rest.

Wir haben den Maßstab für literarische Werte verloren. Nicht bloß durch die Schuld unberufener Verleger, nicht bloß durch den Dilettantismus obskurer Kritiker. Es fehlt auf dem Gebiete der

Kritik gerade im Lande, gerade in der spärlichen Presse unserer Provinzstädte, am Ernst und am Können. Jeder von uns kennt aus dem täglichen Erleben Beispiele solcher Art. Ich sprach den (noch jugendlichen) Kritiker, der mein Büchner-Buch angezeigt hatte. Seine Kritik verglich Georg Büchner mit Arthur Rimbaud. Wir unterhielten uns darüber, und er gestand sehr rasch, eigentlich weder eine Zeile von Büchner, noch gar von Rimbaud gelesen zu haben: es seien aber doch beides junge Dichter gewesen! Man soll sich nicht über den jungen Menschen erzürnen, wohl über seinen vorgesetzten Redakteur, der, wie die meisten seinesgleichen, heute offenbar der Ansicht ist, Theater- und Literaturkritik seien so leichte und unwichtige Angelegenheiten, daß man sie getrost dem Lehrling anvertrauen dürfe. Nun steht es aber so, daß die Kritik neue Maßstäbe zu schaffen hat, die auch materielle Bedeutung besitzen. Von ihrem Urteil soll der Werdegang eines Schauspielers, eines Regisseurs, der materielle Erfolg oder Mißerfolg eines Verlegers oder Autors beeinflußt werden, im Guten oder im Schlechten.

An die Stelle des verlorengegangenen literarisch-handwerklichen Maßstabes ist häufig ein *pseudopolitischer Maßstab* getreten, der ebenfalls Verwüstungen anrichtet. Man wird mir nicht vorwerfen wollen, die gesellschaftliche Verantwortung des Schriftstellers zu leugnen. Im Gegenteil: stärker denn je glaube ich, an der Literatur unserer Tage, nicht bloß der deutschen Literatur, zu erkennen, daß alle Schriftstellerei begrenzt und insgeheim wenig lebenskräftig erscheinen muß, die nicht im tiefsten gespeist ist aus dem klaren Willen des Schreibenden, sich mit den Kräften und Möglichkeiten seiner Zeit, den humanen und inhumanen, auseinanderzusetzen. Das meine ich hier nicht: diese gesellschaftliche Verantwortung des Schriftstellers. Ich meine eine Politisiererei minderen Ranges, die im Grunde die große geistige und gesellschaftliche Auseinandersetzung verfälscht und bagatellisiert.

Ein junger Kritiker in Frankfurt bat mich vor kurzem um Material für eine Studie über Bert Brecht. Ein Verlag hatte ihn beauftragt, er hatte bereitwillig akzeptiert, ohne auch nur einen Bruchteil des Werks von Brecht zu kennen. Ich schrieb ihm, eine solche Studie sei seit langem auch mein eigener Plan, nur hätte ich bisher nie gewagt, an die Arbeit zu gehen, obwohl ich einigermaßen auch das ganze neuere Werk Brechts studiert hätte. Der junge

Kritiker antwortete ziemlich unbekümmert: er werde sich trotzdem an die Arbeit machen, es solle ja »nur« eine erste Einführung gegeben werden. Im übrigen gedenke er die ganzen politischen Hintergründe der Weltanschauung Bert Brechts, von denen ich gesprochen hatte, zugunsten einer »allgemeinen dichterischen Betrachtung« beiseite zu lassen.

Hier haben Sie *beides:* eine politisierte Abkehr von der weltanschaulichen Behandlung eines großen Dichters unserer Zeit; die sogenannte »unpolitische Betrachtung« als Ausdruck politischer Stellungnahme. Auf der einen Seite die Tendenz, einen Autor einfach nach dem zu beurteilen, was man als Parteizugehörigkeit zu wissen glaubt. Ich erinnere an die beschämende Debatte um Anna Seghers und Johannes R. Becher, an manche Rezension, die ich über Brecht oder den »Professor Mamlock« lesen mußte: reinstes Erzeugnis des kleinen politischen Ressentiments. Auf der anderen Seite jene angemaßte und politisch beeinflußte scheinbare Erhebung über das Tagesgeschehen zugunsten einer behaupteten Überzeitlichkeit, die es weder ist, noch sein kann. In seinem Referat auf dem Ersten deutschen Schriftstellerkongreß hat Stephan Hermlin gezeigt, wie auch sehr begabten Schriftstellern heute in Deutschland diese Flucht ins Vegetative, diese Poesie der Blätter und Blüten, der Lurche und Molche geistig wie künstlerisch zum Verhängnis werden kann. Mißtrauen wir jedem Redner, der heute mit dem Anspruch auftritt, nur den »unvergänglichen geistigen Grundlagen der Dichtung« dienen zu wollen. Er wird in einigen Jahren vielleicht ganz anderen Mächten dienen, mag er das wissen oder auch nicht. Auch jene Schriftsteller waren verantwortlich für den Scheiterhaufen, die ihre Dichtung jenseits von Zeit und Raum anzusiedeln gedachten. Es gibt aber keine Flucht aus der Zeit.

Hier muß allerdings auch des durchschnittlichen *deutschen Lesers* gedacht werden. Seine Erziehung durch verantwortliche, literarisch befähigte Kritik hatte 1933 ausgesetzt. Es blieb die Erziehung durch den Deutschlehrer und den Professor der Germanistik. Nun steht es aber so, daß das Universitätsideal einer deutschen Literatur seit langem anders geformt war, als das Ensemble der wirklichen Potenzen unserer Gegenwartsliteratur. Die Germanistik hatte in der Schule Wilhelm Scherers jahrelang bei den Dichtern der Vergangenheit in wesentlich »reiner« Geistesgeschichte nach »Einflüssen« gesucht: sie hatte sich damit eine eigene Welt literarischer Entwicklung jenseits des gesellschaftlichen Ablaufs zurechtgemacht. Die Statuenbildnerei aus der Schule Georges und Gundolfs betonte zwar sehr stark den Eigenwert des dichterischen Worts, schuf aber gleichzeitig Mythologien historischer Gestalten, statt realer Betrachtung von Künstlern im Konflikt mit ihrer Zeit. Die Deutschlehrer als Produkte solcher Germanistik hielten sich jeweils an solche Anweisung: sie erschöpften ihre Schüler entweder mit einem Etikettenwirrwarr von Spätromantik, Frührealismus, Naturalismus, Symbolismus und dergleichen mehr, oder reduzierten die deutsche Literatur auf die Reihe Claudius und Hölderlin, Eichendorff, Mörike und Rilke. Kein Wunder, daß der durchschnittliche junge Deutsche, der nach einem Versausdruck der eigenen Gefühle suchte, die geprägten Formen Hölderlins oder Rilkes fast widerstandslos und sklavisch übernahm. Die Probleme des lyrischen Wortes, die sich unsere wichtigsten Dichter, von Trakl bis Becher und Brecht, gestellt haben, von den Problemen moderner französischer oder russischer oder englischer Dichtung ganz zu schweigen, drangen nirgends als Bestandteile in das Lebensgefühl junger und empfänglicher Menschen in Deutschland; nicht zum wenigsten durch Schuld und Versagen des deutschen Lehrers der Sprache und der Literatur. So ist es auch zu erklären, daß alle die zahlreichen, oft so verlegenen und verlogenen Heinefeiern im Dezember des vergangenen Jahres nicht zu verhindern vermochten, daß Heine für den obskuren, aber einflußreichen Deutschlehrer weiterhin im Zwielicht blieb. Auch weiterhin werden diese Lehrer und Kritiker insgeheim betonen, dieser Heine sei eigentlich »gar kein Dichter«, da er politische Lyrik geschrieben habe. Es ist auch sonst kein Zufall, daß die große politische Dichtung in Deutschland zwischen 1830 und 1848, die wahrhaftig potenter war als die Goldschnittgedichte Heyses und Geibels, von Scheffel zu schweigen, bis heute im Bewußtsein des durchschnittlichen Literaturfreundes in Deutschland nicht als »Kunst« aufgenommen wurde.

Das alles gehört insgeheim zusammen. Aus alledem ist jene Tiefenschicht des deutschen Bewußtseins gebildet, die es im Frühjahr 1933 möglich machte, *unter sehr allgemeiner Billigung* die Holzstöße zu entzünden. Die Bücher Kästners und Tucholskys, Heinrich Manns und Sigmund Freuds wurden eingeäschert, und die Studenten holten sie herbei, getreu der literarischen Losung, die sie von ihren Professoren und Deutschlehrern empfangen hatten.

Viele marschierten damals im Geiste mit ihnen zum Holzstoß: die Literaturkritiker der Generalanzeigerpresse, die sich auf ihre Innerlichkeit beriefen und nun an den literarisch berühmteren Fachkollegen der großen Zeitungen gerächt glaubten. Viele Lyriker und Verfasser lyrischer Prosa der ewigen Gefühle waren gleichfalls vom Schauspiel erbaut. Die Professoren verkündeten, nun sei die deutsche Literatur wahrhaft gerettet: allen voran erklärte es der Professor Ernst Bertram, bedeutender Dichter und Literaturkenner aus der Schule Stefan Georges, einstiger Freund Thomas Manns, der es plötzlich nicht mehr sein wollte. Das alles sei in dieser Stunde nicht erwähnt, um Einzelfehden auszutragen: Aber man muß erkennen, was alles mithalf, in Deutschland den Scheiterhaufen, und mit dem Scheiterhaufen die Herzen, zu entflammen.

Selbst wenn dieser Hinweis der bloßen Rückschau diente, er *wäre* berechtigt. Er *ist* aber berechtigt, denn im Entscheidenden hat sich auch heute in Deutschland nichts geändert. Wer immer unter uns Gedichte und Prosa junger Schriftsteller oder Anfänger zugeschickt erhält, muß erschrecken über jenes Beharrungsvermögen, jenes nicht erschütterte Lebensgefühl, das einer längst versunkenen Gesellschaft und Lebensform angehört. *Ungeheuer groß ist das Quantum seelischer Restbestände in unserem Volk.* Mögen wir hier mit Marx von einem Nachschleppen des Geistigen sprechen, oder mit den Soziologen von gesellschaftlichen »Residuen«, oder auch mit den Tiefenpsychologen von Vorgängen eines kollektiven Unterbewußtseins: wir haben hier eine Ballung aus Erziehung und geheimer Sehnsucht nach materieller und geistiger Sicherheit, aus Flucht und Furcht vor politischer Verantwortung, und gerade damit eine indirekte politische Entscheidung für das Bestehende.

Je mehr aber, und je länger, die Anarchie unseres literarischen Lebens andauert, je weniger wir Schriftsteller gemeinsam daran arbeiten, neue literarische Maßstäbe aufzurichten, um so größer bleibt die Gefahr, daß neue Holzstöße in Brand gesetzt werden, auch wenn sich nicht gerade das abgeschmackte Beispiel der brennenden Bücher buchstäblich wiederholt. Hier sind Gefahren, und das heißt: hier sind Aufgaben. Für uns alle gemeinsam, für die deutschen Schriftsteller, die daran zu arbeiten haben, der Jugend und unseren Lesern ein wahrhaftiges Bild unserer Zeit *und* unserer Vergangenheit zu bieten. Wir müssen den Anschluß an die geistigen Strömungen des Auslandes wiederfinden, uns mit allem auseinandersetzen; nicht aus Ressentiment, sondern durch Konfrontierung von Kenntnis und Erkenntnissen. Nicht durch hastig geschmierte Feuilletons, sondern durch Anstrengung des Begriffs.

Und das heißt: wir müssen uns gegenseitig, wenn wir so ernsthaft arbeiten, den *guten Glauben* zubilligen und gönnen. Sonst wird es wieder geschehen, daß deutsche Schriftsteller daran mithelfen, andere bedeutende deutsche Schriftsteller ihrer Zeit zu ächten und zu foltern und zu verbannen. Vergessen wir es nie: das Dritte Reich hat nicht bloß Bücher verbrannt. Es hat auch Ossietzky und Mühsam zu Tode gefoltert. Es hat Egon Friedell und Walter Hasenclever in den Freitod getrieben, Ernst Weiss und Walter Benjamin, Kurt Tucholsky und Stefan Zweig, und so viele andere. Unter der Herrschaft der Inhumanität ist Rudolf Olden auf dem Flüchtlingsschiff ertrunken, und Georg Hermann wurde in Auschwitz verbrannt, Adam Kuckhoff endete auf dem Schafott, Ernst Barlach ist in tiefer Einsamkeit und Herzensnot gestorben. Mögen uns die Flammen, die damals Werke der deutschen Literatur verzehrten, als Warnung und Leuchtfeuer dienen. Damit wir den Weg zurück überblicken können; damit wir nicht abermals einen Rückweg antreten, sondern gemeinsam vorwärts schreiten.

Erich Kästner

Über das Verbrennen von Büchern

[1958]

Meine Damen und Herren,
seit Bücher geschrieben werden, werden Bücher verbrannt. Seit es die Erstgeburt gibt, gibt es, als Antwort, den Haß. Und weil Geist, Glauben und Kunst nicht verkauft werden können, nicht für ein Linsengericht und um keinen Preis, wird Esau zum Kain, und Jakob stirbt als Abel. Der Neid, der keinen Weg sieht, begibt sich auf den einzigen Ausweg: ins Verbrechen. Wer den Tempel der Artemis nicht bauen kann – aus gebürtigem Unvermögen, und da er ja schon in der Sonne schimmert, der ephesische Tempel –, der muß zur Fackel greifen und ihn anzünden. Aber alles verstehen heißt keineswegs: alles verzeihen! Und da die Sühne der Schuld zwar im Strafgesetzbuch folgt, nicht jedoch im Buch der Geschichte, muß künftig an die rechtzeitige Verhütung der Schuld gedacht werden. Davon ist die Rede. Davon handelt die Rede. Heute: nun auch die Naturwissenschaften moralische (oder unmoralische) Disziplinen geworden sind, ist es unangebrachter denn je, die Unmoral in Politik und Geschichte als Naturereignis hinzunehmen.

Die Geschichte des Geistes und des Glaubens ist zugleich die Geschichte des Ungeistes und des Aberglaubens. Die Geschichte der Literatur und der Kunst ist zugleich eine Geschichte des Hasses und des Neides. Die Geschichte der Freiheit ist, im gleichen Atem, die Geschichte ihrer Unterdrückung, und die Scheiterhaufen sind die historischen Schnitt- und Brennpunkte. Wenn die Intoleranz den Himmel verfinstert, zünden die Dunkelmänner die Holzstöße an und machen die Nacht zum Freudentag. Dann vollzieht sich, in Feuer und Qualm, der Geiselmord an der Literatur. Dann wird aus dem »pars pro toto« das »ars pro toto«.

Seit Bücher geschrieben werden, werden Bücher verbrannt. Dieser abscheuliche Satz hat die Gültigkeit und Unzerreißbarkeit eines Axioms. Er galt zur Zeit der römischen Soldatenkaiser und unter Kubilai Khan, bei Cromwell und für die Konquistadoren, für Savonarola, Calvin und Jacob Stuart, für die Jesuiten, die Dominikaner und die Puritaner, für China und Rom, für Frankreich, Spanien, England, Irland und Deutschland, für Petersburg,

Boston und Oklahoma City. Immer wieder hatten die Flammen ihren züngelnden Wolfshunger, und immer wieder war ihnen das Beste gerade gut genug. Sie fraßen die Werke von Ovid und Properz, von Dante, Boccaccio, Marlowe, Erasmus, Luther, Pascal, Defoe, Swift, Voltaire und Rousseau. Manchmal fraßen sie den Autor oder den Drucker als Dreingabe. Oder sie leuchteten, damit der Henker den Angeklagten um so besser die Ohren abschneiden, die rechte Hand abhacken und das Nasenbein zertrümmern konnte.

Hören Sie sich, bitte, ein paar Sätze aus einem Buch an, und versuchen Sie zu erraten, wer das und wann er es geschrieben haben könnte! »Man hat nicht nur gegen die Autoren, sondern auch gegen ihre Bücher gewütet, indem man besondere Kommissare beauftragte, die Geisteserzeugnisse der bedeutendsten Köpfe auf offnem Markte zu verbrennen. Natürlich meinte man in diesem Feuer die Stimme des Volkes, die Freiheit und das Gewissen töten zu können. Man hatte ja obendrein die großen Philosophen ausgewiesen und alle echte Kunst und Wissenschaft ins Exil getrieben, damit nirgends mehr etwas Edles und Ehrliches anklagend auftrete ... Während in fünfzehn Jahren ... gerade die geistig Lebendigsten durch das Wüten des Führers umkamen, sind nun wir wenigen ... nicht nur die Überlebenden von anderen, sondern auch von uns selber, weil ja mitten aus unserem Leben so viele Jahre gestohlen wurden, in denen wir aus jungen zu alten Männern geworden sind, ... indessen wir zur Stummheit verurteilt waren.« Das hat Tacitus nach der Schreckensherrschaft des Kaisers Domitian geschrieben, der im Jahre 96 n. Chr. ermordet wurde. Achtzehn Jahrhunderte und ein halbes sind vor diesen Sätzen vergangen wie ein Tag und wie eine Nachtwache.

Und Heinrich Heines Verse aus dem »Almansor«: »Dort, wo man die Bücher verbrennt, verbrennt man auch am Ende Menschen«, galten zwar den spanischen Autodafés und wurden dennoch zur Prophezeiung.

Das blutige Rot der Scheiterhaufen ist immergrün.

Einen dieser Scheiterhaufen haben wir, mit bloßem Auge, brennen sehen. Das war auf den Tag genau vor einem Vierteljahrhundert, und deswegen haben wir uns heute versammelt. Es gibt Andachtsübungen, und wie es Andachtsübungen gibt, sollte es, nicht weniger ernsthaft und folgenschwer, Gedächtnis-Übungen geben.

Meine Damen und Herren, wir sind zu einer Gedächtnis-Übung zusammengekommen.

Politik ist von uns selber erlebte Geschichte, und in prägnanten Augenblicken empfinden wir dies nicht weniger, als es Goethe vor Valmy empfand. Als am 10. Mai 1933 die deutschen Studenten in allen Universitätsstädten unsere Bücher tonnenweise ins Feuer warfen, spürten wir: Hier vollzieht sich Politik, und hier ereignet sich Geschichte. Die Flammen dieser politischen Brandstiftung würden sich nicht löschen lassen. Sie würden weiterzüngeln, um sich fressen, auflodern und Deutschland, wenn nicht ganz Europa in verbrannte Erde verwandeln. Es würde so kommen und kam so. Es lag in der Unnatur der Sache.

Sie machten sich viel mit Fackeln und Feuer zu schaffen, jene Pyrotechniker der Macht. Es begann mit dem brennenden Reichstag und endete in der brennenden Reichskanzlei. Es begann mit Fackelzügen und endete mit Feuerbestattung. Zwischen dem Reichstagsbrand und der Bücherverbrennung, also zwischen dem 27. Februar und dem 10. Mai 1933, arbeiteten sie freilich ohne Streichhölzer und ohne Benzin. Sie sparten Pech und Schwefel. Es ging auch so. Der Feldmarschall und Reichspräsident kapitulierte in der Potsdamer Garnisonskirche. Das geschah am 21. März. Zwei Tage später kapitulierten, mit Ausnahme der Sozialdemokratie, die Parteien in der Krolloper. Eine Woche später wurden die Länder »gleichgeschaltet«. Am 1. April wurde der Judenboykott inszeniert. Es war eine mißglückte Inszenierung, und man setzte das blutige Stück vorübergehend vom Spielplan ab. Am 7. April wurden die Gauleiter als Reichsstatthalter herausstaffiert. Am 2. Mai wurden die Gewerkschaften aufgelöst. Zwei Monate hatte man mit der seidnen Schnur gewinkt, und es ging wie am seidnen Schnürchen. Am 10. Mai aber brauchte man wieder Feuer. Für die Bücher.

Der kleine Hinkende Teufel, nicht der von Le Sage, sondern der aus Rheydt im Rheinland, dieser mißratene Mensch und mißglückte Schriftsteller, hatte das Autodafé fehlerlos organisiert. Eine Münchner Zeitung schrieb am 5. Mai: »Die Hinrichtung des Ungeistes wird sich zur selben Stunde in allen Hochschulstädten Deutschlands vollziehen. In einer großen Staffelreportage zwischen 11 und 12 Uhr nachts wird gleichzeitig der Deutschlandsender ihren Verlauf aus sechs Städten, darunter auch München, mitteilen. Schon einmal weihten deutsche Burschen öffentlich vor allem Volk einen Haufen Bücher dem Feuer. Das war vor nunmehr hundert Jahren auf der Wartburg, und die achtundzwanzig Schriften, die der Zorn der Flammen damals ergriff, . . . waren Werke des Muckertums, der Knechtsgesinnung, von Bütteln, Spießern und Dreigroschenseelen im Sold der Herrschenden hingesudelt . . . Und heute steht abermals das Gericht über sie auf, und abermals schichtet der deutsche Bursch ihnen das Feuer der Vernichtung.«

Die Parallele zum Wartburgfest Anno 1817 zu ziehen, zur Verbrennung einiger preußischer Polizeivorschriften sowie etlicher Bände von Kotzebue und eines Autors namens Schmalz, der Vergleich eines Ulks mit der Verbrennung nicht des »deutschen Ungeistes«, sondern des deutschen Geistes, das war eine Frechheit ohne Beispiel. »Die Lüge hat ein kurzes Bein«, hieß es schon damals. Was hatten denn die Bücher von Heinrich und Thomas Mann, von Döblin und Leonhard Frank, von Werfel und Wassermann, von Brecht und Renn, von Alfred Neumann und Polgar, von Stefan Zweig und Lernet-Holenia, von Heuss und Rathenau, von Sigmund Freud und Lindsay, die Übersetzungen der Bücher von Sinclair, Barbusse und Gorki, von Wells, Jack London, Dos Passos, Hašek, Hemingway und James Joyce mit Muckertum und Knechtsgesinnung und gar mit preußischen Polizeivorschriften zu tun? Die Zahl der Autoren, deren Bücher verbrannt wurden, geht in die Hunderte. Einige dieser Schriftsteller sitzen heute unter uns. Wir waren Spießer und Dreigroschenseelen?

Der Lügner wußte, wie infam er log. Er nahm sich nicht einmal die Mühe, seinen Haß und Neid gescheiter zu artikulieren, und er hatte recht. Denn »der deutsche Bursch schichtete das Feuer der Vernichtung«, wie es so schön hieß, sowieso. In der Münchner Zeitung vom 5. Mai 1933 steht weiter: »Es mag einen tüchtigen Stoß geben, denn nicht nur die Studenten sind aufgefordert worden, ihre Bücherschränke zu sichten, sondern an die ganze Bevölkerung ging der Ruf, und vor allem aus den Leih- und Volksbüchereien erwartet man kräftigen Zuzug. Und darum stehen heute schon Lastwagen bei der Studentenschaft gerüstet, und sie hat sich für das Werk der Zerstörung sogar schon mit einer pyrotechnischen Firma in Verbindung gesetzt. Am Nachmittag soll der Stapel schon aufgebaut werden. Eine gute Stunde lang dürften die Flammen wohl Nahrung finden.« Eine gute Stunde lang! Es war für Deutschland und die Welt keine gute Stunde.

Die Feuer brannten. Auf dem Opernplatz in Berlin. Auf dem Königsplatz in München. Auf dem Schloßplatz in Breslau. Vor der Bismarcksäule in Dresden. Auf dem Römerberg in Frankfurt. Sie loderten in jeder deutschen Universitätsstadt. Die Studenten hielten in brauner Uniform die Ehrenwache. Die Sturmriemen unterm akademischen Kinn. In Berlin hatten sie sich vor der Universität und der Bibiliothek aufgebaut, sahen zum Scheiterhaufen hinüber und kehrten ihrer »Alma mater« den Rücken. Und den Standbildern der Brüder Humboldt am Haupttor. Sie blickten zackig geradeaus, die Studenten. Hinüber zum Brandmal, wo der kleine »Teufel aus der Schachtel« schrie und gestikulierte und wo die Kommilitonen die Bücher zentnerweise ins Feuer schippten. Meine Damen und Herren, ich habe Gefährlicheres erlebt, Tödlicheres – aber Gemeineres nicht!

»Ein Revolutionär muß alles können!« brüllte der personifizierte Minderwertigkeitskomplex aus Rheydt. »Er muß ebenso groß sein im Niederreißen der Unwerte wie im Aufbauen der Werte.« Und die Frankfurter Zeitung vom 11. Mai berichtet: »Niemals, so meinte er, hätten junge Männer so wie jetzt das Recht, mit Ulrich von Hutten auszurufen: ›O Jahrhundert, o Wissenschaften! Es ist eine Lust zu leben!‹«

Was hatte, vom abscheulichen Schauspiel abgesehen, an diesem Abend stattgefunden? Hatte, diesmal auch, der dämonische Gefreite und Obdachlose aus Braunau am Inn gebrüllt? Nein. Hatten seine Marodeure und sein Pöbel die Bücher ins Feuer geworfen? Nein. Viel Schrecklicheres, etwas Unausdenkbares war geschehen: Ein Doktor der Philosophie, ein Schüler Gundolfs, hatte die deutschen Studenten aufgefordert, höchstselbst den deutschen Geist zu verbrennen. Es war Mord und Selbstmord in einem. Das geistige Deutschland brachte sich und den deutschen Geist um, und der Arrangeur, auch und gerade er, war, wie er das zu formulieren pflegte, ein Arbeiter der »Stirn«. Es war nicht nur Mord und nicht nur Selbstmord, es war Mord als Inzest, es war, mathematisch gesagt, Massenmord und Selbstmord hoch drei.

Nun blieb zu tun nichts mehr übrig. Dieses »Nichts nichtete« dann, im November des gleichen Jahres, in seiner Rektoratsrede vor den Freiburger Studenten »der größte deutsche Philosoph unseres Jahrhunderts«, auch er der Schüler eines jüdischen Gelehrten, als er sagte: »Nicht Lehrsätze und ›Ideen‹ seien die Regeln eures Seins. Der Führer selbst und allein ist die heutige und künftige Wirklichkeit und ihr Gesetz.« Ob der bedeutende Mann, als er »euer Sein« sagte, Sein mit i oder mit y ausgesprochen hat, weiß ich nicht. Möge er der größte Philosoph unseres glorreichen Jahrhunderts sein oder seyn und bleiben! Ich glaube und ich hoffe, daß ihm, eines Tages im Pantheon, Sokrates und Seneca, Spinoza und Kant nicht die Hand geben werden.

An dieser Stelle möchte ich einem anderen Philosophen meine ehrliche Bewunderung und Verehrung zollen: Eduard Spranger, einem meiner Leipziger Lehrer, das wird er nicht mehr wissen, unserm PEN-Mitglied und, das wissen wir alle, einem aufrechten Mann. Er trat demonstrativ von seiner Berliner Professur zurück und begründete diesen Rücktritt sogar vor einer Pressekonferenz. Auch Alfred Webers, des eben verstorbenen Nestors unseres PEN-Zentrums, dürfen wir an dieser Stelle, trauernd und respektvoll, gedenken.

Doch das Ehrgefühl und der Widerstand im Detail nützten nichts. Auch die Selbstmorde und die Emigration von Professoren konnten nichts helfen. Der inzestuöse, der perverse Coup war geglückt. Man hatte sich an sich selber verraten. Der neue Judas hatte etwas Unmögliches zuwege gebracht: Er hatte, vor den Augen der Menge und der ausgesandten Häscher, sich selbst geküßt.

Meine Damen und Herren, eine Gedenkstunde soll eine Gedächtnisübung sein, und noch etwas mehr. Was hülfe es, wenn sie nur der Erinnerung an arge Zeiten diente, nicht aber der Erinnerung an unser eigenes Verhalten? Das heißt, hier und jetzt, für mich nicht mehr und nicht weniger: an mein Verhalten? Ich bin nur ein Beispiel neben anderen Beispielen. Doch da ich mich etwas besser als andere kenne, muß in meiner Rede nun ein wenig von mir die Rede sein.

Ich habe mich, damals schon und seitdem manches Mal gefragt: »Warum hast du, am 10. Mai 1933 auf dem Opernplatz in Berlin, nicht widersprochen? Hättest du, als der abgefeimte Kerl eure und auch deinen Namen in die Mikrophone brüllte, nicht zurückschreien sollen?« Daß ich dann heute nicht hierstünde, darum geht es jetzt nicht. Nicht einmal, daß es zwecklos gewesen wäre, steht zur Debatte. Helden und Märtyrer stellen solche Fragen nicht. Als wir Carl von Ossietzky baten, bei Nacht und Nebel über die Grenze zu gehen – es war alles vorbereitet –, sagte er nach kurzem Nachdenken: »Es ist für sie unbequemer, wenn ich bleibe«, und er blieb. Als man den Schauspieler Hans Otto, meinen Klassenkameraden, in der Prinz Albrecht-Straße schon halbtotgeschlagen hatte, sagte er, bevor ihn die Mörder aus dem Fenster in den Hof warfen, blutüberströmten Gesichts: »Das ist meine schönste Rolle.« Er war, nicht nur auf der Bühne am Gendarmenmarkt, der jugendliche Held. Gedenken wir dieser beiden Männer in Ehrfurcht! Und fragen wir uns, ob wir es ihnen gleichgetan hätten!

Als ich in jener Zeit, anläßlich der Amateurboxmeisterschaften, im Berliner Sportpalast saß und als zu meiner Überraschung bei jeder Sieger-Ehrung die Besucher aufstanden, den Arm hoben und die beiden Lieder sangen, blieb ich als einziger sitzen und schwieg. Hunderte schauten mich drohend und lauernd an. Nach jedem Boxkampf wurde das Interesse an mir größer. Trotzdem lief dieses Nebengefecht des Abends, zwischen dem Sportpalast und mir, glimpflich ab. Es endete unentschieden. Was ich getan, genauer, was ich nicht getan hatte, war beileibe keine Heldentat gewesen. Ich hatte mich nur geekelt. Ich war nur passiv geblieben. Auch damals und sogar damals, als unsere Bücher brannten.

Ich hatte angesichts des Scheiterhaufens nicht aufgeschrien. Ich hatte nicht mit der Faust gedroht. Ich hatte sie nur in der Tasche geballt. Warum erzähle ich das? Warum mische ich mich unter die Bekenner? Weil, immer wenn von der Vergangenheit gesprochen wird, auch von der Zukunft die Rede ist. Weil keiner unter uns und überhaupt niemand die Mutfrage beantworten kann, bevor die Zumutung an ihn herantritt. Keiner weiß, ob er aus dem Stoffe gemacht ist, aus dem der entscheidende Augenblick Helden formt. Kein Volk und keine Elite darf die Hände in den Schoß legen und darauf hoffen, daß im Ernstfall, im ernstesten Falle, genügend Helden zur Stelle sein werden.

Und auch wenn sie sich zu Worte und zur Tat meldeten, die Einzelhelden zu Tausenden – sie kämen zu spät. Im modernen undemokratischen Staat wird der Held zum Anachronismus. Der Held ohne Mikrophone und ohne Zeitungsecho wird zum tragischen Hanswurst. Seine menschliche Größe, so unbezweifelbar sie sein mag, hat keine politischen Folgen. Er wird zum Märtyrer. Er stirbt offiziell an Lungenentzündung. Er wird zur namenlosen Todesanzeige.

Die Ereignisse von 1933 bis 1945 hätten spätestens 1928 bekämpft werden müssen. Später war es zu spät. Man darf nicht warten, bis der Freiheitskampf Landesverrat genannt wird. Man darf nicht warten, bis aus dem Schneeball eine Lawine geworden ist. Man muß den rollenden Schneeball zertreten. Die Lawine hält keiner mehr auf. Sie ruht erst, wenn sie alles unter sich begraben hat.

Das ist die Lehre, das ist das Fazit dessen, was uns 1933 widerfuhr. Das ist der Schluß, den wir aus unseren Erfahrungen ziehen müssen, und es ist der Schluß meiner Rede. Drohende Diktaturen lassen sich nur bekämpfen, ehe sie die Macht übernommen haben. Es ist eine Angelegenheit des Terminkalenders, nicht des Heroismus. Als Ovid sein »Principiis obsta!« niederschrieb, als er ausrief: »Bekämpfe den Beginn!«, dachte er an freundlichere Gegenstände. Und auch als er fortfuhr: »Sero medicina paratur!«, also etwa »Später helfen keine Salben!«, dachte er nicht an Politik und Diktatur. Trotzdem gilt seine Mahnung in jedem und auch in unserem Falle. Trotzdem gilt sie auch hier und heute. Trotzdem gilt sie immer und überall.

Meine Damen und Herren, ich danke Ihnen für Ihre Aufmerksamkeit.

Hans Sahl

An eine Schulklasse

[1970]

Ihr, die Ihr geboren seid,
um zu vergessen,
was wißt Ihr von den Tollheiten der Menschen?
Die Wiese, auf die Ihr Euch legt,
verrät Euch nicht, wieviele von uns
dort umkamen,
die Hand, die Ihr schüttelt, daß es
eine Mörderhand sein könnte,
die Euren Gruß nicht verdient.
Unser Dasein ist für Euch bereits Legende
geworden,
unser Leid ein Gerücht von gestern.
Aber in den Liedern der Vertriebenen
und im Rascheln des Windes,
der ein verbranntes Buch aufblättert,
erzählen wir Euch, was geschah,
als der Hahn zum drittenmal krähte.

(Den Schülern von Butzbach gewidmet.)

Elisabeth Castonier

[Der 10. Mai 1933]

[1971]

Sie war das Urbild einer germanischen Frau, diese rheinische Bürgermeisterswitwe, zu der ihr Vorname Ines nicht paßte, groß, stark, mit grauem Haar über blauen Augen in einem schönen, verwitterten Gesicht, eine unjunge Brunhilde mit elastischem Gang und herrlich scharfem Witz.

Ihr Charakter, ihre unbeugsam eindeutige politische Einstellung als überzeugte Demokratin beeindruckten mich. Sie haßte die Nazis, konnte den neudeutschen Jargon, den hysterischen Blut- und Boden-Kult nicht ausstehen, und weil offene Kritik lebensgefährlich war, persiflierte sie herrlich das Nazitum in Wort und Geste.

Wir wohnten bei den drei alten Fräulein Dörre, in deren kleiner Pension mit den altmodischen Möbeln. Es gab Kalbsroulade und rosa Pudding am Sonntag, eine Zimmerlinde stand in der guten Stube und im Berliner Eßzimmer, das traditionell dunkel war.

Hier erlebten wir den Ausbruch des Dritten Reiches, und Ines sagte: »Mensch, jetzt ist die Bande wirklich dran. Und bleibt auch bis zum bittern Ende.« Als nun die SA auf Straßen, in Theatern und Kinos mit der Sammelbüchse bettelte, bemerkte sie: »Na ja, sind alles arme Teufel, brauchen mächtig Geld. Woher nehmen und nicht stehlen, und stehlen tun sie ja auch, nur nennen sie es ›Beschlagnahme‹.« Und sie ahmte die hektische Beflissenheit, die Vergötterung einer Nazistin nach: »Für meinen Führer opfere ich mein Leben und gebäre ihm Kinder bis tief in die Wechseljahre, wenn es geht. Führer befiehl, wir folgen dir – bis ins Bett.«

Als nun die Hetze gegen »zersetzende, artfremde, verjudete Kunst und Literatur« immer stärker wurde, verkündete die gleichgeschaltete Presse, »daß der deutsche Volkskörper vom fremden Gift befreit und echt deutschem Geist freie Bahn geschaffen werden müsse.«

»Aha, jetzt sollen also die Nichtskönner drankommen«, meinte Ines.

Nach dem Judenboykott am 1. April 1933 wurde der Feldzug gegen »artfremde Literatur« noch heftiger. Wir erfuhren Anfang Mai, »daß die Geduld des deutschen Volkes nunmehr erschöpft ist und energisches Eingreifen erfordert«.

Etwas später hieß es, daß »nur die reinigende heilige Flamme des größten Scheiterhaufens aller Zeiten die Totalreinigungsaktion vollbringen könne«. Dies würde, so hieß es fast wörtlich übereinstimmend in den Tageszeitungen, »unter der Teilnahme aller Bevölkerungsschichten am 10. Mai nachts erfolgen«. Und zwar würden Studenten in Braunhemd und Couleur, angeführt von dem Ordinarius, einen Fackelzug zum Opernplatz antreten, um die Verbrennung der verbotenen Bücher vorzunehmen.

Ines, die bereits den Reichstagsbrand beobachtet hatte, wiederholte, was damals der Berliner Volksmund flüsterte: »Das hat der Dicke [Göring] getan«, und fügte hinzu: »Und jetzt will der hinkende Gartenzwerg [Goebbels] auch mit Feuerwerk spielen. Wir müssen uns das ansehn, so was gibt's nicht alle Tage zu sehn«, und sie summte einen damals populären Refrain:

»Das gibt's nur einmal, das kommt nie wieder,
Das ist gewiß nur Träumerei.«

Die Listen der verbotenen Schriftsteller enthielten Namen von Autoren, die Deutschlands Ruhm in die Welt getragen und gewagt hatten, vor der Nazi-Gefahr zu warnen. Es waren lange Listen. »Und niemand protestiert, alles rennt bloß rum, um schnell Parteimitglied zu werden«, meinte Ines. Die drei kleinen ältlichen Fräulein Dörre erklärten, sie würden ihre Lieblingsbücher auf dem Boden verstecken und nicht, wie befohlen, zur Verbrennung abliefern, denn Privatpersonen, nicht nur Buchhandlungen und Verlage sollten das literarische Gift »freiwillig vernichten«.

Es war ein schöner, warmer Maiabend, als wir noch zur rechten Zeit im Strom der in Richtung Opernplatz fließenden Menschenmenge durch das Brandenburger Tor geschwemmt wurden. Ines spielte NS-Frauenschaft, marschierte hocherhobenen Hauptes, sprach neudeutschen Jargon: »Höchste Zeit, daß aufgeräumt wird, alles muß hin werden, der Führer weiß, was für uns gut ist«, um dann besorgt hinzuzufügen: »Aber die werden doch nicht aus Versehn auch das Meisterwerk *Mein Kampf* mit verbrennen, wäre nicht auszudenken.«

Ein Mann, der sie gehört hatte, tröstete sie, alles wäre auf Listen festgesetzt, amtlichen Listen, beglaubigt. »Gott sei Dank, ich fürchtete schon ... es wäre ja unausdenkbar, na denn, Heil Hitler!« schrie sie erlöst auf und marschierte weiter.

Ein französischer Jugendfreund, der aus Paris zu Besuch gekommen war, meinte bewundernd: »Die sollte Schauspielerin werden, elle est épatante!«

In der Wilhelmstraße drängte sich ein Menschenknäuel, starrte zum Balkon empor, auf dem Hitler und seine Kumpane sich dem jubelnden Volk zu zeigen pflegten.

Um die Wartezeit zwischen diesen Auftritten zu verkürzen, sangen sie andächtig: »Lieber Führer, sei so nett und zeige dich am Fensterbrett.« Und:

»Eins, zwei, drei, vier, fünf, sechs, sieben,
Weil wir unsern Führer lieben.«

»C'est incroyable«, murmelte Jean. Irgend jemand bemerkte: »Erst wenn der Ballkonk anjestrahlt wird, kommt er raus, aber er is woll heute bei's Feuer.«

Ines antwortete laut und knapp: »Na, selbstverständlich, ohne ihn jeht die Chose doch nich, Heil Hitler!« Sie schrie es so laut, daß neben uns Gehende zusammenschraken.

Der Opernplatz war in weitem Kreis abgesperrt. Musikkapellen spielten, es wimmelte von Uniformen; fackeltragende Studenten, Hitlerjugend, Hitlermaiden marschierten die schönen alten Linden entlang, am Kaffee Kranzler vorüber, in dem einstmals geruhsam Fontane gegessen. Die Fackeln flogen auf den Scheiterhaufen, Lastwagen brachten Bücherhaufen und Zeitschriften, die von Hand zu Hand und in die Flammen geworfen wurden, während die Namen der Verbotenen durch Lautsprecher über die Menschenmenge dröhnten.

Heinrich Heine und Heinrich Mann, Alfred Döblin und Carl von Ossietzky, Erich Kästner, Sigmund Freud und Albert Einstein und Dutzende von andern Namen wurden ausgerufen, und jedem wurde noch eine sinnlose Beleidigung nachgeschrien: »Gegen seelenzerfasernde Überschätzung des Trieblebens«, hieß es bei Freud. – »Gegen Dekadenz und moralischen Verfall, für Zucht und Sitte in Familie und Staat«, wurde dem Verfasser des »Untertan« nachgerufen. – »Gegen Verrat an Soldaten des Weltkrieges, für Erziehung des Volkes im Geiste der Wehrhaftigkeit!« schrie man Erich Maria Remarque nach, dem Verfasser von »Im Westen nichts Neues«, einem Bestseller, der den Krieg, wie er wirklich ist, geschildert hatte.

Über Kerrs gesammelte Kritiken und Essays, diesen Meister deutscher Sprache, verkündete der Ausrufer: »Wegen dünkelhafter Verhunzung der deutschen Sprache, für die Pflege des kostbarsten Gutes unseres Volkes!« – Einstein wurde – warum wohl? – Landesverräter genannt, desgleichen Theodor Wolff.

Mehr und mehr prominente Namen dröhnten über den Platz, der Pöbel jubelte bei jedem neuen Namen, jeder Beschimpfung in Derwischekstase: Helmut von Gerlach, Carl von Ossietzky, der im Konzentrationslager Papenburg gefangen saß, Kurt Tucholsky wurden »Frechheit und Anmaßung« nachgerufen. Der Flackerschein vom Scheiterhaufen erhellte goyaesk verzerrte Gesichter.

Wie viele dieser Menschen hatten wohl einige der verbrannten Bücher gelesen?

»Und andere deutsche Städte folgen unserem Beispiel, dies sind nur die ersten von zwanzigtausend!« wurde verkündet.

»Ich bin froh, daß ich *das* gesehn habe, wirklich froh«, sagte Ines im Naziton. »Bravo, so spricht eine echte Frau«, bemerkte ein SA-Mann und nickte ihr zu.

Jean bemerkte besorgt, ob wohl auch Theodor Fontanes Werke verbrannt würden, der doch, o mon Dieu, eine jüdische Großmutter gehabt hätte. Und chez Monsieur Bismarck sei doch, oder irre er sich, etwas nicht ganz in Ordnung gewesen. »Alles fort in wabernde Lohe, auch wenn nur Verdacht besteht!« belehrte ihn Ines.

Eine Frau drängte sich an uns vorüber, hielt ein Einkaufsnetz mit Büchern hoch, schrie erregt: »Hier, bitte, soll auch mit.« Man reichte das Netz über die Köpfe der Menschen hinweg zur Kette der Studenten, die die deutsche Literatur verbrennen halfen.

Jean meinte, es wäre gut, daß er das alles gesehen habe. In zwei, drei Jahrzehnten würde niemand glauben, daß so etwas geschehen sei. »Is doch der größte Scheiterhaufen aller Zeiten, so was kann keiner niemals nicht vergessen«, sagte Ines in schönstem Nazi-Jargon.

Würde man uns, den Augenzeugen dieser Szene, später einmal glauben, daß sogar das Loreley-Lied verboten wurde, weil der Dichter Heine Jude war, und daß der »Sommernachtstraum« nicht aufgeführt werden durfte, weil Mendelssohn die Musik dazu komponierte?

»Na, los, was ist denn?« schrie eine Stimme, als die Flammen kleiner wurden, und neue Bücherbündel flogen auf den Scheiterhaufen.

Wir ahnten nicht, daß die zwei großen Feuer-Festivals, der Reichstagsbrand und die Bücherverbrennung, die Stichflammen zu überdimensionalen Krematorien wurden, Fanal zum Weltbrand, der ein halbes Dutzend Jahre später ausbrach.

Walter Mehring

Die letzte Sitzung

[1979]

»Wir, die wir jetzt auf die Schafotte gehen,
in die Zuchthäuser oder in die Verbannung ...«

Es waren die Schlußworte Erich Mühsams, des Bänkelsängers, des »Individualanarchisten der Humanität« – gruselig prophetisch verhallend in dem Vereinssaal einer Berliner Mietskaserne, der sonst dem geselligen Beisammensein von Kriegsveteranen und Kegelbrüdern oder der religiösen Einkehr und Polterabenden diente, diesmal aber der letzten Sitzung des ›Schutzverbandes deutscher Schriftsteller‹, den Beisetzungsfeierlichkeiten einer Literatur, in der alles Pathos zu Makulatur geworden war und jede Metapher zu einem Schreckensverdikt ohnegleichen.

Nach Mühsams Abtreten hatte es keine Abstimmung gegeben, keine Resolutionen, keine Wortmeldungen mehr. Vor ihm hatte Carl von Ossietzky gesprochen, nicht ahnend, wie bald er, im Märtyrertode vereint, Mühsam nachfolgen sollte. (Mühsam endete erdrosselt in der Latrine eines KZs, mit dem verglichen Zuchthäuser hygienische Besserungsanstalten waren; nicht die Austreibung war ihm verheißen und keine Diaspora.)

»Ich fürchte, wir werden auf vieles verzichten müssen, was uns – mehr als uns lieb gewesen und teurer – als ein Vaterland gekommen ist: auf so manchen Luxus, einen ›Schutzverband deutscher Schriftsteller‹, eine Villa mit Aussicht auf einen prächtigen Weltuntergang, auf das letzte bißchen Meinungsfreiheit, das uns die selige Weimarer Republik noch ...«

Noch hatte Ossietzky den Satz nicht vollendet, als ein Schutzverbandsmitglied mit seiner Braunhemden-SA vormarschierte, siegfriedblond vom Scheitel bis zur Kreppsohle; gehürnt und monokelt: Hans Heinz Ewers. Impotent seit seiner Pubertät, um so fruchtbarer in seiner fiktiven Produktivität, hatte Ewers, der routinierte *à la mode de Sade,* allen literarischen und politischen Perversitäten gefrönt: dem Umgang mit den Stammtisch-Revoluzzern des alten Berliner Kurfürstendamm-Cafés ›Größenwahn‹ (vorzugsweise mit jüdischen wie Erich Mühsam, Ludwig Rubiner, Sennah Hoy).

Er kam von einem Fackelzug des Tausendjährigen Reiches. Im Vorgenuß seiner ihm eben erteilten Berufung zum *Ersten Schriftführer* des schon eingekreisten Schutzverbandes, der ihn einst (*›Indien und ich‹*) mit Bajaderen und malaysischer Dienerschaft bewirtet hatte, hörte er sich die leise Ansprache Carl von Ossietzkys an, dieses »hämischen, erbärmlichen Pamphletisten«, der ihn in den roten ›*Weltbühne*‹-Heften verhöhnt und diffamiert hatte.

Nach den Schlußworten Mühsams erhob sich H. H. Ewers so brüsk, als hätte er eine Erektion gehabt, ließ seine Braunhemden-Leibgarde quer durch den Saal am Rednerpult vorbeidefilieren . . .:

»Die Sitzung ist beendet! Die Versammlung aufgelöst . . .«

Und dann brannte der Reichstag.

Auf einem Scheiterhaufen das UNDEUTSCHE SCHRIFTTUM.

Konrad Merz

Die Scheiterhaufen unsrer Bücher schwelen noch

Zum 10. Mai 33 – ein halbes Jahrhundert danach

[1982]

Wenn man heute versucht, einige Skizzen über die erste Zeit des an die Macht gekommenen Hitlerrauschs niederzuschreiben, muß man zögern. Der Aufgang Hitlers wird in unseren Köpfen schon längst von den Erinnerungen an seinen Untergang verfärbt. 30. Januar 33: Hitler war plötzlich da; er war immer plötzlich da, er sollte von da an immer plötzlicher da sein.

Die Angst, die wir damals hatten – jeder von uns »andern«, jeder in jeder Sekunde –, diese Angst kann man heute nicht mehr von hinten nach vorne schreiben; wer sie noch von hinten her lesen kann, der weiß schon: er hat sie überlebt. Die meisten haben sie nicht überlebt.

Jeder, der noch nicht bereit war, sich auf den Götzen Hitler einschwören zu lassen, wurde langsam, aber unsicher zum Verschwörer. In Deutschland hatte es noch nie soviel unfreiwillige Verschwörer gegeben wie damals. Es sollten immer wenigere werden: man mußte wirklich schon von Granit sein, wenn man nicht von Granit sein wollte. Nachdenken war untersagt. Man konnte über Hitler desto mehr begeistert sein, je weniger man zu verlieren hatte, wenn man sich selbst verlor.

Auf einmal war alles einfach.

Man brauchte keine Begabung mehr, man brauchte sich nur eine Uniform anzuziehn. Statt eines Charakters trug man eine Fahne, statt Deutsch zu sprechen, brüllte man Hurra wie besoffnes Bier. Jeder Ungefärbte, der noch eine Stellung besaß, auf die ein eingeschriebener Geier gierig war, wurde an Ort und Stelle liquidiert, so oder so, es gab viele Sorten So: handgreifliche, faustgreifliche, unbegreiflich Begreifliche (der Vizedirektor unsres Berliner Abendgymnasiums – ein Mann, der in allen Fächern mit Eins bestanden hatte – wurde rausgeschmissen mit der Mitteilung: »Sie sind zu begabt«). In jede offengebrochene Stellung marschierte ein Parteigenosse rein (die meisten waren es erst seit gestern; ich habe einen Beamten auf dem Stempel-Amt beobachtet: als er nach hinten ging aufs WC, war er noch Sozialdemokrat, als er zurückkehrte, blinkte das Partei-Abzeichen auf seiner Brust.

Er trug seinen Kopf schon ein Kinn höher).

Und nun zur Universität, jener geweihten Stätte, in deren Hallen die Scheiterhaufen der deutschen Literatur ausgebrütet wurden. Mir scheint, daß man hier, wo die Deutschen doch inniger als irgendwo sonst mit Büchern befreundet sein wollten – in Seminaren liefen genug Leute rum, die selber Bücher waren –, mir scheint, daß man hier gleich die ungemütlichste Frage der ganzen Epoche stellen muß: wie war es möglich, daß im Lande Goethes und Beethovens die Hitlerpest ausbrechen konnte, und dies die zwölf Jahre des Tausendjährigen Reichs durch bis zur letzten Sekunde.

Wenn man sich die Meinung herausnimmt, daß unter den Akademikern sozusagen die »besseren Leute« eines Volks vorrätig sind, so hat sich unter deren Rädern von Kathedern eine ganz andere Wahrheit gezeigt: nicht die »Schlechten« waren zu schlecht – die waren es immer –, sondern grade die Besten waren zu schlecht. Falls hiermit das Problem eines Landes und seiner Universitäten angesprochen wird, so hat man bis heute keine ungemütliche Antwort auf diese Frage – brennend wie unsre Bücher – gegeben; man hat es nicht mal versucht.

In unsrer »Friedrich-Wilhelms-Universität«, gegründet von Humboldt, Fichte, Schleiermacher im einstigen Palast des Bruders Friedrichs des Zweiten hatte mal der Geist großer Geister gelebt. An keiner Uni gabs so eine Reihe von Nobelpreisträgern: Planck, Einstein, Schrödinger, Nernst, um nur einige aus dem zerrissenen Ärmel zu schütteln. Vor dem Hauptportal erhob sich das Monument von Helmholtz. Mein Lehrer Stutz nahm jedesmal seinen Hut ab, wenn er an dem Stein von Helmholtz vorbeilief.

Heute nahm man dort keine Hüte mehr ab, nur noch Köpfe. Die jüdischen Lehrkräfte wurden über Nacht weggefegt. Es sollte eine lange Nacht werden, nicht nur für die Juden. Der jüdische Zweig der deutschen Kultur ist abgehackt. Er wird in Deutschland nie mehr aufgepfropft werden.

Natürlich, es gab Widerstand, auch im Hause hinterm Helmholtz, vor allem am Anfang der Götzendämmerung. Ich erinnere mich, daß der Nobelpreisträger Schrödinger gleich am ersten Morgen danach seinen Schülern verkündete: »Sie werden mich hier nicht mehr lange sehen.« Er zog dabei seine Jacke aus, bald zog er selber aus. Er hatte es etwas leichter, er war Österreicher; aber man sagt, das war Hitler auch.

Max von Laue, ein nobler Nobelkollege Schrödingers, begann sogar sofort eine mehr umfangreiche als geldreiche Hilfsorganisation für rausgeschmissene Akademiker aller Art aufzurichten.

Von großen Studenten-Aufständen aber ist mir – außer dem großartigen der Geschwister Scholl und ihres Lehrers Huber in München – nichts bekannt. Wie anders das Klima auf Universitäten sein konnte, habe ich später in Holland erlebt. Dort wurden keine Kanonen kanonisiert, dort gabs überhaupt keinen Studenten, der als Nazi sichtbar war. Als man dem großen Huizinga auf der Leidenschen Universität eine Visitenkarte mit dem Namen Johannes von Leer überreichte, ließ er nachfragen, ob es derselbe Haßhaber wär, der den Schmähschmöker »Juden sehn dich an« verfaßt hatte. Auf das Ja des Besuchers ließ Huizinga antworten: »Diese Kreatur hat auf der Stelle unsre Universität zu verlassen.«

Mein Strafrechtslehrer Kohlrausch, der 32/33 den Berliner Rektorenmantel trug, ließ noch die Hakenkreuzfahne vom Dach der Uni holen, die unsre braunen Kommilitonen mit dem Eifer von Himmelstoßkulis dort gehißt hatten (man sagte, K. hatte damals eine jüdische Freundin). Im Jahre 1938 sollte derselbe Kohlrausch, wissentlich und wissenschaftlich, die Nürnberger Rassengesetze kommentieren.

Das sogenannte »Stehvermögen« unsrer Edelen verwandelte sich auf die Dauer in ein Kriechvermögen, das in ein unwiderstehliches Marschvermögen ausartete, bis es im Goebbelsschen Hinkvermögen unterging.

Die totalen Hitlerprofessoren besetzten die leergefegten Lehrstühle. Die Fortsetzungen der Nobelpreisträger bestanden aus Partei-Abzeichenträgern. Ich erinnere mich an Carl Schmitt, ein Mann aus Eisen-Ersatz; er predigte Stahl, er lehrte den totalen Staat, er lehrte ihn sogar noch, als der schon total tot war. Ein andrer hatte anderswo mit seiner Parole der »Totalen Mobilmachung« die Söhne der Gefallenen des ersten Weltkriegs aufgeladen, auf daß sie im zweiten die Väter von Waisen werden konnten. Es war Ernst Jünger, ein eleganter Vorturner der Hitlerschen Mobilmachung (im Jahre 1982 sollte man sich erlauben, denselben Mann mit dem Goethepreis der Stadt Frankfurt auszuschmücken).

Und dann – sehen Sie sich das an, aber sehen Sie sich vor: unter Blinden verraten sich schon Ihre Augen, vor allem wenn Sie die zukneifen – dann brach der Zehnte Mai aus – feierlich und feuerlich – im ersten Jahr der Hitlerischen Sintflut.

Alles war genau vorbereitet, alles wie geölt, die Bücher waren schon gestohlen; das Publikum auf dem abgesperrten Opernplatz stand in Reih und Mitglied. Man hatte viel Pogrom im Programm; die öffentliche Meinung ist eine öffentliche Frau, man wird ihr mit »Flammen in wabender Lohe« die Augen blenden, bis die blind werden, wenn sie es nicht schon sind. Natürlich gabs Musik; bei uns gibts immer Musik und Opernkulissen (später wird man in Auschwitz die Juden mit Musik ins Gas treiben). Jetzt klimperten SA- und SS-Kapellen lauter zu laute Märsche; es handelte sich um den Speck von Spektakel. Riesige Richard Wagner-Scheinwerfer beleuchteten eine Begeisterung, die schon den ganzen Tag auf sich gewartet hatte. Um 11 Uhr begann es endlich zu marschieren – »Braunhemd und Couleur« – voran schritt als Marschall der Verbrennung ein gewisser Bäumler, soeben ernannter Professor mit Pistole für »politische Pädagogik«. Blitzende Schaftstiefel hatten es plötzlich eilig, der Eifer von Henkersknechten knallte die Hacken zusammen; jeder mit Mütze aus soviel Braun, daß jedes Gesicht darunter wie ein Gesäß aussah.

Auf Wagen lagen Bücher aufgestapelt, sie lagen da wie Verurteilte. Studenten in der »Farbe unsrer herrlichen Bewegung« reichten Bücher, die sie nie kapiert hätten, wenn sie die gelesen hätten, von Hand zu Faust. Auf Anruf wurde dieser Abruf des deutschen Rufes vollstreckt. Ein Cand. jur., bei dem schon sein Name Gutjahr eine Lüge war, »ergriff« wie vorgeschrieben ein abgeschriebenes Wort. Und dann brach die Furie des Feuers aus, sie roch nach Rache; da gabs kein Wort mehr zum Wechseln. Neun sogenannte Rufer brüllten hingekritzelten Schwachsinn; aus ihren Mündern kams wie Mündungsfeuer von Geschützen.

Der erste Schreier schrie: »Gegen Klassenkampf und Materialismus, für Volksgemeinschaft und idealistische Lebenshaltung. Ich übergebe der Flamme die Schriften von Marx und Kautsky«. Er »übergab« sie und leider nicht – sich. Der zweite Anrufer hatte was für »Zucht und Sitte in Familie und Staat« in seinem Text. Er »übergab« die Namen von Heinrich Mann und Erich Kästner seiner Flamme. Unter den Menschen, deren Namen wie Hexen verbrannt wurden, befanden sich Freud, Werner Wegemann, Remarque, Kerr.

Der letzte Ausrufer hatte noch diese braune Weisheit auf seiner

Liste: »Gegen Frechheit und Anmaßung, für Achtung und Ehrfurcht vor dem unsterblichen deutschen Volksgeist. Verschlinge, Flamme, auch die Schriften der Tucholsky und Ossietzky.«

Die Flammen jener Kulis verschlangen die Literatur in Deutschland. Die deutschen Bücher und ihre Schreiber wanderten aus. Die großen Dichter, angeführt von Brecht und Musil, Döblin und den Manns, sollten im Ausland das deutsche Wort – sie sollten dort das Wort noch deutsch reden lassen. Das Exil der deutschen Literatur wurde zur deutschen Literatur im Exil.

Heinrich Heine – unser erster Kollege in der Emigration – hat schon ein Jahrhundert vorher sein Wort in die Lyrik der deutschen Zukunft geschrieben: »Dort wo man Bücher verbrennt, verbrennt man auch am Ende Menschen.«

Auseinandersetzungen

Ricarda Huch

[Briefwechsel mit der Preußischen Akademie der Künste]

[1933]

Preußische Akademie der Künste – Abteilung für Dichtung
Berlin, den 14. März 1933 *Vertraulich!*

Sehr geehrter Herr Kollege! Die Sitzung vom 13. dieses Monats, unter Teilnahme des unterzeichneten Präsidenten (Tagesordnung »Stellungnahme zu lebenswichtigen Fragen der Abteilung«), zu der Sie eingeladen waren, hat zu folgendem Ergebnis geführt: In Anbetracht der Lage müssen von der Abteilung sofortige Entschlüsse gefaßt werden. Die Abteilung unternimmt den Versuch, sich aus sich selbst heraus neu zu organisieren; sie sieht sich gezwungen, allen Mitgliedern die anliegende Frage vorzulegen, und bittet um sofortige Beantwortung ausschließlich mit ja oder nein und Ihre Unterschrift. Die Antwort muß spätestens am 21. März bei der Akademie eingetroffen sein.

Mit kollegialem Gruß

Max v. Schillings

Erste Anlage *Vertraulich!*

Sind Sie bereit, unter Anerkennung der veränderten geschichtlichen Lage weiter Ihre Person der Preußischen Akademie der Künste zur Verfügung zu stellen? Eine Bejahung dieser Frage schließt die öffentliche politische Betätigung gegen die Regierung aus und verpflichtet Sie zu einer loyalen Mitarbeit an den satzungsgemäß der Akademie zufallenden nationalen und kulturellen Aufgaben im Sinne der veränderten geschichtlichen Lage.

Ja – Nein (Nichtzutreffendes bitte durchstreichen)
Name:
Ort und Datum:

Zweite Anlage
Berlin, den 18. Februar 1933
Zu dem Ausscheiden von Mitgliedern der Preußischen Akademie der Künste.

Wie der Amtliche Preußische Pressedienst mitteilt, hat der Regierungskommissar für das Preußische Kultusministerium, Rust, den Präsidenten der Preußischen Akademie der Künste, Max v. Schillings, unmittelbar nach dessen Rückkehr von seiner Reise zu sich gebeten und ihn ersucht, eine Stellungnahme der Akademie zu einer Frage herbeizuführen, die für ihn von entscheidender Bedeutung sei. Heinrich Mann, der Vorsitzende der Abteilung für Dichtung an der Akademie der Künste, hatte einen Aufruf mitunterzeichnet, der mehrere Tage lang an den Berliner Anschlagsäulen angebracht war. In ihm wurde zur Bildung einer einheitlichen Front der SPD und der KPD aufgerufen, damit man nicht in der Barbarei versinke. Der Aufruf schloß mit dem Appell: Setzt die Verantwortlichen unter Druck!

Der Reichskommissar führte gegenüber dem Akademiepräsidenten aus, daß er für die Haltung des Vorsitzenden der Abteilung für Dichtung die Körperschaft als solche verantwortlich machen müsse und zunächst an die Aufhebung der Dichterabteilung gedacht habe. Reichskommissar und Akademiepräsident kamen dann dahin überein, daß zunächst die Gesamtakademie selbst Gelegenheit haben müsse, zu dem Verhalten Heinrich Manns Stellung zu nehmen. Demgemäß berief der Präsident beschleunigt eine Vollsitzung der Akademie für den gleichen Tag ein. Diese Sitzung wurde nach § 23 der Akademiesatzung durch einstimmigen Beschluß für vertraulich erklärt.

Außerhalb der Sitzung jedoch fand eine Aussprache zwischen dem Präsidenten und Heinrich Mann statt.

Hierbei erklärte Heinrich Mann sich bereit, sein Amt als Vorsitzender der Abteilung für Dichtung niederzulegen und aus der Akademie auszuscheiden. Er erkannte dabei an, daß der Präsident nicht anders handeln könne, da er an das Wohl und das Bestehen des Ganzen denken müsse.

Im Verlauf der Sitzung erklärte auch Stadtbaurat Martin Wagner seinen Austritt aus der Akademie.

Bereits am Nachmittag hatte sich Frau Professor Käthe Kollwitz entschlossen, auf ihre Mitgliedschaft in der Akademie zu verzichten.

Ricarda Huch, Heidelberg [ohne Datum, vermutlich 18. März 1933]
An den Präsidenten der Akademie der Künste zu Berlin

In Erwiderung Ihres Schreibens vom 14. März bestreite ich Ihre Kompetenz, mir eine Frage von so unübersehbaren Konsequenzen vorzulegen, und lehne infolgedessen ab, sie zu beantworten. Die Mitglieder der Akademie werden nach Wortlaut der Statuten zur Ehrung und Anerkennung ihrer Leistungen berufen, ohne daß ein politisches Bekenntnis von ihnen gefordert wurde. Ich bin, seit ich der Akademie angehöre, stets mit Nachdruck dafür eingetreten, daß bei der Wahl der Mitglieder nichts anderes maßgebend sein darf als ihre künstlerischen Leistungen und die Bedeutung ihrer Persönlichkeit. Daran werde ich auch künftig festhalten.

Ricarda Huch

Der Präsident der Akademie der Künste
Berlin, 22. März 1933

Sehr verehrte gnädige Frau, Sie haben darin vollständig recht, daß nach dem Wortlaut der bisher gültigen Satzung der Akademie meine an die Mitglieder gestellte Frage nicht zu meinen Kompetenzen gehört. Aber wir befinden uns ja in einem Zustand der allgemeinen politischen und geschichtlichen Umwälzung, in der man auf die Satzungen und Statuten nicht mehr allein sich beziehen kann, wenn man zu lebensnotwendigen Beschlüssen gelangen will. In Einvernehmen mit der Abteilung für Dichtung ist der Beschluß gefaßt worden, außerhalb der Satzung allen Mitgliedern diese Frage zur Beantwortung vorzulegen.

Ich erlaube mir jedoch aus Ihrem Brief zu entnehmen, daß Sie zwar eine Beantwortung dieser Frage nicht zu geben wünschen, daß Sie aber andererseits auch nichts dagegen einzuwenden haben werden, wenn wir ein Mitglied von Ihrer hohen geistigen Bedeutung, Ihrem tiefen konservativen Lebensgefühl und Ihrer großen ins Volk reichenden schöpferischen Wirkung als Künstler weiter zu den Unseren zählen dürfen.

Mit dem Ausdruck ganz besonderer vorzüglicher Verehrung
Ihr sehr ergebener

Max v. Schillings

Heidelberg, 24. März 1933

Sehr geehrter Herr Präsident, aus Ihrem Schreiben vom 22. März schließe ich, daß Sie meine Ablehnung, die mir vorgelegte Frage zu unterzeichnen, so aufzufassen gedenken, als hätte ich sie mit Ja beantwortet. Ich kann aber dies Ja um so weniger aussprechen, als ich verschiedene der inzwischen vorgenommenen Handlungen der neuen Regierung aufs schärfste mißbillige.

Sie zweifeln nicht, davon überzeugt mich Ihr Brief, daß ich an dem nationalen Aufschwung von Herzen teilnehme; aber auf das Recht der freien Meinungsäußerung will ich nicht verzichten, und das täte ich durch eine Erklärung, wie die ist, welche ich zu unterzeichnen aufgefordert wurde. Ich nehme an, daß ich durch diese Feststellung automatisch aus der Akademie ausgeschieden bin. Übrigens müßte ich darauf gefaßt sein (erlauben Sie, daß ich den ernsten Gegenstand durch einen Scherz würze!), wenn ich in dieser Form in der Akademie bliebe, mein Leben im Zuchthaus zu beschließen als »in einen nationalen Verband eingeschlichen«.

Ricarda Huch

Preußische Akademie der Künste
Berlin, den 6. April 1933

Hochverehrte gnädige Frau, die Fülle der Arbeiten der letzten Zeit und die Abhaltungen durch die Hundertjahrfeier der Musikabteilung der Akademie lassen mich erst heute dazu kommen, Ihren geschätzten Brief vom 24. März zu erwidern.

Sie betonen mit Recht, daß ich nicht daran zweifle, daß Sie an dem nationalen Aufschwung von Herzen teilnehmen. Sie legen aber unserer, den Mitgliedern zur Stellungnahme vorgelegten Erklärung einen nicht zutreffenden Sinn unter, wenn Sie annehmen, daß sich aus einer bejahenden Stellungnahme zu ihr ein Verzicht auf das Recht der freien Meinungsäußerung ergeben würde. Dies ist selbstverständlich keineswegs der Fall. Der Inhalt der Erklärung besagt doch nur, daß die Mitglieder, die ihr beitreten, gesonnen sind, im Sinne des nationalen Aufschwungs weiter an den Aufgaben der Akademie mitzuwirken und sich nicht öffentlich in einen Gegensatz zu der Regierung, die die Trägerin dieser nationalen Bewegung ist, zu setzen.

Zur Vorlage dieser Erklärung gab uns das Verhalten des Herrn Heinrich Mann Anlaß, der in einem öffentlich plakatierten Aufruf die Sozialdemokratische und Kommunistische Partei zu einem Zusammenschluß und gemeinsamen Vorgehen gegen die nationalen Parteien bei der letzten Wahl aufforderte. Herr Heinrich Mann hat ja, wie Ihnen bekannt, aus seinem Verhalten die einzig mögliche Konsequenz gezogen und ist aus der Akademie ausgetreten. Daß Sie durch Ihre mir dargelegte Auffassung »automatisch aus der Akademie ausgeschieden« seien – dem vermag ich in Übereinstimmung mit meinen Herren Kollegen von der Dichterabteilung nicht beizustimmen. Ihr Austritt aus der Abteilung würde eine seltsame, unlogische Parallele zum Fall Heinrich Mann ergeben, die ganz sicher nicht in Ihrem Sinn liegen würde. Daß Sie in Ihren Anschauungen mit diesem Herrn und mit Herrn Dr. Döblin (der inzwischen ebenfalls aus der Akademie ausgetreten ist) im entschiedendsten Gegensatz stehen, das ist, wie mir von Herren der Dichterabteilung versichert wird, früher in Sitzungen, deren Beratungen auf politische und weltanschauliche Gebiete führten, deutlich genug hervorgetreten. Es würde daher in der Öffentlichkeit nur mißverstanden werden, wenn auch Sie, ebenso wie Heinrich Mann und Dr. Döblin, aus der Akademie ausscheiden wollten. Daß ein solcher Schritt von Ihrer Seite undenkbar ist, das ist uns allen klar, denen Ihre deutsche Gesinnung und nationale Einstellung aus Ihrer von uns verehrten Persönlichkeit und aus Ihrem künstlerischen Schaffen bekannt ist. Wir können Ihnen nur versichern, daß es zu dieser Überzeugung für uns der formalen Unterzeichnung der Erklärung nicht bedarf. Wir erhoffen aber von Ihnen ein bestimmtes Wort darüber, daß Sie uns treu bleiben werden, denn wie sollten wir die Möglichkeit gewinnen, die Abteilung für Dichtung im Sinne deutscher, nationaler Kunst zu stärken und auszubauen, wenn wir auf die Zugehörigkeit und Mitarbeit von Persönlichkeiten verzichten müßten, die schon längst auf die Gesinnung eingestellt sind, der die jetzige große nationale Bewegung zum Siege verholfen hat?

Das Recht der freien Meinung verbleibt jedem nach wie vor; die Abteilung wünschte durch die Versendung der Erklärung nur die Sicherung gegen unangebrachte, mit der nationalen Bewegung unvereinbare öffentliche politische Betätigung und zugleich ein Bekenntnis der Bereitschaft zur Mitarbeit an den Aufgaben der Akademie im nationalen Sinne. Dies möchte ich nochmals besonders betonen.

Mit der Versicherung größter Verehrung, Ihr ganz ergebener

Max v. Schillings (Präsident)

Heidelberg, 9. April 1933

Sehr geehrter Herr Präsident, lassen Sie mich zuerst danken für das warme Interesse, das Sie an meinem Verbleiben in der Akademie nehmen. Es liegt mir daran, Ihnen verständlich zu machen, warum ich Ihrem Wunsche nicht entsprechen kann. Daß ein Deutscher deutsch empfindet, möchte ich fast für selbstverständlich halten; aber was deutsch ist und wie Deutschtum sich betätigen soll, darüber gibt es verschiedene Meinungen. Was die jetzige Regierung als nationale Gesinnung vorschreibt, ist nicht mein Deutschtum. Die Zentralisierung, den Zwang, die brutalen Methoden, die Diffamierung Andersdenkender, das prahlerische Selbstlob halte ich für undeutsch und unheilvoll. Bei einer so sehr von der staatlich vorgeschriebenen Meinung abweichenden Auffassung halte ich es für unmöglich, in einer staatlichen Akademie zu bleiben. Sie sagen, die mir von der Akademie vorgelegte Erklärung werde mich nicht an der freien Meinungsäußerung hindern. Abgesehen davon, daß eine »loyale Mitarbeit an den satzungsgemäß der Akademie zufallenden nationalen kulturellen Aufgaben im Sinne der veränderten geschichtlichen Lage« eine Übereinstimmung mit dem Programm der Regierung erfordert, die bei mir nicht vorhanden ist, würde ich keine Zeitung oder Zeitschrift finden, die eine oppositionelle Meinung druckte. Da bliebe das Recht der freien Meinungsäußerung in der Theorie stecken.

Sie erwähnen die Herren Heinrich Mann und Dr. Döblin. Es ist wahr, daß ich mit Herrn Heinrich Mann nicht übereinstimmte, mit Herrn Dr. Döblin tat ich es nicht immer, aber doch in manchen Dingen. Jedenfalls möchte ich wünschen, daß alle nichtjüdischen Deutschen so gewissenhaft suchten, das Richtige zu erkennen und zu tun, so offen, ehrlich und anständig wären, wie ich ihn immer gefunden habe. Meiner Ansicht nach konnte er angesichts der Judenhetze nicht anders handeln, als er getan hat.

Daß mein Verlassen der Akademie keine Sympathiekundgebung für die genannten Herren ist, trotz der besonderen Achtung und Sympathie, die ich für Dr. Döblin empfinde, wird jeder wissen, der mich persönlich oder aus meinen Büchern kennt. Hiermit erkläre ich meinen Austritt aus der Akademie.

Ricarda Huch

Preußische Akademie der Künste
Berlin, den 9. Mai 1933

Sehr geehrte gnädige Frau! Auf Ihr gefälliges Schreiben vom 9. dieses Monats erwidere ich Ihnen ergebenst, daß die aus Anlaß der Umbildung der Abteilung für Dichtung erschienene Pressenotiz [Im April erschien eine Pressenotiz über die Preußische Akademie, in der Ricarda Huch noch als Mitglied genannt wurde. Sie beschwerte sich darüber und verbat sich die weitere Nennung ihres Namens als Akademiemitglied. Leider ist von diesem Brief keine Abschrift vorhanden, nur die oben wiedergegebene Antwort, die sie auf ihre Beschwerde erhielt.] nicht von der Akademie, sondern vom Ministerium ausgegangen ist.

In vorzüglicher Hochachtung, Ihr sehr ergebener

Max v. Schillings (Präsident)

Alfred Kerr

Gerhart Hauptmanns Schande

[1933]

I.

Der diese Zeilen schreibt, war Hauptmanns Freund – ein Leben hindurch. Hauptmann ist älter als ich, aber wir waren beide jung, als wir uns trafen. Wir sind den ganzen Weg des Daseins zusammen gegangen bis heut.

Nein: bis gestern.

Ich war der Wächter seines Werts in Deutschland. Ich schritt und ritt mit ihm durch dick und dünn. (Auch durch dünn.) Ich hieb nach links und nach rechts, wenn man ihn angriff. Ich schlug ihn selber, wenn er nachließ. Ich gab ihm Zuversicht, wenn er sich raffte. Sein Wiederaufstieg im Alter war mir ein Glück.

Und ich liebte, jenseits von allem Dramengeschreib, den Menschen, den Freund in der Stille, den Unverwechselbaren, den Seltenen, den Umleuchteten.

II.

Es gibt seit gestern keine Gemeinschaft zwischen mir und ihm, nicht im Leben und nicht im Tod. Ich kenne diesen Feigling nicht. Dornen sollen wachsen, wo er noch hinwankt. Und das Bewußtsein der Schande soll ihn würgen in jedem Augenblick.

Hauptmann, Gerhart, ist ehrlos geworden.

III.

Berlin, abends, im Sommer. Es war im Garten unsres Freundes, des Professors Johann Plesch, des Herzarztes. Einstein befand sich unter den Tischgästen, auch der edle deutsche Maler Slevogt, der die schönen, mattbunten Fresken in Pleschs Veranda schuf; noch zehn oder zwölf wesentliche Menschen sonst. Ich stand mit Hauptmann auf dem Rasen – und merkte (Das sind jetzt zwei Jahre her.), wie unsicher er politisch geworden war. Ich sprach zu ihm: »Du wirst doch nicht etwa ... Du bleibst für die Kerls ja doch der Dichter der Weber.« Hauptmann leugnete. Es war wieder seine unendlich liebenswerte Art, sich auszudrücken, die niemals einen Satz klar zu Ende bringt, aber durch das parsifaleske, weltferne Wesen jeden Zuhörer bezaubert. Er stimmte mir zu. Ganz fest. Wir waren einig.

Plesch ist heute, geborgen vor dem eklen Anblick des deutschen Zustands, in England, Slevogt ist tot. (Wer hütet die Fresken?) Und Hauptmann ...

IV.

Hauptmann schmeichelt dem Raubgesindel. Dieser Mensch, der sein Leben lang einen Dichter des Altruismus dargestellt hat, dienert vor dessen Todfeinden. Er fand ... nicht nur kein Wort des Einspruchs gegen die dreckigste der Barbareien. Er will seine Wirtschaftsexistenz nicht aufs Spiel setzen. Doch er duckt nicht nur: er wedelt. Etwas Unmenschliches vollzog sich vor seinen Augen. Seine nächsten Freunde waren Opfer. Er schwieg. So private Dinge zählen kaum; sie sind das wenigste. Doch er konnte bei dem Ansehn, das er in der Welt genoß, dem Ansehn der Mörder einen Schlag versetzen, dem Ansehn der Hausknechte, der Folterer, der Lügner, der Legalitätsbeteuerer, die vor seinen Augen Jagd auf seine Webersleute machten – und Jagd auf Menschen, deren Schuld ihre Geburt war.

Der große Altruist schwieg. »Ich kann nicht schweigen« hatte Leo Tolstoi seine späte Schrift benannt; ein Greis wie er, tapferer als er, in einem Zeitpunkt, als in Thule die Geister sich schieden. Ja, der alte Russe rief noch an der Schwelle des Grabes: »Ich kann nicht schweigen.«

Hauptmann ... konnte.

V.

Er hat sich dann unmißverständlich den klobigen Gefängniswärtern Deutschlands angefreundet. Er wußte genau, daß es ihr Trick ist, jede begangene Gemeinheit gleichzusetzen mit dem feierlichen Begriff »Deutschland!« Er wußte genau, daß Volkserhebungen keineswegs mit Niedrigkeit verbunden sein müssen. Er hat aber mit dem letzten bißchen Kraft den Hakenkreuzlappen gehißt auf seinem Haus; aus Furcht, aus Vorteilsucht, aus schmieriger Schwäche, Hauptmann ist wurmstichig im Seelengrund. Mondfern von aufrechten Menschen wie Toscanini, wie Albert Einstein.

VI.

Ich weiß, Hauptmann, was du mir (mit schlechtem Gewissen) sagen würdest: »Eine gewaltige Volksströmung ...« und so. Du belügst – auch dich. Es gibt, nochmals, Volksbewegungen, die anständig sind ..., und außerdem ist es keine: sondern, wie du genau weißt, eine Volksüberrumpelung durch plumpe Gewalthaber. Eine Knebelung: ein Gemisch menschlicher Roheit mit grundsätzlicher Lüge. Die Wiedergeburt von Rechtlosigkeit und Erbarmungslosigkeit, du siehst, Hauptmann, die Eigner eines Hyänenstalls – und hast dich ihnen leise genähert. Du hattest nicht das Zeug, ihrem Angebot zu widerstehn, als sie durch die versprochene Darstellung eines deiner Stücke dich lockten ... behufs Höhung ihres von einer Welt bespieenen Namens. Du bist ihr Zutreiber geworden.

Ehrlos, ehrlos, ehrlos.

VII.

Und es war doch so lange nicht her, daß Gerhart Hauptmann dem Republikaner Ebert, dem Präsidenten der deutschen Republik, im Rathaus von Breslau (Ich Esel hielt noch die Festrede.) ergriffen die Hand geschüttelt hat – als Republikaner unter Republikanern; daß er den herzhaftesten Freundschaftsgruß mit Löbe getauscht hat, dem letzten oder vorletzten integren Reichstagspräsidenten ..., der dann im Konzentrationslager Steine gekarrt hat.

Hauptmann ging zu den Gegnern. Ehrlos, ehrlos, ehrlos.

VIII.

Der Kronprinz äußerte, schon vor drei Jahren, zu Hauptmanns jüngstem Sohn Benvenuto (der hat uns lächelnd erzählt): »Sagen Sie Ihrem Herrn Vater«, sprach der muntre Kaisersohn, »er möchte sich entsprechend bereit halten, damit er nicht schiefliegt, wenn wir ans Ruder kommen.«

Zwar sind »wir« nicht ans Ruder gekommen. Doch er hielt sich bereit.

IX.

Hauptmanns Lebensform war auf alle diese Erbärmlichkeiten von Einfluß. Ich bin kein Unmensch und glaube nicht, daß nur der Wein die Schuld trug; seit Jahren ist ihm das Dasein unmöglich ohne zwei Flaschen am Tag als Minimum. Er wähnt, daß er sonst zur Nachtzeit Fieber habe. Gott, laß ihm die Ausred – und ich habs ihm allemal gegönnt. Nein: mit demselben täglichen Maß an Rüdesheimer oder Macon war genau das Entgegengesetzte denkbar: ein ehrlicher Entschluß, ein menschliches Aufbegehren, ein mutiger Schritt.

Nicht der Wein: das Geld hat sein Tun beeinflußt. Schrecklich das zu sagen. Doch es ist nicht zum erstenmal, daß ich es ihm vorwerfe. Und ich schämte mich, wenn es das erstemal jetzt wäre. Hauptmanns Geldbedarf ließ ihn Stücke, die nicht gar gewesen sind, in aller Unfertigkeit auf den Markt werfen ... und Romane schmieren, darin sein Genie nur kennbar blieb unter dem Schutt.

Geld kosten seine drei Wohnsitze: Agnetendorf in den Bergen; Hiddensee am Salzwasser; Rapallo in der Sonne. Geld kostet der Sohn, der mit dreißig Jahren die dritte Frau hat. Geld kostet der ganze snobistische Train dieses Weberenkels.

Der weltberühmte Dichter eines antikapitalistischen Dramas wurde durch Geld zur Strecke gebracht.

X.

Was hat ihm alles irrende Handeln, alles würdelose Nichthandeln genützt? Einen Quark.

Die Nazipresse höhnt Hauptmanns Besuch bei den SA-Männern. Die Nazipresse schrieb lächelnd, es sei »ein Anblick für Götter« gewesen, als der sozialistische Poet zum Hitlergruß den Arm hob – das war bei einer Feier für Horst Wessel, für den Zuhälter, der von den Nazis zum Symbol gewählt ist. »Ein Anblick für Götter«, schrieben die Hitlerzeitungen wortgetreu. Und am Gerhart-Hauptmann-Lyzeum wurde trotz allem der Name

Hauptmann gelöscht. Er ist auch in mir gelöscht.

Hier starb jemand vor seinem Tode; verachtet selbst von denen, die von allen verachtet sind. Das ist der Schluß.

XI.

Sein Andenken soll verscharrt sein unter Disteln; sein Bild begraben in Staub.

Klaus Mann

88 am Pranger

[1933]

Sie haben sich selbst an den Pranger gestellt; achtundachtzig deutsche Schriftsteller, darunter solche, die wir der wirklichen Literatur zuzurechnen gewohnt waren. Sie legen vorm Herrn Reichskanzler das »Gelöbnis treuester Gefolgschaft« ab, in einem Augenblick, wo dieser durch den betrügerischsten aller »Wahlkämpfe« dem Lande eine Schmach antut, wie sogar er sie ihm noch nicht hat zufügen können, und wo die schauerliche Justizkomödie in Leipzig sich ihrem blutigen Höhepunkt nähert. Sie wollen nichts tun, erklären die Achtundachtzig, »was nicht mit unserer und des Vaterlandes Ehre zu vereinen ist«, tun es aber, indem sie vor aller Welt lügen, behaupten, daß sie den Kanzler für friedliebend halten und sich für die »wiedergewonnene Einigkeit der Nation« bei ihm bedanken. Es ist ein Dokument, so schrecklich und wichtig, wie die berüchtigte Proklamation der deutschen Intellektuellen zu Anfang des Krieges. Diese ist ärger, aus vielen Gründen. Die sich hier selbst angeprangert haben, sollen nie wieder in Frage kommen. Sie seien erledigt! Denn man erzähle uns doch nachher nicht, solche Schritte seien »unter Zwang« erfolgt. Wenn Hitler und sein Kultusminister keine Macht mehr haben, heißt es dann plötzlich, SA-Leute seien mit vorgehaltenem Revolver in die Wohnung von so einem Otto Flake eingedrungen und hätten geschrieen: »Unterschreibe!« Unsinn, so war es doch gar nicht. Da hat sich einer was ausgedacht, vielleicht der Hanns Johst oder auch nur jemand, der Carl Magnus Wehner heißt, ich weiß zufällig, wer das ist, ein schwatzhafter Schurke. Dann ist ein Rundschreiben ergangen. Otto Flake hat es mit der Morgenpost bekommen. Einen Augenblick mag er gezögert haben: soll ich, soll ich nicht? Man kann ja nicht wissen, wie lange die Geschichte noch dauert. Ach was, eine zeitlang dauerts gewiß noch. Man kann beim Rundfunk jetzt so viel verdienen. Nachher vergißt man es auch wieder, daß wir jetzt mitgemacht haben. Otto Flake! Als man neunzehn Jahre alt war, machten einem seine kulturpolitischen Essays Eindruck, sie schienen von einer tröstlichen Klarheit. »Zum guten Europäer« hießen sie. Ein feiner Europäer! Weg mit ihm!

Mit dem ersten Teil ihrer Berechnung, die Rundfunkhonorare betreffend, mögen die Herrschaften ja recht behalten; nicht aber mit dem zweiten: daß wir vergessen werden. Nicht doch, auch wir führen schwarze Listen in unseren Herzen, die rachsüchtig werden. Auch die »reinen Dichter« kommen darauf, die sich hier und diesmal für ihr Leben beflecken. Ich denke an Anton und Friedrich Schnack, die wir mit Betrübnis in solcher Gesellschaft sehen, oder an den Lyriker Oskar Loerke, Lektor und beratender Freund des S. Fischer-Verlages. Sonst sind nicht viele dabei, über deren Gegenwart hier wir uns wundern. Gottfried Benns Namen sind wir in solchem Zusammenhang nun schon gewohnt, Herrenreiter Binding, ein Papen der Literatur, dürfte keinesfalls fehlen, und man täte Unrecht, sich über die Schamlosigkeit des Walter von Molo zu erstaunen, dem es egal ist, ob er sich für die »Grüne Post« oder was sonst blamiert, es springt immer etwas dabei heraus. Bei Namen wie Wilhelm von Scholz, Eduard Stucken oder Ina Seidel stutzt man kurz, sagt sich aber dann: Warum schließlich nicht? – und geht weiter. Nicht ohne Befriedigung konstatiert man die Anwesenheit des Hans von Hülsen, eines ganz geübten alten Reinkriechers, und läßt dann den Gespensterreigen der Blöm und Höcker, der Halbe und der Schlaf mit einem mitleidigen Kopfschütteln an sich vorbeiziehen. Man nickt amüsiert, weil gerade Helene von Nostiz-Wallwitz, das alte Europa, vorm Führer ihr Knickschen macht. Auch du, alte Salonschlange! Auch dein durch ein halbes Jahrhundert bewährter Snobismus schützt nicht vor der gröbsten Entgleisung. Josef Ponten steht neben Rudolf Presber, wie sichs gehört, und neben dem Hofrat Rehbein die Ilse Reike, was, glaube ich, das Weib des Hans von Hülsen ist. Viele sind völlig unbekannt oder man kennt sie nur aus dem »Neuen Wiener Journal«, wie einen gewissen Müller-Partenkirchen. Es fehlt Hanns Heinz Ewers, in Ungnade gefallene alte Favoritin. Dann lesen wir die ganze Liste noch einmal durch. Uns geht doch was ab. Ja, hat denn niemand Gerhart Hauptmann aufgefordert.

Oskar Loerke

[Aus dem Tagebuch]

[1933]

Mittwoch, 1. November 1933

Heute nicht im Verlage. Ich war schon gestern da, weil Binding kam und über die Akademie zu reden war. Es ist aber nichts herausgekommen. Es handelte sich wieder einmal um eine politische Erklärung, die mich hinauszerrt auf ein Gebiet, auf dem ich nicht heimisch bin und nicht heimisch sein will. – Eine frühere, vom Reichsverband Deutschen Schrifttums ausgehend, hat mich völlig zerbrochen und mehrere Tage in der vergangenen Woche in einen Zustand gebracht, daß ich nicht wußte, ob ich würde weiterleben können. Suhrkamp war dann die ganze fernere Zeit sehr hilfreich. Auch Bermann gestern nett. Endlich innere Abwehr: ich will mich nicht zum Märtyrer machen lassen auf einem Gebiete, das mich nicht angeht.

Hermann Kasack

[Anmerkung]

[1955]

In Emigrantenkreisen hat es wiederholt Verwunderung, ja Befremden hervorgerufen, Loerkes Namen unter jenen 88 Schriftstellern zu sehen, die eine Ende Oktober 1933 veröffentlichte politische Erklärung unterzeichnet haben. Obwohl darin mit einer spürbaren Nuance nicht vor dem »Führer«, sondern »vor dem Reichskanzler« ein Treuegelöbnis abgelegt wird, ist die politische Propagandaabsicht unverkennbar. Wie kam Loerkes Name, von dessen unwandelbarer Gesinnung in den »Jahren des Unheils« auch nach den Tagebüchern kein Zweifel besteht, unter dieses peinliche Dokument? Die Tatsache, daß fast zwei Drittel der Akademiemitglieder beteiligt waren, gibt keine genügende Erklärung, zumal da ausgesprochen nazistisch interessierte Autoren wie z. B. Kolbenheyer, Stehr, Strauß, Grimm fehlen. Die Aufforderung zur Unterschrift wurde durch Prof. Amersdorffer, den Ersten Sekretär der Akademie, an Loerke herangetragen. Loerke hat in jenen Oktobertagen, in denen er nicht wußte, ob er sie würde überleben können, nicht nur mit mir verzweifelte Telefongespräche geführt. S. Fischer gab Loerke zu verstehen, daß er für seinen Verlag schwerwiegende Folgen befürchte, wenn Loerke als sein Lektor die Unterschrift versage. Wer die Verhältnisse damals in Deutschland gekannt hat, weiß, daß eine derartige Besorgnis für den jüdisch exponierten Verlag durchaus berechtigt war. In dieser Zwangslage gab Loerke, um den Verlag nicht zu belasten, seine ursprüngliche Weigerung auf. Wie schmerzlich er unter der Entscheidung, den Kotau mitzumachen, gelitten hat, geht aus den Aufzeichnungen hervor. Ich erinnere mich noch, daß er mir damals auch gesagt hat: »Viele meiner Freunde, vor allem die im Ausland, werden das nie verstehen – das ist das Schlimmste.« Wer die Tagebücher kennt, wird um so tiefer die Wahrheit der Aussage in den »Letztwilligen Bitten für den Fall meines Todes« begreifen: »Alle meine Freunde wissen, daß ich nichts, was heilig ist auf Erden, verraten habe.«

Otto Flake

[Eine große Dummheit]

[1960]

Der Verlag, den Bermann und Suhrkamp leiteten, hatte das Formular für eine an den Reichskanzler (nicht den Führer) zu richtende Loyalitätserklärung mit seinen eigenen Erläuterungen geschickt: in den Papierkorb damit. Nachdem ich eine Reihe Briefe geschrieben hatte, kamen mir die Erläuterungen wieder in den Sinn. Ich fischte sie leider wieder heraus und las: Es sei im Interesse des Verlages, wenn möglichst viele Autoren unterschrieben. Es sei auch mein Interesse und das meiner Frau, lautete eine mit der Hand hinzugefügte Bemerkung.

Ich war nicht gerade Persona grata bei den Herren Rosenberg und Goebbels. Wenn ich mir durch die Unterschrift Ruhe und meiner Frau Schutz verschaffen konnte, warum nicht. Ich wollte nichts, als daß man mich ungeschoren ließ, und auf geheime Unternehmungen einzugehen war gewiß nicht meine Absicht. In diesem Sinn konnte ich eine Loyalitätserklärung unterzeichnen. Ich unterschrieb das Formular, das, wohlgemerkt, nur ein paar Zeilen Text enthielt, und ahnte nicht, daß ich eine große Dummheit begangen hatte. Ich merkte es, als einige Tage später Goebbels in den Zeitungen die Kolonnen der Unterzeichner aufmarschieren ließ, hinter einem von ihm gedichteten Text; aus der Loyalitätserklärung war nun ein Treuegelöbnis geworden.

Klaus Mann

[Brief an Gottfried Benn]

[1933]

Le Lavandou, den 9. 5. 33

Lieber und verehrter Herr Doktor Benn,

erlauben Sie einem leidenschaftlichen und treuen Bewunderer Ihrer Schriften mit einer Frage zu Ihnen zu kommen, zu der ihn an sich nichts berechtigt, als eben seine starke Anteilnahme an Ihrer geistigen Existenz? Ich schreibe diese Zeilen nur in der Hoffnung, daß Sie mich als verständnisvollen Leser Ihrer Arbeiten etwas legitimiert finden, eine offene Frage an Sie zu richten. – In den letzten Wochen sind mir verschiedentlich Gerüchte über Ihre Stellungnahme gegenüber den »deutschen Ereignissen« zu Ohren gekommen, die mich bestürzt hätten, wenn ich mich hätte entschließen können, ihnen Glauben zu schenken. Das wollte ich keinesfalls tun. Eine gewisse Bestätigung erfahren diese Gerüchte durch die Tatsache, die mir bekannt wird, daß Sie – eigentlich als *einziger* deutscher Autor, mit dem unsereins gerechnet hatte – Ihren Austritt aus der Akademie *nicht* erklärt haben. Was mich bei der protestantischen ... nicht verwundert und was ich von ..., der seine Rolle als der Hindenburg der deutschen Literatur mit einer bemerkenswerten Konsequenz zu Ende spielt, nicht anders erwartet hatte, entsetzt mich in Ihrem Falle. In welcher Gesellschaft befinden Sie sich dort? Was konnte Sie dahin bringen, Ihren Namen, der uns der Inbegriff des höchsten Niveaus und einer geradezu fanatischen Reinheit gewesen ist, denen zur Verfügung zu stellen, deren Niveaulosigkeit absolut beispiellos in der europäischen Geschichte ist und von deren moralischer Unreinheit sich die Welt mit Abscheu abwendet? Wie viele Freunde müssen Sie verlieren, indem Sie solcherart gemeinsame Sache mit den geistig Hassenswürdigen machen – und was für Freunde haben Sie am Ende auf dieser falschen Seite zu gewinnen? Wer versteht Sie denn dort? Wer hat denn dort nur Ohren für Ihre Sprache, deren radikales Pathos den Herren ... und ... höchst befremdlich wenn nicht als der purste Kulturbolschewismus in den Ohren klingen dürfte? Wo waren denn die, die Ihre Bewunderer sind? Doch nicht etwa im Lager dieses erwachenden Deutschlands? Heute sitzen Ihre jungen Bewunderer, die ich kenne, in den kleinen Hotels von Paris, Zürich und Prag – und Sie, der ihr Abgott gewesen ist, spielen weiter den Akademiker *dieses* Staates. Wenn Ihnen aber an Ihren Verehrern nichts liegt – sehen Sie doch hin, wo die sich aufhalten, die Sie Ihrerseits auf so hinreißende Art bewundert haben. Heinrich Mann, dem Sie wie kein anderer gehuldigt haben, ist doch mit Schanden aus eben derselben Organisation geflogen, in der Sie nun bleiben; mein Vater, den Sie zu zitieren liebten, wird in dem Lande nur noch beschimpft, für dessen Ansehen in der Welt er allerlei geleistet hat – wenn auch nicht so viel, wie seine neuen Herren nun wieder zu zerstören wußten. Die Geister des Auslands, die doch auch Ihnen wichtig gewesen sind, überbieten sich in den schärfsten Protesten – denken Sie doch an André Gide, der gewiß nie zu den platten »Marxisten« gehört hat, die Sie so schrecklich abstoßend fanden.

Da sind wir ja wohl beim entscheidenden Punkt. Wie gut habe ich Ihre Erbitterung gegen den Typus des »marxistischen« deutschen Literaten (fatalster Vertreter: . . .) immer verstanden, und wie sehr habe ich sie oft geteilt. Wie blöde und schlimm war es, wenn diese Herren in der Frankfurter Zeitung, im Börsencurier oder in ihren verschiedenen Linkskurven Dichtungen auf ihren soziologischen Gehalt hin prüften. Das war ja wirklich zum Kotzen, und niemand hatte mehr unter denen zu leiden als ich. Mit Beunruhigung aber verfolgte ich schon seit Jahren, wie Sie, Gottfried Benn, sich aus Antipathie gegen diese aufgeblasenen Flachköpfe in einen immer grimmigeren *Irrationalismus* retteten. Diese Haltung blieb rein geistig und hatte für mich eine große Verführungskraft, wie ich gestehe – aber das hinderte nicht, daß ich ihre Gefahren spürte. Als ich unlängst in der Weltbühne den Aufsatz über Sie und Ihre »Flucht zu den Schachtelhalmen« las, konnte ich dem, der da gegen Sie polemisierte, beim besten Willen so ganz unrecht nicht geben – ja: wenn ich genau nachdachte, fiel mir ein, daß ich eigentlich recht ähnliche Dinge ziemlich viel früher über Sie geschrieben hatte. Es scheint ja heute ein beinah zwangsläufiges Gesetz, daß eine zu starke Sympathie mit dem Irrationalen zur politischen Reaktion führt, wenn man nicht höllisch genau achtgibt. Erst die große Gebärde gegen die »Zivilisation« – eine Gebärde, die, wie ich weiß, den geistigen Menschen nur zu stark anzieht –; plötzlich ist man beim Kultus der Gewalt, und dann schon beim Adolf Hitler. – Ist es nicht doch ein bißchen so, wie ein geistreicher Autor (*kein* »Marxist«) an dieser Küste neulich zu mir sagte: »Der Benn hat sich einfach so viel über den ... geärgert, daß er schließlich Nazi darüber wurde.« Ich verstehe ja sehr gut, daß man sich ausgiebig über den ... ärgern kann, aber doch nicht gleich bis zu dem Grade, daß man den Geist überhaupt darüber verrät. Mich könnte kein ..., kein ... je so weit bringen. Im Gegenteil: Während der ... heute Mittel und Wege findet, sich so ein bißchen fascistisch umzufrisieren – und vielleicht wird morgen schon bei ihm die »Nation« stehen, wo gestern das »Klassenbewußtsein« stand –, weiß ich nun so klar und so genau wie nie, wo mein Platz ist. Kein Vulgärmarxismus kann mich mehr irritieren. Ich weiß doch, daß man kein stumpfsinniger »Materialist« sein muß, um das Vernünftige zu wollen und die hysterische Brutalität aus tiefstem Herzen zu hassen.

Ich habe zu Ihnen geredet, ohne daß Sie mich gefragt hatten; das ist ungehörig, ich muß noch einmal um Entschuldigung bitten. Aber Sie sollen wissen, daß Sie für mich – und einige andere – zu den sehr wenigen gehören, die wir keinesfalls an die »andere Seite« verlieren möchten. Wer sich aber in dieser Stunde zweideutig verhält, wird für heute und immer nicht mehr zu uns gehören. Aber freilich müssen Sie ja wissen, was Sie für unsere Liebe eintauschen und welchen großen Ersatz man Ihnen drüben dafür bietet; wenn ich kein schlechter Prophet bin, wird es zuletzt Undank und Hohn sein. Denn, wenn einige Geister von Rang immer noch nicht wissen, wohin sie gehören –: die dort drüben wissen ja ganz genau, wer nicht zu ihnen gehört: nämlich der *Geist*.

Ich wäre Ihnen dankbar für jede Antwort.

Meine Adresse:
Hotel de la Tour, *Sanary* s. m. (VAR)

Ihr Klaus Mann

Gottfried Benn

Antwort an die literarischen Emigranten

[1933]

Sie schreiben mir einen Brief aus der Nähe von Marseille. In den kleinen Badeorten am Golf de Lyon, in den Hotels von Zürich, Prag und Paris, schreiben Sie, säßen jetzt als Flüchtlinge die jungen Deutschen, die mich und meine Bücher einst so sehr verehrten. Durch Zeitungsnotizen müßten Sie erfahren, daß ich mich dem neuen Staat zur Verfügung hielte, öffentlich für ihn eintrete, mich als Akademiemitglied seinen kulturellen Plänen nicht entzöge. Sie stellen mich zur Rede, freundschaftlich, aber doch sehr scharf. Sie schreiben: was konnte Sie dahin bringen, Ihren Namen, der uns der Inbegriff des höchsten Niveaus und einer geradezu fanatischen Reinheit gewesen ist, denen zur Verfügung zu stellen, denen das ganze übrige Europa gerade diesen Rang bestreitet? Was für Freunde tauschen Sie für die alten, die Sie verlieren werden, ein? Wer wird Sie dort verstehen? Sie werden doch immer der Intellektuelle, das heißt der Verdächtige, bleiben, und niemand nimmt Sie dort auf. Sie stellen mich zur Rede, Sie warnen mich, Sie fordern von mir eine unzweideutige Antwort – »Wer sich in dieser Stunde nicht zu uns bekennt, wird von heute an und für immer nicht mehr zu uns gehören –«. Also hören Sie bitte meine Antwort, und die muß natürlich unzweideutig sein.

Ich muß Ihnen zunächst sagen, daß ich auf Grund vieler Erfahrungen in den letzten Wochen die Überzeugung gewonnen habe, daß man über die deutschen Vorgänge nur mit denen sprechen kann, die sie auch innerhalb Deutschlands selbst erlebten. Nur die, die durch die Spannungen der letzten Monate hindurchgegangen sind, die von Stunde zu Stunde, von Zeitung zu Zeitung, von Umzug zu Umzug, von Rundfunkübertragung zu Rundfunkübertragung alles dies fortlaufend aus unmittelbarer Nähe miterlebten, Tag und Nacht mit ihm rangen, selbst die, die das alles nicht jubelnd begrüßten, sondern es mehr erlitten, mit diesen allen kann man reden, aber mit den Flüchtlingen, die ins Ausland reisten, kann man es nicht. Diese haben nämlich die Gelegenheit versäumt, den ihnen so fremden Begriff des Volkes nicht gedanklich, sondern erlebnismäßig, nicht abstrakt, sondern in gedrungener Natur in sich wachsen zu fühlen, haben es versäumt, den auch in Ihrem Brief wieder so herabsetzend und hochmütig gebrauchten Begriff »das Nationale« in seiner realen Bewegung, in seinen echten überzeugenden Ausdrücken als Erscheinung wahrzunehmen, haben es versäumt, die Geschichte form- und bilderbeladen bei ihrer vielleicht tragischen, aber jedenfalls schicksalbestimmten Arbeit zu sehen. Und mit diesem allen meine ich nicht das Schauspielhafte des Vorgangs, das impressionistisch Fesselnde von Fackeln und Musik, sondern den inneren Prozeß, die schöpferische Wucht, die in der Richtung wirkte, daß sie auch einen anfangs widerstrebenden Betrachter zu einer weitertreibenden menschlichen Umgestaltung führte.

Schon aus diesem Grunde werden wir uns kaum verstehen. Aber die Verständigung scheitert auch noch an einem anderen Problem, das seit Jahren als theoretischer Streit zwischen Ihrer Gruppe und mir stand, das sich nun aber plötzlich von so schroffer Aktualität erweist, daß es jeden vor eine direkt ausgesprochene Lebensentscheidung führt. Wir nähern uns diesem Problem am besten, wenn wir das Wort Barbarei betrachten, das in Ihrem Brief wiederholt auftaucht und auch in anderen Äußerungen die an mich gelangten. Sie stellen es so dar, als ob das, was sich heute in Deutschland abspielt, die Kultur bedrohe, die Zivilisation bedrohe, als ob eine Horde Wilder die Ideale schlechthin der Menschheit bedrohe, aber, und so lautet meine Gegenfrage, wie stellen Sie sich denn nun eigentlich vor, daß die Geschichte sich bewegt? Meinen Sie, sie sei in französischen Badeorten besonders tätig? Wie stellen Sie sich zum Beispiel das zwölfte Jahrhundert vor, den Übergang vom romanischen zum gotischen Gefühl, meinen Sie, man hätte sich das *besprochen*? Meinen Sie, im Norden des Landes, aus dessen Süden Sie mir jetzt schreiben, hätte sich jemand einen neuen Baustil *erdacht*? Man hätte *abgestimmt:* Rundbogen oder Spitzbogen; man hätte *debattiert* über die Apsiden: rund oder polygon? Ich glaube, Sie kämen weiter, wenn Sie endlich diese novellistische Auffassung der Geschichte hinter sich ließen, um sie mehr als das elementare, das stoßartige, das unausweichliche Phänomen zu sehen; ich glaube, Sie kämen den Ereignissen in Deutschland näher, wenn Sie die Geschichte nicht weiter als den Kontoauszug betrachteten, den Ihr bürgerliches Neunzehntes-Jahrhundert-Gehirn der Schöpfung präsentierte, – ach, sie schuldet Ihnen ja nichts, aber Sie ihr alles, sie kennt ja Ihre Demokratie nicht, auch nicht Ihren vielleicht mühsam hochgehaltenen Rationalismus, sie hat keine andere Methode, sie hat ja keinen anderen Stil, als an ihren Wendepunkten einen neuen menschlichen Typ aus dem unerschöpflichen Schoß der Rasse zu schicken, der sich durchkämpfen muß, der die Idee seiner Generation und seiner Art in den Stoff der Zeit bauen muß, nicht weichend, handelnd und leidend, wie das Gesetz des Lebens es befiehlt. Natürlich ist diese Auffassung der Geschichte nicht aufklärerisch und nicht humanistisch, sondern metaphysisch, und meine Auffassung vom Menschen ist es noch mehr. Und damit stehen wir vor dem Kern unseres alten Streites: Ihr Vorwurf, ich kämpfte für das Irrationale.

In Ihrem Brief lautet die Stelle so: »Erst kommt das Bekenntnis zum Irrationalen, dann zur Barbarei, und schon ist man bei Adolf Hitler.« Das schreiben Sie in dem Augenblick, wo doch vor aller Augen Ihre opportunistische Fortschrittsauffassung vom Menschen für weiteste Strecken der Erde Bankerott gemacht hat, wo es sich herausstellt, daß es eine flache, leichtsinnige, genußsüchtige Auffassung war, daß nie je in einer der wahrhaft großen Epochen der menschlichen Geschichte das Wesen des Menschen anders gedeutet wurde als irrational, irrational heißt schöpfungsnah und schöpfungsfähig. Verstehen Sie doch endlich dort an Ihrem lateinischen Meer, daß es sich bei den Vorgängen in Deutschland gar nicht um politische Kniffe handelt, die man in der bekannten dialektischen Manier verdrehen und zerreden könnte, sondern es handelt sich um das Hervortreten eines neuen biologischen Typs, die Geschichte mutiert und ein Volk will sich züchten. Allerdings ist die Auffassung vom Wesen des Menschen, die dieser Züchtungsidee zugrunde liegt, dahingehend, daß er zwar vernünftig sei, aber vor allem ist er mythisch und tief. Allerdings denkt man hinsichtlich seiner Zukunft so, daß man ihn unten am Stamm okulieren muß, denn er ist älter als die Französische Revolution, schichtenreicher als die Aufklärung dachte. Allerdings empfindet man sehr weitgehend ihn als Natur, ihn als Schöpfungsnähe, man erlebt ja, er ist weit weniger gelöst, viel wundenvoller an das Sein gebunden, als es aus der höchstens zweitausendjährigen Antithese zwischen Idee und Realität erklingt. Eigentlich ist er ewiges Quartär, schon die letzten Eiszeiten feuilletonistisch überladener Hordenzauber, diluviales Stimmungsweben, tertiäres Bric à Brac; eigentlich ist er ewiges Urgesicht: Wachheit, Tagleben, Wirklichkeit: locker konsolidierte

Rhythmen verdeckter Schöpfungsräusche. Wollen Sie, Amateure der Zivilisation und Troubadoure des westlichen Fortschritts, endlich doch verstehen, es handelt sich hier gar nicht um Regierungsformen, sondern um eine neue Vision von der Geburt des Menschen, vielleicht um eine alte, vielleicht um die letzte großartige Konzeption der weißen Rasse, wahrscheinlich um eine der großartigsten Realisationen des Weltgeistes überhaupt, präludiert in jenem Hymnus Goethes »An die Natur« –, und wollen Sie auch das noch in sich aufnehmen: über diese Vision entscheidet kein Erfolg, kein militärisches oder industrielles Resultat, wenn zehn Kriege aus dem Osten und aus dem Westen hereinbrächen, um diesen deutschen Menschen zu vernichten, und wenn zu Wasser und zu Lande die Apokalypse nahte, um seine Siegel zu zerbrechen, der Besitz dieser Menschheitsvision bliebe vorhanden, und wer sie verwirklichen will, der muß sie züchten, und Ihre philologische Frage nach Zivilisation und Barbarei wird absurd vor so viel Legitimation als geschichtliches Sein.

Aber verlassen wir die Philosophie und gehen wir zur Politik über, wenden wir uns von der Vision ab und stellen uns vor die Tatsachen der Erfahrung. Da sitzen Sie also in Ihren Badeorten und stellen uns zur Rede, weil wir mitarbeiten am Neubau eines Staates, dessen Glaube einzig, dessen Ernst erschütternd, dessen innere und äußere Lage so schwer ist, daß es Iliaden und Äneiden bedürfte, um sein Schicksal zu erzählen. Diesem Staat und seinem Volk wünschen Sie vor dem ganzen Ausland Krieg, um ihn zu vernichten, Zusammenbruch, Untergang. Es ist die Nation, deren Staatsangehörigkeit Sie besitzen, deren Sprache Sie sprechen, deren Schulen Sie besuchten, deren Wissenschafts- und Kunstpflege Sie Ihren ganzen geistigen Besitz verdanken, deren Industrie Ihre Bücher druckte, deren Theater Ihre Stücke spielte, der Sie Namen und Ruhm verdanken, von der Sie möglichst viel Angehörige zu Ihren Lesern wünschten und die Ihnen auch jetzt nicht viel getan hätte, wenn Sie hiergeblieben wären. Da werfen Sie nun also einen Blick auf das nach Afrika sich hinziehende Meer, vielleicht tummelt sich gerade ein Schlachtschiff darauf mit Negertruppen aus jenen sechshunderttausend Kolonialsoldaten der gegen Deutschland einzusetzenden berüchtigten französischen Forces d'outremer, vielleicht auch auf den Arc de Triomphe oder den Hradschin, und schwören diesem Land, das politisch nichts will als seine Zukunft sichern, und von dem die meisten unter Ihnen geistig nur genommen haben, Rache. Sie schreiben in Ihrem Brief, jetzt erst, nun aber vollends seien Sie zum »wahren Marxisten« geworden, kein Vorwurf von »Vulgärmarxismus« oder »Materialismus« könne Sie abhalten, unsere »hysterische Brutalität« zu bekämpfen, Sie ständen auf seiten »des Geistes« und zögen mit in den Krieg gegen »die politische Reaktion«. Ich weiß zwar gar nicht, was Sie mit diesen Ausdrücken eigentlich sagen wollen, es klingt mir alles wie aus einem anderen Erdzeitalter, ich könnte Sie auch fragen, ob Sie auch von hysterischer Brutalität gesprochen haben, als der Staat, in dem Ihr Marxismus siegte, die zwei Millionen bürgerlicher Intelligenz erschlug. Aber ich will annehmen, Sie meinen Sozialismus, und die bedeutendsten der jetzt im Ausland lebenden deutschen Intellektuellen sind ja in den letzten Jahren oft für die Rechte des deutschen Arbeiters eingetreten, am aufrichtigsten und in der sichtbarsten Form und zu wiederholten Malen jedenfalls Thomas *Mann*. Denen also würde ich mitteilen, daß es dem deutschen Arbeiter heute besser geht als zuvor. Sie wissen, daß ich als Arzt mit vielen Kreisen, als Kassenarzt mit vielen Arbeitern in Berührung komme, auch mit früheren Kommunisten und Angehörigen der SPD, es kann gar nicht zweifelhaft sein, ich höre es von allen, daß es ihnen besser geht als zuvor. Sie werden in ihren Betrieben besser behandelt, die Aufsichtsbeamten sind vorsichtiger, die Personalchefs höflicher, die Arbeiter haben mehr Macht, sie sind besser geachtet, sie arbeiten in besserer Stimmung, in Staatsbürgerstimmung, und was die sozialistische Partei ihnen nicht erkämpfen konnte, gab ihnen diese neue nationale Form des Sozialismus: ein sie bewegendes Lebensgefühl. Seien Sie auch fest überzeugt, daß die Eroberung der Arbeiterschaft durch die neue Macht weiterschreiten wird, denn die Volksgemeinschaft in Deutschland ist kein leerer Wahn, und der Erste Mai war kein getarnter kapitalistischer Trick, er war höchst eindrucksvoll, er war echt: die Arbeit trug plötzlich nicht mehr ihren Makel als Joch, ihren Strafcharakter als proletarisches Leid, den sie die letzten Jahrzehnte trug, sondern sie stand da als Grundlage einer neu sich bildenden, die Stände auflösenden Gemeinschaft, es ist kein Zweifel, für keinen, der es sah, dies Jahr 1933 hat vielem, das seit Jahrzehnten an Sozialismen in der europäischen Luft lag, ein neues festes Gesicht gegeben und einen Teil der Menschenrechte neu proklamiert. Falls Sie also mit Ihrem Ausdruck politische Reaktion um Arbeiterrechte kämpfen wollten, müßten Sie dem neuen Staat beitreten, nicht ihn diffamieren.

Schließlich richtet sich aber Ihr Brief auch unmittelbar an meine Person. An diese richten Sie Fragen, Warnungs- und Prüfungsfragen hinsichtlich der Besonderheit ihres radikalen Sprachgefühls, das mir auf der anderen Seite nur Hohn und Spott eintragen würde, schließlich nach ihrer Verehrung bestimmter literarischer Köpfe, die jetzt auf *Ihrer* Seite sich befinden. Ich antworte Ihnen: ich werde weiter verehren, was ich für die deutsche Literatur vorbildlich und erzieherisch fand, ich werde es verehren bis nach Lugano und an das Ligurische Meer, aber ich erkläre mich ganz persönlich für den neuen Staat, weil es mein Volk ist, das sich hier seinen Weg bahnt. Wer wäre ich, mich auszuschließen, weiß ich denn etwas Besseres – nein! Ich kann versuchen, es nach Maßgabe meiner Kräfte dahin zu leiten, wo ich es sehen möchte, aber wenn es mir nicht gelänge, es bliebe mein Volk. Volk ist viel! Meine geistige und wirtschaftliche Existenz, meine Sprache, mein Leben, meine menschlichen Beziehungen, die ganze Summe meines Gehirns danke ich doch in erster Linie diesem Volke. Aus ihm stammen die Ahnen, zu ihm kehren die Kinder zurück. Und da ich auf dem Land und bei den Herden groß wurde, weiß ich auch noch, was Heimat ist. Großstadt, Industrialismus, Intellektualismus, alle Schatten, die das Zeitalter über meine Gedanken warf, alle Mächte des Jahrhunderts, denen ich mich in meiner Produktion stellte, es gibt Augenblicke, wo dies ganze gequälte Leben versinkt, und nichts ist da als die Ebene, die Weite, Jahreszeiten, Erde, einfache Worte –: Volk. So kommt es, daß ich mich denen zur Verfügung stelle, denen Europa, wie Sie schreiben, jeden Rang abspricht. Dies Europa! Das hat wohl Werte, – wo es nicht bestechen und schießen kann, da steht es wohl recht kläglich da! Jetzt flüstert es Ihnen ins Ohr, es sei nicht das Volk, das sich hinter Hitler stellte, nur seine »Schafe«, wie es Lady Oxford in »News Chronicle« eben schrieb. Eine große Täuschung! Es ist das Volk! Vergleichen Sie einmal die beiden Geister Hitler und Napoleon. Napoleon war wohl sicher das große individuelle Genie. Nichts trieb Frankreich als Volk, die Pyramiden zu erobern und Europa mit seinen Heeren zu überziehen, dahin trieb es allein dies riesige militärische Genie. Heute und hier aber können Sie immer wieder die Frage hören: schuf Hitler die Bewegung oder die Bewegung ihn? Diese Frage ist bezeichnend, man kann sie beide nämlich nicht unterscheiden, da sie beide identisch sind. Es liegt hier wirklich jene magische Koinzidenz des Individuellen und des Allgemeinen vor, von der *Burckhardt* in seinen Weltgeschichtlichen Betrachtungen spricht, wenn er die großen Männer der historischen Weltbewegung schildert. Die großen Männer – alles ist da: die Gefahren des Anfangs, ihr Auftreten fast immer nur in schrecklichen Zeiten, die ungeheure Ausdauer, die abnorme Leichtigkeit in allem, namentlich auch den organischen Funktionen, dann aber auch die Ahnung aller Denkenden, daß er es sei, um Dinge zu vollbringen, die nur ihm möglich und dabei notwendig sind. Beachten Sie wohl, ich sagte: aller Denkenden, und Sie wissen, wie über alles ich den Gedanken stelle. Es ist ein großer Eigensinn, der Eigensinn, der dem Menschen Ehre macht, nichts in der Gesinnung anerkennen zu wollen, was nicht durch den Gedanken gerechtfertigt ist, mit diesem Hegelwort überprüfte ich von je mein politisches Gefühl. Wollen Sie mir also glauben, wollen Sie sich also nicht täuschen, was auch immer Europa Ihnen zuflüstert, hinter dieser Bewegung steht friedliebend und arbeitswillig, aber, wenn es sein muß, auch untergangsbereit, das ganze Volk.

Schließlich noch etwas, über das Sie im Ausland, wenn Sie das Vorstehende lesen, sicher Bescheid wissen wollen: *ich gehöre nicht zu der Partei, habe auch keine Beziehung zu ihren Führern, ich rechne nicht mit neuen Freunden.* Es ist meine fanatische Reinheit, von der Sie in Ihrem Brief so ehrenvoll für mich schreiben, meine Reinheit des Gedankens und des Gefühls, das mich zu dieser Darstellung treibt. Ihre Grundlagen sind dieselben, die Sie bei allen Denkern der Geschichte finden. Der eine sagte: die Weltgeschichte ist nicht der Boden des Glücks *(Fichte);* der andere: Völker haben bestimmte große Lebenszüge an den Tag zu bringen, und zwar völlig ohne Rücksicht auf die Beglückung des einzelnen, auf eine möglichst große Summe von Lebensglück *(Burckhardt);* der dritte: die zunehmende Verkleinerung des Menschen ist gerade dic treibende Kraft, an die Züchtung einer stärkeren Rasse zu denken. Dazu: eine herrschaftliche Rasse kann nur aus furchtbaren und gewaltsamen Anfängen emporwachsen. Problem: wo sind die Barbaren des zwanzigsten Jahrhunderts *(Nietzsche).* Das alles hatte die liberale und individualistische Ära ganz vergessen, sie war auch geistig gar nicht in der Lage, es als Forderung in sich aufzunehmen und es in seinen politischen Folgen zu übersehen. Plötzlich aber öffnen sich Gefahren, plötzlich verdichtet sich die Gemeinschaft, und jeder muß einzeln hervortreten, auch der Literat, und sich entscheiden: Privatliebhaberei oder Richtung auf den Staat. Ich entscheide mich für das letztere und muß es für diesen Staat hinnehmen, wenn Sie mir von Ihrer Küste aus zurufen: Leben Sie wohl.

Klaus Mann

Gottfried Benn
oder die Entwürdigung des Geistes

[1933]

Im Mai dieses Jahres schrieb ich an den Dichter Gottfried Benn einen Brief. Die Verehrung, die ich für ihn gehabt hatte, machte es mir zum Bedürfnis und gab mir das Recht, ihn um Aufklärung zu bitten, ob Gerüchte, die mir über seine geistig-politische Stellungnahme zu Ohren gekommen waren, den Tatsachen entsprächen. Die Aufklärung, um die ich ihn als Leser, als Bewunderer, fast als Freund, privat ersucht hatte, gab er mir in Form eines Offenen Briefes, »An die Emigranten«, den er im Rundfunk verlas und der in der Deutschen Allgemeinen Zeitung publiziert wurde. Der peinlichen Aufgabe, auf diesen Brief Gottfried Benns, der mich durch die Tiefe seines sprachlichen und moralischen Niveaus, durch die Unhaltbarkeit und Verwirrtheit seiner Argumente und durch die Infamie seiner lügenhaften Angriffe gegen im eignen Land Wehrlose entsetzt hatte, meinerseits zu erwidern, war ich enthoben: andere sagten, was zu sagen war, Benn wurde mit Erwiderungen überschüttet. Ich konnte schweigen und mit meiner Enttäuschung über den einst Hochgeschätzten allein fertigwerden.

Dieser Brief, diese Ansprache an uns »Emigranten« bildet das zweite Stück in dem Buch *»Der neue Staat und die Intellektuellen«*. Ihm vorangestellt ist eine andere Rundfunkrede, die den Titel des Buches trägt und womöglich noch platter, geistig noch magerer, auch noch bösartiger ist. Beide Arbeiten zusammen nennt der Autor »das Resultat« seiner »fünfzehnjährigen gedanklichen Entwicklung«. Ein bescheidnes Resultat, muß man sagen. Es wird nicht üppiger, wenn man den letzten Aufsatz des Buches, den schlimmsten und schlechtesten, »Züchtung«, dazuhält. Im übrigen besteht das neue Werk Gottfried Benns, das die Deutsche Verlags-Anstalt seinem neuen Publikum vorlegt, aus dem Abdruck älterer, auch in Buchform erst sehr kürzlich erschienener Arbeiten. – Wie fassen wir es zusammen, dieses Resultat einer fünfzehnjährigen Gedankenentwicklung? Es ist gewiß nicht das Bekenntnis zum »Irrationalen«, das Verfluchen des »Intellektualismus« – diese Gebärden sind nicht neu, man kann sie kein Resultat nennen, andre haben solche Gedanken vor ihm und mit ihm gehabt, sie sind überhaupt nicht das Privileg derer, die heute durch »Irrationalismus« Bestialitäten entschuldigen wollen –: nein, als Resultat der Gedankenarbeit kann man wohl nur bezeichnen: das hingerissene Bekenntnis zum »totalen Staat«, das er mit allen Leitartikeln des vergewaltigten Deutschland gemeinsam ausstößt; die Erkenntnis, daß das Volk nicht Glück will, auch nicht Arbeit, sondern »Züchtung«; die unsinnige, hohle und demagogische Formel von der »militanten Transzendenz« – nicht »militaristisch«, wohlverstanden, sondern »militant«, es ist ein so zarter Unterschied, wie Herr von Papen ihn machte, als er sich für die Friedensliebe erklärte, nachdem er den Pazifismus verdammt hatte –; den Hohn auf die Geistesfreiheit, die keinen Platz mehr hat im autoritären Staat, im »Sklavenstaat, um es einmal ganz klar auszudrücken« (ich zitiere); schließlich noch das Kapitulieren vorm Kitsch, Marke Braunes Haus, »nordisch, darüber Schwerter«. Was er gelernt hat, seit er der Prophet des Dritten Reiches wurde, ist *nicht* das Wissen darum, daß wir keine reinen Gehirnwesen sind, das wußte er doch wohl schon, als er sich noch von denen in die Akademie protegieren ließ, die er heute mit plumpen Anspielungen beleidigt, und als er noch Heinrich Mann bewunderte statt Hitler, er wußte es damals schon und wir wußten es mit ihm: was er aber inzwischen gelernt hat von seinem Halbgott, seinem Führer, der den Terror nicht will, sondern der Geist und Macht in der SA miteinander identisch werden läßt, das sind jene Tricks, die darin bestehen, mit dem Gesicht nach Europa gewendet heuchlerisch vom »neuen deutschen Menschen« zu behaupten: »Er wird sich gegen niemanden erheben« –, im selben Aufsatz aber drohend zu konstatieren: »Frieden in Europa wird es nicht mehr geben« –, und ihm, dem neuen Deutschen, scheußlicherweise Gehirne mit Eckzähnen, dann geradezu Gehirne mit Hörnern zu wünschen – Monstrositäten, an denen freilich dem Neudeutschen, der doch keinesfalls als Träumer vorzustellen ist, weniger liegen dürfte als an einer tadellosen Luftflotte, wofür Göring zuständig bleibt. Was er gelernt hat – es ist nicht viel anderes als die Tücke, die Unredlichkeit, mit welcher er auf die Frage, ob er »links« oder »rechts« sei, ausweicht mit der Erklärung, er sei keines von beidem, sondern »zentral« – was in diesem Zusammenhang keine Antwort, sondern eine Redensart ist.

Was nutzt es zu polemisieren? Halb pathologisch, halb nur gemein entwürdigt sich ein großes Talent vor unseren Augen. Es ruiniert sich auch, während es sich prostituiert. Benn schreibt plötzlich schlecht. Sein Stil wechselt zwischen einem routinierten Pathos, das Wiederholung, pures Selbstzitat ist, und einem hohlen, rasselnden, sogar unbeholfenen Zeitungsklischee. Es gehört Mut, es gehört wohl auch einfach Mangel an Scham dazu, ältere, schöne Arbeiten neben diese neuesten zu stellen, in denen er aus einer Philosophie, die immer gefährlich, aber oft verführerisch war, so nichtswürdige Konsequenzen zieht. Wie peinlich, wie deplaziert nimmt sich der große Aufsatz über »Goethe und die Naturwissenschaften« hier aus, der in einem anderen, so anderen Rahmen bedeutend wirkte. Goethe – und im selben Buch das frevlerische Gefasel von Gehirnen mit Eckzähnen: eine Niedertracht ist es, eine Niedertracht.

Was nutzt diskutieren? Es fehlen die Voraussetzungen dafür. Es fehlt die Würde des Geistes, sein Ernst, sein Verantwortungsgefühl. Wo hier die eigene Hysterie, die eigene Überspannung Raserei und Verblendung noch nicht komplett machten, da halfen verlockende Chancen für neuen Ruhm, für unerwartet repräsentative Stellung nach – und das Resultat einer fünfzehnjährigen gedanklichen Entwicklung ist ein Verrat am Geist, wie er sogar in *diesem* Deutschland ohne Beispiel ist bei einem Schriftsteller solchen Rangs. Außer Kummer und bittrer Enttäuschung nehmen wir *nichts* mit aus diesem Buch, nicht einmal einen Stachel, nicht einmal eine Beunruhigung. Nur das eine wollen wir uns gesagt sein lassen, was er den jungen Leuten raten zu müssen glaubt: »Halte dich nicht auf mit Widerlegungen und Worten! *Habe Mangel an Versöhnung!*« Mangel an Versöhnung – nun lernen wir ihn. Das Schauspiel dieses Verrates am Geist, das uns sonst nur Ekel einflößen könnte, lehrt uns doch eines: Unversöhnbarkeit gegen die Verräter.

Egon Erwin Kisch

Briefwechsel mit Gottfried Benn

[1933]

An Herrn Dr. Gottfried Benn!

Juni 1933.

Sie haben einen Brief aus der ›Nähe von Marseille‹ von einem emigrierten Literaten erhalten und antworten darauf durch Presse und Radio. Aus dem an Sie gerichteten Brief zitieren Sie vor allem und wiederholt, daß Sie, Herr Dr. Benn, für den (oder die) Absender der Inbegriff des höchsten Niveaus und einer geradezu fanatischen Reinheit gewesen sind. Nun stehen manchmal in Briefen an Künstler dick aufgetragene Schmeicheleien, deren sich kein Empfänger von Geschmack öffentlich rühmen würde. Sie bedurften aber der Berufung auf solches Lob, um sich damit vor einem neuen Leserkreis zu legitimieren, vor einem alten zu verteidigen. Ihre wiederholte Reproduktion des Attests über Ihre fanatische Reinheit täuscht jedoch nicht darüber hinweg, daß ein anderer Satz des Briefes falsch wiedergegeben ist, laut welchem Ihr Bewunderer Ihnen geschrieben habe, die Emigranten säßen ›in den kleinen Badeorten am Golfe de Lyon und in den Hotels von Zürich, Prag und Paris‹.

Nein, Herr Dr. Benn, so hat Ihnen das niemand geschrieben, bestenfalls haben Sie die Tatsache, daß Sie einen Einzelbrief aus einem französischen Fischerdorf bekamen, zu Ihrer Behauptung verallgemeinert. Zu Ihrer Behauptung, die von wenig Einfühlungsgabe zeugt: Woher sollten denn die deutschen Schriftsteller, deren Manuskripte, jahrelange Arbeit, bei den Haussuchungen zerfetzt, deren Bücher verboten und verbrannt, deren Verleger zugrunde gerichtet, deren Mitarbeit an Zeitungen und Zeitschriften des heutigen Deutschland unmöglich ist, woher sollten sie das Geld für Rivierareisen und Hotelrechnungen nehmen? Sie, Herr Dr. Benn, behaupten zu wissen, daß die Flüchtlinge ihr Heute als Badegäste oder Hotelgäste verbringen, während die Flüchtlinge keineswegs wissen, auf welcher Matratze welcher Kammer sie heute nächtigen werden – – ihr einziger Luxus ist der, ihre Überzeugung nicht mit den Anschauungen kulturloser Machthaber gleichgeschaltet zu haben.

Nach Ihrer Ansicht können die Emigrierten über die Dinge

Deutschlands nicht mitreden. Nur mit denen, die ›durch die Spannungen der letzten Monate hindurchgegangen ... von Zeitung zu Zeitung, von Umzug zu Umzug, von Rundfunkübertragung zu Rundfunkübertragung ... mit diesen allen kann man reden, aber mit den Flüchtlingen, die ins Ausland reisten, kann man es nicht‹. Da haben wir also Ihr irrationales Plus über uns. In Absatz Nr. 1 legitimieren Sie sich mit Eigenlob, in Absatz Nr. 2 mit der Tatsache, daß Sie dabei waren, indem Sie Zeitungen lasen, Umzüge sahen, Rundfunkübertragungen hörten.

Immerhin sind auch die Emigranten durch die Spannungen der letzten Monate hindurchgegangen. Durch Spannungen anderer Art: aus dem Bett gerissen, verprügelt, barfuß in die Nazikaserne, Revolverschüsse, Hiebe auf Kopf und Gesäß, Zwangsexerzieren, Hand- und Fußfesseln für greise Intellektuelle wegen Nicht-Strammstehens, Demütigungen nicht wiederzugebender Art, Einzelhaft ohne Sprecherlaubnis, ohne Nachricht von den Angehörigen. Andere: Sprung aus dem Fenster, den Atem anhaltend, im Hof versteckt, Flucht aus dem Haus, Flucht über die Grenze ...

Die Umzüge haben wir gleichfalls erlebt, wir hörten in der Zelle die Demonstranten, die hereinwollten, um den oder jenen Gefangenen zu erschlagen, wie sie es in Kiel und anderswo getan.

Die Zeitungen lasen wir wie Sie, lasen von Massenverhaftungen unserer Kollegen und Freunde. ›Selbstmord in der Zelle‹, ›auf der Flucht erschossen‹, ›Leichenfunde in der Mark‹, Boykott, Judenverfolgung, Studentenhetze gegen die Literatur, Bücherverbot, Bücherverbrennung. Wir haben sogar mehr Zeitungen gelesen als Sie, Herr Dr. Benn, Zeitungen des Auslands, in Deutschland verboten, die herausgeschmuggelte ›Greuelmärchen‹ brachten, ›Greuelmärchen‹, leider wahr, leider dokumentarisch belegt.

Auch Radio hören wir. Hören die Sprecher des erwachten Deutschland. Im klaren Ton eines ohne Zweifel echten Pathos, einer ohne Zweifel ehrlichen Überzeugung werden die abgeschabtesten Phrasen des Bierbankräsoneurs, werden soziale Allheilmittelchen des Kleinbürgers verzapft, die als Unsinn schon vor hundert Jahren widerlegt waren. Wir glauben Ihnen, Herr Dr. Benn, daß Ihnen das gefällt, denn auf höherer Ebene laufen Ihre Denunziationen jenen parallel. Wie jene mit politischem Feuer, so arbeiten Sie mit dem exquisiten Ausdruck und dem entlegenen Zitat, aber der Inhalt ist bei Ihnen, der Sie denkerisch schwach und in sozialistischen Fragen ahnungslos sind, ungefähr der gleiche wie bei Ihren Führern. Daß Sie sich aber der neuen Kulturpolitik zugesellen, mit deren feierlichem Potsdamer Bekenntnis zu einem Parteidichter (Sie haben doch früher die Parteidichter so sehr gehaßt, nicht?) namens Dietrich Eckardt, mit deren Romandreck ›Michael‹ von Minister Goebbels oder dem Dramendreck ›Totila‹ von Minister Kube oder dem Biographiedreck ›Horst Wessel‹ von Ewers, daß Sie sich solidarisieren mit der Verfemung der ›Intelligenzbestie‹ und der ›übermäßigen Geistigkeit‹, mit denen, die das sprechen: ›wenn ich das Wort Kultur höre, entsichere ich gleich meinen Browning‹ – das ist allerdings nicht einfach mit einer Analogie zu erklären.

›Weil es mein Volk ist, das sich hier seinen Weg bahnt . . .‹, dies sei der Grund, daß Sie sich, Herr Dr. Benn, zur Barbarei bekennen. Das also? Demnach hätten Sie sich, wäre der Kommunismus gekommen, ebenso begeistert für diesen Weg zu entschließen versucht, den sich Ihr Volk gebahnt! Es kam aber der Faschismus, und schon wissen Sie seine Argumente und Behauptungen, schon wissen Sie, was wir nicht wissen und was Sie uns in den letzten fünfzehn Jahren nicht verraten haben, zum Beispiel, daß in Rußland der Staat, als der Marxismus siegte, zwei Millionen bürgerliche Intelligenz erschlug.

Wenn Sie behaupten, daß die Emigranten in ihren Badeorten dem deutschen Staat und dem deutschen Volk Krieg wünschen, um es zu vernichten, Zusammenbruch, Untergang, so – nur die Tatsache, daß Sie der Inbegriff einer geradezu fanatischen Reinheit sind, hindert mich, Ihnen zu antworten, daß das eine Lüge ist. Kein Emigrant wünscht einen Krieg gegen Deutschland, keiner Deutschlands Zusammenbruch, Untergang. Was jeder fanatisch wünscht, ist: Deutschlands Befreiung, Deutschlands Aufstieg, von innen heraus, in sozialistischem Sinn.

Das wünschen wir nicht aus dem Grund, den Sie uns entgegenhalten. Nicht deshalb, weil wir Deutschland unseren geistigen Besitz, unsere Namen und unseren Ruhm verdanken, nicht deshalb, weil Deutschlands Industrie unsere Bücher druckte und seine Theater unsere Stücke spielten. Was soll ein solches Argument? Haben Shakespeare und Goethe ihren Ländern dankbar zu sein, daß sie sie druckten? Wohl ist unter den Emigranten kein Goethe und kein Shakespeare, und das ist ebensowenig Schuld ihres Landes wie es Verdienst ihres Landes wäre, wenn es sie gäbe. Weil man Schulbildung und Kultur eines Landes aufnahm, Erfolg erntete, soll man sich jeder Regierung, jeder Staatsform dieses Landes verschreiben? Das ist ein Argument, das selbst Ihre Chefs nicht anerkennen werden. Ihr Führer höchstpersönlich stammt aus dem Ausland, dessen Schulbildung er genoß, und viele Deutsche im Ausland, die sich nach dem Anschluß ans Hakenkreuz sehnen, könnte man mit Ihrem Argument mundtot machen. Hat man jemals Victor Hugo oder Rochefort vorgeworfen, daß sie aus England und Belgien gegen Napoleon den Kleinen loszogen?

Dennoch möchten wir Ihnen das Recht zur Dankbarkeit für jene Männer, die Ihre Gedichte druckten und denen Sie Ihren Ruhm zu danken haben, nicht absprechen. Gut, Herr Dr. Benn, gehen Sie zu diesen Förderern, stellen Sie sich in Treue und politischer Solidarität zu diesen, wenn Sie es nun durchaus wollen. Ich kann Ihnen die Adresse des Mannes geben, der uns allen die Bekanntschaft mit dem Namen Gottfried Benn vermittelt hat, der sich mit Fanatismus jahrelang für Sie eingesetzt hat, die Adresse Franz Pfemferts; er hungert in der Emigration. Auch andere kann ich Ihnen nennen, sie sitzen im Kerker oder müssen sich versteckt halten.

Nein, Herr Dr. Benn, Sie werden jene dankbare Solidarität nicht üben, die Sie selbst postulieren – – mit Ihrer Logik sieht es ja genauso aus wie mit Ihrem Charakter. Und wie mit Ihren Behauptungen: ›Sie wissen, daß ich als Kassenarzt mit vielen Arbeitern in Berührung komme, auch mit früheren Kommunisten und Angehörigen der SPD, es kann gar nicht zweifelhaft sein, ich höre es von allen Seiten, daß es ihnen besser geht als zuvor.‹

Das ist uns neu. Wir lasen bisher, daß ›frühere Kommunisten und Angehörige der SPD‹ in die Nazikasernen geschleppt wurden, in die Kasematten der Festungen, in die Zellen der deutschen Zuchthäuser, in die Konzentrationslager, nicht einzelne, nicht Hunderte, nicht Tausende, sondern Zehntausende, an hunderttausend ... Wir lasen, daß Zwangsarbeit, genannt ›Arbeitsdienstpflicht‹ eingeführt ist, daß der Butterpreis von 1 Mark 5 Pfennig auf 1 Mark 50 gestiegen, Fett und Margarine unerschwinglich geworden sind, der Fleischbezug zurückgeht (die ›DAZ‹ schreibt in unmittelbarer Nachbarschaft Ihres Artikels vom Rückgang des Verkaufs der übrigen Lebensmittel), wir lasen, daß den Lehrlingen Löhne und Rechte genommen wurden, den

Arbeitern das Recht der freien Koalition und die freien Gewerkschaften.

Wir haben in der gleichgeschalteten Presse Deutschlands gelesen und haben überdies von Dr. Goebbels im Rundfunk gehört, daß 10 000 Schnüffler (sein Wort) tätig sind, um die Nester der Marxisten aufzuspüren. Sind das zufriedene Arbeiter, zu deren Ausforschung eine Spitzelarmee erforderlich ist? Welch eine Armee wäre erst nötig, diese Marxisten zu überwältigen. Dreizehn Millionen marxistische Wähler! Glauben Sie, daß die so schnell und eifrig umgelernt haben wie Sie, Herr Dr. Benn, Inbegriff einer geradezu fanatischen Reinheit?

Schreiben Sie weiterhin gutbezahlte Artikel, die Sie überdies gegen noch besseres Honorar im Rundfunk vorlesen können. Unterlegen Sie auch weiterhin das Gerülpse alkoholisch-morphinistischer Banausen mit subtilen Fremdworten und Analogien aus der Quartärperiode (das Wort Tertiärperiode klingt Ihnen zu abgebraucht), begleiten Sie Ermordung und Brandschatzung Ihrer Schriftsteller- und Ärztekollegen mit kostbaren Zitaten, besingen Sie in schöngeschwungener Syntax die Rechtlosmachung und Einkerkerung von Arbeitern und Intellektuellen, begründen Sie mit dunkler Metaphysik die Kriegshetze, polemisieren Sie nur weiterhin gegen sich selbst, türmen Sie auch weiterhin neue Schurkereien auf Ihren Verrat am Geist – – all das, was Sie aus Ihrer heutigen Gesinnung heraus tun, kann Ihnen bei Ihren heutigen Gesinnungsgenossen nur nützen, nur nützen bei den Machthabern, Sie Inbegriff einer geradezu fanatischen Reinheit.

Egon Erwin Kisch

Joseph Roth

Dichter im Dritten Reich

[1933]

I

Dem im Dritten Reich verbliebenen und zum kommissarischen Leiter der Preußischen Akademie (vorübergehend) ernannten Schriftsteller und Nervenarzt *Gottfried Benn* schrieb vor einiger Zeit der Schriftsteller *Klaus Mann* einen bitteren und vorwurfsvollen Brief. Unverständlich sei es ihm – so ungefähr schrieb Herr Klaus Mann, der Herrn Gottfried Benn verehrt –, wie ein bedeutender Schriftsteller sich in den Dienst des Dritten Reiches begeben könne; warum ein Mann wie Benn seine Anhänger enttäusche, die sich jetzt in Paris, in London, in Prag aufhalten und die zu ihrer Verzweiflung am Vaterland auch noch die an ihrem geliebten Autor addieren müßten; er, der Schreiber des Briefes, sei zwar als »Rationalist« von jeher gegen die »irrationalistische« Weltauffassung des verehrten Autors gewesen: denn es scheine leider so zu sein, daß der Hang zum »Irrationalen« notwendig zur »Reaktion« führe: dennoch bestünde zwischen der unzweifelhaft starken schriftstellerischen Kraft Gottfried Benns und dem verständnislosen, geist- und literaturfremden Dritten Reich unmöglich irgendeine Beziehung.

So und ähnlich war der Brief des Schriftstellers Klaus Mann an den von ihm verehrten Kollegen Gottfried Benn gehalten.

Dieser antwortete: er antwortete mit einem langen Leitartikel in der »Deutschen Allgemeinen Zeitung« – die übrigens ein paar Tage darauf verboten wurde und selbstverständlich nicht wegen der Antwort Gottfried Benns. Im Gegenteil: hätte die »Deutsche Allgemeine Zeitung« nichts anderes gebracht als ähnliche Erwiderungen der im Dritten Reich verbliebenen und eventuell zur kommissarischen Leitung der Preußischen Akademie der Dichtkunst geeignet befundenen Schriftsteller – sie wäre gewiß nicht verboten worden. Betrachtet man aber auch die geringfügigsten Vorgänge vom Standpunkt jenes »Irrationalismus«, den Herr Klaus Mann dem Herrn Gottfried Benn vorwirft und dessen sich dieser in seiner öffentlichen Erwiderung rühmt, so könnte man beinahe vermuten, daß eine nicht zu eruierende ironische Gewalt (die ja seit eh und je die fälschlichen und schwächlichen pathetischen Vorgänge zu paraphrasieren liebt) auch diesmal am Werke gewesen ist, um den Chefredakteur eines Blattes zu strafen, weil er die Funktion der Post übernommen und den Schreiber der selbstverständlichen und taktvollen Pflicht enthoben hat, auf einen privaten Brief mit einem privaten Brief zu antworten.

II

Es ist vielleicht erlaubt, zu sagen, daß der Schreiber dieser Zeilen ein »Reaktionär« ist, keineswegs ein Anhänger der »rationalistischen« Auffassung historischer Vorgänge und ebensowenig ein »Marxist« wie ein Verehrer des kommissarischen Leiters Doktor Benn. Als dieser noch die Lobrede zu Heinrich Manns sechzigstem Geburtstag hielt, war der Schreiber dieser Zeilen bereits (trotz allen Meinungsverschiedenheiten) ein Anhänger Heinrich Manns, aber nicht einer Doktor Benns – obwohl dieser als »Reaktionär« aufzutreten liebte und jener ein »Revolutionär« ist. Braucht man es noch zu sagen? Für den Schriftsteller entscheidet die literarische Leistung, einzig die literarische Leistung. Ob der Doktor Benn kommissarischer Leiter einer Akademie wird, in der Dilettanten – gleichgültig, welcher Gesinnung – Mitglieder sind oder ob er es nicht wird, wäre einem alten »Reaktionär« wie mir nicht erheblich erschienen. Daß aber der Doktor einem Kollegen und Verehrer gegenüber, der eine klare »liberal-rationalistische« Haltung einnimmt, als ein »Konservativer« begegnet, als ein »Irrationalist« und zugleich als ein Vertreter der »Nationalen Revolution«; daß einer, der noch vor ein paar Monaten auf den ganz gewiß des »Irrationalismus« nicht zu verdächtigenden Heinrich Mann eine Rede gehalten hat und flugs dessen Stuhl als »kommissarischer Leiter« einnimmt, auch einen offenen Brief als »Irrationalist« und Bekenner des Dritten Reiches schreibt, das jenen Heinrich Mann eben vertrieben hat: das scheint mir symptomatisch und einer näheren Behandlung würdig.

III

Möge man mir ein paar Zitate aus des Doktors Leitartikel erlauben:

»Nur die, die durch die Spannungen der letzten Monate *hin-*

durchgegangen sind, die von Stunde zu Stunde, von Zeitung zu Zeitung, von Umzug zu Umzug, von Rundfunkübertragung zu Rundfunkübertragung *alles dies fortlaufend* aus unmittelbarer Nähe *miterlebten,* Tag und Nacht *mit ihm* rangen, selbst die, die das alles nicht jubelnd begrüßten, sondern es mehr erlitten, mit diesen allen kann man reden, aber mit den Flüchtlingen, die ins Ausland reisten, kann man es nicht.«

»... aber, und so lautet meine *Gegenfrage,* wie stellen Sie sich denn nun eigentlich vor, *daß die Geschichte sich bewegt?* Meinen Sie, sie sei *in französischen Badeorten* besonders *tätig*?

Wie stellen Sie sich z. B. das 12. Jahrhundert vor, den Übergang vom romanischen zum gotischen Gefühl, meinen Sie, man hätte sich das *besprochen?*«

»... ach, *sie,* (die Geschichte) *schuldet Ihnen ja nichts, aber Sie ihr alles,* – sie hat ja keine andere Methode, – als an ihren Wendepunkten einen neuen *menschlichen* Typ aus dem unerschöpflichen Schoß der Rasse zu schicken, *der sich durchkämpfen muß,* der die Idee seiner Generation in den Stoff der Zeit bauen muß ...«

»Verstehen Sie doch endlich dort, an Ihrem lateinischen Meer ...«

»Da sitzen Sie also *in Ihren Badeorten* und stellen uns zur Rede ...«

»Es ist die Nation, deren Sprache Sie sprechen, deren Staatsangehörigkeit Sie besitzen, – deren Industrie Ihre Bücher druckte, der Sie Namen und Ruhm verdankten, von der Sie möglichst viel Angehörige zu Ihren Lesern wünschten und die *Ihnen auch jetzt nicht viel getan hätte, wenn Sie hier geblieben wären ...*«

»Sie wissen, daß ich als Kassenarzt mit vielen Arbeitern in Berührung komme – *es kann gar nicht zweifelhaft sein,* ich höre es von allen, *daß es ihnen besser geht als zuvor.*«

»Volk ist viel! ... *die ganze Summe meines Gehirns* danke ich doch *in erster Linie* diesem Volke! Aus ihm stammen die Ahnen, zu ihm kehren die Kinder zurück!«

IV

Genug der Zitate! Wäre ich auch von Rundfunkübertragung zu Rundfunkübertragung »all dies fortlaufend hindurchgegangen«; hätte ich selbst die letzten Monate mit *»all dem gerungen«;* hätte ich auch die »Gegenfrage« gestellt, ob die Geschichte just »in französischen Badeorten *tätig* sei«; den »Übergang vom romanischen zum gotischen Gefühl *besprochen*«; hätte ich jemals vermocht, einen »Schoß der Rasse« zu begreifen, der »sich durchkämpfen« muß; an einem »Badeort« oder einem »lateinischen Meer« zu sitzen, die ich die meinen hätte nennen dürfen; von Arbeitern zu hören, es gehe ihnen besser als zuvor, und die »ganze Summe meines Gehirns« »in erster Linie« dem Volke zu verdanken:

gesetzt den Fall, all dies wäre mir so leicht zu erleben gewesen, wie es dem Doktor Benn leicht war, es aufzuschreiben:

so wäre es mir doch unmöglich gewesen, einem meiner Leser, Kollegen und Verehrer zu schreiben, er hätte ruhig innerhalb eines Landes bleiben sollen, das ihm *»auch jetzt noch nicht viel getan hätte«*, wenn er nur geblieben wäre. Und wenn mir auch nur *etwas* »getan« worden wäre – ich wäre nicht in die Behandlung des Kassenarztes Doktor Benn gegangen. Er hätte am Ende konstatiert, daß es mir, ebenso wie den Arbeitern, noch besser gehe als zuvor.

V

Er ist einer der zahlreichen Kommentatoren der Revolution, dieser Doktor. Er (nebst manchen andern) bemüht sich, den »Rationalisten«, den »Liberalen«, den »Sozialisten« die elementare Unbegreiflichkeit der geschichtlichen Ereignisse zu erläutern. Aber auch einem »Liberalen«, einem Gehirn des »neunzehnten Jahrhunderts« könnte es plötzlich klar werden, daß ein Elementargeschehen, das sich selbst unaufhörlich kommentiert, gar kein echtes sei: wie wenn zum Beispiel der Vesuv Feuer spiee und der Fremdenführer von Cook den Reisenden dabei erklärte, dies sei nun einmal eine unverständliche, katastrophale Laune eines Vulkans. Wo in aller Welt hat man schon jemals ein Erdbeben, ein Gewitter, eine Windhose, einen Samum, eine Revolution und gleichzeitig den Kommentar dazu erlebt? Die Kommentare folgten immer hinterdrein. Zum erstenmal in der Geschichte der Revolutionen treten Revolutionäre auf, die zu ihren Taten kostenlos die Erklärung liefern, es seien eben revolutionäre Taten. Der Kommentar aber macht eben die Revolution verdächtig. Ein Mörder, der seinem Opfer, während er es niederschlägt, einen theoretischen Vortrag über den natürlichen Blutrausch eines geborenen Mörders hält, erweckt sogar im Opfer noch den Verdacht, es sei ein Professor des Mordes, der es erschlagen – und kein richtiger Mörder. Da lob' ich mir jenen Hobler, den Minister, der da gesagt hat, wo gehobelt würde, müßten auch Späne fliegen. Heimkehr einer Metapher in blutige Wirklichkeit und Rechtfertigung der Wirklichkeit durch die Metapher! Hier hat ein anerkannter Flieger einen lange nicht so anerkannten Dichter auf dessen eigenem Gebiet geschlagen – und klipp und klar ward den Spänen wie dem Holz gesagt, daß sie sich halt mit dem Los abzufinden hätten, das ihnen die Weltgeschichte beschert. Wie schwach ist dagegen die Einladung des Dichters an seinen Kollegen, in dem Lande zu bleiben, wo man ihm *»nicht viel getan hätte«*?! Und wie klar wird auf einmal die Notwendigkeit eines »Propagandaministers«, dessen Aufgabe es ist, die wuchtigen Elementarereignisse in der Presse zu erklären, als wären sie neue Erzeugnisse einer Seifenfabrik! Liberalistisch verseucht, wie die Menschen nun einmal sind, bedürfen sie der prompten und zeitgemäßen Erläuterungen, um das unbegreifliche Naturgeschehen auch als unbegreiflich zu respektieren!

VI

Welch eine Banalisierung des »Elementaren«! Und ferner: welch eine Banalisierung des nationalen Begriffes und der Nation, wenn Herr Benn schreibt, man »verdanke« der Nation nicht allein die Staatsangehörigkeit, sondern auch der nationalen Industrie die Drucklegung der Bücher! Als bestünde nicht das Leben der Nation just im Austausch der Gaben, die jeder einzelne ihrer Angehörigen schenkt und nimmt, spendet und empfängt! Als hätten zum Beispiel die Druckerei und der Verleger und der Leser dem Autor Gottfried Benn nicht genauso viel, oder noch mehr, zu »verdanken« als er ihnen! Als wären der Paß und das Dokument, die ihm die Staatsbürgerschaft garantieren, weit mehr wert als das Buch, das er geschrieben hat; ja, als wäre der Paß eine ganz besondere Auszeichnung, die der Staat seinem Dichter gewährt, obwohl er sie nicht verdient hat! Als wären Industrie, Armee, Ministerien, Polizei, SA-Mannschaften der Staat: alle, nur nicht der Dichter! Weit entfernt davon, etwa einen Polizeiwachtmeister als einen geringeren Bestandteil des Volks zu betrachten denn einen

Verfasser von Gedichten, wie sie z. B. der Doktor Benn schreibt, wage ich zu behaupten, daß keiner von beiden dem anderen irgend etwas zu »verdanken« habe: oder: daß beide einander alles zu »verdanken« haben. Und so wahr es ist, daß ein Dichter, dessen physisches Leben in Gefahr gerät und der deshalb (deshalb allein) auswandert, noch lange nicht aufhört, ein deutscher Dichter zu sein, so wahr ist es auch, daß die deutsche Literatur keine staatlichen Grenzen kennt; daß sie stärker und ewiger ist als jede Staatsform, die sich die Nation gelegentlich gibt; daß sie alle Staatsformen und »nationalen Revolutionen« (aber auch die »internationalen«) überleben wird; daß ein deutscher Schriftsteller, selbst wenn er emigriert ist, schon deshalb keinen Hohn verdient, weil er eben, stärker als die Industrie, die ihn druckt, »das Deutsche«, »das Nationale«, in sich trägt. Wo immer der deutsche Dichter ist, da ist Deutschland. Wo der deutsche Drucker ist, kann auch Frankreich, England oder Italien sein. Ach! Welch eine Ironie! Welch armselige Ironie eines Schriftstellers, der zufällig keine jüdische Großmutter hat und infolgedessen dem anderen sagen kann, der zufällig eine jüdische Großmutter hat, es wäre ihm *»nicht viel«* getan worden, wenn er geblieben wäre! Was heißt *»nicht viel«,* Herr Doktor?! Eine Kastrierung zum Beispiel, eine Sterilisierung zum Beispiel: ist das viel oder wenig für einen Schriftsteller jüdischer Abstammung?! – Vergebliche Frage eines emigrierten »Schriftstellers an einen im Lande verbliebenen« Haut- und Geschlechtsarzt und kommissarischen Leiter! Es gibt keine Verständigung – der Doktor hat Recht – zwischen Deutschland und dem Dritten Reich!

Nachschrift:

Die Antwort des Doktors hat einen anderen Dichter nicht ruhen lassen – und da die »Deutsche Allgemeine Zeitung« verboten war, mußte das »Berliner Tageblatt« dem *Max Barthel* zwei Spalten zur Verfügung stellen. Dieser »Arbeiterdichter« – wie ihn jüdische Journalisten nicht mit Unrecht schon während des Krieges genannt haben – schreibt ebenfalls öffentliche Antworten auf private Briefe im Ausland befindlicher Freunde. Im Stil unterscheiden sie sich allerdings: der »Arztdichter« und der »Arbeiterdichter«. Wie es einem »Arbeiterdichter« geziemt, schreibt der Barthel zum Beispiel:

»Die über die Grenze gegangen sind, haben das Recht verwirkt, über Deutschland zu reden und zu schreiben. Sie sind *viel zu schnell* über die Grenze gegangen, *den meisten* wäre kein Haar gekrümmt worden ...«

»Und für mich als alten Sozialisten, als Sohn eines Maurers, als Menschen, der lange Jahre in den Fabriken geschafft hat, waren zwei Dinge *für meine Einstellung* entscheidend; erstens: die Einigung Deutschlands durch die Nationalsozialisten, und zweitens: *das Zurechtrücken der Arbeit in das Zentrum der Betrachtung.*«

Wäre er doch ein alter Sozialist geblieben und in der Fabrik und ein Krankenkassenpatient beim »Arzt-Dichter«, statt sich in das »Zentrum der Betrachtung zurechtzurücken«! Vielleicht hätte er dann nicht das Recht verwirkt, in deutscher Sprache zu schreiben ...

Klaus Mann

Gottfried Benn. Die Geschichte einer Verirrung

[1937]

Begonnen werden muß mit der Frage: Warum beschäftigt uns »der Fall Gottfried Benn«? Weil ich, Autor dieser Zeilen, für einige von Benns Versen eine ziemlich tiefgehende Schwäche hatte – oder habe? Weil ich, gleich zu Anfang der Emigration, eine Korrespondenz mit ihm führte – die übrigens nur von Benn aus der Öffentlichkeit vorgelegt und öffentlich ausgenutzt wurde, soweit es aber an mir lag, durchaus privat blieb –, und die trotzdem, eben durch Benns unfaire »Flucht in die Öffentlichkeit«, vielleicht bis zum gewissen Grade repräsentativ geworden ist für die Auseinandersetzung zwischen zwei Schriftstellern, von denen der eine den Fascismus verabscheute, der andere aber entschlossen war, seinen Frieden mit ihm zu machen?

All dies wären gewiß keine Gründe, um heute noch über Benn zu reden. Sein »Fall« ist nur deshalb noch interessant, weil es sich bei ihm um den einzigen – den einzigen! – deutschen Schriftsteller von Rang handelt, der sich allen Ernstes und mit einiger geistiger Konsequenz in den Nationalsozialismus verirrt hat. Alle anderen, die heute zu einem Institut gehören, das sich – wie man mir berichtet – »Reichsschrifttumskammer« nennt, haben nur eben so ein bißchen »mitgemacht« – manchmal vielleicht sogar mit ein wenig Groll im Herzen –: aus Opportunismus, aus Angst und Schwäche, aus kleinbürgerlich-reaktionären Instinkten. Dagegen dürfte es ein Faktum sein, daß Gottfried Benn, mindestens eine Zeitlang, der plump und kreischend lügenden Propaganda des deutschen Fascismus wirklich verfallen war. Heute mag er enttäuscht sein, bitterlich vereinsamt, desillusioniert – aber spielt das eine Rolle? Ist es nicht eine Selbstverständlichkeit, daß er heute sich enttäuscht, vereinsamt, desillusioniert befindet, da er sich ja in eine völlig unmögliche, schiefe, sogar groteske Position manövriert hat? Da man ihn ja nicht *will* bei den Nazis – die einen untrüglichen Instinkt haben *gegen* alle seine Qualitäten? Da er ja in Deutschland überhaupt kein Publikum mehr findet, die wenigen Leser, die er jemals hatte, vertrieben oder doch mundtot gemacht sieht? Nun sitzt er als ein grämlicher Stabsarzt in Hannover – was eine beneidenswerte Situation kaum sein dürfte. Aber, wie gesagt, diese nachträgliche Enttäuschung wollen wir völlig beiseite lassen: sie ist selbstverständlich und nebensächlich. Wichtig bleibt einzig und allein, daß dieser nicht unbedeutende Geist notorisch sich hatte verführen, berauschen, auf die ärgsten Pfade verlocken lassen.

Einen Umstand freilich gibt es, der dafür spricht, daß eben diese Berauschtheit niemals so ganz tief gegangen ist, sondern immer halber Opportunismus, halbe Berechnung – und als solche prinzipiell uninteressant war. Ich meine die sehr auffallende Tatsache, daß das patriotische Thema, das Führer-Thema, der ganze fascistische Themen-Komplex niemals in seine *Lyrik* – also niemals in sein eigentliches Werk – eingedrungen sind; sondern daß er dieses durchaus rein zu halten wußte. Immerhin ist nicht zu leugnen, daß bei Benn die Essays fast im gleichen Range neben den Gedichten stehen, und daß eben in diesen Aufsätzen – besonders in denen unter dem Titel *»Kunst und Macht«*, Deutsche Verlags-Anstalt, Stuttgart, zusammengefaßten – sich Bekenntnisse und politische Deklamationen finden, deren Eindeutigkeit und Fanatismus nicht mehr zu überbieten – und verblüffend sind.

Ich schreibe »verblüffend« und bin mir wohl bewußt, daß es nicht unbillig wäre, zu erwidern: Aber was wollen Sie! Der Fall ist doch logisch! Dieser Benn – er hat doch genau so sich entwickelt, wie er sich entwickeln *mußte;* er ist genau den Weg gegangen, der ihm vorgezeichnet war. – Darüber bin ich mir ebensowohl im klaren wie jene, die mir solche Antwort entgegenhalten könnten – und trotzdem bin ich verblüfft: verblüfft nämlich darüber, daß Benn vor den ärgsten Entgleisungen, vor dem schlimmsten Absturz nicht behütet blieb durch sein Wissen um gewisse geistige Werte; daß *sein Niveau* ihn nicht davor bewahrte, den Stilisten von »Mein Kampf« allen Ernstes für einen großen Mann zu halten. Man bedenke doch, daß Geister, bei denen es mindestens ebensoviele intellektuelle Affinitäten zum Fascismus gab wie bei Gottfried Benn – daß etwa Oswald Spengler oder Stefan George sich sofort in eine durchaus dezidierte Opposition zum neudeutschen Regime begaben, einfach weil die physische und die »spirituelle« Physiognomie dieser durch Intrige an die Macht gekommenen Führer-Garnitur sie *ekelte;* weil es sich mit ihrem ästhetischen Gewissen nicht vertrug, Goebbels und Rosenberg als ihre geistigen Mentoren – oder auch nur als ihre geistigen Schüler anzuerkennen. Da wir also Zeugen waren, daß ein Mann wie

Stefan George, dem das Propaganda-Ministerium nur zu gern alle Herrlichkeit der Erden zu Füßen gelegt hätte, für den Jargon des »Angriffs« und des »Mythos des XX. Jahrhunderts« nichts übrig hatte als die Gebärde kalten Dégoûts – so verzeihe man mir meine »Verblüffung« über die ruchlos-infantile Leichtgläubigkeit, mit der Benn auf diesen riesenhaft geblähten Schwindel hereinfiel. Ja, vielleicht ist es eben die unbarmherzige und exemplarische *Logik* des Falles, die mich überrascht und verblüfft. Als ich Benn, schon 1930 und 1931, vor seinen Neigungen zum Irrationalen und zum »Mythischen« und vor seinem verdächtigen Widerwillen gegen den »Fortschritt« publizistisch warnte – wie übrigens damals auch andere Autoren, etwa der unvergessene Werner Hegemann es taten –, da meinte ich doch wohl nicht, daß er bis zu diesem Grade mit seinen Irrtümern Ernst machen würde; da hielt ich es doch wohl kaum für möglich, daß selbst noch die Schreie aus den Konzentrationslagern ihm wie schöne Urlaute aus »frühen Schichten« in den Ohren tönen würden, da erschien es mir doch wohl als ausgeschlossen, daß der Verfasser der »Morgue«-Gedichte eine »Bewegung«, die den 30. Juni, die Juden-, Priester- und Sozialisten-Verfolgungen und die Beschießung von Guernica mit sich bringt, als eine Tat der »Zucht, Ordnung und Disziplin« zu glorifizieren die Stirn haben könnte. All dies ist beschämendes Ereignis geworden; die intellektuelle Logik wirkte sich später aus als das »Niveau«, als das Wissen um artistische Verfeinerungen – und es lohnt sich also wohl der Mühe, den Gesetzen dieser Logik ein wenig nachzuspüren ...

Alles beginnt mit dem atavistischen Komplex; mit der Sehnsucht nach dem Zurück – oder, vielmehr: das Vorwärts wird, in seinem Endziel, mit dem Zurück identifiziert –; mit dem Heimweh nach der »frühen Schicht«.

»Oh, daß wir unsere Ururahnen wären,
Ein Klümpchen Schleim in einem warmen Moor!« –:

mit diesem recht verdächtigen Aufschrei beginnen vier Strophen des frühen, »expressionistischen« Benn, die »Gesänge« überschrieben sind und die ich in den Band »Ausgewählte Gedichte« (Deutsche Verlags-Anstalt, 1936) aufgenommen finde. Wie charakteristisch ist dieses Heimweh nach der vormenschlichen, vorzivilisierten, der Urschleim-Form! – Es erscheint mir heute als die ärgste Plattheit, die Idee des Fortschrittes als »Plattheit« verachtlich zu machen. Eben in diesem Trick – dem eigentlich gefährlichen und eigentlich widerwärtigen Trick des XX. Jahrhunderts – exzellierte Benn Jahre lang: bis er denn dazu kam, den sittlichen Niedergang ohne Beispiel, den der Fascismus bedeutet, als »geschichtliche Bewegung« frech zu preisen ... »Oh, daß wir unsere Ururahnen wären ...« Das würde dem Benn wohl so passen, und dann wäre das Leben bequemer für ihn! Schwieriger freilich, als sich mit atavistischen Fluchtversuchen interessant zu machen und vor einem Parkett von Goebbels-Journalisten den wilden und tiefsinnigen Mann zu spielen, ist es, der Idee des menschlichen Fortschrittes, der Idee der *Zivilisation* die Treue zu wahren, und doch kein platter Rationalist und Aufklärer zu werden. Von dieser echten und legitimen Problematik, der Europas wirkliche geistige Avantgarde sich mit Mut und Leidenschaft stellt, scheint Benn mit seinen billigen Urschleim-Schwärmereien keine Ahnung zu haben ...

Da das Fortschritts-, das Entwicklungs-, das Zivilisations-Problem sich mit dem beliebten und von der Obrigkeit gar nicht ungern gesehenen atavistischen Komplex also nicht verträgt, klammert Benn sich mit einer wahrhaft manischen Hartnäckigkeit an ein anderes geistiges Thema: an das Thema der *Form*. Da es den Fortschritt nicht geben soll und da die Vorstellung, das Los der Menschen auf diesem Stern könne sich vielleicht einmal verbessern, eine dem tiefen Künstler unerträgliche Plattheit ist, bleibt das Form-Problem – isoliert, hochmütig, unfruchtbar, manisch – übrig.

»Doch dir bestimmt: kein Werden,
du bleibst gebannt und bist
der Himmel und der Erden
Formalist –«:

wie es in einem schwachen – und gerade formal schwachen –, aber sehr offenherzigen Gedicht einmal ausgedrückt ist. In den Essays wird die idée fixe dieser »zentralen Bedeutung des Formproblems« bis zum Überdruß wiederholt, variiert, immer noch einmal neu – oder vielmehr *nicht* neu – beleuchtet. Der Umstand, daß die Kunst – oder die Philosophie – jemals soziologische, gesellschaftskritische Inhalte gehabt haben könnte, wird überhaupt nicht in Betracht gezogen. Von allem anderen zunächst einmal abgesehen, was über diese ungeheuer einseitige und willkürliche

Darstellung und Deutung des Künstler-Phänomens zu bemerken wäre, ist es wesentlich und unerläßlich, zu betonen, daß, gerade *wenn* man das Form-Problem als das europäische und *als das deutsche* Problem par excellence empfindet und stilisiert, das neudeutsche Regime *erst recht* – wenn auch, meiner Meinung nach, mit falschen oder doch ungenügenden Argumenten – abzulehnen, ja zu hassen bleibt. Jeder, der in Deutschland das Form-Problem jemals ernst genommen hat – und gerade Nietzsche, auf den Benn sich hundert Mal, in völlig unsinniger und verwirrter Weise, bezieht –, hat es mit dem Komplex: Süden-Mittelmeer-Antike – kurzum: mit dem Komplex *Europa* in Zusammenhang gebracht. Gerade vom Mittelmeer und von der Antike – gerade von jeder Überlieferung europäischer Form – wollen die Nazis doch Deutschland distanzieren und lösen. Warum hätte denn Nietzsche dicsc Nazis verabscheut? Denn es ist für mich gar keine Frage, daß er sie verabscheut und zutiefst verachtet hätte. Doch eben *weil* sie den »germanischen Mythos« und seine Formlosigkeit (jenen Mythos, gegen den sich Nietzsches Instinkte am heftigsten wehrten) gegen »Europa« (und das bedeutet in diesem Zusammenhang: gegen das Mittelmeer und gegen Frankreich) ausspielen und den unbedingten Primat des Germanischen über das Europäische beanspruchen. – Warum denn *hat* Stefan George alles Hitlertum perhorresziert? Und ich *weiß*, daß er es getan hat. Doch eben weil in seiner Konzeption der Schönheit das Mittelmeer-Element, das antike und das französische Element viel zu wesentlich, viel zu zentral waren, als daß er die Rosenbergsche »Rückkehr nach Walhall«, den ganzen faulen Zauber von Bayreuth und Braunau hätte ertragbar finden können. George stirbt in Gram und Einsamkeit, stirbt *in der Verbannung* – und Benn, der von den Gegenständen, die ich hier anrühre, ebensoviel weiß oder wissen sollte wie ich, stellt sich hin in einem öffentlichen Berliner Saal und spricht aus, »daß sein Axiom« – gemeint ist wohl das Axiom der »neuen Zeit«, der »Bewegung« – »in der Kunst Georges wie im Kolonnenschritt der braunen Bataillone als *ein* Kommando lebt«.

Die wahrhaft schamlose Leichenschändung an George wird komplett, wenn man in Betracht zieht, daß die »Rede auf Stefan George« unmittelbar neben einer »Rede auf Marinetti« steht, und daß die gleichen Phrasen über die »Form«, mit denen Benn das Andenken Georges kränkt und lästert, nun dazu herhalten, um der »Exzellenz«, dem Clown Mussolinis, dem Barden des Abessinischen Feldzuges um den Bart zu gehen. »Form!« ruft der zukünftige Stabsarzt von Hannover der Römischen Exzellenz zu, »Form –: in ihrem Namen wurde alles erkämpft, was Sie im neuen Deutschland um sich sehen: Form und Zucht: die beiden Symbole der neuen Reiche; Zucht und Stil im Staat und in der Kunst: die Grundlage des imperativen Weltbildes, das ich kommen sehe.« – Da bleibt einem doch der Mund offen stehen, und man schämt sich in Grund und Boden, daß man jemals irgend etwas übrig hatte für ein paar Verse, die dem Autor dieser nicht »imperativen«, sondern durchaus impertinenten Worte ehemals geglückt sind! Denn man vergesse doch nicht, *wer* hier zu *wem* spricht, und wer hier die Begriffe der »Form« und der »Zucht« als dreiste Umschreibung gebraucht für eine Fülle der Greueltaten ohnegleichen; für eine erst geplante oder schon ausgeführte Masse der krassen Verbrechen.

Die Marinetti-Rede wurde gehalten »auf dem Bankett der Union nationaler Schriftsteller, Berlin, 29. März 1934«. Damals standen Hitler und Mussolini wohl gerade gut. Dann kam es zu den bekannten Unannehmlichkeiten in Wien, und eine Zeitlang waren Hitler und sein Kreis für die römische Presse eine Bande von »Mördern und Päderasten«. Gerade im Augenblick der Verstimmung zwischen den zwei Diktaturen hatte ich meinerseits die Gelegenheit, Exzellenz Marinetti kennenzulernen – ohne freilich gleich eine Rede auf ihn zu halten. Damals schimpfte er auf Berlin wie ein Rohrspatz: Hitler hatte ja, aus lauter Sinn für Form und Zucht, den Kanzler in Wien umbringen lassen, wodurch Mussolini seinerseits nervös geworden war. Plötzlich erinnerten sich Exzellenz gar nicht mehr daran, daß die »neuen Reiche« doch den Willen zu Form und Zucht gemeinsam haben: heute ist es dem amüsanten »Futuristen« und Liebhaber der Kolonial-Metzeleien gewiß wieder eingefallen. – Hat Marinetti denn nicht grinsen müssen, als Benn ihm mit seiner schönen, sonoren Stimme ganz ernsthaft erzählte, die italienische und die deutsche Diktatur basierten auf dem Willen zu »Form und Zucht«? Aber diese Clowns der Macht haben ja wohl das Grinsen verlernt ...

Freilich, ich hatte schon früher die Gelegenheit, zu beobachten, wie Gottfried Benn ungeheuer und feierlich ernst bleiben konnte, während er Dinge aussprach, die eigentlich komisch waren. Da gab es, zum Beispiel, die große Feierlichkeit zu Heinrich Manns sechzigstem Geburtstag –: er wurde, noch ganz kurz vor Ausbruch der Hitlerei, von allen offiziellen Schriftsteller-Organisationen mit größtem Aufwand begangen. Benn gehörte zu den Festrednern.

Fern liegt es mir, zu leugnen, daß seine Ansprache starke lyrische Schönheiten und oft sehr bezwingende Akzente hatte. Aber andererseits war sie doch auch sehr komisch, und jetzt erst kann man ihre tiefe Drolligkeit so recht würdigen. – In den Essay-Band »Kunst und Macht« (in dem nur Marinetti und der »Kunstwille« des »Führers« gepriesen werden) ist die Heinrich-Mann-Rede freilich nicht mehr aufgenommen; aber ich finde sie in einem älteren Buch von Benn'schen Aufsätzen wieder. Benn unternahm damals – und zwar noch in seiner Eigenschaft als besonders glühender Verehrer Heinrich Manns – den Versuch, den Autor des »Untertans« und des Zola-Essays zum radikalen Ästheten, zum »Formalisten« – im Benn'schen Sinn –, zum manisch auf die Form Versessenen zu stilisieren, das heißt: zu fälschen. Gerade auf Heinrich Mann angewendet und im Zusammenhang mit ihm – der für Benn doch wohl einmal ein sehr wichtiger, sehr zentraler Zusammenhang gewesen ist – erweist sich ja die ganze Absurdität, die fast klinische Abwegigkeit des Form-Ethos, wie es bei Benn sich dargestellt findet und wie es ihm sich darstellt. Denn eben im Fall Heinrich Mann wird es ja auf eine exemplarische Art deutlich, daß aus dem Willen zur Form der Wille zur Zivilisation – und das heißt also: der Wille zum gesellschaftlichen Fortschritt – kommt, und wie diese beiden Willens-Tendenzen sich ergänzen und eine sich auf bedeutende Art an der anderen steigert.

Als »Ästhet« beginnen und als Sozialist enden: ich habe in solcher Entwicklungskurve ein Paradox niemals zu sehen vermocht. Das Schönheits-Pathos kann auf dem geraden Weg zum sozialmoralischen Pathos führen – oder, um beim Beispiel Heinrich Mann zu bleiben: von seinen frühen italienischen Novellen und den Herzoginnen von Assy bis zu seinen flammenden Protest- und Anklage-Schriften gegen das Hitler-Regime führt eine direkte Linie – ich wüßte gar nicht, wo die Abweichung, der Umweg liegen sollte. Als paradox, als frivol und obendrein als etwas dumm freilich erscheint es mir, bei einem Schriftsteller, dessen ganzes Werk der Idee des gesellschaftlichen Fortschrittes mit Leidenschaft dient, eben diesen Fortschrittswillen als eine Art von ästhetischem Schnörkel am Rande, als eine artistische Caprice und Nebensache hinzustellen. Genau das zu tun, versucht Gottfried Benn in seiner Festrede. Eigensinnig und seinerseits kapriziös, und übrigens – wohl damals schon – mit bösen politischen Hintergedanken, versucht er den ganzen Themen-Komplex dieses Werkes auf das *eine* Thema – »das Verhältnis des Nordens zur Form« – zu reduzieren. Als ob ein ernsthafter Wille zur Form ohne den Willen zum Humanismus, und als ob der Wille zum Humanismus ohne ein innig bemühtes Interesse fürs Gesellschaftliche überhaupt vorstellbar wären! Mit seinem falschen Pathos der Form verengt und verdirbt Benn den Begriff und das Wesen der menschlichen Gesittung überhaupt – was kaum wundernehmen kann, da er ja den ganzen Gesittungs-Begriff in seinen atavistischen Sehnsüchten und Räuschen eigentlich aufheben möchte . . .

Man sieht: die Geschichte dieser Verirrung, dieses geistigen Falles, dieser intellektuellen und moralischen *Abdankung* ist im Grunde sehr einfach: sie beginnt mit dem lyrischen Schrei nach dem großen »Zurück«, sie führt zu der manischen Isolierung des Form-Problems und zu der *doppelten* Verfälschung eben dieses Problems (doppelt, weil Benn das Thema »Form« einerseits vom Thema »antike Überlieferung – Mittelmeer, lateinisch-europäische Kultur«, andererseits vom Thema »sozialer Fortschritt« zu trennen und solcherart all seiner wirklichen Inhalte zu berauben versucht), und sie führt –: wohin? Ach, genau dorthin, wo wir den entgleisten Benn heute sehen . . .

Wir sehen ihn bei Beschäftigungen, die uns recht eigentlich ins Irrenhaus zu gehören scheinen; während er, zum Beispiel, vorgibt, den »Lebensweg eines Intellektuellen« – seinen eigenen Lebensweg nämlich – zu erzählen, treibt er Rassen- und Familien-Forschung auf eine Art, die uns ebenso grausig wie humoristisch anmutet. Zunächst muß natürlich festgestellt werden, daß kein jüdisches Blut in der Familie ist. Dann berichtet der Prophet des »imperativen Weltbildes« allen Ernstes, er habe im Weinhaus Kempinski – welches bekanntlich in »arische Hände übergegangen« ist – auf der Getränkekarte einen edlen Tropfen namens »Dürkheimer Benn« angeführt gefunden. »Nachforschungen ergaben«, daß eine Weinsorte, genannt der »Hochbenn«, existiert – und dieser »Hochbenn«, von dem wir hoffen, daß er recht süffig sei und eine prima Blume habe, muß wiederum als Beweis dafür herhalten, daß es in der Familie Benn kein semitisches Blut gibt. Mit solchen Scherzen gibt ein erwachsener Mensch sich ab, der früher einmal schöne Verse gemacht hat und übrigens ein recht brauchbarer Hautarzt gewesen sein soll ...

Eine andre seiner makabren Spielereien ist, daß er es versucht, den Expressionismus vor dem Propaganda-Ministerium zu rechtfertigen – als ob vor diesem überhaupt irgend etwas Kulturelles zu rechtfertigen wäre. Ideologisch läßt sich über den Expressionismus, dessen Charakteristikum ja geradezu die ideologische Wirrheit ist, alles behaupten. Aber eines steht doch für die Nazis fest: daß diese ganze – teilweise sehr wertvolle – Literatur der deutschen Nachkriegsepoche über Hitlers Horizont geht und also »Kulturbolschewismus« ist. Benn indessen beschwört seinen Goebbels bei »jenem enormen biologischen Instinkt für das rassenhaft Vollkommene, das über der ganzen Bewegung schwebt«, bei dem außerordentlichen »Maß an Interesse, das die Führung des neuen Deutschland den Fragen der Kunst entgegenbringt«, dem Expressionismus doch ja zu verzeihen, daß einige seiner Anhänger inzwischen Sozialisten geworden sind. Verlorene Liebesmüh! Während Benn an höchster Stelle um Nachsicht für jene Talente bettelt – die heute entweder in der Verbannung oder aber (wie Staatsrat Johst) keine Talente mehr sind –, werden die großen expressionistischen Maler aus den deutschen Museen in die Keller verbannt. »Einen solchen Widersinn«, ruft Benn beschwörend, »wird das neue Deutschland bestimmt nicht mitmachen – die Leute, die es führen, selber ja artistisch produktive Typen, wissen zu viel von der Kunst ...« Mir scheint leider, das »neue Deutschland« und seine artistisch kolossal produktiven Führer haben schon ganz anderen Widersinn mitgemacht als die Ächtung von Otto Dix oder Georg Trakl ...

In welche Abgründe ist dieser Benn gestürzt, mit seinen Atavismen und Formproblemen! »Auch der Züchtungsgedanke fällt unter dies Formproblem«, heißt es einmal – und da sind wir ja schon mitten im Abgrund, tief drin in der Finsternis, im krankhaften Aberglauben an die »hehre Sendung des Germanentums«, in der Sphäre des »Stürmers«, im Barbarismus ...

Ist der Fall Benn noch interessant? Ach, kaum – wenn man nur das liest, was er heute schreibt; aber doch ziemlich interessant noch, will mir scheinen, wenn man an das denkt, was Benn früher gewesen ist.

Sein Beispiel bleibt das krasseste für die Entwürdigung, den Absturz, die *Selbstvernichtung* eines Intellektuellen, der die Ideen des Fortschritts und des Humanismus an die Pseudo-Ideologie der »Form« und der »Züchtung« verrät. Solcher Selbstverrat straft sich fürchterlich. Man wird nicht nur nach Hannover versetzt, sondern in die Hölle.

Der Intellektuelle, der gegen den Geist zeugt, verwest bei lebendigem Leibe. Nicht ohne Grauen kann ich heute die Zeilen des frühen Benn wiederlesen:

»O Seele, um und um verweste,
kaum lebst du noch und noch zuviel!«

Ernst Ottwalt

Literarische Rückschalter

[1934]

Berlin, Mai 1933. Vor mir sitzt der Kollege X, ein deutscher Schriftsteller, und gewährt einen peinlichen Anblick. Es gab verpaßte Treffs und verwickelte Telefongespräche, aber er hat mich schließlich doch gefunden. Er hat es sich Mühe kosten lassen, denn er will wichtige Dinge mit mir besprechen.

Da sitzt er also, ratlos, verzweifelt. Keiner von den ganz Großen seines Gewerbes. Viel war es nie, was er zu sagen hatte. Aber er sagte es auf eine umständliche und eigentümliche Art, und davon lebte er. Ein guter Kerl, sein Blick für gesellschaftliche Zusammenhänge ist zwar verschleiert, aber immerhin vorhanden. Jetzt ist ihm eine Welt zusammengebrochen, und er irrt auf ihren Trümmern umher.

Da schimpft er über die Kulturschande des Antisemitismus und fragt im nächsten Augenblick inquisitorisch: »Was können Sie im Ernst gegen den Antisemitismus vorbringen? Stimmt es vielleicht nicht, daß unsere Literatur verjudet war?« Da fordert er im selben Augenblick von mir das Eingeständnis, daß der Marxismus tot sei und begraben, und eine möglichst genaue Prognose, wann er, der Schriftsteller X, denn nun mit dem Ausbruch der proletarischen Revolution in Deutschland rechnen könne. Und was soll man in der Zwischenzeit tun?

Emigrieren vielleicht? Da ist die ruhige Wohnung, Parkaussicht vom Schreibtisch aus, die schöne Bibliothek, die aschblonde Freundin, der Schwedische Pavillon und das chinesische Restaurant in der Kantstraße. Da sind die sorgfältig kultivierten guten Beziehungen zu zwei literarischen Salons und einem Dutzend angesehenen Redaktionen, die ihr Geld wert sind. Und das alles einfach aufgeben, eintauschen gegen eine finstere ungewisse Zukunft? Er sagt das nicht so plump und gradlinig, er findet andere, größere Worte: »Herrgott, man ist doch schließlich Deutscher, man fühlt doch mit seinem Volk, Sie verstehen? Man kann doch nicht einfach sein Volk im Stich lassen, nicht wahr? Sehen Sie, gerade als Schriftsteller muß man den Finger auf den Puls der Zeit legen können ...« Und über allem, was er sagt, und über allem, was er verschweigt, schwebt die unangreifbare Maxime: »Man muß doch leben, nicht wahr?«

Was aber ist zu tun? Kollege X hat einen Vorschlag, und er ist berechtigt, mir diesen Vorschlag auch im Namen der Kollegen Y und Z zu unterbreiten: »Treten wir in den Kampfbund für deutsche Kultur ein. Wir haben schon vorgefühlt: wir werden aufgenommen. Vielleicht brauchen wir gar kein Bekenntnis zum Nationalsozialismus abzulegen. Vielleicht gibt es die Möglichkeit dort loyale Opposition zu treiben. Auch Sie werden aufgenommen. Vielleicht nicht sofort, aber nach einer gewissen Bewährungsfrist. Man muß doch leben, nicht wahr?«

Wir verstehen uns nicht. Und da alles fehlgeschlagen ist, bittet Kollege X schließlich um ein kleines Stückchen Papier, auf dem etwa zu lesen sein soll, das revolutionäre Proletariat verpflichte sich im Fall seines Sieges, den genannten Schriftstellern ihre scheinbare Gleichschaltung nicht übelzunehmen. Das revolutionäre Proletariat nähme mit Vergnügen davon Kenntnis, daß die genannten Schriftsteller auch weiterhin und trotzalledem im Herzen mit der Arbeiterschaft fühlten. Und unterschrieben müßte das Ganze werden möglichst von einem Mitglied des Zentralkomitees der Kommunistischen Partei Deutschlands.

Wir schieden verstimmt.

Nach dem dreißigsten Juni 1934 habe ich den Kollegen X im Ausland wiedergesehen. Er begrüßt mich mit lärmender Aufgeräumtheit, die Terminologie berliner RFB-Leute geht ihm geläufig vom Mund. Er spricht von illegaler Arbeit, als habe er nie etwas anderes getan, spricht von den deutschen Kommunisten, als sei er selbst einer. Und überhaupt: »Sone Stimmung, kann ich Ihnen sagen! Wann kommt Ihr wieder?« Man muß sich draußen ein bißchen informieren über das, was nun eigentlich in Deutschland los ist, man muß mit den alten Freunden mal wieder sprechen, man sehnt sich direkt danach. Y und Z lassen herzlich grüßen.

Und was ist mit dem Tod des Marxismus, mit der loyalen Opposition und dem Verein des Herrn Rosenberg? Kollege X zieht die Schultern hoch: »Lange vorbei. Man konnte das damals nicht so übersehen. Es hätte doch sein können, daß Hitler mit dem Sozialismus ernst machen würde, nicht wahr? Na ja, Sie sagen: nein. Aber unsereiner weiß doch da nicht so Bescheid. Und dann hatte der Nationalsozialismus doch manches Bestechende. Sehen Sie, die grandiose Uniformität des Denkens, der Totalitätsanspruch, der Elan. Aber das ist natürlich alles vorbei. Jetzt warten wir alle auf Euch.« Kollege X bekommt antifascistische Literatur, verschlingt sie fiebernd, schlägt mir begeistert auf die Schulter, versichert noch einmal, daß in Deutschland alles vorwärts gehe, und fährt zurück.

Nach dem dreißigsten Juni sind ihrer soviele geworden, daß es für sie schon die feste Bezeichnung »Rückschalter« gibt. Und ihre Existenz gibt Fragen auf, deren Lösung nicht erst eine Aufgabe von morgen ist. Was soll man in den Rückschaltern sehen: alte Feinde, neue Bundesgenossen oder ganz einfach unbrauchbare Menschen, um die man sich nicht zu kümmern hat, da sie zu überzeugen oder zu neutralisieren sind lediglich durch Eroberung der Macht? Das ist kein müßiges Gesellschaftsspiel für Emigranten sondern eine politische Aufgabe.

Das Reservoir der Rückschalter ist die amorphe Masse der gleichgeschalteten Schriftsteller, in der es Dutzende von Differenzierungen gibt. Die einen haben sich verwirren lassen von der nationalsozialistischen Demagogie. Ihr Kinderglaube an einen unverbindlichen Sozialismus ertrug ein erschütterndes Maß brauner Barberei und erträgt es vielleicht noch heute. Die anderen leben, wie sie immer gelebt haben: jenseits der Wirklichkeit im idealistischen Nebel der reinen Kunst, aus dem für ihr Bewußtsein keine Brücke in die Realität hinüber führt.

Die Dritten wieder haben sich aus Opportunitätsgründen gleichschalten lassen. Sie taten es mit schlechtem Gewissen, und mit dem letzten Rest ihrer persönlichen Anständigkeit verweigerten sie kriecherische Loyalitätskundgebungen. Sie halten lose Beziehungen zu alten Freunden aufrecht. Ausnahmslos haben sie dem Nationalsozialismus ihren geistigen Tribut gebracht. Die Nadel des »Reichsverbandes Deutscher Schriftsteller«, der bescheidene Platz am Trog, den man ihnen ließ, war eben nicht anders zu erkaufen. Sie schreiben ihre Feuilletons in besserem Deutsch als die gelernten Nationalsozialisten, nur mit schlechtem Gewissen. Ihre Erzählungen spielen in alten Schlössern unter feinen Leuten mit sehr viel Innenleben, oder sie werden in fernste Länder mit viel Dschungel und viel rauhen Sitten verlegt, wo es vielerlei Gelegenheit für ihre Helden gibt, sich heroisch und kameradschaftlich zu benehmen. Das Entwürdigende ihrer Situation empfinden die Gleichgeschalteten zwar, doch in der Regel nicht so stark, wie man es sich in der Emigration vorstellt.

Schließlich haben sie auch zu Zeiten der Weimarer Republik stets gewisse Instanzen als Regulatoren ihrer schöpferischen Energien anerkannt. »Sowas könnse doch bei Ullstein nich sagen« und »das erlaubt das Propagandaministerium niemals«, – der Unterschied ist gar nicht so sehr groß, wenn man die gesellschaftliche Haltung eines Schriftstellers im Auge hat. So sind sie: sie fühlen sich stets beobachtet, haben den peinlichen Eindruck, sich zwischen sämtliche verfügbare Stühle gesetzt zu haben, meiden jedes öffentliche Hervortreten und haben sogar in vielen Fällen ihren ehrlichen Schriftstellernamen abgelegt. Nordische Pseudonyme wuchern wie Brombeeren. An das Kommende denken sie in einem seltsamen Gemisch von Furcht und Hoffnung. Konfrontiert man die heroischen Tatsachen des illegalen Kampfes in Deutschland mit der Haltung dieser Gleichgeschalteten, so scheint ihre negative Beurteilung – auch im Falle einer späten Sinnesänderung – freilich kinderleicht, und in der Emigration ist man nur allzu sehr bereit, ohne Differenzierung, ohne Prüfung, genießerisch den Stab zu brechen über Gerechte und Ungerechte.

Aber handelt es sich darum, ästhetische Skalen auszubauen? Sollen wir uns noch vor Errichtung der neuen Ordnung den Kopf zerbrechen über eine Kasuistik der sozialen Wertschätzung, wie sie nach Ergreifung der Macht für diese oder jene Schriftsteller gelten soll? Jetzt geht es um anderes: um den Sturz des Hitlerfascismus. Die Einheitsfront aller antifascistischen Schriftsteller, die im Werden begriffen ist, muß auch die gutwilligen Kollegen in Deutschland umfassen, und gerade sie. Jeder emigrierte Schriftsteller kennt solche Kollegen in Deutschland, die seit langem wissen, was es mit dem Nationalsozialismus auf sich hat, und die den Ausweg suchen. Fragen wir uns: was haben wir getan, um ihnen das Rückgrat zu stärken, ihnen einen ideologischen Halt zu geben, der sie befähigt, der braunen Schlammflut zu widerstehen? Ihre Ohren sind verschmiert von den Phrasen des Propagandaapparats. Was hören sie von uns? Superlative der Verwünschung, fürchterliche Drohungen mit dem Tag des Gerichts? Wollen wir mit mechanischen Generalisierungen die erwachende Einsicht abtöten, aus der über kurz oder lang antifascistische Aktivität erwachsen kann? Hier soll keine Großmut gepredigt werden, kein faules Versöhnlertum, sondern es soll auf das Vernünftige hingewiesen werden. Und das Vernünftige fordert, zu gewinnen, was zu gewinnen ist, zu aktivieren, was sich noch aktivieren läßt. An dieser Aufgabe ist viel versäumt worden und die Genossen in Deutschland sind auch hierin der Emigration ein großes Stück voraus.

Die besondere Stellung des *kleinbürgerlichen Intellektuellen* in der Arbeiterbewegung bringt es mit sich, daß er in gleichem Maß zu schädlichen Kompromissen wie zu wilden Radikalismen neigt. In der Frage der Behandlung der Rückschalter überwiegen die Radikalismen, und zwar besonders bei denjenigen, die sich die Tatsache ihrer eigenen Emigration nicht hoch genug anrechnen können. Aber die Tatsache des Nicht-in-Deutschland-Seins ist noch kein Heilmittel gegen Gleichschaltung, und wir kennen »Emigranten« genug, die sich diesen Ehrentitel erst durch positive antifascistische Arbeit verdienen müßten.

Man soll es den Rückschaltern nicht zu leicht machen? Gewiß nicht. Man soll von ihnen Rechenschaft verlangen über ihr Tun und ihr Unterlassen. Sie werden sich scheuen, die Wahrheit zu sagen. Aber je tiefer und ehrlicher ihr Klärungsprozeß ist, umso offener wird ihr Bekenntnis sein, umso eindeutiger ihre Taten. Und das liegt nicht zum letzten an uns und unserer Haltung ihnen gegenüber. Und kein Wort braucht verschwendet zu werden an diejenigen, die zu dem objektiven Verbrechen ihrer nazifreundlichen Haltung noch die subjektive Gemeinheit gefügt haben; deren Opportunismus sich nicht mit dem Geduldetwerden begnügte, sondern die zu aktiven Helfern beim Werk der Unterdrückung und der Verdummung geworden sind. Wir kennen sie alle. Den letzten Namenskatalog lieferte der deutsche Rundfunk bei der Aufzählung der Fünf-Minuten-Referate anläßlich der Volks-»Abstimmung«.

Die Forderung, die die Existenz der »Rückschalter« mit sich bringt heißt: »kein pharisäischer Hochmut sondern kameradschaftliche Hilfe; kein Verschmieren von Gegensätzen, sondern ernsthafte und ehrliche Rechenschaft; keine Erpressung von Lippenbekenntnissen, sondern Hinweis auf das einzig und allein Entscheidende, *die* antifascistische Tat.

Und in diesem Zusammenhang kann der Autor mitteilen, daß der Kollege X sich in Deutschland gut hält. Seine Kräfte sind nicht sehr groß. Aber das Kleine, das er zu tun fähig ist, tut er mit Gewissenhaftigkeit und Mut. Und das ist die Hauptsache.

Thomas Mann
[Briefwechsel mit Bonn]
[1936/1937]

Philosophische Fakultät
der Rheinischen
Friedrich-Wilhelms-Universität
J.-Nr. 58

Bonn, den 19. Dezember 1936

Im Einverständnis mit dem Herrn Rektor der Universität Bonn muß ich Ihnen mitteilen, daß die Philosophische Fakultät sich nach Ihrer Ausbürgerung genötigt gesehen hat, Sie aus der Liste der Ehrendoktoren zu streichen. Ihr Recht, diesen Titel zu führen, ist gemäß Art. VIII unserer Promotionsordnung erloschen.

[unleserlich]
Dekan

Herrn Schriftsteller Thomas Mann!

An den Herrn Dekan der Philosophischen Fakultät der Universität Bonn

Sehr geehrter Herr Dekan,
ich habe die trübselige Mitteilung erhalten, die Sie unterm 19. Dezember an mich gerichtet haben. Erlauben Sie mir, Ihnen folgendes darauf zu erwidern:

Die schwere Mitschuld an allem gegenwärtigen Unglück, welche die deutschen Universitäten auf sich geladen haben, indem sie aus schrecklichem Mißverstehen der historischen Stunde sich zum Nährboden der verworfenen Mächte machten, die Deutschland moralisch, kulturell und wirtschaftlich verwüsten, – diese Mitschuld hatte mir die Freude an der mir einst verliehenen akademischen Würde längst verleidet und mich gehindert, noch irgendwelchen Gebrauch davon zu machen. Den Ehrentitel eines Doktors der Philosophie führe ich auch heute, da die Harvard-Universität ihn mir aufs neue verliehen hat, und zwar mit einer Begründung, die ich Ihnen, Herr Dekan, nicht vorenthalten möchte.

Aus dem Lateinischen ins Deutsche übersetzt, lautet das Dokument: »... haben wir Rektor und Senat unter dem Beifall der ehrenwerten Universitätsinspektoren in feierlicher Sitzung Thomas Mann, den weitberühmten Schriftsteller, welcher, indem er vielen unserer Mitbürger das Leben deutete, *zusammen mit ganz wenigen Zeitgenossen die hohe Würde der deutschen Kultur bewahrt,* zum Doktor der Philosophie ehrenhalber ernannt und ausgerufen und ihm alle Rechte und Ehren, welche mit diesem Grade verbunden sind, verliehen.«

So sonderbar der aktuellen deutschen Auffassung widersprechend malt sich meine Existenz in den Köpfen freier und gebildeter Männer jenseits des Meeres – und, ich darf es hinzufügen, nicht nur dort. Nie wäre es mir in den Sinn gekommen, mit den Worten jenes Schriftstücks zu prahlen; heute und hier aber darf, ja muß ich sie anführen; und wenn Sie, Herr Dekan (ich kenne die Gepflogenheiten nicht), die an mich gerichtete Mitteilung am Schwarzen Brett Ihrer Universität sollten haben anschlagen lassen, so müßte ich wahrhaftig wünschen, daß auch dieser meiner Entgegnung solche Ehre zuteil würde: vielleicht daß manchen akademischen Bürger, Student oder Professor, doch ein nachdenkliches Stutzen, ein rasch unterdrückter, ahnungsvoller Schrecken ankäme bei einer Lektüre, die einem flüchtigen Blick aus bösartig erzwungener Abgeschlossenheit und Unwissenheit in die freie geistige Welt gleichkommen würde.

Hier könnte ich schließen. Und doch wollen in diesem Augenblick einige weitere Erklärungen mir wünschenswert oder doch statthaft scheinen. Zu meiner staatsrechtlichen ›Ausbürgerung‹ habe ich, trotz mancher Anfrage, geschwiegen; die akademische darf ich als schickliche Gelegenheit betrachten zu einem knappen persönlichen Bekenntnis, – wobei Sie, Herr Dekan, den ich nicht einmal dem Namen nach kenne, sich nur als den Zufallsadressaten dieser Ihnen kaum zugedachten Äußerung betrachten wollen.

In diesen vier Jahren eines Exils, das freiwillig zu nennen wohl eine Beschönigung wäre, da ich, in Deutschland verblieben oder dorthin zurückgekehrt, wahrscheinlich nicht mehr am Leben wäre, hat die sonderbare Schicksalsirrtümlichkeit meiner Lage nicht aufgehört, mir Gedanken zu machen. Ich habe es mir nicht träumen lassen, es ist mir nicht an der Wiege gesungen worden, daß ich meine höheren Tage als Emigrant, zu Hause enteignet und verfemt, in tief notwendigem politischem Protest verbringen würde. Seit ich ins geistige Leben eintrat, habe ich mich in glücklichem Einvernehmen mit den seelischen Anlagen meiner Nation, in ihren geistigen Traditionen sicher geborgen gefühlt. Ich bin weit eher zum Repräsentanten geboren als zum Märtyrer, weit eher dazu, ein wenig höhere Heiterkeit in die Welt zu tragen, als den Kampf, den Haß zu nähren. Höchst Falsches mußte geschehen, damit sich mein Leben so falsch, so unnatürlich gestaltete. Ich suchte es aufzuhalten nach meinen schwachen Kräften, dies grauenhaft Falsche, – und eben dadurch bereitete ich mir das Los, das ich nun lernen muß, mit meiner ihm eigentlich fremden Natur zu vereinigen.

Gewiß, ich habe die Wut dieser Machthaber herausgefordert nicht erst in den letzten vier Jahren, durch mein Außenbleiben, die ununterdrückbaren Kundgebungen meines Abscheus. Lange vorher schon hatte ich es getan und mußte es tun, weil ich früher als das heute verzweifelte deutsche Bürgertum sah, wer und was da heraufkam. Als Deutschland dann wirklich in diese Hände gefallen war, gedachte ich zu schweigen; ich meinte, mir durch die Opfer, die ich gebracht, das Recht auf ein Schweigen verdient zu haben, das es mir ermöglichen würde, etwas mir herzlich Wichtiges, den Kontakt mit meinem innerdeutschen Publikum aufrechtzuerhalten. Meine Bücher, so sagte ich mir, sind für Deutsche geschrieben, für solche zuerst; die ›Welt‹ und ihre Teilnahme waren mir immer nur ein erfreuliches Akzidens. Sie sind, diese Bücher, das Produkt einer wechselseitigen erzieherischen Verbundenheit von Nation und Autor und rechnen mit Voraussetzungen, die ich selber erst in Deutschland habe schaffen helfen. Das sind zarte und hütenswerte Beziehungen, die plump zu zerreißen man der Politik nicht erlauben soll. Gab es Ungeduldige daheim, die, selbst geknebelt, dem in der Freiheit Lebenden sein Stillschweigen verübeln würden: die große Mehrzahl, durfte ich hoffen, würde meine Zurückhaltung verstehen, ja sie mir danken.

So meine Vorsätze. Sie waren undurchführbar. Ich hätte nicht leben, nicht arbeiten können, ich wäre erstickt, ohne dann und wann zwischenein, wie alte Völker sagten, »mein Herz zu waschen«, ohne von Zeit zu Zeit meinem unergründlichen Abscheu vor dem, was zu Hause in elenden Worten und elenden Taten geschah, unverhohlenen Ausdruck zu geben. Verdient oder nicht, mein Name hatte sich nun einmal für die Welt mit dem

Begriff eines Deutschtums verbunden, das sie liebt und ehrt; daß gerade ich der wüsten Verfälschung klar widerspräche, welche dies Deutschtum jetzt erlitt, war eine in alle freien Kunstträume, denen ich mich so gern überlassen hätte, beunruhigend hineintönende Forderung. Eine Forderung, schwer abzuweisen für einen, dem immer gegeben gewesen war, sich auszudrücken, sich im Wort zu befreien, dem immer Erleben eins gewesen war mit reinigend bewahrender Sprache.

Das Geheimnis der Sprache ist groß; die Verantwortlichkeit für sie und ihre Reinheit ist symbolischer und geistiger Art, sie hat keineswegs nur künstlerischen, sondern allgemein moralischen Sinn, sie ist die Verantwortlichkeit selbst, menschliche Verantwortlichkeit schlechthin, auch die Verantwortung für das eigene Volk, Reinerhaltung seines Bildes vorm Angesichte der Menschheit, und in ihr wird dic Einheit des Menschlichen erlebt, die Ganzheit des humanen Problems, die es niemandem erlaubt, heute am wenigsten, das Geistig-Künstlerische vom Politisch-Sozialen zu trennen und sich gegen dieses im Vornehm-›Kulturellen‹ zu isolieren; diese wahre Totalität, welche die Humanität selber ist und gegen die verbrecherisch verstieße, wer etwa ein Teilgebiet des Menschlichen, die Politik, den Staat, zu ›totalisieren‹ unternähme.

Ein deutscher Schriftsteller, an Verantwortung gewöhnt durch die Sprache; ein Deutscher, dessen Patriotismus sich – vielleicht naiverweise – in dem Glauben an die *unvergleichliche moralische Wichtigkeit* dessen äußert, was in Deutschland geschieht, – und sollte schweigen, *ganz* schweigen zu all dem unsühnbar Schlechten, was in meinem Lande an Körpern, Seelen und Geistern, an Recht und Wahrheit, an Menschen und an dem Menschen täglich begangen wurde und wird? Zu der furchtbaren Gefahr, die dies menschenverderberische, in unsäglicher Unwissenheit über das, was die Weltglocke geschlagen hat, lebende Regime für den Erdteil bedeutet? Es war nicht möglich. Und so kamen, gegen das Programm, die Äußerungen, die unvermeidlich Stellung nehmenden Gesten zustande, die nun den absurden und kläglichen Akt meiner nationalen Exkommunikation herbeigeführt haben.

Der einfache Gedanke daran, wer die Menschen sind, denen die erbärmlich-äußerliche Zufallsmacht gegeben ist, mir mein Deutschtum abzusprechen, reicht hin, diesen Akt in seiner ganzen Lächerlichkeit erscheinen zu lassen. Das Reich, Deutschland soll ich beschimpft haben, indem ich mich gegen *sie* bekannte! Sie haben die unglaubwürdige Kühnheit, sich mit Deutschland zu verwechseln! Wo doch vielleicht der Augenblick nicht fern ist, da dem deutschen Volke das Letzte daran gelegen sein wird, nicht mit ihnen verwechselt zu werden.

Wohin haben sie, in noch nicht vier Jahren, Deutschland gebracht? Ruiniert, seelisch und physisch ausgesogen von einer Kriegsaufrüstung, mit der es die ganze Welt bedroht, die ganze Welt aufhält und an der Erfüllung ihrer eigentlichen Aufgaben, ungeheurer und dringender Aufgaben *des Friedens,* hindert; geliebt von niemandem, mit Angst und kalter Abneigung betrachtet von allen, steht es am Rande der wirtschaftlichen Katastrophe, und erschrocken strecken sich die Hände seiner ›Feinde‹ nach ihm aus, um ein so wichtiges Glied der zukünftigen Völkergemeinschaft vom Abgrunde zurückzureißen, ihm zu helfen, wenn anders es nur zur Vernunft kommen und sich in die wirklichen Notwendigkeiten der Weltstunde finden will, statt sich irgendeine falschheilige Sagennot zu erträumen. Ja, die Bedrohten und Aufgehaltenen müssen ihm schließlich noch helfen, damit es nicht den Erdteil mit sich reiße und gar in den Krieg ausbreche, auf den es, als auf die ultima ratio, immer noch die Augen gerichtet hält. Die reifen und gebildeten Staaten – wobei ich unter ›Bildung‹ die Bekanntschaft mit der grundlegenden Tatsache verstehe, daß *der Krieg nicht mehr erlaubt ist* – behandeln dies große, gefährdete und alles gefährdende Land oder vielmehr die unmöglichen Führer, denen es in die Hände gefallen, wie Ärzte den Kranken: mit größter Nachsicht und Vorsicht, mit unerschöpflicher, wenn auch nicht gerade ehrenvoller Geduld; jene aber glauben, ›Politik‹, Macht- und Hegemonie-Politik gegen sie treiben zu sollen. Das ist ein ungleiches Spiel. Macht einer ›Politik‹, wo die anderen an Politik gar nicht mehr denken, sondern an *den Frieden,* so fallen ihm vorübergehend gewisse Vorteile zu. Die anachronistische Unwissenheit darüber, daß der Krieg nicht mehr statthaft ist, trägt selbstverständlich eine Weile ›Erfolge‹ ein über die, die es wissen. Aber wehe dem Volk, das, weil es nicht mehr ein noch aus weiß, am Ende wirklich seinen Ausweg in den Gott und Menschen verhaßten Greueln des Krieges suchte! Dies Volk wäre verloren. Es wird geschlagen werden, daß es sich nie wieder erhebt.

Sinn und Zweck des nationalsozialistischen Staatssystems ist einzig der und kann nur dieser sein: das deutsche Volk unter unerbittlicher Ausschaltung, Niederhaltung, Austilgung jeder störenden Gegenregung für den ›kommenden Krieg‹ in Form zu bringen, ein grenzenlos willfähriges, von keinem kritischen Gedanken angekränkeltes, in blinde und fanatische Unwissenheit gebanntes Kriegsinstrument aus ihm zu machen. Einen anderen Sinn und Zweck, eine andere *Entschuldigung* kann dieses System nicht haben; alle Opfer an Freiheit, Recht, Menschenglück, eingerechnet die heimlichen und offenen Verbrechen, die es ohne Bedenken auf sich genommen hat, rechtfertigen sich allein in der Idee der unbedingten Ertüchtigung zum Kriege. Sobald der Gedanke des Krieges dahinfiele, als Zweck seiner selbst, wäre es nichts weiter mehr als Menschheitsschinderei – es wäre vollkommen sinnlos und überflüssig.

Die Wahrheit zu sagen: es *ist* dies beides, sinnlos und überflüssig, – nicht nur, weil man ihm den Krieg nicht erlauben wird, sondern weil es selbst in Ansehung seiner Leitidee, der absoluten und ›totalen‹ Kriegsertüchtigung, das Gegenteil von dem bewirkt, was es anstrebt. Kein Volk der Erde ist heute so wenig in der Verfassung, so ganz und gar untauglich, den Krieg zu bestehen, wie dieses. Daß es keinen Verbündeten haben wird, nicht einen einzigen in der Welt, ist das erste, doch das geringste. Deutschland würde allein sein, furchtbar gewiß immer noch in seiner Verlassenheit; aber diese wäre furchtbarer, denn es wäre eine Verlassenheit auch von sich selbst. Geistig reduziert und erniedrigt, moralisch ausgehöhlt, innerlich zerrissen, in tiefem Mißtrauen gegen seine Führer und alles, was sie durch Jahre mit ihm angestellt, tief unheimlich sich selber, zwar unwissend, aber übler Ahnungen voll, würde es in diesen Krieg gehen – nicht in dem Zustande von 1914, sondern selbst physisch schon, in dem von 1717 von 18. Zehn Prozent unmittelbare Nutznießer des Systems auch sie schon halb abgefallen, würden nicht hinreichen, einen Krieg zu gewinnen, in welchem die Mehrzahl der andern nur die Gelegenheit sähe, den schändlichen Druck abzuschütteln, der so lange auf ihn gelastet, – einen Krieg also, der nach der ersten Niederlage in Bürgerkrieg sich verkehren würde.

Nein, dieser Krieg ist unmöglich. Deutschland kann ihn nicht führen, und sind seine Machthaber irgend bei Verstande, so sind die Versicherungen ihrer Friedfertigkeit nicht das, als was sie sie vor ihren Anhängern blinzelnd ausgeben möchten: taktische Lügen, sondern entspringen der scheuen Einsicht in eben diese Unmöglichkeit. Kann und soll aber nicht Krieg sein – wozu dann Räuber und Mörder? Wozu Vereinsamung, Weltfeindschaft, Rechtlosigkeit, geistige Entmündigung, Kulturnacht und jeglicher Mangel? Warum nicht lieber Deutschlands Rückkehr nach Europa, seine Versöhnung mit ihm, seine freie, vom Erdkreis mit Jubel und Glockengeläut begrüßte Einfügung in ein europäisches Friedenssystem mit all ihrem inneren Zubehör an Freiheit, Recht, Wohlstand und Menschenanstand? Warum nicht? Nur weil ein das Menschenrecht in Wort und Tat verneinendes Regime, das an der Macht bleiben will und nichts weiter, sich selbst verneinen und aufheben würde, wenn es, da es dann nicht Krieg machen kann, wirklich Frieden machte? Aber ist das auch ein Grund? –

Ich habe wahrhaftig vergessen, Herr Dekan, daß ich noch immer zu Ihnen spreche. Gewiß darf ich mich getrösten, daß Sie schon längst nicht mehr weitergelesen haben, entsetzt von einer Sprache, deren man in Deutschland seit Jahren entwöhnt ist, voll Schrecken, daß jemand sich erdreistet, das deutsche Wort in alter Freiheit zu führen. – Ach, nicht aus dreister Überheblichkeit habe ich gesprochen, sondern aus einer Sorge und Qual, von welcher Ihre Machtergreifer mich nicht entbinden konnten, als sie verfügten, ich sei kein Deutscher mehr; einer Seelen- und Gedankennot, von der seit vier Jahren nicht eine Stunde meines Lebens frei gewesen ist und gegen die ich meine künstlerische Arbeit tagtäglich durchzusetzen hatte. Die Drangsal ist groß. Und wie wohl auch ein Mensch, der aus religiöser Schamhaftigkeit den obersten Namen gemeinhin nur schwer über die Lippen oder gar aus der Feder bringt, in Augenblicken tiefer Erschütterung ihn dennoch um letzten Ausdrucks willen nicht entbehren mag, so lassen Sie mich – da alles doch nicht zu sagen ist – diese Erwiderung mit dem Stoßgebet schließen:

Gott helfe unserm verdüsterten und mißbrauchten Lande und lehre es, seinen Frieden zu machen mit der Welt und mit sich selbst!

Küsnacht am Zürichsee, Neujahr 1937

Erfahrung Exil

Bertolt Brecht

Deutschland

[1933]

> Mögen andere von ihrer Schande sprechen,
> ich spreche von der meinen.

O Deutschland, bleiche Mutter!
Wie sitzest du besudelt
Unter den Völkern.
Unter den Befleckten
Fällst du auf.

Von deinen Söhnen der ärmste
Liegt erschlagen.
Als sein Hunger groß war
Haben deine anderen Söhne
Die Hand gegen ihn erhoben.
Das ist ruchbar geworden.

Mit ihren so erhobenen Händen
Erhoben gegen ihren Bruder
Gehen sie jetzt frech vor dir herum
Und lachen in dein Gesicht.
Das weiß man.

In deinem Hause
Wir laut gebrüllt, was Lüge ist
Aber die Wahrheit
Muß schweigen.
Ist es so?

Warum preisen dich ringsum die Unterdrücker, aber
Die Unterdrückten beschuldigen dich?
Die Ausgebeuteten
Zeigen mit Fingern auf dich, aber
Die Ausbeuter loben das System
Das in deinem Hause ersonnen wurde!

Und dabei sehen dich alle
Den Zipfel deines Rockes verbergen, der blutig ist
Vom Blut deines
Besten Sohnes.

Hörend die Reden, die aus deinem Hause dringen, lacht man.
Aber wer dich sieht, der greift nach dem Messer
Wie beim Anblick einer Räuberin.

O Deutschland, bleiche Mutter!
Wie haben deine Söhne dich zugerichtet
Daß du unter den Völkern sitzest
Ein Gespött oder eine Furcht!

Heinrich Mann

Aufgaben der Emigration

[1933]

Der Mörder eines Emigranten steht im Schutz des deutschen Spionagedienstes, und er hat vor der Polizei des andern Landes einen großen Vorsprung. Er kennt die Tat früher. Der Mörder wird kein Held, und er wird unter den besonders schadhaften Wesen ausgewählt sein. Gesunde nationalsozialistische Helden gehn in eigner Person nur vor, wo gar keine Gefahr mehr besteht. Länder mit Guillotine fallen ganz weg. Der vorgestoßene Defekte hat gleichwohl die Hoffnung, so heil, wie es ihm eben möglich ist, über die Grenze zurückzugelangen. Dort winkt ihm eine gute Versorgung, nicht mitgerechnet den Händedruck des Führers. Beides, Versorgung und Händedruck, wird aus den deutschen Berichten fortbleiben.

Die Morde sind seltene Festtage der nationalen Erhebung, soweit sie sich über die Grenzen wagt. Von einem Mord zum nächsten aber reicht der tägliche Betrieb der Spionage, der frechen Beaufsichtigung der Emigration und ihrer erpresserischen Bedrohung.

Eine Emigration, die sich behaupten will, setzt den ungesetzlichen Eindringlingen ihre eigne, durchaus gesetzliche Macht entgegen. Denn schließlich, hier ist sie im Vorrecht, ist amtlich zugelassen, kann offen auftreten und steht, keineswegs »vogelfrei«, unter dem Recht eines Staats, der das Menschenleben noch immer grundsätzlich schützt. Die andern erlauben sich ihre Übergriffe widerrechtlich. Sie sind Eindringlinge mit gefälschten Papieren, falschen Vorwänden für ihr Hiersein, und sie bewegen sich schleichend.

Dort sitzen, zwei Tische entfernt, mehrere der schmutzigen Gesichter, die jeder erkennt. Nur sie selbst halten sich für unverdächtig, obwohl sie schielen und lange Ohren machen. Was bei den Emigranten gesprochen wird, könnten die Spione in jedem deutschen Lokal genausogut erhorchen; aber dann brächte es ihnen nicht dasselbe Geld ein wie ihre im Ausland angefertigten Denunziationen. Unter dem Tisch versteckt halten sie einen photographischen Apparat, drücken im Dunkeln los, und der »Völkische Beobachter« bringt nachher ein unkenntliches Bild, als Beleg ihrer Tätigkeit.

Im Grunde betrügen sie ihre Auftraggeber um das Geld, aber das schadet nichts, da es überhaupt gestohlenes Geld ist und auch sonst nur gleichwertigen Zwecken dient. Entfernt sich einer der Emigranten, dann folgt ihm ein Auto, das jede andre, nur keine deutsche Nummer trägt. Sie sind doch vermeintlich unerkannt und besorgen ihr Geschäft wie unverdächtige Reisende.

Da sie aber in Wirklichkeit weithin stinken, wäre es leicht, ihnen ihrerseits Aufseher beizugeben und Verfolger auf ihre Spur zu setzen. Sie dürfen sich nicht sicher fühlen, und keiner ihrer Schritte, ob dreist oder dunkel, darf unvermerkt bleiben. Ihr letzter Schritt kann immer ein Mord sein, oder – in Anbetracht ihrer Feigheit – noch eher die Anstiftung zum Mord. Aber alle ihre früheren Schritte sind schon die Vorbereitung des Mords, man täusche sich nicht über die Hauptsache und über das Ende. Die Spione sind die Ausläufer und entferntesten Organe einer Gewalt, deren letztes Opfer die Welt sein soll. Die Emigration wird von dieser Gewalt als ihr verfallen betrachtet, grade weil bald alles andre ihr verfallen sein soll. Die Sicherheit der Emigration hängt davon ab, wie sicher die Welt noch ist. Die Emigration ist verpflichtet, eine Gegenspionage auszubilden. Einander schützen, dies Gebot geht noch vor dem andern, daß niemand hungern darf.

Wer sich versteckt, ist nicht sicher. Ängstlich den Überfall erwarten in der zweifelhaften Hoffnung, er werde ausbleiben, das ist keine Haltung, mit der man lange Glück haben kann. Grade die Emigranten beobachten heute vielfach die Fehler, die von andern begangen werden. Sie selbst müssen sie vermeiden.

Sie müssen aus einem namenlosen Dasein ein öffentliches machen. Sie müssen beweisen, daß nicht der Zufall sie in ihre heutige Lage versetzt hat. Sie wollen mit dem Deutschland, das ihresgleichen zur Auswanderung zwang, wirklich nichts gemein haben. Viel mehr noch, ihr eignes Dasein bürgt dafür, daß die zeitweiligen Sieger ein falsches Deutschland vortäuschen. Wenn niemand mehr um das wahre wüßte, dann hätten wenigstens die Emigranten es mit sich fortgetragen. Tatsächlich aber lebt das wahre Deutschland in den Herzen aller Unterdrückten des Innern. Dafür bürgen den Emigranten die Briefe, die sie erhalten und die von dem Zurückgebliebenen meistens beschlossen werden mit dem Satz: »Wenn diese Zeilen in falsche Hände kommen, bin ich verloren.«

Das sind Personen in Ämtern und Stellungen, wahrscheinlich tragen sie das Parteiabzeichen, sicher sagen sie täglich hundertmal »Heil Hitler« anstatt »Guten Tag«. Am Abend bei verschloßner Tür sagen sie das Gegenteil von allem, was sie sonst gespielt haben. Es sind Ausbrüche, leidenschaftlich, verzweifelt, gewillt, alles andre lieber hinzunehmen als die jetzt auferlegten Qualen, alles bis zum Chaos und zur Vernichtung. So furchtbar sie den Tag über schon erniedrigt waren vor sich selbst, schon abgedankt hatten und auch innerlich nachgaben – diese Briefe, geschrieben an seltenen Abenden, sind ihre Wiederaufrichtung für lange.

Diese Briefe, sollte er sie auch abfangen, werden allerdings nicht vor der Öffentlichkeit verlesen werden von dem gewaltigen Prahlhans, der im Rundfunk behauptet, er und seinesgleichen hätten hinter sich die Nation. Aber sie gelangen auf noch so vorsichtigen Umwegen zur Kenntnis eines Emigranten. Ihnen und allen andern Emigranten vertraut der Schreiber anstatt den armen Bezwungenen im Lande, sosehr er selbst einer ist. Auch der Empfang solcher Bekenntnisse verpflichtet die Emigranten.

Sie erfahren daraus, daß mit ihnen der leidenschaftlich fühlende Teil der Deutschen ist. Der Rest, den die Unterdrücker – außer ihrer bewaffneten Macht – noch für sich haben, der verdient sie wohl. Die Emigration weiß, daß sie dasteht für viele, die nicht zugegen sind. Ihre weitaus größere Zahl ist geheim, hat keine Stimme und mußte sogar die Verstellung erlernen.

Die Emigration steht für Deutschland und für sich selbst, sie enthält menschliche Werte von höherm Lebensrecht als alles, was in dem niedergeworfenen Land sich breitmachen darf. Sie umfaßt Denker und Charaktere. Die andern dort hinten haben Gleichgeschaltete und Schwätzer. Sooft dort Emigration öffentlich auftritt, sollte betont werden ihre Überlegenheit, viel mehr als das ihr angetane Unrecht; zu empfehlen ist Stolz. Er könnte sogar zum gemeinsamen Handeln führen – anstatt daß jeder Abschnitt der Emigration nur an sich selbst denkt, bei seiner Versorgung mit Brot genau wie bei seiner Behauptung nach außen.

Die Propaganda der Emigration richtet sich noch immer fast allein gegen die Judenverfolgungen. Die Juden der deutschen Emigration sind in Paris nur ein Viertel; sie können anderswo nicht viel mehr sein. Ihre Erlebnisse in Deutschland waren furchtbar, haben auch nicht nachgelassen; vor allem geschieht vieles davon auf die eindrucksvollste Art, durch Pogrome, Anprangerungen,

Vertreibung aus Recht und Besitz, vor den Blicken der ganzen empörten Welt. Die emigrierten Juden haben das volle Recht, dies alles laut zu verkünden und in allen Ländern Verbündete zu suchen, so viele ihnen helfen wollen.

Ein Fehler ist doch vielleicht, daß in den Riesenversammlungen mehrerer Kontinente nur oder hauptsächlich die Klagen der Juden erschallen. Nebenbei wird auch zuweilen den vertriebenen Denkern Sympathie dargebracht. Marxisten gehn bei den großen jüdischen Kundgebungen noch öfter leer aus, obwohl Hitler erklärt hat, er hasse die Juden gar nicht als Juden, nur als Träger des Marxismus. Sie sollten dies nie vergessen, denn es ehrt sie. Der Führer des schlechteren Deutschlands begreift sie ausdrücklich unter das bessere.

Sie sollten sich klar darüber sein, was sie eigentlich noch verlangen können von einem Deutschland, das weder Denker noch Marxisten mehr hat und wo der uneigennützige Kampf um die Wahrheit so wenig erlaubt ist wie der Anspruch der Armen auf Gerechtigkeit. Ihr eignes Recht besteht doch nur innerhalb dieses Kampfs und dieses Anspruchs. Sobald dagegen das Recht des Stärkern gilt, sind sie von selbst schon ausgeschlossen, selbst wenn man es ihnen nicht erst handgreiflich bewiese. Ihre Klagen verhallen, so überfüllt ihre Säle überall sein mögen.

Sie haben sich scheinbar noch nicht deutlich gefragt, ob sie selbst, wenn es möglich wäre, denn zurück möchten in ein Land, das seine nächste Zukunft auf eine Lüge, die Lüge der »Rasse«, gestellt hat. Wo alle echten Werte abgeschafft sind, lebt man nur noch auf Grund eines Betrugs. Sonst wäre überhaupt kein Grund mehr zu leben. Man könnte, auch wenn man es wollte, keine Ausnahme für Juden machen. Der Haß gegen die Juden ist untergeordnet dem viel umfassenderen Haß gegen die menschliche Freiheit. Der Vorteil der Betrüger verlangt, dies nicht der Welt bewußt werden zu lassen. Ihnen kann es nur erwünscht sein, daß die Emigration nach außen rein jüdisch erscheint. Zweifellos tun sie das Ihre, daß es so bleibt.

Eine Menschenart ist zeitweilig hinaufgelangt, die sich nun wohl fühlt in Knechtseligkeit, geistiger Kurzangebundenheit, sozialer Blindheit. Was für ein Grad von Verkommenheit, menschlicher und intellektueller, muß erreicht werden, bis man behauptet, es gäbe keinen Klassenhaß! Bis man arme Kinder in der Schule anhält, schriftlich zu beweisen, es müsse reiche Ausbeuter geben!

Der Haß ist durch diese Gattung nur vermehrt worden; aber sie setzt mit Gewalt durch, daß er abgelenkt wird auf die Rasse. Sie selbst haben allerdings die ihre ganz für sich. Was sie so nennen, ist dennoch eine soziale Tatsache, keine natürliche. Sämtliche Minderwertigen haben es gemeinsam geschafft. Die erfolgreiche Minderwertigkeit gibt sich dann für deutsch aus.

Die Selbsterhaltung der Emigration bleibt angewiesen auf diesen Zusammenhang der Dinge. Die Minderwertigen haben gesiegt – eine andre Frage ist, warum grade in Deutschland. Die menschlichen Werte mußten von dort emigrieren. Vorzubereiten ist ihre Rückkehr. Damit sie eines Tags stattfinden kann, sollte vor allem der Zusammenhang der Dinge klargelegt werden überall, wo Emigranten sich mit den Angehörigen einer andern Nation versammeln. Nicht geklagt sollte werden, auch nicht Rache geschworen, das führt zu nichts. Die Aufgabe ist, zu zergliedern, zu warnen, aber auch Vertrauen zu erwerben: das letzte Vertrauen, dessen Deutschland vielleicht noch wert ist, weil es wenigstens seine Emigrierten hat.

Die andern Nationen wissen Ungünstiges über Deutschland genug. Was ihnen fehlt, sind eher die mildernden Umstände, die das deutsche Volk hat, und die Hoffnungen, die es trotz allem zuläßt. Wenn jemals ein Volk, ist dieses verraten anstatt erzogen worden. Die Republik hat versäumt, es zu erziehn, und ihre Feinde haben es verraten; das ist der abgekürzte Tatbestand. Ihn muß die Emigration aufzeigen, wo immer sie sich sehn und vernehmen läßt. Sie spricht aus Erfahrung; sie weiß, daß die ganze deutsche Erhebung künstlich war und immer wieder wertlos bleiben muß für die proletarische Dreiviertelmehrheit. Gegen sie, ausdrücklich gegen die Mehrheit der Nation ist sie veranstaltet worden.

Das ist den Fremden zu sagen, wenn der Erfolg des Rassenschwindels sie zu dem Irrtum verführt, als hätte ganz Deutschland sich mutwillig dem Irrsinn ergeben. Ganz Deutschland macht heute den Eindruck, daß es zurückstrebt in den Urwald, heraus aus einer Zivilisation, die nicht »germanisch« wäre. Die Wahrheit ist natürlich, daß diese Zivilisation gar nicht vollbracht worden wäre ohne den »germanischen« Anteil, sowenig sie da wäre ohne den »gallischen« oder »lateinischen«. Sie ist eine geschlossene Einheit, und keiner ihrer Teilhaber und Nutznießer könnte sie auflösen ohne Selbstvernichtung. Nur die innere Zuchtlosigkeit, die beim heutigen Geschlecht – und nicht nur bei den Deutschen –

allerdings auffällt, kann zuzeiten dahin gelangen, daß man die eignen tiefsten Grundlagen bezweifelt.

Aber die gottverlassenen Professoren, die dem Nationalsozialismus eine wissenschaftliche Doktrin beibringen möchten wie ihr gleichfalls mittelmäßiger Vorgänger Fichte, denken kein unvermischtes Deutsch. Ihr Wissen und ihr Unsinn, beides hat Ursprünge, die innerhalb eines undurchdringlichen Ganzen liegen. Denn undurchdringlicher als der Urwald ist die Zivilisation. Nicht einmal was die Deutschen von ihr nahmen und was sie ihr gaben, wäre jetzt noch zu unterscheiden, außer mit gröbster Willkür.

Niemals haben andre als zweitrangige Deutsche die Zivilisation »lateinisch« genannt und gefordert, daß sie erobert werden solle für »germanische« Ureigenschaften. Widervernunft und Gewalt bleiben, auch wenn man sie »das Irrationale« und den »Dynamismus« nennt, allgemein menschliche Verirrungen. Es ist gleichgültig, ob ein unvermischtes Germanentum, das in der Wirklichkeit nirgends mehr vorkommt, derart beschaffen war. Heutige Deutsche machen sich stark, wieder Barbaren zu werden; erstens, weil ein verlorner Krieg sie nicht ruhn läßt, und zweitens, damit aus der Mehrheit dieses Volks auf betrügerischem Weg eine einflußlose Minderheit gemacht wird. Das ist alles.

Daher der ganze Aufwand von Rasse und Erhebung, Diktatur und ständischer Vertretung – je ein Proletarier und ein Kapitalist, nicht wahr? Dies nach dem Muster der im vorigen Krieg bekannten Wurst, die halb Pferd und halb Huhn sein sollte, weil sie hergestellt war aus einem Huhn und einem Pferd. Das deutsche Volk weiß im Grunde auch jetzt, was ihm vorgesetzt wird. Die nationalsozialistischen Versprechungen verschlang es noch durch Überredung; die Erfüllungen frißt es zwangsweise.

Die Emigration allein darf Tatsachen und Zusammenhänge aussprechen. Sie ist die Stimme ihres stumm gewordenen Volks, sie sollte es sein vor aller Welt. Private Flüchtlinge, die nur grade selbst durchkommen möchten, werden auf die Dauer keiner Teilnahme begegnen. Die Emigration wird darauf bestehen, daß mit ihr die größten Deutschen waren und sind, und das heißt zugleich: das beste Deutschland. Das schlechtere ist grade jetzt obenauf, aber dies wäre ein belangloser Zwischenfall. Leider wird er zu einer Lebensgefahr für die Zivilisation einschließlich Deutschlands, weil in der Welt, wie sie nun dasteht, grade die lümmelhafteste Macht auf den geringsten Widerstand stößt.

Wenn es nur Furcht wäre! Aber es ist auch geheime Hinneigung der Zivilisation in ihrer schwächsten Stunde zum übelsten Naturburschentum; übel erst recht, weil es nicht einmal echt, sondern nur die maskierte Minderwertigkeit ist. Die Emigration ist wahrhaftig vielerfahren. Sie könnte die andern nicht nur über Deutschland unterrichten, sie hätte ihnen einiges zu sagen über die allgemeinen Gebrechen – die im Zusammenhang mit denen Deutschlands stehn. Die Emigration hat teuer dafür bezahlt, daß sie Zusammenhänge begreift anstatt vereinzelter Erscheinungen. Sie soll, von ihrem wahrhaftig kostbaren Platz aus, enthüllen und warnen. Vor allem aber muß sie lernen.

Alfred Kerr

Die Diktatur des Hausknechts

[1933]

I.

Hitler: das ist der Mob, der Nietzsche gelesen hat. Das ist Mussolenin im Ausverkauf. Das ist der Ochlokrat, der den »Individualisten« äfft. Das ist die Brutalität per Nachmachung.

Verschlagen, wie es der sog. dumme Kerl sein kann; und verschlagen aus menschlicher Niederung: in die Herrschaft.

II.

Dies denkend lag ich im Grunewald mit Grippe zu Bett. Ein Telephonanruf teilt mit: der Paß wird mir entzogen. Trotz 39 Grad Fieber raus aus dem Bett, nur einen Rucksack über, mit dem Allernötigsten. Nach dreieinhalb Stunden war ich in der Tschechoslowakei.

Ich empfand an diesem Abend das tiefe Glück, jenseits der deutschen Grenze zu sein – und trank erleichtert ein großes, großes Glas Pilsener Bier.

III.

Der Ehrenmensch Göring hat nachher im Radio gegen mich gekeift: weil ich der Stätte seines noblen Wirkens den Rücken gedreht habe. Den Rücken mit allem Zubehör. Merkwürdigerweise vergaß er zu erwähnen, daß er 1923, nach dem Münchener Putsch, die Beine viel vorsichtiger in die Hand genommen hat ... und in die Berge flennentlich ausgerückt ist; obgleich damals die Gefahr der Folterung für keinen bestand. Die Machthaber damals waren im Vergleich gutartig.

Es ist das System dieser Moralerneuerer: zur Vertuschung ihrer dunklen Punkte sie dem Gegner anzukreiden.

Ich floh vor Geiern, Herr Göring vor Hammeln.

IV.

Das ist nun vorbei. Ich wüßte nicht, weshalb man dauernde Beleidigungsversuche solcher Burschen wortlos einstecken soll. Sie beschimpfen die Geretteten. Sie verleumden unsereins ganz dreckbewußt; sitzen dabei sogar ethisch auf dem hohen Stuhl. Unsagbare Komik: diese Pflanzen als Richter zu sehn; und als Angeklagte. Vor so einer Umkehrung fragt man:

Bin vielleicht ich es, der den Reichstag angezündet hat? Bin ich es, der erbärmlich-schmutzige Greuel beging (und sie verlogen abstritt?) Bin ich es, der das letzte Geld eines darbenden Volks für Feuerwerk und Schauparaden vertut? Bin ich es, der, mit der Vorspiegelung »Sozialist« sich von der Großindustrie bezahlen ließ? Bin ich es, der mit der Vorspiegelung »nurnational«, das Ausland bis in die letzte Kleinigkeit wie ein Affe nachmacht? Bin ich es, der mit der Maske »Vaterland« Deutschland balkanisiert und schändet? Bin ich es, der mit dem Ladenschild »heroisch« den feigsten Krieg wider eine winzige Minderheit führt? (Auf einen Juden kommen in Deutschland mehr als hundert vorgebliche Arier, die so oft Kalmücken sind). Bin ich es, der, mit der Marke »Tod den Bolschewisten!« Bolschewismus treibt? Bin ich es, der mit der Marke »Tod der Korruption!« die kleinen Gauner straft und korruptesten Gaunern die Herrschaft sichert? Bin ich es, der, mit der Marke »Legalität«, sich plötzlich auf die Revolution berief? Bin ich es, der, mit der Schwindelbeteuerung »Disziplin«, Mordlieder in den Straßen singen ließ?

Ich wüßte nicht, weshalb man Beleidigungsversuche solcher Kerls einstecken soll.

V.

Ich rede nicht erst heut, vom sicheren Ort aus. Ich tat es in Deutschland, in Vers und Prosa, seit Jahr und Tag. Deshalb hat mich Goebbels, die rührige Mißgeburt, im »Angriff« damals auf die schwarze Liste gesetzt – mit der Weisung: solche Lieder (sechs namentlich benannte noch, darunter Hellmut von Gerlach, Heinrich Mann, Arnold Zweig, der General Schönaich) seien an die Wand zu stellen. So eine Proskriptionsliste war in der Republik ... möglich.

VI.

Ich hatte, soweit ein armer Einzelner es kann, den schmierigen Nazismus mit Gedichten, Aufsätzen, Reden bekämpft, verhöhnt, belichtet, bei jedem Anlaß, noch in Theaterkritiken. Ich brauchte damals, nicht heut erst, den Namen »Plagiatfaschismus«. Ich hatte nach so vielen tierischen Mordtaten druckschriftlich erklärt: »Die geistigen Mittel sind erschöpft«. Ich hatte die Antihitlerischen aufgefordert »einen General zu mieten«. Ich hatte durch mahnende Liedchen den linken Widerstand ermutigt: die sogenannte »Eiserne Front«, die sich dann als blecherne Front erwies. Ich ließ im Radio keine Gelegenheit aus, zu gemeinsamer Abwehr gegen drohende Knechtung aufzurufen. Ich warnte diese laue, flaue, schlappe, mutlose Republik, die keine war. Ich schrieb (1931):

Wer hat die schönsten Schäfchen?
Und klassische Musik?
Wer schläft das tiefste Schläfchen?
Eine gewisse, eine gewisse, eine gewisse Republik.

Wer sieht ein täglich Morden
Und findet keinen Rat?
Wer duldet Landsknechtshorden
Als rüden Staat im Staat?

Wer quirlt mit milden Händchen
Im Topf der Politik?
Wem mangelt dies Talentchen?
Einer gewissen, einer gewissen, einer gewissen Republik.

Sie hat ein reines Wollen
Und einen sanften Sinn.
Bevor noch die Köpfe rollen,
Streckt sie schon ihren hin.

Wer schläft das tiefste Schläfchen
Trotz Militärmusik?
Wer hat die schönsten Schäfchen?
Eine gewisse, eine gewisse, eine gewisse Republik.

Das erschien Jahre vor der Naziherrschaft. Vor dem Überfall auf ein Land.

Hunderttausende wollten gern das Schiff »Deutschland« vor der duftenden hitlerischen Schleimwelle retten. Aber da es Deutsche waren, spalteten sie sich. Sie zankten sich, begeiferten sich. Sie wurden im schwersten Unwetter nicht einig, wer die Luken schließen soll –

Die Luken blieben offen,
Der Dampfer ist ersoffen.

VII.

Ich schreibe diese Zeilen jetzt in Frankreich – und denke zurück an ein tief unglückliches Land. Es hat wunderbare Werte gezeigt ... vor seiner Erniedrigung, (die kitschverlogen Erhebung heißt).

Dem Land bleibt meine Liebe – man vergißt es nicht. Die Bewohner möchte man vergessen. Nichts vergessen wird den Blutschmarotzern; den Machtfledderern; den Folterern; den Hepphepp-hunden.

VIII.

Im Ausland fragt man die Deutschen oft: »Wer ist eigentlich Hitler?«

Zu Dreivierteln ein Sammelbecken; zu einem Viertel der Kopist einer Persönlichkeit.

Zwei Dinge waren nötig: Organisation und Geld. Die Organisation schufen statt seiner die Offiziere von Wilhelms Armee. Das Geld gaben die Arbeiterfeinde ... den Fäkalsozialisten.

Hitler bleibt ein Werkzeug, nicht »Gottes«, sondern höchst irdischer Schichten. Dieses Subjekt ist meist ein Objekt. Der »Führer« ein Geführter. Er hat letztens dies Amt: das Vertrauen der Masse zu bewahren. Die glaubt ihm. (Er übt mehr Einfluß auf die Zuschauer aus als auf das Stück).

Er sorgt dafür, daß sie alles schlucken: wenn er (was der schwächste seiner Vorgänger nicht getan) auf Elsaß, Oberschlesien, Korridor und sonstwas verzichtet. (Der deutscheste Staatsmann wäre dafür gelyncht und gekreuzigt worden). Doch jede

Kritik verhindert er mit plumpen Mitteln. Widerspruch wird mit der Keule genullt. Ein Hausknecht. Übrigens: von zwanzig Millionen Anhängern glauben einundzwanzig, daß ein Vertrag ... nur ein Vertrag ist. Er hat hier – das Vertrauen eines Landes.

IX.

Umarmten ihn die Teilnehmer des geplanten Viererpakts, so könnten sie den stillen Vers von Verlaine murmeln:
Mets ton front sur mon front, et ta main dans ma main,
Et fais-moi des serments *que tu rompras demain* ...
Das wäre so zu verdeutschen:
Lehn deine Stirn an mein Gesicht
Und schwöre auf Ehre; dann hältst du es nicht.

Komisch: daß man mit jemandem, der grundsätzlich Verträge bricht, welche schließt.

X.

Jede Diktatur schafft sich einen gemeinsamen Feind. Einen im Innern, einen im Äußern. Spannendes Mittel zum Sammeln; etwas für das »Ziel Aller«; Kniff zur Ablenkung. Diesmal steht der eine Gegner im Verhältnis von 1 zu 100. Die Rettung vor den feindlichen Bolschewisten ist Schwindel – von Bolschewisierenden. Später wird der »Feind« im Ausland stehn. Dort endet es.

XI.

Das Lockmittel heißt indes: nationale Erhebung. Es gab jedoch in Deutschland nationale Erhebungen, die sauber gewesen sind. In den Befreiungskriegen zeigte sich höchster Opfermut eines von Napoleon ausgesogenen Volkes – ohne Schmierigkeit. Ohne viehische Beitat. Ja oder nein?

Diese Unterscheidung wird von den Deutschen der Gegenwart nicht mehr gemacht. Sie haben eine Kartenlegerreligion – die jede letzte Gemeinheit entschuldigt. (Sie haben ... oder hissen sie).

Was ist hier das Melancholischste? Nicht, daß Grauenhaftes geschieht; sondern daß fünfundsechzig Millionen es mitansehn; es in Kauf nehmen; einstecken; jede Lumpentat mitmachen.

Viele zwar zittern vor dem Revolver, vor Verschleppung, Mißhandlung, wirtschaftlicher Vernichtung; denen soll verziehen sein. Kein Verzeihen aber gibt es, in Ewigkeit, für die Andren: wenn sie zwar die »Erhebung« bemerken, jedoch keineswegs deren Art ...

XII.

Herzenspest und Hirnschwund. In Deutschland ist heute der Freund vom Freunde getrennt, der Bruder vom Bruder. Mein alter, vormals lieber Gerhart Hauptmann, mit dem ich ein Leben lang aufs innigste verbunden war, weiß genau, daß ich aus Deutschland verbannt bin, daß jedem reichsdeutschen Blatt verboten ist, ein Wort von mir zu drucken, daß mein Leben in zwei Stücke gerissen ist – er hat noch nicht gewagt, mir eine Postkarte zu schreiben. Dieser gar edle Dichter des Altruismus kriecht vor den Machthabern ... und vergißt die Opfer. Er guckt respektvoll auf blendende Scheinwerfer eines Tanks – und fragt nicht, wen er überfährt. Ich will nächstens mit ihm abrechnen.

Er, er, er hatte die Pflicht, anders zu sein; auch wenn halb Deutschland etho-skrophulös ist.

XIII.

Hitler läßt sich als den »Einiger« beräuchern. Nicht ungern. Er ordnet es keusch an. Auch das ist ein Schwindel. Einigung durch Schrecken ist keine. In Wahrheit sind die Deutschen jetzt mehr zerrissen, mehr getrennt, mehr gespalten, mehr zerklüftet als je. Der Abstand zwischen den Bewohnern ist grauenhaft ... sie dürfen es bloß nicht sagen. Sie sind zehnmal unglücklicher als in der dunkelsten partikularistischen Zeit ihrer Geschichte. Zehnmal kompaßloser, furchterfüllter, gedrückter, ihres Lebens unsicherer – sie werden bloß mit Gewalt am Reden verhindert. Kurz: es gibt zwar den gefeierten Einiger, aber nicht die Geeinigten.

Wann ist der gefeierte der gefeuerte?

XIV.

Ja, wann wird Besserung denkbar? Rettung vor dem Gesindeterror. Rettung vor dem Weltversinken im Rotz.

Der Nazismus bleibt nur international zu beseitigen.

Mit weniger Gewißheit durch sich selbst. Er kann gefällt werden: kaum durch die Wirtschaftsnot; eher durch eigne Tobsucht; am ehesten durch eine Pflichthandlung des Planeten.

Möglich: ohne Krieg; nur durch entscheidenden Zugriff – dann duckt der Bediente.

Zugreifen, eingreifen: das ist heute der kategorische Imperativ. Verdammte Schuldigkeit.

Los!

XV.

Und obgleich es hundertmal gesagt ist, bleibt es wahr: Ruhe tritt letztens nur ein kraft jener berühmten Näherung zwischen Deutschland und Frankreich, – aber dann erst, wenn der Hitlerismus röchelnd am Boden liegt.

XVI.

Dann wird ein menschlicher Rückfall wettgemacht. Dann wollen wir das Bündnis schließen. Dann schauen wir, die wir heut nicht Angeklagte, sondern Ankläger sind, in die entmistete Zukunft.

Dann sehn manche die sehr geliebte Heimat wieder. Dann ist sie gesäubert von stinkenden Parvenüs; von rohen Wirrschädeln.

Dann singen die Kinder, nicht mehr von Haß durchseucht, nicht mehr von Demütigung bedroht, harmlos das hübsche Lied, das nicht mehr parodierende, heitere, vertraute, menschliche, friedvolle, befreite:

Wer hat die schönsten Schäfchen?
Die hat der goldne Mond.

Alfred Kerr

Empfindsame Flucht

(Die ersten Worte nach dem Weggang aus Deutschland)

[1933]

I.

Man geht nicht zum Vergnügen ins Exil. (Nur, das Vergnügen des Bleibens wäre noch geringer). Du liebst ein Land, in dem du Kind warst; du hängst an Orten, wo du Steuern zahltest ...

Und: stets in fremder Sprache schreiben –?

II.

Immerhin: die Vorstellung des Konzentrationslagers, weil man Verse, Prosa, Reden wider den Hitler drucken ließ; ferner der Gedanke, nicht zwar Demütigungen ausgesetzt zu sein, aber dem Versuch dazu; dann die Möglichkeit, sich etwas tot in einsamer Gegend wiederzufinden (denn es gibt Unfälle; wobei die Ursach' des Heimgangs nicht festzustellen ist): manche mögen das nicht.

Darin bin ich komisch.

Die Verbrennung meiner Bücher ist zwar kaum so eindrucksvoll wie der Brand eines Reichstags. Aber: schüttle, Mensch, den Staub, zu dem sie wurden, von Deinem Pantoffelpaar. (Im Französischen schrieb ich: »Si on brûle tes livres, brûle du sucre«.)

III.

Grunewald, Bodenbach, Prag, Wien, Zürich, Paris: die Wanderschaft liegt heut hinter mir im Nebel. In Prag seh' ich zwei Franzosenstücke: den »Ödipus« von Gide; die »Menschenstimme« von Cocteau. Beide deutsch gespielt; vor erstaunten, doch dankbaren Hörern. Hinten in einer Loge versink' ich in Düsternis; jählings fällt mir auf: ich bin ja nicht mehr Kritiker in Berlin! Nun – man dürfte doch die Wahrheit schwerlich dort sagen.

Im übrigen (pathosfrei gesprochen) ich weiß, daß es keine Rückkehr gibt.

Ich frage mich: »Was sollen bloß die Theater in Berlin ohne mich anfangen!«

Ulkig – was?

(Nicht ganz für den, der es fühlt.)

IV.

In Prag sitzen an allerlei Caféhaustischen deutsche Flüchtlinge – und gründen Zeitungen, Zeitschriften. Einer gründet immer gegen den andren.

Was der Hitler übertreibt, die vorgebliche Einigung, das untertreiben sie.

V.

Prag, uralt-reizende Stadt. Bündel schwebender Dome. Stupsnasig-entzückende Frauenschaft... Sänftigt es aber den schweren Ernst eines von heut auf morgen zerstückten Lebens? Stillt sie die Besorgnis der unvorhergesehenen Dinge?

VI.

Kaum. Nicht mal ihr blondes Bitterbier schläfert ja dies allzuwache Bewußtsein: daß etwas... verändert ist. Zum Schlemmen bist du auf der Wanderung eh nicht gestimmt.

Aber... Obenauf im Widerstreit aller Gefühle, bleibt schließlich das Erfrischende: frei zu sein.

Und: auf dem Wege nach Frankreich.

VII.

Weg mit dem Kothurn! Simple Lebensfreude schwillt. Siehe: dort ragen schlaraffige Hügel von Tschechenwürsteln – mit Kren. (Insbesonders, schllllfff, die »taliany«). Sturzbäche davon am Vaclav Namesti, den Elysäischen Feldern oder Champs-Elysées von Prag. Vaclav heißt Wenzel. Der Platz ist pietätvoll benannt nach dem (zu früh heimgegangenen) König Wenzel; er starb erst vor ein paar hundert Jahren. Grüß' dich, Vaclav!

VIII.

Prag, erste gute Rast auf der Wanderung, ich war zufrieden mit dir; mit deiner fleißigen und gefälligen Bewohnerschar. Dies der Endeindruck, jawohl.

Schade nur, denkt man beim Scheiden, daß der Astrologenschwarm, so einst auf dem Hradschin gehaust, nie prophezeit hat, wie Deutschland in fünf Jahren aussehen wird.

Doch Verträge sind ja geschlossen, worin ein zehn Jahre langer Friede verbürgt ist. Etwa nicht? Nun also. Dann freilich.

IX.

Weiter geht die Pilgerfahrt. (Nicht Martergang noch Bußweg: wenn einer diesem Deutschland entronnen ist.)

In der Eisenbahn saß mir gegenüber eine jener Frauen aus Österreich, die fast wie ein verkürztes Abbild vom krudelschönen Reiz ihres Landes wirken.

Sowas schlägt ein wie der Blitz: jedoch wie ein mondfarbener Blitz, ein sanfter Blitz. Wobei du voll mozartischer Beschwichtigungen die Zerline singen hörst: »Wenn du fein artig bist ...«

(Oder es tönt, in der Ahnung, ein gewisser moment musical von einem gewissen Franz Sch.; soll dort ansässig gewesen sein ... Mehr sag' ich nicht.)

X.

So sind sie. Dabei schien die Dame kein Vergangenheitsgeschöpf; sondern trug sich ganz heutig in der Kleidung.

Um die Brust (wo nicht nur links und rechts je ein Mückenstich war, o nein!) etwas Heiter-Kühnes, Rotgrüngelbviolettgewirktes (dies schachbretthaft); hierzu an dem halbspitzen Ausschnitt ein seidner Schal, geknotet.

(Warum soll man die Frauenwelt aus der gärenden Notzeit des Planeten Erde, Frühling 1933, nicht mit einem Griff und einem Griffel der Nachmenschheit überliefern? Geschichtsschreibung ist es! Die Zeit hat denen ihr G'wandl verändert, nicht ihre Süße. Ich spreche schon österreichisch.)

XI.

Das G'wandl verändert – das Landl verändert. Zwar Wien bleibt noch heut, für durchreisende Wesen von unsrer Empfindungsart, eine der lyrischsten Herrlichkeiten, die das Bewußtsein umfängt. (Auch für die Einwohner?)

Doch in alle Lyrik mengt sich, vor soviel stiller Gedrücktheit (es war damals) eine besonderliche Regung: des nahen Mitfühlens. Man wittert, fern von den Machtkämpfen, Strömungen, Ratlosigkeiten ... etwas Schmerzliches und Schönes. Das ist (oder war im März, 1933) der Kern: schmerzliche Schönheit. Nicht (was die Einwohner gewiß auch beschäftigt) Zahlen und Zahlungen ... und Nichtzahlungen.

XII.

Abends, in der Wirtschaft eines verlassenen Bahnhofs von Wien, reden an vereinzelten, auseinanderliegenden, verschollenen Tischen halblaut etliche Paare.

Nichts Lebhaftes. Schon gar nichts Berufliches. Auch nichts Genormt-Eiliges wie an der Spree. Hier sind Menschen ohne Hast – – trotz alledem. Sie lassen ihr geruhsam abgegrenztes Schicksal nicht ganz hineinreißen in den Allwirbel.

(Und wenn das keine sachlich nachweisbare Wahrheit ist: so ist es doch eine nicht widerlegliche; weil gefühlte.)

XIII.

Zuvor, als ich im Zufallsgespräch mit einem Unbekannten auf die Stadt Wien gekommen war, sprach er (wie einer, der sich auskennt) halb lustig, halb trübe, mit einem Fingerzeig auf Wien: »Was nützt mir die schönste Schüssel, wenn nix drauf ist!«

Da ich der österreichischen Dame dies im Zug erzählte, fand sie es »leider richtig«; fuhr jedoch trotzdem unbeirrt anmutvoll mit schmiegiger Leichtmut auf Zürich los. Mit schmiegiger Leichtmut.

XIV.

Sollte dort ihren Mann treffen; einen Patentingenieur, der bald in New York, bald in Rom Sitzungen hatte, gelegentlich zwei Monate wegblieb und jetzt gewiß froh war, in Palermo nächstens mit ihr acht Tage zu ruhen.

Sie war mir ein Trost auf der Irrfahrt. Ein Trost auf der Irrfahrt war sie mir.

Es gibt, o Mensch, noch in der Ungewißheit scharfer Erdepochen, allerhand Einzelglück. Und allerhand Schönheit. Für dich; und für mich.

XV.

Aber kann Österreich Heimat werden für Flüchtlinge? (dacht' ich). Bei diesem kurzen Aufenthalt glaubte man, es würde bald von den Nazis überrannt. (Diese Gegnerschaft zwischen Hitler und Dollfuß bestand im Frühling 33 noch nicht). Also vom Regen in die Traufe? Das wäre verlornes Tun. Somit: weiter! Wandern sollst du. (Das sogenannte »Erbteil meines Stammes«.)

... Nur vor dem Scheiden die Feststellung, daß Wien die Stadt der Lieder wirklich ist. Gesang der Geister über dem Defizit. Hier gibt es gewiß kein schreiendes Unrecht, sondern ein trällerndes.

(Nachtrag 1934: – Es hat nicht nur geträllert.)

XVI.

Zürich. Sauberste Mischung aus Freundlichkeit und Sprödnis. Die Luft, man merkt es bald, ist herrlich rein – die Preise hoch wie die Berge. Hier wenigstens, denkt man, ist kein Hitlertum.

Aber Krise. (Wenngleich ohne Proletarier.) Die Menschen hier sind nicht niedergedrückt – jedoch eine sonst fremde Spannung lebt in diesen prachtvoll nüchternen, tätigen, rechtschaffenen Leuten. Ein gewisser beschatteter Ernst. So sorgenvoll waren sie kaum je. Kommt es von der Wirtschaft?

Sie tragen ihr politisches Päckchen. Haben zwar den Faschismus nicht im Land: aber die Furcht vor dem Faschismus. (Bei manchen: die Hoffnung auf ihn? ...) Die große schwyzerische Mehrheit will nichts davon wissen, besonnen wie sie sind. Die Schweiz wird nie faschistisch sein. Aber: faschistisch beunruhigt.

XVII.

Von hundert Schweizern reden sechzig deutsch. Fühlen sich als Halbgeschwister der Deutschen im Reiche.

Deren Geschick verfolgen sie mit stärkstem Anteil ohne für die Methoden des Göring was übrig zu haben. Sie drücken bloß manchmal ein Auge zu ... Wieviel Deutschland grade denen verdankt, die heut auf der Flucht, in Haftlöchern und Folterkammern sind, das wissen die Schweizer; reißen sich aber nicht darum, es im Augenblick hervorzuheben. Unterschwellig rinnt in ihren deutschen Anteil ein Gefühl kopfschüttelnder Verstimmung.

Und ... ein Gefühl der Ängstlichkeit. Ihre Blätter können in Deutschland beschlagnahmt werden. Man hängt auch wirtschaftlich etwas von dort ab; nicht zuletzt die Buchverleger. Niemand weiß, was kommt; auf welche Seite man fallen soll ...

(So war es damals; seitdem hat sich manches geändert.)

XVIII.

Meine Frau, mit den Kindern, war in die Schweiz flink nachgekommen. Das hübsche Haus im Grunewald stand nun leer.

Michel, schon über zwölf; Anna Judith, genannt Puppi, zehn. Schwerste Wochen in Lugano; Puppi wird krank; Angina; Fieber; Lebensgefahr. Furchtbare Zeit.

Dann bei den wirtlichen Freunden S. Braunschweig in Zürich, auf dem Dolder. Dann in Küsnacht (nicht in Tells; in dem bei Zürich) Fuß gefaßt: im heimeligen, jahrhundertalten Seegasthof des Freundes Eduard Guggenbühl-Heer. Bei einem Wirte wundermild.

In eins meiner unverbrannten Bücher schrieb ich ihm:
Ich weiß ein köstliches Asyl:
In Küsnacht bei Herrn Guggenbühl.

XIX.

Hier gab ich der Frau und den Kindern einen Kuß. Sie blieben zurück.

Ich landete, das war eines Maitags zur Abendzeit, in dieser andren Stadt – die von Göttern und Menschen geliebt wird; der die

Kraft ist: Ringende glücklich, Glückliche glücklicher zu machen. Die Stadt, die meine Schriften feiert, seit ich sie kenne. Die mir teuer blieb: durch ihren Glanz und ihre Güte. Der man danken muß: weil sie da ist. Sie nennt sich . . . Aber das wißt ihr.

XX.

Und ich würde das alles heut nicht schreiben, wenn ich es nicht ein Leben lang geschrieben hätte.

Lest es in dem Buch »Die Welt im Licht« (das von der Dummheit gleichfalls verbrannt und verbannt ist: obwohl es Luftbild und Seelenflut, Umriß und Innenwunder der deutschen Landschaft, der deutschen Meerschaft in letzter Liebeskraft erstehen läßt).

Noch andre Verbote gibt es . . . in keinem deutschen Blatt schreiben zu dürfen, ist heute freilich ein Vorzug. Man braucht ja keine fremde Meinung statt der eignen zu äußern . . . und zu tun, als äußere man die eigne. Es ist ein Vorzug.

XXI.

Immerhin: nie mehr deutsch schreiben? . . . Der Abschied von dieser Sprache fällt mir schwer – der ich so viel gegeben habe.

XXII.

Um nun die Verfassung der Auswanderer ganz wahr und offenmütig zu kennzeichnen:

Sie hätten Sehnsucht nach dem Land: wenn es noch das Land ihrer Sehnsucht wäre. Darin liegt der ganze Fall. So ist es. (Im Französischen schrieb ich: »Ils ont le mal du pays – sauf pour ce qui leur est devenu le pays du mal«). Man geht nicht zum Vergnügen ins Exil.

XXIII.

Aber mein Herz gehört bei alledem dieser Stadt: – auch weil in ihr die schmerzhafte Wahrheit mit Lächeln gesagt werden kann.

Ich wohne jetzt (das ist nur die erste Hausung) allein in einer lockend mattbunten, friedvollen Straße. Nicht »unter den Dächern von Paris« – schon mehr über ihnen.

Die Stube hat vorn ein Söllerchen aus Stein, das abends umweht, morgens besonnt ist – und gegenüber sitzt, am offnen Fenster, ein holdes Fräulein (mit noch schuldlosem Antlitz), ganz jung, tiefdunkles Haar; sie näht als einzige bei der Schneiderin-Dame des Viertels.

Im obersten Stock.

XXIV.

Jeden Morgen, jeden Abend, guck' ich herum, herunter, herüber. Auf Köpfe, Wölbungen, Fenster; auf die guten Hundchen; auf die verwöhnten Kätzlein; auf den Himmel; auf alles.

Und ich fühle dann abermals (ohne zu wissen, warum), daß ich in der Menschenstadt bin; der die Kraft ist: Ringende glücklich, Glückliche glücklicher zu machen.

XXV.

Dann steht, nicht zum ersten Mal, vor meiner Seele Friedrich Hebbels Wort, das er ins Tagebuch hier gekritzelt hat: »Mögest du länger leben als alle Städte der Welt«. Hebbel ist tot. Er käme sonst für dieses Wort ins Gefängnis.

XXVI.

Gutentag
Paris.

Walter Mehring

Die kleinen Hotels

[1934]

1.

Vom Bahnhof angeschwemmt – im Strom der Massen
Fiebernd von Schwindsucht deines letzten Gelds
Treibst du durch Reusen immer engrer Gassen
  Die abzweigen
  Zu den Absteigen
    Zu den
    kleinen Hotels.

Wenn dich ein Blick taxiert, tu unverfänglich!
Tritt ein; bring Glück herein! Und: Gott vergelt's!
Es keuchen hinterdrein treppauf die Jahre kränklich
Du bist verdonnert nun auf lebenslänglich
Zu kleinen Hotels
  Zu kleinen Hotels
    Zu kleinen Hotels.

2.

Dort fällst du mit der Tür in sieche Räume
Zu Häupten droht im Sturz der Mauerfels –
Pitschnaß das Bett vom Angstschweiß fremder Träume
  Die aufquellen
  Aus den Abfällen
    Der kleinen Hotels.

Du mußt des Nebenzimmers Pein erdulden,
Daß sie sich schlaflos auf dein Kissen wälz –
Daß dich des Nachbarn Wollust würgt – und alle Schulden
Die prasseln nachts aufs Dach aus vollen Mulden
Auf die kleinen Hotels
  Auf die kleinen Hotels
    Auf die kleinen Hotels.

3.
Willst du dich frierend an der Liebsten wärmen
Schmiegst du dich eng in ihres Atems Pelz –
Die Neugiergnomen werden dich umschwärmen
  Die nachts spuken
  In den Dachluken
    Der kleinen Hotels.

Versuch zu fliehen aus dem Wust von Gängen –
Schon schrillt die Glocke wütenden Gebells ...
Tapetenranken fangen dich in ihren Fängen
Bis sich allmählich ganz zum Sarg verengen
Die kleinen Hotels
  Die kleinen Hotels
    Die kleinen Hotels ...

Walter Mehring
Der Emigrantenchoral
[1934]

Werft
eure Herzen über alle Grenzen,
Und wo ein Blick grüßt, werft die Anker aus!
Zählt auf der Wandrung nicht nach Monden, Wintern, Lenzen –
Starb eine Welt – ihr sollt sie nicht bekränzen!
Schärft
das euch ein und sagt: Wir sind zu Haus!
Baut euch ein Nest!
Vergeßt – vergeßt
Was man euch aberkannt und euch gestohln!
Kommt ihr von Isar, Spree und Waterkant:
Was gibt's da heut zu holn?
Die ganze Heimat
Und das bißchen Vaterland
Die trägt der Emigrant
Von Mensch zu Mensch – von Ort zu Ort
An seinen Sohl'n, in seinem Sacktuch mit sich fort.

Tarnt
euch mit Scheuklappen – mit Mönchskapuzen:
Ihr werdt euch doch die Schädel drunter beuln!
Ihr seid gewarnt: das Schicksal läßt sich da nicht uzen –
Wir wolln uns lieber mit Hyänen duzen
Als drüben mit den Volksgenossen heuln!
Wo ihr auch seid:
Das gleiche Leid
Auf 'ner Wildwestfarm – einem Nest in Poln
Die Stadt, der Strand, von denen ihr verbannt:
Was gibt's da noch zu holn?
Die ganze Heimat und
das bißchen Vaterland
Die trägt der Emigrant
Von Mensch zu Mensch – von Ort zu Ort
An seinen Sohl'n, in seinem Sacktuch mit sich fort.

Werft
  eure Hoffnung über neue Grenzen –
Reißt euch die alte aus wie'n hohlen Zahn!
Es ist nicht alles Gold, wo Uniformen glänzen!
Solln sie verleumden – sich vor Wut besprenzen –
Sie spucken Haß in einen Ozean!
  Laßt sie allein
  Beim Rachespein
Bis sie erbrechen, was sie euch gestohln
Das Haus, den Acker – Berg und Waterkant.
Der Teufel mag sie holn!
  Die ganze Heimat und
    das bißchen Vaterland
  Die trägt der Emigrant
  Von Mensch zu Mensch – landauf
    landab
  Und wenn sein Lebensvisum abläuft
    mit ins Grab.

Franz Theodor Csokor

[Brief an Lina Loos]

[1934]

Liebste Lina,
aus dem Literatencafé Nizzas, das ungefähr unserem Wiener »Herrenhof« entspricht, schreibe ich Dir, doch keine französischen Schriftsteller schlürfen hier an den Marmortischchen ihre »Pernods« und ihre »Fines«, sondern Emigranten aus Deutschland, die wir zwar seit 1933 auch in Wien kennen – »die Ratten betreten das sinkende Schiff«, glossierte damals Karl Kraus unser gleichfalls leicht gebräuntes Österreich als problematische Zufluchtsstätte. Nun freilich, hier sind es keine Ratten, auch keine kleinen Leute, sondern Vertreter von Ruhm und Namen in diesem Beruf. Da ist der alte, auf der »Laterne« oberhalb Nizzas hausende Patriarch Schalom Asch, da ist, klein und zart, Valeriu Marcu mit einer schönen Frau und einer noch schöneren Bibliothek, um die ihn seine Schicksalsgefährten sogar mehr als um die Frau beneiden, da ist der vergnüglich bissige Hermann Kesten, mein lieber Joseph Roth, zwischen Cognac und Absinth daheim, und Walter Hasenclever taucht auf, nervös und fahrig, und die liebe alte Dame Annette Kolb, die freiwillig Deutschland verlassen hat; da ist Theodor Wolff, der frühere Chefredakteur des *Berliner Tageblattes,* zu dessen Abenden sich seinerzeit Minister und Botschafter drängten, und seine Frau, die nur mit einer Handtasche und dem, was sie am Leibe trug, Deutschland verließ, wo man sie als Geisel für ihren gerade im Ausland gewesenen Mann festsetzen wollte; sie ist »Arierin«, eine richtige brave graublonde Deutsche, um die Sechzig alt – und während er als Jude sich ziemlich abgefunden hat, leidet sie entsetzlich unter Heimweh, freilich ohne viel Worte davon zu machen, man spürt's halt so durch.

Mein guter Dori und seine Betka haben hier schon einen kleinen Hausstand und helfen den Ärmeren unter den Flüchtlingen. Nun, gegen Abend erscheint gespenstig verquollen mit graugelbem Seemannsbart – Heinrich Mann, sehr gealtert im Gegensatz zu seinem Bruder Thomas, den die Emigration, nach dem Bild in einer Schweizer Zeitung, zu verjüngen scheint. Diese Emigration – ich muß Dir sagen, irgendwie zieht sie mich an. Nicht weil sich zwei meiner Stücke damit beschäftigt haben, sondern weil für meine relative Seßhaftigkeit ein ungeheurer Reiz darin liegt, einmal ganz auf sich angewiesen zu sein, mit dem Schreibtisch als Heimat! Die hier glauben allerdings an eine baldige Rückkehr, besonders Theodor Wolff, der auf Barthou fest vertraut. Aber was rede ich da – in einem Monat bin ich ja wieder daheim und sitze mit Dir und Egon in Sievering oder in Kufstein, und die Riviera mit ihren Exilierten liegt weltenweit. Und auch die Provence, in die ich nächste Woche zu meinem alten Freund Emil Alphonse Rheinhardt nach Le Lavandou fahre!

Alles Liebe, Linerl!
Dein Franz Theodor

Ernst Toller

Ernst Tollers Anklage

[1934]

In einer Zeit, in der wir täglich von neuen Gewalttaten, neuen Grausamkeiten, neuen Unterdrückungen lesen, in einer Zeit, in der das Elend von Millionen wächst, in der Zehntausende von Emigranten hoffnungslos, rechtlos durch die Länder irren, ein neuer, furchtbarer Krieg uns alle bedroht, wird das Gewissen der Welt stumpf und nur wenige denken an das Schicksal der wegen ihrer Gesinnung eingekerkerten Schriftsteller. Und doch sind diese Männer schon seit 17 Monaten in Haft, ohne daß sie gegen die Gesetze ihres Landes verstoßen haben, ausschließlich, weil sie in früheren Jahren Werke veröffentlicht haben, *deren Ideengehalt den jetzigen Machthabern zuwiderläuft.*

Unter diesen Schriftstellern befinden sich: *Carl von Ossietzky, Ludwig Renn, Fritz Gerlich, Fritz Küster, Werner Hirsch, Klaus Neukrantz, Carl Mierendorff, Willy Bredel* und andere.

Und unter welchen, Ihnen wahrscheinlich unvorstellbaren Bedingungen leben diese Menschen! Ausgeliefert dem Haß der Machthaber, preisgegeben der Willkür subalterner SA-Männer führen diese Männer ein Leben täglicher geistiger, körperlicher und seelischer Entbehrung, oft bitteren Mißhandlungen ausgesetzt.

Fragt man die Herren, zu welchem Zwecke diese Männer eingekerkert sind, bekommt man zur Antwort, daß sie schädliche Elemente der Gesellschaft waren und zu nützlichen Gliedern der Gesellschaft erzogen werden sollen.

Und worin besteht diese Erziehung? In vielstündigem militärischen Exerzieren, in oft sinnloser, körperlicher Arbeit. Fünfzig-, sechzigjährige Männer werden über Kasernenhöfe gehetzt und getrieben, müssen sich niederwerfen, aufstehen, niederwerfen und aufstehen, bis sie kraftlos liegen bleiben.

Nein, der Kerker verbirgt nur eine Absicht, Rache an Wehrlosen, Haß der freiheitlichen Idee, Furcht vor dem Talent, das jenen Männern gegeben ist, mit der Kraft des Wortes den Ungeist anzuprangern.

Ich könnte Berichte von *Zeugen aus dem Konzentrationslager anführen,* daß Sie ein Gefühl der Scham überkommen würde vor der Erniedrigung des Menschen durch den Menschen.

Aber ich brauche es nicht, genug wurde in Zeitungen und Büchern geschrieben.

Jeder, der hören wollte, hat hören können. Jeder, der wissen will, muß wissen. Wer nicht hörte, wollte nicht hören, wer nicht weiß, will nicht wissen. Wer vergißt, will vergessen.

Manche hören und wissen, doch sie vergessen. Aber vergessen ist die Sünde wider den Geist. Hätten Millionen den Krieg nicht vergessen, die Gefahr des neuen Krieges wäre nicht so ungeheuerlich, die Erziehung der Jugend zur Verherrlichung des Krieges wäre nicht gelungen.

Vergessen ist ein Zeichen von Fantasielosigkeit. Vergessen ist ein Zeichen von Herzensträgheit.

Wir dürfen die gefangenen Schriftsteller nicht vergessen, die mit uns in einer Reihe für die gleichen Ziele lebten und arbeiteten, die dem Frieden dienten und einem helleren, gerechteren Antlitz der Welt.

Kein noch so lauter Festtrubel kann die stumme Klage jener leidenden Menschen übertönen. Denken wir an sie, die nicht einmal wissen dürfen, *daß wir brüderlich an sie denken und ihnen in Scham und Trauer verbunden sind.*

Wenn wir an die Macht des Wortes glauben – und wir glauben als Schriftsteller an die Macht des Wortes –, *dürfen wir nicht schweigen.* Selbst Diktatoren fügen sich der Meinung der Welt. Ohne die fordernde Meinung der Welt, ohne das Mitgefühl zahlloser Menschen, ohne den Kampf bedeutender Zeitungen, wie der »Times«, des »Observer«, des »Manchester Guardian«, ohne die Hilfe humaner Persönlichkeiten, die den großen Traditionen ihres Landes folgten, wäre ein unschuldiger Mann wie Dimitroff nicht gerettet worden.

Wie oft verzweifeln wir an der Gewalt und Wirkung dessen, was wir tun. Aber Beispiele, wie das eben erwähnte, sollten uns Kraft und Vertrauen geben und uns nicht ermüden lassen. Nein, auch wir *Vertriebenen* dürfen nicht müde werden. Damit geben wir uns auf und verlassen jenes Deutschland, von dem Sie nichts in den offiziellen Zeitungen lesen: Das leidende Deutschland, das im geheimen kämpfende Deutschland, das größer ist, als Sie ahnen.

Ich spreche hier als Schriftsteller von Schriftstellern, sonst müßte ich jene erwähnen, die nicht Schriftsteller sind, Arbeiterführer wie Thälmann und Torgler, Zehntausende von Arbeitern, Tausende von Juden und alle jene, die kein anderes Verbrechen begangen haben, als daß sie aus Überzeugung nicht Nationalsozialisten sein können und wollen.

Die Diktatur begnügt sich nicht mit der Verfolgung von Schriftstellern und der Unterdrückung ihrer Bücher im Lande, *sie verfolgt auch die vor der Gewalt Entflohenen im Auslande.* Die Autoren und Verlage der deutschen Emigration werden bedroht durch besondere Maßnahmen der hitlerischen Diktatur. Ein besonderer Druck wird ausgeübt auf jede andere Regierung der Welt, soweit sie schwach und zugänglich genug erscheint. Der Zweck ist vor allem die Auslieferung der emigrierten Schriftsteller nach Deutschland. Wenn dies nicht zu erreichen ist, sollen sie wenigstens ausgewiesen werden aus ihrem Zufluchtslande, nachdem sie vorher zu Gefängnisstrafen verurteilt und ihre Schriften verboten sind.

Ich erinnere an den Fall des Schriftstellers Liepmann in Holland, den Verfasser des Buches »Murder, made in Germany«.

Ein anderes Land hat kürzlich verordnet, daß Druckschriften zu verbieten sind, wenn sie die guten Beziehungen des Landes zu anderen Staaten gefährden. Das geht weit hinaus über die Bestimmungen des internationalen Rechts, wonach nur die Beschimpfung von Staatsoberhäuptern strafbar sein sollte.

Warum regt sich diese Sorge um das Wohl einer fremden Diktatur gerade jetzt? Warum früher nicht!

Haben italienische, russische, spanische Emigranten niemals ähnliche Bücher geschrieben, wie die deutschen Emigranten? Allerdings, nur hatten diese Länder keinen Herrn Goebbels mit unbeschränkten Geldmitteln, der die Emigranten bis in ihre Zufluchtsländer verfolgt.

Schon heute lehnen eine Reihe von nichtdeutschen Zeitungen es ab, die Werke emigrierter Schriftsteller zu erwähnen oder zu besprechen, unter dem Druck nationalsozialistischer Stellen.

Eine große Buchhandlung in Madrid weigerte sich, Bücher jener Verlage, die Emigranten drucken, auszulegen und zu verkaufen, unter dem Druck deutscher diplomatischer Stellen. Nach dem Vertrage zwischen Polen und Deutschland hörte die polnische Auslieferungsstelle auf, Bücher der Emigrantenverlage zu vertreiben.

Italienische Auslieferungsstellen beklagen sich darüber, daß von deutschen diplomatischen Stellen ein Druck auf sie ausgeübt wird, den Vertrieb der Emigrantenliteratur einzustellen.

In Griechenland wurde auf Veranlassung des deutschen Konsulates der Herausgeber der griechischen Übersetzung des Braunbuches verurteilt.

Auf Antrag der deutschen Regierung erhob die argentinische Staatsanwaltschaft Klage gegen ein argentinisches Blatt, das einen Aufsatz von Heinrich Mann abdruckte.

In verschiedenen Ländern wurde die Aufführung des Stückes des neuen Werkes von Bruckner, das gegenwärtig mit so großem Erfolg in Paris gespielt wird, verboten.

Karikaturen bedeutender Künstler müssen aus Ausstellungen entfernt werden, weil nationalsozialistische Regierungsvertreter es fordern.

Selbst in einem fernen Lande wie San Salvador wurde unter dem Druck der nationalsozialistischen Diplomatie das Braunbuch verboten.

Vor keinem Mittel schreckt die Hitlerdiktatur zurück, um die Schriftsteller, die sie nicht packen kann, zu schädigen.

Ihre Bücher und ihre Manuskripte wurden zerstört, ihre Habe, ihre Möbel, ihre Ersparnisse, ihre Wohnungen beschlagnahmt, viele wurden ihrer Staatsangehörigkeit beraubt.

Aber wer heute nicht im Besitze eines gültigen Passes ist, für den ist die Welt eng. Wenn ihn die Aufforderung träfe, morgen in ein anderes Land zu reisen, um dort für ihn wichtige Angelegenheiten zu regeln, er könnte es nicht, die Grenze ist verschlossen. Es bedarf zeitraubender Mühe, bis er ein Papier erhält, das ihm zu reisen erlaubt und dann hängt es noch von der Regierung des anderen Landes ab, ob sie ihm ausnahmsweise die Einreise gestattet.

Zu diesem Kongreß wollte der deutsche Schriftsteller *Klaus Mann* kommen, er vermochte es nicht, trotz aller Bemühungen, weil er keinen gültigen Paß mehr besaß.

Diese wohlorganisierte, mit großen Machtmitteln systematisch betriebene und bis in die fernsten Länder ausgedehnte Verfolgung mißliebiger Schriftsteller, Verleger und Buchhändler bedeutet die schwerste Bedrohung der Freiheit des Schrifttums in der ganzen Welt.

Werden Sie diese Bedrohung dulden? Sie werden mir antworten: »Was sollen wir tun, wir sind zu schwach.« Unsere

Stimme wird nicht gehört. Der Geist der Unfreiheit und Gewalttätigkeit wächst in der ganzen Welt. Andere wieder werden sagen: Mutet es nicht wie eine Donquichoterie an, gegen die Unterdrückung der Geistesfreiheit in Deutschland zu protestieren, da doch offenkundig viele deutsche Schriftsteller die allereifrigsten Parteigänger des Systems sind und es wahrscheinlich noch immer »geistig unterbauen« werden, wenn schon das ganze übrige Volk von ihm abgefallen sein wird.

Jeder scheue Blick in deutsche Zeitschriften genügt, um festzustellen, mit welcher Begeisterung viele deutsche Schriftsteller sich als Frontkämpfer des völkischen Gedankens fühlen. *Da ist keine Unterdrückung, da ist Freiwilligkeit und freudige Unterwerfung.*

»Das Talent ist, wie die Vernunft im Mittelalter, dazu da, den Glauben ›zu erörtern‹«, sagt ein großer zeitgenössischer Schriftsteller, »das Talent ist allerdings meistens nicht vorhanden und das erklärt manches.«

Auch die Inquisition war eine Macht, die verfolgte und leiden machte. Trotzdem haben die Verfolgten und Leidenden ihrem Glauben nicht abgeschworen.

Von Ihnen wird nicht der Flammentod verlangt, von Ihnen wird nur gefordert, daß Sie um der guten, humanen und gerechten Sache willen, um jener Sache, der trotz aller gegenwärtigen Verfinsterung eine künftige Menschheit sich zuwenden wird, sich solidarisch mit ungerecht Verfolgten erklären und die Bedrückung des Geistes und den Ungeist nicht dulden.

Alfred Kantorowicz

Alltag in der Emigration

[1935]

Am 27. September 1935 fand der deutsche Emigrant Alfred Kantorowicz, 36 Jahre und 46 Tage alt, von Beruf Schriftsteller, seit Ende März 1933 in Paris ansässig, in seinem Notizbuch vorgezeichnet:

daß um halb drei Uhr in seinem Hotelzimmer eine Sitzung mit drei Freunden stattfinden sollte, die zum Gegenstand der Besprechung den vagen Plan einer Zeitschriftengründung haben würde;

daß für vier Uhr ein Vorstandsmitglied des »Schutzverband Deutscher Schriftsteller« sich angesagt hatte, um die nächste Veranstaltung dieses Verbandes mit dem Thema: »Freiheit und Freiheiten« organisatorisch vorzubereiten;

daß er die Rede, die er bei der Gedenkfeier des 50. Todestages von Victor Hugo gehalten hatte, durchkorrigieren müsse;

daß er auf Bitten eines deutschen Verlages in Paris einen berühmten deutschen Schriftsteller brieflich ersuchen solle, ein Vorwort für ein antifaschistisches Buch zu schreiben;

daß er sich bemühen müsse, einen anderen deutschen Schriftsteller, der gerade in Paris war, für einen Vortrag im »Schutzverband« zu gewinnen;

daß er den Notschrei eines jungen deutschen Emigranten beantworten müsse, dessen Brief er vorgestern erhalten hatte;

daß er zwei Telefonate führen müsse, um Rat zu erhalten, wie seine Frau wieder in Besitz gültiger Reisepapiere kommen könne, nachdem die deutsche Botschaft die Verlängerung des abgelaufenen Passes ihr ohne Begründung verweigert hatte;

daß heute der Stichtag für das von Maxim Gorki redigierte Buch: »Ein Tag in aller Welt« sei, für das er einen Beitrag zugesagt hatte.

Dieser Freitag war ein ruhiger Tag in einem ruhigen Monat. Vormittag und Abend blieben frei. Gelegenheit also, an einem Buch weiterzuarbeiten, das jetzt auf Seite 122 stand, einem Roman.

Der Tag ließ sich günstig an. Seit einer Woche hatte seine tapfere und anmutige junge Frau Abschreibearbeit in einem Büro aushilfsweise erhalten; gestern war ein Vorschuß gezahlt worden. Sie ließ ihm beim Fortgehen zehn Francs auf dem Tisch – »für die

Nacht«, wie er zynisch witzelte, indem er schon, voll schlechten Gewissens, denn es war bereits nach neun Uhr, aus dem Bett sprang.

Heute brauche er sich nicht zu rasieren, fand er. Um halb zehn kaufte er gegenüber im »Tabac« Zigaretten, den Tagesbedarf zu sieben Francs. Für die restlichen drei Francs holte er sogleich einen Liter Milch und Brot; da Zucker und Kakaopulver zu Hause war, auch noch Quäker Oads für Porridge, so war der Tag materiell unterbaut. Es gab keine Ausrede. Leider hatte er allerdings vergessen, sich einen Franc für die beiden Telefongespräche zu reservieren. Das machte ihn, als er sich um zehn Uhr erinnerte, daß es Zeit sei, sie zu führen, ziemlich nervös. Er schuldete seiner Wirtin soviel, daß er jedenfalls die kleinen Beträge für Telefonate pünktlich hätte zahlen sollen. Gerade darin verstand die Besitzerin keinen Spaß; soweit durfte die Pleite eines Mannes, der auf sich hielt, nicht kommen, daß er die fünfzig Centimes für das Gespräch nicht auf den Tisch legen konnte (wo doch die meisten anderen Hotels sogar 75 Centimes oder gar einen Franc für die Verbindung verlangten).

Glücklicherweise war die Wirtin, als er mit dem Mut der Verzweiflung in die Conciergeloge eindrang, um dennoch zu telefonieren, ausgegangen, um Besorgungen zu machen. Die Verbindungen klappten nicht. Er wurde zweimal unterbrochen – das war üblich beim Pariser Telefon – und als er nach insgesamt vier Versuchen die beiden Verbindungen erlangt hatte, wurde ihm mitgeteilt, Frau V. sei bereits ausgegangen, Herr D. dagegen konnte ihm keine tröstliche Auskunft geben, wiewohl er es vor drei Tagen fest versprochen hatte. Das Unangenehmste war, daß durch die Störungen nun vier Gespräche zu zählen und zu bezahlen waren. Die Wirtin war natürlich gerade beim letzten Gespräch zurückgekommen, mit lautem Geächz über steigende Lebensmittelpreise, die hohe Gasrechnung und die erdrückenden Steuern, die auf allem lagen. Sie benutzte die Gelegenheit, ihm unter die Nase zu reiben, daß die letzte Telefonrechnung 350 Francs betragen habe. Die Clienten, meinte sie, machten in ihrer Abwesenheit immerzu Telefonate, die nicht bezahlt würden.

Aus Scham und Ärger log er sie an: er habe zwei Gespräche gehabt. Er wußte recht gut, daß vier gezählt wurden. Aber war es seine Schuld, wenn das Pariser Telefon nicht funktionierte? Daß es die Schuld der Wirtin ebenfalls nicht war, verschwieg er sich nicht. Auch, daß sie tatsächlich unerträgliche Steuern zu zahlen hatte, und daß die Amerikaner nicht mehr kamen, gestand er zu. Sah er sie aber mittags und abends mit Mann, Tochter, Schwiegersohn und Hausburschen je sechs Gänge essen, so konnte er sich nicht entschließen, allzu großes Bedauern über ihren verminderten Profit zu empfinden.

Es war das erste Mal, daß er sie angelogen hatte. Als er die Treppe hinaufstieg, ekelte er sich. In seinem Zimmer, 2,40 mal 3,50 im Quadrat, sah er über seinem Bett die Notiz vom achten Juni, in der mitgeteilt wurde, daß der Hamburger Kommunist Fiete Schulze hingerichtet worden sei. Er hatte die Nachricht aufgehängt als ein Memento. Am Tage ihrer Publikation hatte er sich in ein nur bei außerordentlichen Anlässen benutztes Tagebuch die Eintragung gemacht: »An diesem Tatbestand gemessen, bleibt herzlich gleichgültig, ob und warum mir die Nerven versagen. Ich mache weiter.«

Jetzt war es halb elf geworden. Er schrieb die beiden Briefe wegen der Einleitung zu dem antifaschistischen Buch und wegen des Vortrags bei den deutschen Schriftstellern in Paris. Zweimal wurde er unterbrochen. Zuerst kam Harry, der Wäschemann, selbst Emigrant und bedürftig genug, mit der noch immer unbezahlten Rechnung. Dann kam Hans, der Freund und Zimmernachbar, mit einem Packen Unglücksbotschaften, die er in seiner Post gefunden. Es ist unmöglich, dieses Gespräch und viele der folgenden Details zu schildern. Außerordentlich viel Platz ist in einem Tag; wollte man genau sein, so entstände ein ansehnliches Buch. Allein der Brief, den er nun zu beantworten hatte, der Verzweiflungsschrei eines jungen deutschen Saaremigranten aus einem der Lager im Süden Frankreichs, wäre ein Ansatzpunkt zu Betrachtungen, die ausschweifend sein müßten, wollten sie der Situation gerecht werden. Der Schreiber ist ein ihm persönlich unbekannter aber wohllegitimierter junger Arbeiter, der einen Artikel von ihm gelesen und sich über die Adresse der Zeitschrift an ihn gewandt hatte. ». . . Ich kann gar nicht mehr an den Tag denken, da ich mal richtig satt war . . . Dazu die verfluchte Einsamkeit. Seit Anfang August bin ich zu nichts mehr gekommen, eine große Unruhe steckt in mir, es gelingt einfach nicht, die Gedanken zu sammeln . . . Arbeit haben wir noch keine gefunden, dies ist eine Unmöglichkeit, da hier jede Industrie fehlt, und wir woanders nicht hin dürfen. Jetzt ist großes Rätselraten, was geschieht mit uns.« Und so weiter; trotzdem ist in diesem Brief eine kraft, ein revolutionäres Ja zu allen Opfern, die besonders ergreift.

Was aber soll er antworten? Redensarten machen. Alles, was er sagen kann, müssen Redensarten sein, denn er kann dem Jungen keine Arbeit verschaffen, nicht einmal ein Paket Zigaretten kann er senden. Er beschließt, an dieses Lager jedenfalls einen kleinen Packen Bücher, Broschüren und Aufsätze, die er zusammenschnorren kann, durch den Schriftstellerverband schicken zu lassen. Jedenfalls wird er sofort schreiben, denn für den Jungen ist es sicher schon eine große Sache, einen Brief zu bekommen. Er schildert ihm die Schwierigkeiten, die das Leben auch in Paris hat und bemüht sich dabei, zuversichtlich zu erscheinen. Während er schreibt, gewinnt er selbst wieder etwas von dieser Zuversicht zurück, ohne die es schwer ist, zu kämpfen, noch schwerer, durchzuhalten.

Danach ist es fast zwölf Uhr geworden. Er nimmt den Victor-Hugo-Aufsatz vor. Bevor er sich entschlossen heranmacht, verdöst er eine reichliche halbe Stunde. Wüste und hemmungslose Tagträume sind das. Man kann sie nicht schildern. Sie umfassen alle Wünsche, die ein deutscher Emigrant haben kann: zum Mittag eingeladen zu werden und eine Kompanie im Entscheidungskampf zu führen; einen Bucherfolg zu haben und in Deutschland illegale Arbeit zu machen; irgendwo zaubert sich die Phantasie eine Idylle von Sonne, Meer und Mädchen, die braungebrannt neben ihm im Sande liegen werden; das nächste Mal aber ist es ein Traum vom Aufbau nach dem Sieg.

Heute phantasiert er verhältnismäßig konkret. Der Plan in Berlin liegt vor ihm, er zeichnet ihn im Geist um. Liebknechtplatz wird der Horst-Wessel-Platz heißen, es wird einen Thälmannplatz, einen Platz der Arbeiter, einen Platz der Bauern geben, der Schloßplatz muß dann Platz des Volkes heißen. Wird es auch einen Platz der Intellektuellen geben? Vielleicht der jetzige Breitenbachplatz, wo die Künstlerkolonie steht? Die einmal der »Rote Block« hieß. John-Scheer-Straße, Lütgenstraße, Hüttigallee natürlich. Vielleicht auch Ossietzkystraße oder Heinrich-Mann-Platz? Rund um Berlin, im riesigen Radius werden planmäßig die Siedlungen entstehen, an den Seen gelegen, von Saakrow bis Grünheide und weiter noch, kleine Städte im Grünen mit je fünfzigtausend Bewohnern und wunderbaren Verbindungen. Er rechnet aus, daß rund dreihundert Kilometer für die Untergrundbahn ausgeschachtet und über zweitausend Kilometer Chaussee in und um Groß-Berlin angelegt werden müssen; der bequemste, schnellste, schönste Verkehr der Welt. Dazu braucht er die Formel für die Berechnung der Peripherie, sonst kann er die Verbindungsstrecken nicht exakt berechnen. (Seine Träume zeichnen sich dadurch aus, daß sie im Detail pedantisch genau sein wollen und im ganzen immerhin möglich sein könnten.)

Die Größe von Phi! Er grübelt darüber fünf Minuten. Jetzt hat er sie: 3,14 ... und so weiter. Die Peripherie ist 2 R × Phi, also beim Radius von rund dreißig Kilometern rund hundertneunzig Kilometer. Das wird Arbeit geben.

Dummes Zeug. Jetzt war es tatsächlich schon bald ein Uhr. Um halb drei wollten die Freunde kommen. Er macht sich an den Hugo-Aufsatz. Es ist wenig umzuschreiben. Während er arbeitet, entzückt, ja berauscht ihn die Bezüglichkeit dieses Lebens des großen Emigranten, der zwanzig Jahre im Ausland gegen das Unrecht in seinem Vaterland gekämpft hat. Welche Fülle von ergreifenden Aktualitäten!

Auf einmal ist es drei Uhr. Die Freunde kommen. Die Besprechung führt zu keinem greifbaren Resultat. Festgestellt wird, daß gegenwärtig keine Mittel vorhanden sind, eine deutsche Literaturzeitschrift in der Emigration zu starten. Pläne und Hoffnungen bleiben übrig. Einstweilen will man sich behelfen mit einem selbstgeschriebenen und abgezogenen kleinen Informationsblatt. Dann kam der Freund vom Schutzverband. Material wurde zusammengestellt. Jemand rief an, um die Adresse von Huxley zu erfahren. Schließlich ist noch eine Stunde Zeit, die Überarbeitung des Hugo-Aufsatzes zu Ende zu bringen. Um halb acht kommt seine Frau. Sie essen Käsestullen.

Um acht setzt er sich an sein Buch, dessen Titel noch nicht feststeht, dessen Handlung den Rückzug und die Neuformierung der revolutionären Arbeiterbewegung Deutschlands in einen entscheidenden Zeitraum von 36 Stunden, zwischen dem Abend des vierten März und dem Morgen des sechsten März 1933, zusammendrängen soll.

Bis neun Uhr döst er, kritzelt, korrigiert das letzte Kapitel. Dann beginnt er zu schreiben.

Bis 2 Uhr nachts hat er vier Seiten geschafft. Er überliest sie und ist nicht unzufrieden mit ihnen. Sie sind das positive Fazit eines Alltags in der Emigration.

Hans Marchwitza

Flüchtlinge

[1936]

Die Nacht war schwarz und kalt. Und der Wald, von dem sie sich besseren Schutz versprachen, war ihnen zu neuem Schrecken geworden. Auch der Mond hatte sie verlassen, so daß sie die ursprüngliche Richtung gänzlich verloren. Sie hetzten ohne Ziel in dem Dickicht, der eine wehklagend, der andere unerbittlich drängend. Ein hervorschnellendes Tier entsetzt den Jüngeren so, daß er seufzend in die Knie sinkt. Er hat bislang alle Quälereien der im Lager gebräuchlichen Verhöre und Strafen ertragen müssen, ist vor ein paar Tagen aus der Dunkelhaft entlassen und stellt nur noch Haut und Knochen dar.

Der Ältere reißt ihn trotzdem rauh mit. »Weiter!« Er muß hart sein, denn nur Rücksichtslosigkeit gegen sich verspricht sie noch zu retten.

Die Brandwunden auf seiner Brust sind noch nicht verheilt. Brandmale von glühenden Zigarren. Er hätte die Kanaillen, einzeln, einen um den andern zerbrechen können, gemeinsam zerbrachen sie ihn. Monatelang war er ein stumpfer, stummer, lebensmüder Mensch und wehrte sich nicht mehr. Er stand nach Kommando stramm, marschierte, den Spaten geschultert, sang, schuftete nach Kommando in dem öden Moorland.

Nur dann und wann starrte er dem Sonnenball mit heißen Blikken nach, wenn dieser seine erdenferne Tagesreise vollendet und noch einmal in voller Pracht erglühend und abschiednehmend hinter dem westlichen Wald zur Ruhe versank. Und wenn auch selten einer ein Wort darüber verlor, so wandte sich mit ihm manch ein Blick der abgehetzten und schwerbewachten Häftlinge aus dem Bücken hin, in heimlicher Hoffnung aufflackernd. Denn dort war die Grenze. Und eine Grenze mußte dieses häßliche Leben haben.

Wenigen war das Glück beschieden, heil an Leib und Verstand, die Freiheit aus diesem Menschenpferch wiederzuerlangen.

Sie hatten drinnen eine Gemeinschaft geschaffen, um einander aufzurichten, die Schwachen und Unglücklicheren zu betreuen, sich auf den neuen Kampf vorzubereiten, von dem sie wußten, daß er draußen für sie, um eine bessere Gerechtigkeit begonnen.

Seit Wochen aber drang keine Nachricht von außen mehr durch, und ihre Nachrichten nach außen bedeuteten neue, qualvolle Leiden.

»Einer muß raus!« sagten sie. »Einer muß es wagen, um draußen die Wahrheit zu sagen!«

Er hatte es unternommen, aus dem mit Mauern, Stacheldraht umschlossenen, von Maschinengewehren und Bestien bewachten Menschenpferch auszubrechen.

Der Junge, den er aus Erbarmen mitgenommen, hat sich hingeworfen und liegt wie tot.

Er stößt ihn an: »Komm!« und reißt den Aufseufzenden mit Gewalt empor. »Ein paar Minuten nur!« bittet der Junge.

»Nicht eine Minute!« treibt er hart. »Reiß dich zusammen, sonst laß ich dich liegen!«

Der Junge erhebt sich und taumelt seufzend mit. Er bleibt aber wieder zurück, mit dem größeren Verlangen, sich hinzuschmeißen und sich seinem Unglück zu überlassen. Er wird dem anderen durch seine Kraftlosigkeit zu einer unbequemen Last, zu einer Kette, die ihn am Weiterkommen hindert. Dieser bereut, haßt jetzt sein Mitleid, ermahnt, treibt, droht und zerrt ihn erbarmungslos mit. Der Junge bricht abermals den vergeblichen Kampf ab, wirft sich wieder hin. »Ach Gott, meine Mutter, wenn die es ahnen würde!« Er wird wieder Kind und weint. Der andere starrt ratlos drein, er bringt nicht mehr die Kraft auf, den Schmerz des jungen Menschen zu stören. Es kostet ihn Gewalt, seinen eigenen Schmerz zurückzuhalten. Er hockt, in seinem Mut schwankend, auf einem Baumstumpf nieder und seine Hand fährt dem Fassungslosen ängstlich über den Kopf. »Nu sei doch vernünftig. Denk doch dran, wenn die ganze Mühe umsonst sein sollte. Es geht ja nicht anders, Mensch. Wir müssen's schon in Kauf nehmen, Gott!«

Da reißt ihn ein langgezogener Schrei herum. Er stößt heraus: »Vom Lager! Alarm!«

Zornig, kostbare Zeit vergeudet, dem Jammer des andern nachgegeben zu haben, jagt er jetzt zur doppelten Hast an. Das Begehren nach Freiheit ist erst jetzt, in höchster Not, sie wieder zu verlieren, in ihm ganz wachgeworden.

»Komm! Komm! Komm!!« preßt er hart und noch unerbittlicher hervor. »Wofür hast du dich denn mitgeschleppt, wenn du jetzt nicht weiter kannst!« gerät er in Wut, als der andere stöhnt.

Dann tut er ihm wieder leid und er mildert seinen Ton. »Komm nur, sei nicht so empfindlich, ich mein es ja nur gut mit dir!« Er stützt ihn und redet ihm eindringlich zu. »Denk dran, was dich erwartet, wenn du zurückbleibst. Denk an deine Mutter. Es findet sich wohl endlich etwas, wo wir unterkriechen können, halt noch solange aus!«

Da rast es wie ein Gewitter heran.

SA und SS auf Schnellwagen und Motorrädern. Der Wald flammt weiß, sie ducken sich wie unter tausendarmigen Galgen. Es gellt von den Hupen. Hundertfaches Echo dröhnt zurück. Kommandolaute: »Abgesessen und gesucht!«

Wie zu Hetzhunden: – »Sucht!«

Die beiden kauern und zittern.

Der Junge wirft sich hin. »Ich kann nicht mehr. Es hat keinen Zweck mehr für mich. Renn' allein weiter, du hast Kinder!«

»Dann in Gottesnamen!« seufzt der andere, als kein Zureden mehr hilft. »Einer muß weg!« Er jagt gebückt davon, kriecht, hetzt entgegengesetzt. Freudenschreie gellen hinter ihm her. Schüsse erschüttern den Wald. Ein träges, schwarzes Wasser hemmt ihn. Kurzentschlossen taumelt er hinein. »Egal, so oder so Schluß!« Er versinkt in Schlamm, watet, knapp überm Kopf das blendende Licht der Scheinwerfer. Er kriecht mit dem Kopf unter ein Ufergebüsch und muß bis ans Kinn untertauchen. In dieser Stellung verharrt er und denkt an den Jungen. – »Die Schüsse galten mindestens ihm. Umsonst die ganze Hetze!«

Das Wasser ist eiskalt. »Hier hol ich mir den Tod!« denkt er besorgt.

Das Geschrei der SA verzieht sich. Die Schnellwagen und Motorräder rasen weiter. Das erschrockene Wild, das hin und hergeirrt, die aufgescheuchten Vögel begeben sich unter leise verhallenden Zornlauten zur Ruhe.

Er wagt sich endlich aus dem Wasser, schleppt sich aufs Trockene und hockt hin. »Hat es noch Zweck?« befallen ihn Zweifel. »Hat es noch wirklich Sinn?«

Da knarrt ein Wagen heran.

Ein Pferd stampft und schnaubt, ein Mensch hustet und spornt das Tier zu eiligerem Trab an.

Der Flüchtige sagt: »Egal, was geschieht!« und ruft.

Der Bauer hält, starrt mißtrauisch und nachdenklich auf den am Wegrand Hockenden, wirft einen Blick zurück.

»Steig hinten auf!« sagt er.

Er ist jung, stark, schwerfällig und immer noch voll Argwohn. Mürrisch jagt er das Pferd an und wendet während der Fahrt öfter seinen Kopf, ohne was zu sagen. Dann wirft er dem anderen eine Decke zu. »Siehst aus, wie'n Hund, den man ins Wasser geworfen!« brummt er und schüttelt den Kopf.

Die Decke ist dick und warm. Der Flüchtige zieht sie sich hoch über den Kopf und sinkt mit einem Seufzer in sich ein. Er weiß nicht, wem er sich anvertraut hat. Vielleicht geht es schnurstracks in die Fänge der SA zurück.

Der Wald liegt längst hinter ihnen und sinkt zu einer dunklen, dichten Mauer herab, wie um die Lebenden von dem Tod abzugrenzen. Der Mond überflutet jetzt mit grünem Licht dampfende, durch Weidenstümpfe und Hecken abgeteilte Wiesen und hell und dunkel abstechende Feldflächen.

Jetzt erst nimmt er sich ein Herz und fragt: »Wo befinden wir uns denn?« Der Bauer dreht halb den Kopf und nennt eine Ortschaft.

Der andere kennt die Ortschaft nicht, sie muß aber in der Richtung der Grenze liegen, denn der Mond scheint noch in ihrem Rücken.

Die Wärme gemahnt ihn an das gerettete Leben. Jetzt möchte er es um jeden Preis behalten. Er bereitet sich vor, es mit aller Verzweiflung zu verteidigen, wenn der Bauer sich etwa mit der Absicht herumtrug, ihn der SA wieder auszuliefern. So überwacht er argwöhnisch dessen Bewegungen, denn diese verraten oft die Gedanken. Er liegt auf der Lauer, versucht nach dem Stand des Mondes die Richtung abzuschätzen und hält den Atem an bei jeder hastigeren Bewegung des Bauern und beobachtet scharf, ob dieser nicht an der Zugleine zupft, um ihn auf Umwegen doch wieder zurückzufahren.

Er paßt auf den Moment auf, wenn sich der Bauer umdreht, um rasch den Blick seiner Augen nachzuprüfen, denn sie sind zumeist der Spiegel aller guten und bösen Vorgänge in der Seele des Menschen. Alle bisher aufgefangenen Blicke des Bauern zeugten nur von Argwohn und zuweilen von Sorge.

Das ist ein stiller, aber unheimlicher Kampf um das schwer zurückerkämpfte Leben.

Da biegt der Bauer auf ein Dorf zu und hält vor einem der paar Dutzend verstreuter Kotten. Er gibt ihm einen Wink, abzusteigen, und schiebt ihn hastig ins Haus.

Rinder klirren mit Ketten und begrüßen die beiden mit leisem Gebrumme. »Gib ihm zu essen«, sagt der Bauer zu der Frau, die erschrocken in der kleinfenstrigen, niedrigen Balkenstube auftaucht.

Sie hat sichtlich viele Fragen auf dem Herzen, der Bauer winkt ihr aber ungeduldig mit dem Kopf und sie bleibt still.

»Setz dich näher am Ofen!« sagt der Bauer zu seinem Gast, der seine Blicke in der Stube rasch umherwandern läßt.

Bei einem größeren Bild bleibt sein Blut stocken – es ist Hitler. Steif läßt er sich am Ofen nieder, steif nimmt er die Milch und das Brot und grübelt: »Hier bist du wieder so gut wie gefangen!«

Der Bauer flüstert inzwischen mit der Frau nebenan in der anderen Kammer, wo durch eine kleine Wandtür ihn mehrere große, glänzende Augenpaare anstarren und das Kettenklirren lauter herausschallt.

Die Frau macht ängstliche Einwände. Sie gucken dabei über die Schwelle zu ihm herüber. Und er sagt sich noch mal: »Jetzt wird sich's entscheiden, oder es müßte wirklich ein Wunder geschehn!« Da kamen die beiden herein.

Der Bauer sagte: »Ich halt's für besser, du gehst noch heut nacht rüber!«

Die Bäuerin suchte einige Sachen zusammen und warf sie ihm mit einem Seufzer zu.

Der Bauer holte eine braune Uniform vom Haken und begann sich sogleich umzuziehen. »So gehn wir sichrer!« sagte er und sein derbes Gesicht zeigte zum erstenmal ein gutmütiges Lächeln.

Die Bäuerin sagte noch: »Dann ein glückliches Gelingen!« und seufzte nochmal auf, als der eine schweren Schrittes voraus und der andere stumm und ergeben hinterher hinausging.

Sie begaben sich ums Dorf herum und schlugen sich querfeld, durchschritten einsame Wiesen und nebelbedeckte Sümpfe.

»Bist du allein weg?« fragt plötzlich der Bauer.

Der andere starrt ihn an.

»Nun, lassen wir das«, sagt der Bauer, »ich kann's begreifen!«

»Zu zweien!« antwortet der andere endlich. »Der eine hat nicht mehr mitgekonnt!«

Der Bauer sieht ihn düster an, schüttelt den Kopf und fragt nicht weiter.

Ihr Weg führt durch Waldstriche und unwirtliches Gelände, das der Mond in seltsame Schatten teilt, dessen Schein aus den bestupften Weiden mächtige Fäuste, aus Pfählen und abgesägten Stämmen lauernde Wächter macht. Der Bauer nimmt noch einmal das Wort.

»Gott ja, wir haben's ja auch nicht so leicht!« sagt er, wird noch düsterer und spricht nicht mehr.

Dafür schaut er sich besorgter um, während der andere ihm in quälender Ungewißheit folgt. Heimliche, beglückende Hoffnung wechselt mit neuem Argwohn, mit neuen Zweifeln ab.

Sie halten endlich an einem Weidengebüsch.

Einige hundert Meter gradeaus erheben sich die kleinen Kotten eines Dorfes. Der Bauer zeigt hin: »Das da, die Bauernbuden, die liegen schon hinter der Grenze!«

Er schiebt den Zaudernden vorwärts. »Nu lauf jetzt und wart nicht, bis womöglich noch die Grenzkontrolle kommt!«

Der andere geht ganz steif auf das Dorf los und denkt: »Jetzt braucht er nur die Pistole zu ziehn!«

Er dreht den Kopf. Der Bauer geht bereits vorgebeugt zurück. Da befällt den Geretteten eine seltsame Einsamkeit. Nicht eine Menschenseele ringsum. Die Todesnot überstanden. Nicht mehr zurück müssen in das fürchterliche Lager. Erfüllt das oft zur Qual aufbegehrende Sehnen, dem winkenden Leuchten der Sonne zu folgen, die Grenze zu suchen, zu erkämpfen.

Er überschreitet sie.

Er dreht sich noch mal um.

Der Bauer ist weg. Im Nebel schwebt sein großer Schatten.

»Ich lebe« – sagt der Einsame und wundert sich, daß er wirklich all diese Schrecknisse durchgemacht haben soll.

»Ich lebe« – –

Und zum erstenmal nach der unmenschlichen Hetze erzittert seine Brust – und er weint.

Max Herrmann-Neiße

Rast auf der Flucht

[1936]

Laß mich das Leben noch schmecken,
eh' die Vernichtung uns trifft:
Gaskrieg, Marter, Verrecken,
Bombe, tückisches Gift.
Sommerlich sind noch die Stühle
auf die Straßen gestellt,
Bilder, Farben, Gefühle,
Schmuck einer glücklichen Welt.
Gönne mir noch diesen weichen,
kindlich verspielten Genuß,
morgen vielleicht trifft zur gleichen
Zeit mich der tödliche Schuß.
Heut noch am Springbrunnen träumen
in den tönenden Tag,
sich an das Schöne versäumen
kurz vor dem Glockenschlag,
der das alles beendet,
dem letzten, den man vernimmt.
Was das Geschick dann sendet,
werde, wie es bestimmt.
Heut laß zum letzten Male
arglos und froh mich hier sein,
fülle die gläserne Schale
mir mit Abschiedswein!
Wird sie geleert zerscherben,
war ich doch göttlich zu Gast.
Gönne vor Kampf und Sterben
mir diese lindernde Rast!

Max Herrmann-Neiße

Ein deutscher Dichter bin ich einst gewesen

[1936]

Ein deutscher Dichter bin ich einst gewesen,
die Heimat klang in meiner Melodie,
ihr Leben war in meinem Lied zu lesen,
das mit ihr welkte und mit ihr gedieh.

Die Heimat hat mir Treue nicht gehalten,
sie gab sich ganz den bösen Trieben hin,
so kann ich nur ihr Traumbild noch gestalten,
der ich ihr trotzdem treu geblieben bin.

In ferner Fremde mal ich ihre Züge
zärtlich gedenkend mir mit Worten nah,
die Abendgiebel und die Schwalbenflüge
und alles Glück, das einst mir dort geschah.

Doch hier wird niemand meine Verse lehren,
ist nichts, was meiner Seele Sprache spricht;
ein deutscher Dichter bin ich einst gewesen,
jetzt ist mein Leben Spuk wie mein Gedicht.

Alfred Polgar
Schicksal in drei Worten
[1936]

Herr und Frau X, deutsche Emigranten (der Mann ist Mittelschullehrer), hatten viele Versuche unternommen, anderswo als im Vaterland, wo ihnen dies unmöglich gemacht worden war, Erwerb zu finden, eine neue Existenz aufzubauen. Es glückte aber nirgends, in keinem europäischen Land. Zu viele Kameraden im Elend strebten gleichem Ziel zu wie das Ehepaar, tauchte heute der Schimmer einer Möglichkeit von Arbeit und Verdienst auf, war er morgen wieder entschwunden, immer mühevoller wurde die Hetzjagd nach dem täglichen Brot, immer feindselig-fremder die Fremde. Da ereilte den Emigranten das große Glück: man bot ihm eine Stellung in Sydney an. Sydney in Australien. Er griff natürlich mit Freuden zu.

»Australien«, sagte ein Bekannter zu dem Glücklichen, »mein Gott, das ist aber weit!« ... Die Antwort lautete: »Weit? ... Von wo?«

»Weit? ... Von wo?«: eine prägnantere Formel für Heimatlosigkeit, Entwurzelung, Verlorensein auf dem Erdenrund wird sich kaum finden lassen.

Bertolt Brecht

Über die Bezeichnung Emigranten

[1937]

Immer fand ich den Namen falsch, den man uns gab:
    Emigranten.
Das heißt doch Auswanderer. Aber wir
Wanderten doch nicht aus, nach freiem Entschluß
Wählend ein anderes Land. Wanderten wir doch auch nicht
Ein in ein Land, dort zu bleiben, womöglich für immer.
Sondern wir flohen. Vertriebene sind wir, Verbannte.
Und kein Heim, ein Exil soll das Land sein, das uns da
    aufnahm.
Unruhig sitzen wir so, möglichst nahe den Grenzen
Wartend des Tags der Rückkehr, jede kleinste
    Veränderung
Jenseits der Grenze beobachtend, jeden Ankömmling
Eifrig befragend, nichts vergessend und nichts aufgebend
Und auch verzeihend nichts, was geschah, nichts verzeihend.
Ach, die Stille der Sunde täuscht uns nicht! Wir hören die
    Schreie
Aus ihren Lagern bis hierher. Sind wir doch selber
Fast wie Gerüchte von Untaten, die da entkamen
Über die Grenzen. Jeder von uns
Der mit zerrissenen Schuhn durch die Menge geht
Zeugt von der Schande, die jetzt unser Land befleckt.
Aber keiner von uns
Wird hier bleiben. Das letzte Wort
Ist noch nicht gesprochen.

Joseph Roth

[Brief an Stefan Zweig]

[1937]

Lieber Freund, es wird Ihnen wahrscheinlich schwer, vielleicht Gott behüte unmöglich sein, mich noch einmal aus der bis jetzt schrecklichsten und am wenigsten selbst verschuldeten Situation zu reißen. Es ist mir schwer, es zu sagen, das wissen Sie ja. Ersehen Sie aus dem beiliegenden Brief, was mir zustößt, nur mir zustoßen kann. Ich bekomme 125 Gulden im Monat. Darauf ist Alles eingerichtet, das Hotel gemietet und alle Bedürfnisse geregelt. Der Verleger, der neue, der meine Rettung war, nach dem Querido und de Lange, schickt mir die Rate nicht, weil er in Ferien geht. Nichts habe ich jetzt, außer ein paar Briefmarken auf Vorrat gekauft und wie in einer bösen Vorahnung. Das Hotel, auf 8 Wochen gemietet, jede zweite zu bezahlen, wird mir zudringlich. Am 15. muß ich das belgische *Visum* in Brüssel erneuern. In der Tasche habe ich noch 40 Francs. Ich weiß nicht, was tun. Soll ich mich nicht an Sie wenden? Es hätte sich vielleicht gehört. Es klebt so viel Unappetitliches an diesem Weg zu Ihnen, an meiner Armut, meinen ständig sich erneuernden kleinen Katastrophen, die für mich Erdbeben sind, an diesem Strick, der so lange zögert, mich endgültig zu ersticken und sich nur ruckweise enger zusammenzieht, er ist schon ganz fett von meinem Angstschweiß, nichts, als der Urlaub eines einzigen Mannes, der all Dies nicht begreifen kann – denn ich bin sein einziger deutscher Autor – ein Windhauch, eine fremde Frau, die erkrankt und die dem Prokuristen die Sinne betäubt – bringt mich an den Rand der Heilsarmee und des Kriminals, leider nur in Etappen an den des Grabes. Ich habe den großen Roman »1002. Nacht« fertig, den zweiten zu drei Vierteln, ich muß Anfang September den zweiten abliefern. In Polen habe ich den ganzen Winter, *mit* den Vorträgen, geschrieben, ich bin froh und munter gewesen, 125 Gulden bis Ende 37. zu bekommen. Und ich war hier, seit 4 Wochen ganz ruhig und arbeitsfroh. Gestern kam der Brief, der hier beiliegt. Wem soll ich ihn schicken? Nicht Ihnen, ich weiß es. Ein Jahr kaum hatte ich Sie mit meinen Drecksachen nicht beschmutzt. Verzeihen Sie mir! Wenn Sie mir verzeihen können. Ich hoffe. Das wenigstens antworten Sie mir sofort. Wenn Sie irgendwo machen können, daß ich von Belgien oder Paris das Geld bekomme, kann ich an diese eventuelle Adresse am 1. September 125 Gulden schicken lassen. Was soll ich tun? Ich bitte Sie, antworten Sie mir. Eben schleppen zwei Polizisten einen Mann über die Straße. Ich bin dermaßen exzitiert, daß ich mich zwischen den beiden sehe, ohne Visum, an die deutsche Grenze befördert, – der kürzeste Weg nach Österreich. Almondo hat mich eingeladen, aber es grenzte ja an Hochstapelei, wollte ich mich durch *eine* Mahlzeit auch nur kräftigen. – Ich habe eine so gewaltige Angst, in die Tiefe zu fallen, in diese Latrinen. Sehen Sie, wie mich Es hinstößt. Bitte, sehen Sie, es ist nicht meine Schuld. Bitte, sehen Sie meine Arbeit. Ich habe mir den Namen ruiniert, durch Fleiß, es sind zu viele Bücher hintereinander. Ich habe bei diesem Verleger erreicht, daß mein nächstes Buch *nicht* Weihnachten, sondern erst 38 erscheint. Aber bis Ende 37 zu leben, habe ich mich verpflichtet, bis Anfang September noch einen Roman abzuliefern. – Ach, wie ist das schmählich, degradierend, erbärmlich. Ich hatte das Ende schon so oft vorausgesehen, ich bitte Sie, mir zu glauben, daß es sich ohne meine Schuld verzögert. Ich darf mich nicht erschießen, ich hätte es allein schon getan, um Ihnen den würdelosen Anblick eines Freundes zu ersparen, der jammert. Ach, bitte, glauben Sie mir, ich habe keinen Leichtsinn gemacht, ich bin genau mit 1800 belgischen Francs für 3 Monate hierhergegangen, ich muß im billigsten Land sein *und* in der Nähe dieses seltsamen Verlags, der nicht einmal das Simpelste von Versand, Vertrieb, Druck versteht, dessen Setzer kein Deutsch können. Ich habe vollkommen phantastische Druckfehler selber zu korrigieren. Und Herr Lion kommt her und sagt, er hätte nie daran gedacht, daß ein Mensch, der so viele Bücher erscheinen läßt, noch gut sein könne. Viele denken so, wie er. Vielleicht haben sie recht. Sie glauben noch an meine litterarische Kraft. Aber sehen Sie, daß ich in der Latrine nicht arbeiten kann.

Ich weiß, daß Ihr an eine Art Stabilität gewohnter, *dauernde* Besserungen bedenkender Sinn, diese meine akute Katastrophe wieder – und mit Recht – als eine Folge des Gesamten sehen wird und, daß Sie zuerst denken werden, wie das Gesamte zu ändern wäre. Bitte, bedenken Sie, daß dieses Akute sogar ein eventuelles Gesamtes unmöglich machen kann. Selbst eine Art Aussöhnung mit Huebsch, der er sich ja entzieht, würde nichts mehr helfen. Er ist bestimmt nicht das Objekt meiner Bitterkeit, Sie brauchen ihn nicht in Schutz zu nehmen. Er hat nur den Gesetzen *meines* Schicksals gehorcht, ein Werkzeug in der Hand einer Macht, die mir all dies vorbestimmt hat. – Dies aber ist nicht aktuell. Im Augenblick sehe ich, wie die Polizisten den Mann wieder zum Bahnhof zurückführen. Ich habe einen Augenblick die Lust, ihn auszulösen und zu sagen, es sei ein Irrtum, eine Verwechslung – und so die entscheidende Katastrophe herbeizuführen. Ich kann wirklich nicht. Ich sehe sofort wieder, daß es eine litterarische Ehre ist. Realität ist, daß ich morgen noch einen Brief vom Hotel bekomme, daß die Wäsche dem Dienstmädchen nicht bezahlt ist und daß ich nicht mehr schreiben kann, nicht einmal einen Brief. Heute ist Sonntag, Dienstag bekommen Sie diesen ekelhaften Brief, ob Das eine lange Zeit ist! Es sind drei Jahre! Können, wollen Sie mir telegraphieren? – Ich habe auch noch die Postfurcht. Vielleicht erreicht Sie Das nicht? Ich schicke Ihnen dieses Expreß und noch eine Postkarte. Billiger, als ein Rekommandiertes. Aber glauben Sie, daß in dieser ganzen Katastrophe Ihre Bestätigung, daß Sie mir vergeben, das Wichtigere ist. Bitte, telegraphieren Sie mir. (Ich bin nicht verantwortlich für Unsinn, der hier stehen sollte.) Ich weiß nur, daß es der 8. 9. 10. 11. ist und 24 Tage, bis ich von Holland etwas habe.

Es ist mir so ekel vor mir, so schrecklich, bald wird es mir gleichgültig sein – und ich habe Angst davor.

Ich umarme Sie, drahten Sie mir, am Dienstag, ich werde spät nach Haus gehn.

Ihr J. R.

Lion Feuchtwanger
Trübe Gäste
[1938]

Während des Krieges und in den beiden Jahrzehnten hernach hatten in manchen Ländern Revolutionen stattgefunden. Diese Umwälzungen hatten zahlreiche Menschen zur Flucht aus ihrer Heimat getrieben. Es gab also Emigranten vieler Nationen.

Die deutsche Emigration war zerklüfteter als jede andere. Es gab unter den deutschen Exilanten zahlreiche, die um ihrer politischen Gesinnung willen hatten fliehen müssen, und es gab die große Masse derjenigen, die, nur weil sie selber oder ihre Eltern in den standesamtlichen Registern als Juden geführt wurden, sich zur Auswanderung gezwungen gesehen hatten. Es gab viele, Juden und Nichtjuden, die freiwillig gegangen waren, weil sie die Luft des Dritten Reichs einfach nicht mehr hatten atmen können, und andere, die für ihr Leben gern in Deutschland geblieben wären, hätte man sie dort nur auf irgendeine Art ihren Lebensunterhalt verdienen lassen. Aber eben das war einer der wesentlichen Punkte des nationalsozialistischen Programms und eigentlich der einzige, der sich verwirklichen ließ: den politischen Gegnern, den persönlichen Feinden oder Konkurrenten der neuen Herren und den als Juden Eingetragenen die Lebensmöglichkeit zu nehmen, auf daß sie krepierten wie die Fische eines austrocknenden Gewässers. Viele der deutschen Emigranten waren eingekerkert gewesen, mißhandelt, gedemütigt, schikaniert, viele hatten Freunde und Verwandte, die in Deutschland umgekommen waren; viele arbeiteten außerhalb der Reichsgrenzen am Sturz des verhaßten Regimes. Aber es gab auch solche, die mit der neuen Herrschaft einverstanden waren, die nie gefühlt, ja kaum gewußt hatten, daß sie Juden waren, und die, nachdem sie sich plötzlich infolge irgendeiner standesamtlichen Eintragung als Juden und somit als minderwertig abgestempelt sahen, nur sehr gegen ihren Willen aus ihrer vielhundertjährigen Heimat vertrieben worden waren. Es gab also unter diesen Exilanten Menschen jeder Art, solche, die ihre Gesinnung, und solche, die einfach ihre Geburtsurkunde oder irgendein anderer Zufall aus Deutschland getrieben hatte; es gab freiwillige und es gab Muß-Emigranten.

Auch gab es unter den hundertfünfzigtausend aus Deutschland

Verjagten nicht nur Menschen jeder politischen Gesinnung, sondern auch jeder sozialen Stellung und jedes Charakters. Jetzt, ob sie wollten oder nicht, bekamen sie alle die gleiche Etikette aufgeklebt, wurden sie alle im gleichen Topf gekocht. Sie waren in erster Linie Emigranten und erst in zweiter, was sie wirklich waren. Viele sträubten sich gegen eine so äußerliche Einordnung, doch es half ihnen nichts. Die Gruppe war nun einmal da, sie gehörten dazu, die Verknüpfung erwies sich als unlösbar.

Für die meisten bedeutete die freiwillige oder erzwungene Flucht aus Deutschland Preisgabe ihrer Stellung und ihres Vermögens. Denn die Stellung mußte aufgegeben, das Geld zurückgelassen werden. Womit sonst hätte die regierende Partei die Versprechungen halten können, die sie ihren Mitgliedern gemacht hatte, bevor sie ans Ruder kam? So lebten also die deutschen Emigranten zumeist in Dürftigkeit. Es gab Ärzte und Rechtsanwälte, die mit Krawatten hausierten, Büroarbeit verrichteten oder sonstwie, illegal, von der Polizei gehetzt, ihr Wissen an den Mann zu bringen suchten. Es gab Frauen mit Hochschulbildung, die als Verkäuferinnen, Dienstmädchen, Masseusen ihr Brot verdienten.

Wohin immer diese trüben Gäste kamen, waren sie unerwünscht. Der Erdboden und die Arbeit waren verteilt unter Nationen, unter politische und gesellschaftliche Cliquen. Infolge planloser Produktion und sinnloser Verteilung hungerte ein großer Teil der Bevölkerung des Planeten bei gefüllten Vorratskammern und standen trotz Warenhungers und Arbeiterandrangs viele Maschinen still. Länder, in denen neue, fähige Menschen willkommen gewesen wären, gab es nicht mehr. Vielmehr wurden die fremden Kömmlinge, die Brot und Arbeit wollten, überall mit scheelen Augen angesehen.

Man erlaubte ihnen nicht zu arbeiten, kaum zu atmen. Man verlangte »Papiere« von ihnen, Ausweise. Die hatten sie nicht, oder was sie hatten, genügte nicht. Manche waren geflohen, ohne Papiere mitnehmen zu können, die Pässe der meisten liefen allmählich ab und wurden von den Behörden des Dritten Reichs nicht erneuert. So hatten es diese Exilanten schwer, bestätigt zu bekommen, daß sie waren, wer sie waren. Das war manchen Ländern ein gelegener Vorwand, sie abzuschieben. Es kam vor, daß Menschen ohne jegliches Papier eines Nachts von den Gendarmen eines Landes heimlich über die Grenzen des Nachbarlandes und in der nächsten Nacht von den Gendarmen des Nachbarlandes ebenso heimlich wieder zurückgebracht wurden.

Den wenigsten bekamen die Leiden, die sie durchzumachen hatten. Denn es ist so, daß Leiden nur den Starken stärker, den Schwachen aber schwächer macht. Das alte Deutsch kennt für den Vertriebenen, für den Exilanten, zwei Worte: das Wort »Recke«, das nichts anderes bedeutet als eben Vertriebener, Geächteter, und das Wort »Elend«, das wiederum den Mann ohne Land, den aus dem Land Gestoßenen bedeutet. So bezeichnet die Weisheit der deutschen Sprache die beiden Pole, die das Wesen des Emigranten begrenzen. Unter den deutschen Emigranten wurden die meisten Elende und nicht sehr viele Recken; denn Gesinnung, Prinzipientreue sind Güter, auf die man leichter verzichtet als auf das tägliche Brot und auf die Butter darauf, und wenn es sich darum handelt, Ballast über Bord zu werfen, muß die Moral am ehesten daran glauben. Viele von den Emigranten verkamen. Ihre schlechten Eigenschaften, im Wohlstand versteckt und behütet, drangen zutage, ihre guten schlugen um. Wer vorsichtig gewesen war, wurde feig, der Mutige verbrecherisch, der Sparsame geizig, Großzügigkeit wurde Hochstapelei. Die meisten wurden ichbesessen, verloren Urteil und Maß, unterschieden nicht mehr zwischen Erlaubtem und Unerlaubtem, ihr Elend wurde ihnen Rechtfertigung für Zügellosigkeit und Willkür. Auch wurden sie jammerselig und zänkisch. Aus sicheren Verhältnissen ins Unsichere gestoßen, verzappelten sie sich, wurden frech und servil zugleich, streitsüchtig, anspruchsvoll, besserwisserisch. Sie wurden wie Früchte, die man zu früh vom Baum gerissen hat, nicht reif, sondern trocken und holzig.

Je ranziger ihre Hoffnung wurde auf Rückkehr in die Heimat oder zumindest in gesicherte Verhältnisse, um so tiefer ließen sie sich fallen. Manchen wurde es zu einer Schande, Emigrant zu sein, sie versuchten ängstlich, es zu verbergen, natürlich umsonst. Andere, gerade weil ihnen nichts blieb als ihr Emigrantentum, trugen es arrogant zur Schau und leiteten immer höhere Ansprüche daraus her. War nicht Hannibal Emigrant gewesen, Dante, Victor Hugo, Richard Wagner, Lenin, Masaryk? Sie vergaßen, daß auch der kleine Weißrusse Maximow zu den Emigranten gehörte, der sich vor dem Montmartre-Lokal »Koltschak« als Türsteher und Zuhälter betätigte, und Herr Rosenbaum, der einem kunstseidene Krawatten als reinseidene aufzuschwindeln suchte, und Herr Lembke, der damit umging, sich der deutschen Staatspolizei als Spitzel anzubieten.

Man liebte sie nicht, die deutschen Emigranten, sie mußten, diese Fremden, ihren Umgang zumeist untereinander suchen. Da entlud sich denn häufig ihr Elend und ihre Verzweiflung in läppischem, kleinlichem Gezänk, einer rieb sich am andern, man sah unbewußt im andern das eigene Bild und beschimpfte in der Kleinheit des andern die eigene Unzulänglichkeit. Alle wollten sie das gleiche: Pässe, Arbeitserlaubnis, Geld, eine neue Heimat, am liebsten Rückkehr in die alte, befreite. Doch die Gründe, warum sie das wollten, die Zwecke, wozu, und die Wege, wie sie es erreichen wollten, waren sehr verschieden, und was dem einen herrlich schien, war dem andern ein Greuel. So zerrieben sich durch die ständige Nähe selbst solche, die das gleiche innere Schicksal und die gleichen Ziele hatten, und einer erlebte Enttäuschungen am andern. Es gab Haß, manchmal Todfeindschaft unter den Emigranten, und, mehr oder minder guten Glaubens, verdächtigte einer den andern der Lässigkeit oder der Verräterei an der gemeinsamen Sache.

Ja, Exil zerrieb, machte klein und elend: aber Exil härtete auch und machte groß, reckenhaft. Das Leben des Bodenständigen, des Seßhaften verlangt und verleiht andere Tugenden als das Dasein des Nomaden, des Freizügigen. Im Zeitalter der Maschine aber, im Zeitalter, da die Maschine den größeren Teil der Bauern überflüssig macht, sind die Tugenden des Freizügigen für die Gesellschaft zumindest ebenso wichtig wie die des Seßhaften und geeigneter für den, der sich sein Leben täglich neu erkämpfen muß. Der Emigrant hatte weniger Rechte als die andern, aber viele Beschränkungen, Pflichten und Vorurteile der andern fielen von ihm ab. Er wurde wendiger, schneller, geschmeidiger, härter. »Walzender Stein wird nicht moosig«, heißt es bei dem alten Sebastian Franck; ein Stein, der bewegt wird, setzt kein Moos an. Was diesem deutschen Schriftsteller offenbar als Vorzug galt.

Viele engte das Exil ein, aber den Besseren gab es mehr Weite, Elastizität, es gab ihnen Blick für das Große, Wesentliche und lehrte sie, nicht am Unwesentlichen zu haften. Menschen, von New York nach Moskau geworfen und von Stockholm nach Kapstadt, mußten, wenn sie nicht umkommen wollten, über mehr Dinge nachdenken und tiefer in diese Dinge hineinschauen als solche, die ihr Leben lang in ihrem Berliner Büro festhockten.

Viele von diesen Emigranten wurden innerlich reifer, erneuerten sich, wurden jünger: jenes »Stirb und werde«, das den Menschen aus einem trüben zu einem frohen Gast dieser Erde macht, wurde ihnen Erlebnis und Besitz.

An diese Emigranten klammerten sich viele Hoffnungen innerhalb und außerhalb der Grenzen des Dritten Reichs. Diese Vertriebenen, glaubte man, seien berufen und auserwählt, die Barbaren zu vertreiben, die sich ihrer Heimat bemächtigt.

Ernst Bloch

Ansprache auf dem Congress of American Writers

[1939]

1. Der Vertriebene ist durchaus nicht entwurzelt. Denn er hat sein Land wider Willen und ohne innere Notwendigkeit verlassen. So hängt er noch mit ihm zusammen, desto genauer, je verantwortlicher er sich politisch verhält.

Andererseits lebt der Flüchtling unter fremden Völkern, muß sich ihnen anpassen. Unter und mit ihnen sucht er Brot und Arbeit, gegebenenfalls Geltung. Dem gegenwärtigen Regime seiner alten Heimat so feindlich gesinnt wie kein anderer, verbindet er sich den progressiven Kräften des Lands, das ihn aufgenommen. Er findet sich freilich in der neuen Heimat nicht ganz mühelos und eilig zurecht wie die Wetterfahnen, die nach jedem Wind sich drehen. Weder ist der politische Flüchtling völlig von drüben losgerissen, noch ist er (man denke allein an die Sprache) völlig hier angelangt. So befindet er sich in einem Zwischenzustand, lebt sozusagen auf der Grenze.

2. Aber befinden sich heute nicht die meisten Menschen in einem Zwischenzustand? Leben nicht auch die seßhaftesten Einwohner auf einer Grenze, wenn nicht des Raums, so doch der Zeit? Der Nachkrieg (nach 1918) ist die Epoche der vollendeten Unsicherheit, kein Glück ist in der Welt, keine Ruhe oder mindestens keine mit Aussicht auf Dauer. Jeder Mensch lebt eine Grenzexistenz zwischen dem Alten, das er vielleicht nicht aufgeben will, aber auch nicht halten kann, und dem Neuen, das noch nicht wirklich wurde. In das der Zeitgenosse – mit Angst oder Hoffnung, je nachdem – hinüberhängt. Auch dieser Zustand ist eine Art Emigration, das heißt ein Auszug aus dem bisher Gewohnten. Es ist kein Auszug aus dem Land, worin man groß geworden, wohl aber aus der Soziologie der Väter und der eigenen Jugend.

Wir alle, Vertriebene wie Seßhafte und Gastfreunde, leben derart auf der Schwelle zweier Zeiten. Und wir leben diese Grenzexistenz desto bewußter, je konkreter wir uns der Sache der Zukunft verschrieben haben. Wir begreifen, daß die alte Gesellschaft mit einer neuen schwanger geht, wir sind Leidtragende und Beförderer dieser schweren Geburt. Wir begreifen aber auch, daß der Übergang aus einem alten in einen neuen Zustand nicht mit einem völlig abstrakten Abbruch der Vergangenheit geschieht und daß das Neue nicht ebenso abstrakt, wie aus der Pistole geschossen, hervorkommt. Sondern hier herrschen manche dialektische Übergänge, es besteht der Vergangenheit gegenüber das Problem des kulturellen Erbes, der Zukunft gegenüber das Problem der Verankerung in Bauern, Mittelschichten und anderen noch nicht verschwundenen Lebensformen. Und was das Ineinander gärender Gedankenmassen angeht, so hat unsere Zeit manche Ähnlichkeit mit dem vierzehnten und fünfzehnten Jahrhundert, als der Grenzepoche zwischen Mittelalter und Neuzeit, zwischen feudaler und bürgerlicher Gesellschaft. Heute geht es aus der bürgerlichen Formation in eine unbekannte, deren Umrisse sich nur eben am Horizont abzeichnen. Aber Exodus liegt in der Luft, ökonomischer, sozialer, geschichtsphilosophischer Exodus; dieser ist in allen Werken unserer Zeit, sofern sie etwas zu sagen haben, auch in den bürgerlich orientierten (abschiednehmenden). Exodus ist in einer so wirr und kreuz und quer experimentierenden Unmittelbarkeit wie der des James Joyce; er ist aber auch in dessen entschiedenstem Gegenteil, in der vorwärtsgewandten Erinnerungsliteratur Thomas Manns. Nichts ruht mehr in der Gegenwart, es wird umgebrochen und umgeschmolzen, auch Montage aus Trümmern ist eine Art Produktionsform geworden, es ist eine Zeit des Übergangs, eine Mischzeit aus Abbruch und Geburt.

3. Wir politisch-kulturellen Emigranten kommen uns daher gar nicht besonders exzeptionell vor. Wir sind, was Grenzsituation angeht, recht zeitgemäße und nur etwas übertrieben deutliche Erscheinungen. Unser Unterschied vom Normalen ist der, daß wir nicht nur zwischen Vergangenheit und Zukunft uns bewegen, sondern auch noch die Sorge der räumlichen Zwischenexistenz haben. So kostet der Emigrant die Depressionen und Gefahren der heutigen Friedlosigkeit konzentriert aus. Aber er lernt auch Tapferkeit an der doppelten Grenzlinie, ungarantiertes Standhalten um des Prinzips willen, das an die Grenze gebracht hat. Und nicht das Unwichtigste: der Emigrant, der in dieser Eigenschaft meist schon mehrerer Herrn Länder durcherfahren hat, lernt Menschen kennen, Menschen und Klassen, nicht nur – wie der gelegentlich Reisende – Nationen und deren Angehörige.

Dem schriftstellerischen Werk der Emigration sieht man es zuweilen an, daß es nicht mehr im Saft des eigenen Landes gekocht worden ist. Diesem Negativen aber steht gegenüber: die meisten emigrierten Autoren schreiben sowohl inhaltlicher wie verantwortlicher als früher. Sie haben den großen Stoff von heutzutage am eigenen Leib erfahren: den Kampf des verzögerten Lichts mit der Nacht. Dieser Kampf geht bis ins persönliche Schicksal und verlangt zugleich eine objektive, breit betreffende Darstellung; er macht umgekehrt das Objektive, früher leicht Abstrakte lebensvoll und anschaulich präzis. Im Bewußtsein, auf einer Grenze angelangt zu sein, sind wir progressiven Schriftsteller alle verbunden, Amerikaner oder Immigranten, gleichviel. Und noch besser sind wir in dem Glauben verbunden: Das Land jenseits der Grenze ist nicht Untergang, nicht Tod wie der Faschismus, der von den Rädern der Geschichte, die er aufhalten will, in Kürze erschlagen werden wird. Das Neue, dem wir Grenzfreunde so nah verpflichtet sind, bleibt der älteste und glänzendste Grenzbegriff der Menschheit: die vollkommene Demokratie.

Berthold Viertel

Der Fall von Paris

[1941]

Man hört kein Herz mehr schlagen,
Die Fremde wächst.
Es folgen taube Nächte stummen Tagen,
Die Fremde wächst.
Wir sind es müde, noch zu klagen,
Die Fremde wächst.
Hat es noch Sinn, ein Liebeswort zu sagen?
Die Fremde wächst.
Wir müssen diesen Krieg wie eine Buße tragen,
Die Fremde wächst.
Und alles, was wir lebten, liegt geschlagen,
Die Fremde wächst.

Max Herrmann-Neiße

Rechtfertigung eines Emigranten

[1941]

Ihr werft mir vor, zuviel zurückzudenken,
die alten Zeiten niemals zu verwinden,
mich fruchtlos ins Gewesne zu versenken
und keinen Weg zur Gegenwart zu finden,
was einst ich liebte, heimlich noch zu lieben,
dem uns Versagten schwächlich nachzutrauern
und, aus dem Heimatlichen schnöd vertrieben,
auf die Versöhnung unverwandt zu lauern.

Wie könnte ich mein Schicksal sonst ertragen
und, redlich denkend, in der Fremde leben,
abseitig, ohne selbst mich anzuklagen
und meine Menschenwürde aufzugeben,
wenn ich zu dem, was mein einst war, nicht hielte!
Es soll doch künftig wieder uns gehören,
der Traum, der heut' mit einem Wunschbild spielte,
den wirklichen Triumph heraufbeschwören.

Denn jeder unsrer sorgenden Gedanken,
der Treue hält dem heimatlichen Wesen,
erhebt sich über der Verbannung Schranken,
der Zukunft Trost im Morgenrot zu lesen,
von meinesgleichen nie sich zu entfernen,
bis wir uns alle schließlich ganz vereinen
und wieder uns mit Sonne, Mond und Sternen
wird hold der Heimat lautrer Glanz bescheinen.

Max Herrmann-Neiße

Heimatlos

[1941]

Wir ohne Heimat irren so verloren
und sinnlos durch der Fremde Labyrinth.
Die Eingebornen plaudern vor den Toren
vertraut im abendlichen Sommerwind.
Er macht den Fenstervorhang flüchtig wehen
und läßt uns in die lang entbehrte Ruh'
des sichren Friedens einer Stube sehen
und schließt sie vor uns grausam wieder zu.
Die herrenlosen Katzen in den Gassen,
die Bettler, nächtigend im nassen Gras,
sind nicht so ausgestoßen und verlassen
wie jeder, der ein Heimatglück besaß
und hat es ohne seine Schuld verloren
und irrt jetzt durch der Fremde Labyrinth.
Die Eingebornen träumen vor den Toren
und wissen nicht, daß wir ihr Schatten sind.

Max Herrmann-Neiße

Litanei der Bitternis

[1941]

Bitter ist es, das Brot der Fremde zu essen,
bittrer noch, das Gnadenbrot,
und dem Nächsten eine Last zu sein.
Meine beßren Jahre kann ich nicht vergessen;
doch nun sind sie tot,
und getrunken ist der letzte Wein.

Ringsum ist eine ganze Welt verfallen,
alles treibt dem Abgrund zu,
nur noch Schwereres steht uns bevor,
denn wir treiben hilflos mit den Trümmern allen;
immer denkst auch du
an das Glück, das dein Gemüt verlor.

Selbst die große Stadt muß sich verstellen,
dunkel sein wie Dörfer einst,
die verwunschnen, die man fremd durchfuhr,
seltsam klingt wie damals nachts der Hunde Bellen,
daß du trostlos weinst,
angeweht vom Spuk der Heimatflur.

Bitter ist es, vor jedem neuen Tage
Angst zu haben, nie mehr frei
von geheimen Sorgen, Reue, Gram,
furchtgeplagt bei jedem neuen Glockenschlage,
daß er letzter sei,
eh' man recht vom Leben Abschied nahm.

Ungemilderte Bitternis im Herzen,
bin ich längst mir selbst zur Last
zwischen Morgenrot und Abendrot.
Bitter ist es, alles Glück sich zu verscherzen,
ungebetner Gast
bittrer, und das Bitterste: der Tod.

Berthold Viertel

Die Frauen

[1941]

Die durchs Exil uns trugen,
Die Frauen, uns verbunden,
Die törichten und klugen
Haben den Weg gefunden.

Der ging über Berge und Meere,
Im endlosen Trott und mit Hast.
Und der Mann war oft eine schwere,
Undankbare Last.

Ihn schulternd, Leib und Seele,
Fanden sie keine Ruh,
Den fremden Staub in der Kehle
Und die eigenen Tränen dazu.

Das Geld war aufzuspüren,
Wo es sich listig verbarg.
Und Wirtschaft war zu führen,
Enger als ein Sarg.

Und Kinder zu gebären,
Von Wehen heimgesucht,
Als ob wir zuhause wären
Auf der ziellosen Flucht.

Nester zu baun und zu räumen,
Wie es dem Zufall gefällt.
Und von Zukunft zu träumen
In zerfallender Welt.

Berthold Viertel

Das anständige Leben

[1941]

Das anständige Leben ist es heute,
Im Gefängnis verwahrt zu sein;
Im Konzentrationslager eingesammelt;
In der Folterkammer verköstigt;
Oder auf der Flucht begriffen;

Herumirrend an versperrten Grenzen;
Vor Konsulaten wartend, im knauserigen Paßamt;
Auf schwielenbildenden Bänken in Hilfsvereinen hockend,
Ein Bettler, dem schlecht geholfen wird;
Zu den Vertriebenen zu gehören, den umher Gejagten,
Welche sie überall einsperren,
Gegen die überall Krieg geführt wird,
Von Freund und Feind, weil sie die Schwächeren sind;
Ein Jude zu sein, den jeder mit einem Hintergedanken anblickt;

Ein Anwalt des arbeitenden Volkes,
Der keine Stelle mehr findet:

So sieht heute das anständige Leben aus,
Und es ist leicht zu haben.
Aber keiner begehrt es.

Berthold Viertel

Auswanderer

[1941]

Nun müssen wir von allem scheiden,
Was Kindheit uns und Wachstum war.
Wir sollen selbst die Sprache meiden,
Die unserer Herzen Wort gebar.

Die Landschaft werden wir verlassen,
Die uns auf ihren Armen trug.
Wir sollen diese Wälder hassen
Und hatten ihrer nie genug.

Wie je uns wieder anvertrauen
Dem Friedenshauche einer Flur,
Wenn Abendlicht und Morgengrauen
Befleckt sind mit der blutigen Spur?

Wenn in der Bäume gutem Raunen
Aufrauscht der Haß, der uns vertreibt!
Es lernten unsere Kinder staunen,
Warum man nicht zuhause bleibt?

Wir sind, mein Kind, nie mehr zuhause.
Vergiß das Wort, vergiß das Land
Und mach' im Herzen eine Pause –
Dann gehen wir. Wohin? Unbekannt.

Carl Zuckmayer

Aufruf zum Leben

[1942]

Der Entschluß zu sterben ist ein unveräußerliches Recht jedes Einzelnen. Wenn ein Mensch die letzte Entscheidung fällt und sie mit seinem Tod besiegelt, so hat die Frage, ob er richtig oder falsch gehandelt hat, zu schweigen. Denn es gibt dafür keinen Maßstab und kein Gesetz als das des eigenen freien Willens. – Für uns jedoch, die wir durch das Ereignis eines Freitods in unsrer Mitte zutiefst betroffen sind, erhebt sich die Frage nach dem Sinn unsres Weiterlebens. Allzu leicht könnten wir geneigt sein, die Lage und Haltung eines Einzelnen, der von den gleichen Zeitmächten geschlagen war, die uns bedrängen, allgemein zu verstehen – und den Weg, den er für seine Person gewählt hat, als Beispiel aufzufassen, als Ausweg – oder als Urteil. – Verführerisch ist der Gedanke, in Stolz und Einsamkeit den Giftbecher zu nehmen, bevor der widerliche Massen-Galgenwald errichtet ist, der uns bestimmt sein mag. Fast scheint es Erlösung, die böse Last wegzuwerfen, eh sie uns ganz zu Boden drückt und erwürgt. Manchem mag es wie ein süßer Schwindel, wie ein Rausch zu Kopf steigen, dem sich so traurig-lustvoll hinzugeben wäre: schon die Worte klingen wie aushauchende Erfüllung einer letzten Lebensgier: vergehen, verwehen, verrinnen, verströmen, enden – vollenden. Wer kennt nicht das heiße Flüstern dieser Versuchung. Wer weiß nicht von jener bis zum Herzpochen aufregenden Träumerei, erster Liebesverwirrung gleich, in der sich Lebensangst mit der Bravour des Absprungs, der Grenzüberschreitung, der Ich-Entfesselung, beklemmend und atemlos vermischt.

Es ist aber nicht an der Zeit, mit dem Tod zu schlafen.

Die Dämmerung, die uns umgibt, deutet nicht auf Abend, auf Mond, auf Buhlschaft. Hinter diesem Zwielicht flammt ein blutiges Morgenrot, das harten Tag kündet und das uns ruft, zu leben, zu kämpfen, zu bestehen.

Gebt nicht auf, Kameraden!

Wir sind allein. Wir sind vom Alp des Zweifels und der Verzweiflung heimgesucht. Vielen von uns greift die nackte Not an die Gurgel. Wir haben kein Banner, um das wir uns scharen könnten, keine Hymne, die uns vereint und erhebt. Wir sind zu stolz und zu hart geprüft, um uns an windiger Hoffnung zu berauschen. Wir wissen, daß, was vor uns liegt, Kampf bis aufs Messer heißt – und wir sind nicht mehr jung an Taten. Wir kennen den Gegner. Wir sehen der vollen Wahrheit ins Gesicht. Wir haben nichts als unser Leben. Dieses aber, im schärfsten Scheidewasser gewaschen, ist immer noch eine Kraft, die unzerteilbar besteht, ein Element, das aller Vernichtung trotzt, eine Waffe, in die das Zeichen des Sieges eingegraben ist, sei es, daß die Schneide des Hasses sie furchtbar macht, sei es, daß sie gesegnet wird von der größeren Macht, der Liebe.

Jedes einzelne Leben, einmalig und einzig in eines Menschen Leib und Seele geprägt – jedes einzelne Leben, das trotz und gegen die Vernichtung sich erhält und seiner Losung treu bleibt, ist eine Macht, eine Festung, an der sich der feindliche Ansturm brechen muß. Solang noch einer lebt, wenn auch in äußerster Bedrängnis, der anderes denkt, fühlt, glaubt und will als der Bedränger, hat Hitler nicht gesiegt. Er wird und kann nicht siegen, er kann und wird nicht siegen, wenn er nicht Fuß faßt in uns selber und uns von innen überwältigt, auslöscht, vergiftet und zerstört. Laßt Euch nicht von der Müdigkeit übermannen, die den einsamen Posten gefährlicher macht als die Schlachtreihe. Singt sie weg, solang Ihr noch einen Hauch von Stimme habt, ruft das Signal, das Kennwort durch die Nacht, es heiße: Leben!

Gebt nicht auf, Kameraden! Selbst wenn der Posten, auf dem wir stehen, sehr kalt und sehr bitter ist, selbst wenn er verloren scheint. Hat nicht der verlorene Posten oft die Schlacht gewendet?

Macht besteht. Unmacht verkommt. Aber Macht ist nicht eine Ansammlung äußerer Kräfte allein. Die höchste Macht ist das Leben, wenn es erfüllt ist vom Bewußtsein der Produktivität. Dann ist es den ungeheuersten Gewalten der Vernichtung überlegen, so wie ein Samenhaar, eine lebendige Zelle stärker ist als eine Sturmflut, ein Erdbeben oder ein Panzerwagen.

Dies unser einziges Leben, das kleinste und schwächste Ding der Welt, ist eine Macht, solang es teilnimmt am Ganzen. Das schöpferische Leben umfließt uns unermessen, mit tausend Fasern hält es in uns ein, mit tausend Strahlen und Wellen sind wir von ihm durchwirkt. Es ist ein Geschenk, eine Gnade, ein Wunder, ein Sinnbild des Vollkommenen, Ganzen. Rosiges Frühlicht küßt den nackten Schnee auf dem Fenstersims vor Deiner verrauchten Stube, in der Du ringst und zweifelst. Durch junge Baumrinden knistert der steigende Saft. Das Gesicht eines Toten mag marmorne Schönheit werden, in der Sekunde, bevor es verfällt. Die Hand eines Mannes, am hölzernen Spatengriff, die Kraft der ausgesparten Bewegung: Arbeit! und die gebrochene Erde mischt ihren starken Geruch ins tiefe Einziehen, Ausstoßen des Atems in Deiner Brust.

Vergiß nicht, wie Brot schmeckt. Vergiß nicht, wie Wein mundet – in den Stunden, in denen Du hungrig und durstig bist. Vergiß nicht die Macht Deiner Träume. Gebt nicht auf, Kameraden!

Wir müssen dieses Leben bis zum äußersten verteidigen, denn es gehört nicht uns allein. Was auch kommen mag: kämpft weiter. Lebt: aus Trotz – wenn alle andern Kräfte Euch versagen und selbst die Freude lahm wird – lebt: aus Wut! Keiner von uns darf sterben, solange Hitler lebt! Seid ungebrochen im Willen, die Pest zu überleben. Denkt an die Männer, die kämpfen – denkt an das Ziel!

Kämpft, indem Ihr nicht aufgebt zu leben. Mitzutragen. Wir haben mitzutragen und mitzubüßen, alle Schwächen und Fehler, die um uns, vor uns, durch uns und ohne uns geschehen sind. Diese Fehler, Schwachheit im Leben und Kämpfen, werden bestraft ohne Gnade, sie sind schon bestraft worden, und wir wissen nicht, wie weit noch die Strafe geht, wie weit sie aufgeholt, gutgemacht, abgegolten und umgewandelt werden kann in Opfer und Kraft und Sieg. Aber selbst wenn der Sieg ganz fern scheint und kaum erreichbar, gebt nicht auf. Selbst wenn der Krieg verlorenginge, gebt nicht auf!

Denn wer von uns hätte das Maß und die Gewißheit der Größe zu glauben, er sei erhoben und erhaben über Liebe und Haß und das eine, das einzige Leben? Und wer dürfte von sich selbst sagen, daß er am tiefsten litte?

Du weißt sie alle, die freien und unfreien Tode, zwischen dem Schierlingstrank des Sokrates und dem Gasschlauch des Arbeitslosen. Des Petronius weltmüde Verblutung, die Sternenkühle des Seneca, den Sprung ins Ätnafeuer des Empedokles, den Sturz des Feldherrn in sein unglückliches Schwert.

Keiner davon ist uns gegeben. So zögert nicht, weiterzugehen in der Nacht, und schaut ohne Furcht in die schaurig durchfunkelte Finsternis.

Werner Ilberg

Schriftstellernöte

[1943]

Lieber –

Du fragst, ob meine Schriftstellerei nicht darunter leide, daß ich täglich 10-12 Stunden in der Fabrik arbeite. Ich glaube nicht. Es sind andere Gründe, schwerwiegendere, die schuld sind, daß meine Schreibmaschine nicht voll ausgenutzt wird. Wir sind im Exil.

Wir sind im Exil. Vertrieben sein von Volk und Land ist Hölle für jeden, aber für niemanden so sehr wie für den Dichter. Die Sprache ist mehr als unser Handwerkszeug, sie ist der Motor, der die Einbildungskraft antreibt. Aber nur die eigene Sprache erfüllt uns diesen Dienst, niemals die angelernte. Im Deutschen sind wir zu Hause, im Englischen wie auf Besuch. Die kleinen Intimitäten des Alltags kann ich nicht ausdrücken. Slang und Dialekte, in denen sich die Sprache sozusagen in Hemdsärmeln bewegt, versteh ich nicht. Wenn ich in Deutschland über die Straße ging und zwei Menschen miteinander sprechen hörte, bekam ich einen, wenn auch oberflächlichen Begriff von ihrem Leben. Sie verrieten mir etwa, aus welcher Provinz sie stammten, welchen Beruf sie ausübten, Handlungsgehilfe, Landarbeiter, Student, oder gar etwas von ihrem Charakter. Es mußte gar nicht immer stimmen, aber so fanden wir häufig die Urbilder zu unseren Figuren. Das alles fällt hier fort, und darum habe ich seit langer Zeit nichts mehr geschrieben, was die Engländer »fiction« nennen.

Du kannst einwenden, daß uns die Erinnerung bleibe, daß wir fähig sein müßten, von jenem Deutschland, das wir kannten, auf das zu schließen, was wir den Nazis erlaubt haben, zu entwickeln. Wenn Schiller den Tell schreiben konnte, ohne je in der Schweiz gewesen zu sein, sollten wir da nicht fähig sein, ein klares und gutes Bild vom faschismusverseuchten Deutschland von heute zu geben? Einige von uns können es z. B. Bertolt Brecht. Sein Gedicht »Und was bekam des Soldaten Weib?« ist ein Meisterstück der Einfühlungskunst. In wenigen Strophen zeigt er uns die ganze Korruptheit der Früchtchen der Nazierziehung. In einem einzelnen Gedicht mag uns das gelegentlich gelingen. Im übrigen aber ist uns das tägliche Leben der Deutschen von heute fremder als das von Bewohnern dunkelster Erdteile. Ich weiß nicht, wieviel Platz die Bände des Reichsgesetzblattes von 1933 bis heute einnehmen, aber das weiß ich, daß schon die äußeren Regeln, nach denen sich das Leben des Durchschnittsdeutschen von heute richtet, Legion sind, und alles, was wir gekannt haben, vollkommen umgestülpt haben. Dazu kommt, daß es unerhört schwer ist, sich die Verheerungen vorzustellen, die die Hitlerschen und Goebbelsschen Lügen in den Köpfen unserer Mitdeutschen angerichtet haben. Manchmal faßt mich ein Zweifel, ob wir noch dieselbe Sprache sprechen. Wir müssen das Nazideutsch erst übersetzen, ehe wir seinen Sinn verstehen. »Neue Ordnung« heißt Unordnung und Chaos, das »Herrenvolk« ist versklavt wie nie zuvor. Die »Größe« und »Erhabenheit« im braunen Wortschatz bezeichnen die tiefste Erniedrigung, die wir je erlebt haben. Hitlers Soldaten, die für die »Reinheit des deutschen Schildes« kämpfen, besudeln den deutschen Namen täglich und stündlich mit ihren unvorstellbaren Raub- und Mordtaten. Wieviele von den Deutschen, die wir gekannt haben, sind gegenwärtig noch fähig, diese Übersetzungsarbeit zu leisten. Das braune Radio hämmert in sie »Mitgefangen – mitgehangen« und der üble Trick verfängt dort immer noch.

Jeder von uns hat wieder und wieder das Leben der Illegalen gezeigt. Als Hintergrund malten wir die mehr oder weniger kriecherische, schwankende, feige Haltung der übrigen Volksschichten. Jetzt aber müßten wir, wollten wir Wahrheit schreiben, das Verhältnis umkehren. Wir müßten in der Lage sein, plastisch, und für jeden Nichtdeutschen faßbar, zu schildern, wie Schritt für Schritt, Tag für Tag, die Masse des deutschen Volkes tiefer und tiefer in den Sumpf getrieben worden ist. Und wir haben sie doch alle gekannt, diese Fritz, Franz und Hans. Wir wissen, was sie waren, Menschen mit all ihren Vorzügen und Schwächen, ordentlich, anständig, manchmal ein bißchen rebellisch, manchmal nichts als »untertan der Obrigkeit«, einige mutig, mehrere feige. Alle waren sie mehr oder weniger erfaßt vom großen Geist der Menschlichkeit. Ihre große Sünde war ihre Uneinigkeit, durch die sie es Hitler erlaubten, sie in die Gefangenschaft zu führen. Wie war es denn möglich, daß er sie so in Grund und Boden verderben konnte, daß sie heute angefault sind bis ins Mark? Daß Väter, Brüder, Söhne nicht nur gehorsam seine Mordbefehle ausführen, sondern sich sogar widerstandslos für ihn morden lassen? O natürlich, ich könnte eine lange Abhandlung darüber schreiben, in der alles, alles richtig sein würde, aber von hier zu einer Erzählung mit Menschen von Fleisch und Blut ist ein weiter Schritt, den ich bisher nicht machen konnte, obwohl er notwendig ist. Kunst ist gestaltete Wahrheit, die nicht aus einer äußerlichen Aneinanderreihung nackter Tatsachen besteht, sondern aus der die gesellschaftlichen und seelischen Beziehungen und Bedingtheiten hervorleuchten müssen. Hätten wir die Möglichkeiten unserer Kollegen in der Sowjetunion, uns mit den Kriegsgefangenen zu unterhalten, so könnten wir nicht nur sie lehren, wie die Wahrheit aussieht, sondern sie würden gleichzeitig uns lehren, wie die Realität der Lüge zuhause aussieht. Dann könnten wir – oder könnte ich – wieder anfangen zu schaffen. So muß ich auf unsere Heimkehr warten. »Der Riese hat wieder den Boden berührt. Es wachsen ihm neue Kräfte«, sang Heine nach 12jährigem Exil. Unseres dauert schon fast 10 Jahre.

Und bis zur Heimkehr? Stehe ich an der Drehbank und helfe Waffen schmieden. Als Seume vor 140 Jahren von einer Nation sprach, die die Freiheit nicht vertragen könne, schrieb er: »Der weitaus größte Teil derselben besteht aus Schurken, Narren und Dummköpfen, oder ein Einziger versteht es, sie dazu zu machen.« Schurken, Narren und Dummköpfe können oder wollen die Wahrheit nicht verstehen, die Schurken, weil sie von der Lüge leben, die Narren und Dummköpfe, weil ihre Köpfe vernagelt sind. Wenn die Verbündeten, jeder an seiner Front, Löcher in die vernagelten Köpfe geschossen haben werden, werden sie dem Lichte einen Weg gebahnt haben.

Wir haben sie gekannt, die Fritz, Franz und Hans. Wir sind enttäuscht, und wir warten. Am ersten Tage ihres aktiven Widerstandes werden wir sie erkennen. Sie sind schwer verseucht. Sie brauchen eine eiserne Medizin. – Ich helfe Medizin machen.

Lion Feuchtwanger

Arbeitsprobleme des Schriftstellers im Exil

[1943]

I.

In München, als Student, habe ich an einem Seminar teilgenommen, das sich mit dem Thema beschäftigte: »Erlebnis und Dichtung«. Das war in den Zeiten tiefen Friedens vor dem ersten Weltkrieg, der Elfenbeinturm war große literarische Mode, und der Professor, der das Seminar leitete, machte einen säuberlichen Trennungsstrich zwischen äußerem und innerem Erleben. Die innere Form des Dichters schien ihm vorgeschrieben von seiner Geburt an, und er wollte es nicht gelten lassen, daß das Werk des Schriftstellers abhängig sei von dem Platz, an dem sein Schreibtisch stehe.

Es war in jenem Seminar die Rede davon, wie viele Schriftsteller aller Völker und aller Zeiten einen großen Teil ihres Lebens im Exil hatten verbringen müssen und wieviel Werke höchsten literarischen Ranges im Exil entstanden sind. Der leitende Professor erklärte, diese Jahre des Exils hätten zwar die Stoffwahl jener Autoren beeinflußt, nicht aber ihre innere Landschaft. Ich gestehe, daß mir schon damals als blutjungem Studenten diese These verdächtig vorkam. Ich konnte es nicht glauben, daß das Werk Ovids, Li-Tai-Pes, Dantes, Heinrich Heines, Victor Hugos nur im *Stofflichen* beeinflußt sei von der Verbannung dieser Dichter. Mir schien, daß das *innerste Wesen* der Werke, welche diese Dichter in der Zeit ihrer Verbannung geschrieben haben, bedingt war von ihren äußeren Umständen, von ihrem Exil. Der infernalische Haß gewisser Dantescher Terzinen, die blitzende Schärfe Victor Hugoscher Streitschriften, die schwermütig-heitere, süße und tiefe Heimatliebe Li-Tai-Pescher Verse, der elegante und tödliche Hohn Heinescher Gedichte, das alles ist nicht denkbar ohne das Exil des Autoren. Das Exil ist kein zufälliger Nebenumstand, es ist die Quelle dieser Werke. Nicht die Stoffe dieser Dichter haben sich verändert durch ihre Verbannung, sondern ihr Wesen.

Jetzt, im Beginn des zweiten Jahrzehnts meines Lebens und Dichtens im Exil, ist mir diese Meinung weit mehr geworden als eine bloße Meinung, sie gehört zu den Grundlagen meiner innern Existenz, und wenn ich nun zu Ihnen spreche über die äußern und innern Probleme, vor welche das Exil den Autor stellt, so hoffe ich, meine Ausführungen werden nicht zu sehr gefärbt sein von der Farbe sehr schmerzhaften Erlebens.

II.

Ich möchte nicht lange verweilen bei dem bittern Thema, mit wieviel äußern Schwierigkeiten der Schriftsteller im Exil sich herumzuschlagen hat; ich hoffe, denjenigen unter Ihnen, welche diese Schwierigkeiten nicht erfahren haben, werden sie erspart bleiben.

Der Schriftsteller, der den Leserkreis seines eigenen Landes verliert, verliert mit ihm sehr häufig das Zentrum seiner wirtschaftlichen Existenz. Sehr viele Schriftsteller, die in ihrem eigenen Lande marktfähig waren, sind trotz höchster Begabung im Ausland nicht verkaufbar, sei es, weil ihr Wert vor allem im Sprachlichen liegt und dieses Sprachliche nicht übertragbar ist, sei es, weil ihre Stoffe den ausländischen Leser nicht interessieren. Den gutgemeinten Anregungen mancher Verleger, Konzessionen an den Geschmack des ausländischen Publikums zu machen, können und wollen viele exilierte Schriftsteller nicht nachkommen. Es ist erstaunlich, wie viele Autoren, deren Leistung die ganze Welt anerkannt hat, jetzt im Exil trotz ernsthaftester Bemühungen völlig hilf- und mittellos dastehen.

Dazu kommt, daß viele Schriftsteller mehr als andere Exilanten leiden unter den läppischen kleinen Miseren, aus denen der Alltag des Exils sich zusammensetzt. Es ist keine große Sache, in einem Hotel wohnen zu müssen und auf Schritt und Tritt bürokratischen Weisungen unterworfen zu sein. Aber einen weitgespannten Roman in einem Hotelzimmer zu schreiben ist nicht jedem Schriftsteller gegeben, es reißt an den Nerven; es reißt doppelt an den Nerven, wenn der Autor nicht weiß, ob er morgen noch dieses Hotelzimmer wird zahlen können, wenn seine Kinder ihn um Essen bitten, und wenn die Polizei ihm mitteilt, daß binnen drei Tagen seine Aufenthaltsbewilligung abgelaufen ist.

Die Leiden der Verbannung sind nur in seltenen Augenblicken heroisch, sie bestehen zumeist in kleinen, albernen Mißlichkeiten, denen sehr oft etwas leise Lächerliches anhaftet. Aber die Überwindung dieser kleinen äußern Schwierigkeiten kostet im günstigsten Fall viel Zeit und Geld. Von mir zum Beispiel verlangte man in verschiedenen Ländern, ich solle Papiere beibringen, die ich als Flüchtling nicht haben konnte, ich solle mit Dokumenten aus meiner Heimat nachweisen, daß ich ich bin, daß ich geboren bin und daß ich Schriftsteller bin. Ich übertreibe nicht, wenn ich konstatiere, daß die Bemühungen, dies nachzuweisen, mich ebensoviel Zeit gekostet haben wie das Schreiben eines Romanes.

Die ökonomischen Schwierigkeiten und der aufreibende Kampf mit Nichtigkeiten, die nicht aufhören, sind das äußere Kennzeichen des Exils. Viele Schriftsteller sind davon zermürbt worden. Viele zogen den Selbstmord dem tragikomischen Leben im Exil vor.

III.

Wer Glück hat, wer um all das herumkommt, der sieht sich bei seiner Arbeit inneren Schwierigkeiten gegenüber, von denen er sich in der Heimat nichts träumen ließ.

Da ist zunächst die bittere Erfahrung, abgespalten zu sein vom lebendigen Strom der Muttersprache. Die Sprache ändert sich von Jahr zu Jahr. In den zehn oder elf Jahren unseres Exils ist das Leben sehr schnell weitergegangen, es hat für tausend neue Erscheinungen tausend neue Worte und Klänge verlangt. Wir hören die neuen Worte für diese neuen Erscheinungen zuerst in der fremden Sprache. Immer und für alles haben wir den Klang der fremden Sprache im Ohr, ihre Zeichen dringen täglich, stündlich auf uns ein, sie knabbern an unserem eigenen Ausdrucksvermögen. Einem jeden unter uns kommt es vor, daß sich manchmal das fremde Wort, der fremde Tonfall an die oberste Stelle drängt.

Einige von uns haben es mit einigem Erfolg versucht, in der fremden Sprache zu schreiben: wirklich geglückt ist es keinem. Es kann keinem glücken. Gewiß, man kann lernen, sich in einer fremden Sprache auszudrücken; *die letzten Gefühlswerte* des fremden Tonfalls lernen kann man nicht. In einer fremden Sprache dichten, in einer fremden Sprache gestalten kann man nicht. Einen Barbaren nannten die Griechen und Römer jeden, der sich nicht in ihrer Sprache ausdrücken konnte. Der Dichter Ovid, zu solchen Barbaren verbannt, hat in ihrer barbarischen Sprache gedichtet und wurde von ihnen hoch geehrt. Dennoch hat er geklagt: »Hier bin ich der Barbar, denn keiner versteht mich.«

Seltsam ist es, zu erfahren, wie die Wirkung unserer Werke nicht ausgeht von der Fassung, in welcher wir sie geschrieben, sondern von einer Übersetzung. Der Widerhall, den wir hören, ist nicht der Widerhall des eigenen Worts. Denn auch die beste Übersetzung bleibt ein Fremdes. Da haben wir etwa um einen Satz, um ein Wort gerungen, und nach langem Suchen haben wir den Satz, das Wort gefunden, die glückliche Wendung, die sich unserem Gedanken und Gefühl bis ins Letzte anschmiegte. Und nun ist da das übersetzte Wort, der übersetzte Satz. Er stimmt, es ist alles richtig, aber der Duft ist fort, das Leben ist fort. Sehr häufig verhält sich der übersetzte Satz zu dem unsern wie eine Übertragung der Bibel in Basic English zum Worte des Herrn.

IV.

Allmählich, ob wir es wollen oder nicht, werden wir selber verändert von der neuen Umwelt, und mit uns verändert sich alles, was wir schaffen.

Es gibt keinen Weg zur inneren Vision als den über die äußere. Das neue Land, in dem wir leben, beeinflußt die Wahl unserer Stoffe, beeinflußt die Form. Die äußere Landschaft des Dichters verändert seine innere.

Manche unter uns sind so von innen gebunden an die Inhalte und Formen ihrer Jugend und ihrer Heimat, daß sie davon nicht loskommen und sich nach Kräften sträuben gegen ihre neue Umwelt. Dieses Sicheinschließen in die tote Vergangenheit, dieses Sichabsperren von dem wirklichen Leben ringsum, diese stolze Absonderung vermindert die Kraft der Dichter, macht sie trokken, dörrt sie aus, die exilierten Schriftsteller, die es so halten – es sind ihrer eine ganze Reihe, darunter Schriftsteller höchsten Formates –, haben das schwerste Los gezogen, und ihre Bitterkeit ist die tiefste.

Ich bemühe mich, wie ich schon im Eingang sagte, nicht zu viel Ressentiment zu zeigen, wenn ich von den Leiden des Schriftstellers im Exil erzähle. Das macht meine Schilderung blaß, und ich habe das Gefühl, alles, was ich gesagt habe, ist untertrieben und viel zu trocken. Dafür steht alles, was ich zu dem Thema »Der Schriftsteller im Exil« sagen könnte, viel besser ausgedrückt in meinem Roman »Paris Gazette«.

Dieser Roman heißt übrigens in seiner Originalfassung keineswegs »Paris Gazette«. Der Titel ist eine Konzession an den Geschmack des Auslandes. Im Original heißt der Titel schlicht und wahr und kühn, oder, wenn man will, frech: »Exil«.

In diesen Roman »Exil« habe ich während einer der trübsten Perioden meines Exils ein allgemeines Kapitel eingefügt über die Wirkungen des Exils. Heute freue ich mich, daß ich auch in jener trüben Zeit den Ton nicht gelegt habe darauf, wie der Künstler im Exil leidet, sondern darauf, wie der Schriftsteller, der wirkliche, derjenige, der diesen Namen verdient, wächst und an Kraft zunimmt im Exil.

Denn wenn das Exil zerreibt, wenn es klein und elend macht, so härtet es auch und macht groß. Es strömt dem Schriftsteller im Exil eine ungeheure Fülle neuen Stoffes und neuer Ideen zu, er ist einer Fülle von Gesichten gegenübergestellt, die ihm in der Heimat nie begegnet wären.

Ja, wenn wir uns bemühen, unser Leben im Exil historisch zu sehen, dann erweist sich jetzt schon, daß beinahe alles, was unsere Arbeit zu behindern schien, ihr am Ende zum Heil ausschlug. Ich darf in diesem Zusammenhang nicht verschweigen, daß zum Beispiel auch der erzwungene ständige Kontakt mit der fremden Sprache, über den ich vorhin so laut zu klagen hatte, sich am Ende als Bereicherung erweist. Der im fremden Sprachkreis lebende Autor kontrolliert beinahe automatisch das eigene Wort ständig am fremden. Häufig dann sieht er, daß die fremde Sprache ein treffenderes Wort hat für das, was er ausdrücken will. Er gibt sich dann nicht zufrieden mit dem, was ihm die eigene Sprache darbietet, sondern er schärft, feilt und poliert an dem Vorhandenen so lange, bis es ein Neues geworden ist, bis er der eigenen Sprache das neue, schärfere Wort abgerungen hat. Jeder von uns hat glückliche Wendungen der fremden Sprache seiner eigenen eingepaßt.

V.

Es ist wohl so, daß Leiden den Schwachen schwächer, aber den Starken stärker macht.

Manche unter uns hat das Exil eingeengt, aber den Kräftigeren, Tauglicheren gab es mehr Weite und Elastizität, es machte ihren Blick freier für das Große, Wesentliche und lehrte sie, nicht am Unwesentlichen zu haften.

»Und solang du das nicht hast, dieses Stirb und Werde, bist du nur ein trüber Gast auf der dunkeln Erde«, heißt es bei Goethe. Das Exil ist eine harte Schule, die einem mit sehr energischen Mitteln beibringt, was dieses Stirb und Werde bedeutet. Eine ganze Reihe der exilierten Schriftsteller sind innerlich reifer geworden, haben sich erneuert, sind jünger geworden. Sie sind nicht nur bitterer geworden, sondern auch weiser, gerechter gegen ihre neue Welt, dankbarer und der eigenen Sendung tiefer bewußt. Jenes Stirb und Werde wurde ihnen Erlebnis und Besitz.

Alles in allem hat, glaube ich, die Literatur im Exil die Probe nicht schlecht bestanden. Wenn sich die Flut verlaufen haben wird, was taugt und was nicht, dann werden sich unter den Werken der Epoche diejenigen, die im Exil geschrieben wurden, nicht als die schlechtesten erweisen.

Hermann Kesten
[Brief an Carl Beisler]
[1946]

Lieber Beisler, . . .

Ich habe in diesen dreizehn Jahren den Tod vieler meiner besten Freunde erfahren müssen, wie Ernst Toller, Joseph Roth, René Schickele, Stefan Zweig, Ernst Weiß, Walter Benjamin, Werner Hegemann, Valeriu Marcu, Walter Hasenclever, Walter Landauer (der mein Verleger war und den die Nazis in Bergen-Belsen haben verhungern lassen, obwohl er als ein sogenannter »wirtschaftswichtiger Jud« in einem Vorzugslager war).

Ich habe seit Beginn der Nazi-Herrschaft gewußt, daß sie den neuen Weltkrieg bedeute, ich habe es anfangs 1934 ausgesprochen in Vorträgen an den skandinavischen Universitäten zu Oslo, Kopenhagen, Stockholm. Es war grauenvoll, Deutschland geistig und moralisch verkommen zu sehn, grauenvoll den Untergang jenes Deutschland, das wir liebten, jenes Europa, das wir liebten, kommen zu sehn, den Krieg durchzuleben war grauenvoll. Und obwohl uns das Äußerste erspart geblieben ist, der Sieg der Nazis, können wir ruhig gestehn, daß es bessere Zeiten gab, als unsre.

Für jeden anständigen Menschen muß das Dritte Reich eine Hölle gewesen sein. Auch das Exil war eine Art Hölle, und für einen großen Teil der Emigranten bedeutete es Hunger, Gefängnis, Jagd durch Behörden, stete Flucht vor der Gestapo und der deutschen Armee und Folterung und Tod in Konzentrationslagern, Gaskammern, Gestapobüros. Dazu kam die moralische Hölle, die Hilflosigkeit, die tragische Situation von Kassandra, das Repetierliche einer grausigen Entwicklung, das scheinbar Ausweglose, das internationale Obskurantentum, die internationale Senkung des humanen Niveaus, und die Angst vor dem unausweichlichen Krieg, und der Krieg!

Aber jede Hölle hat auch ihre lichten Momente, ihre gemütlichen Ecken, wo des Teufels Großmutter strickt, ihre Witze, ihre Ruhepausen, ihre schönen Stellen.

Ich müßte mein Leben verleumden, wenn ich sagen wollte, diese dreizehn Jahre der deutschen Schmach seien nur Bitterkeit und Verzweiflung, Todesangst und banale Prophetie gewesen. Ich habe wahrscheinlich mehr gesehn, gelebt, gedacht und gelitten, als ich in dreizehn Jahren zuhaus in Berlin getan hätte, ware es nicht zu dieser unsäglichen Erniedrigung Deutschlands gekommen.

Herzlich immer Dein

Hermann Kesten

Irmgard Keun

[Bilder aus der Emigration]

[1947]

Im April 1935 fuhr ich nach Ostende. Ich verreiste nicht, ich wanderte aus, und ich war keineswegs sicher, daß ich noch einmal wiedersehen würde, was ich verließ. Gewiß, eines Tages würde es keinen Nationalsozialismus mehr in Deutschland geben. Aber wieviele böse Jahre der Ewigkeit würden bis dahin vergehen?

Als der Zug über die Grenze gefahren war, da lag hinter mir ein Land und vor mir die Welt. Und hinter mir lagen Elternhaus und Ehe, vertraute Sprache und vertrauter Boden. Je ferner das alles wurde, umso mehr konnte ich es lieben, während der erste Hauch der Fremde mich mit schwermütiger Freude erfüllte.

Ich fuhr zuerst einmal nach Ostende. Ohne besonderen Grund. Irgendwohin mußte ich ja fahren. Mein Emigranten-Verlag in Amsterdam würde mir Vorschuß schicken, und davon konnte ich in Belgien billiger leben als zum Beispiel in Holland. Vielleicht lockte Ostende mich auch, weil ich als Kind einige Male mit den Eltern da gewesen war, und weil ich ans Meer wollte – ans Meer, das die Gefühle nicht klein und eng werden läßt und brütende Ängste und Traurigkeiten reich und fruchtbar machen kann.

Es war ein harter glasheller Frühling in Ostende. Die großen Hotels am Dyk lagen noch in halbem Winterschlaf, und das Kasino glich einer gefrorenen Zuckertorte, einem Gespenst der Jahrhundertwende. Statt mondäner Kurgäste gab es vorerst nur einen wüsten salzigen Sturm auf den Promenaden.

Ich wohnte in einem kleinen Hotel, der gare maritime gegenüber, in einer Gegend, die ein zeitloseres und lebendigeres Gesicht hatte als die ein wenig plundrig und welk gewordene Eleganz des anderen Ostende, das einmal Weltbad war. Von meinem Fenster aus sah ich des sonntags schwarze wimmelnde Scharen von Ausflüglern aus dem Bahnhof strömen und mit verblüffender Schnelligkeit von den umliegenden kleinen Bistros verschluckt werden. Von einem Brüssler oder Genter Bistro fuhren sie ein paar Stunden weit in ein Ostender Bistro. Ich sah morgens Fischer ihre Netze aushängen und auf wacklige kleine Verkaufstische rostrote Crevettes häufen und korallenfarbene Langustinen, die ich nie zu essen wagte, weil sie so widerlich hervorgequollene schwarze Knopfaugen haben. Heute würde ich sie wahrscheinlich essen, mitsamt den Knopfaugen.

Ich fand eine Librairie, die eine Handvoll deutscher Bücher zu verkaufen hatte – etwas Emigranten-Literatur und ein paar Bände Fontane. So las ich denn die mit heißem Grauen geschriebenen Berichte aus deutschen Konzentrationslägern und las von Fontanes versunkener Welt.

Immer noch zögerte ich, nun selbst mit Schreiben anzufangen und für mein Buch ein Deutschland der Nationalsozialisten lebendig werden zu lassen mit braunen SA-Männern, fischäugigen Gestapo-Mördern und schwachsinnig-fanatischen Stürmer-Verkäufern. Ein Deutschland, in dem Kolonialwarenhändler und Feldwebelwitwen Nietzsches Philosophie vollstreckten. Ein Deutschland mit unfrohen rohen Gesängen und drohenden Rundfunkreden, mit der künstlichen Dauer-Ekstase von Aufmärschen, Partei-Tagen, Heil-Jubeln und Feiern. Ein Deutschland voll berauschter Spießbürger. Berauscht, weil sie es sein sollten – berauscht, weil man ihnen Vernunftlosigkeit als Tugend pries – berauscht, weil sie gehorchen und Angst haben durften und berauscht, weil sie Macht bekommen hatten. Genügte nicht ein Gang zur Gestapo, um sämtliche Stammtischgenossen zumindest ein bißchen unter Verfolgung zu setzen? Ein Deutschland zynischer Geschäftemacher, breit behäbiger Gleichgültigkeit und lauer Zufriedenheit mit dem eigenen Wohlergehen. Ein Deutschland verworrener Hoffnungen und zaghafter Zweifel. Und noch ein Deutschland voll von schmerzlichem Aufzucken und stillem Jammer, müder Resignation, verzweifelter Ratlosigkeit und dumpfem Zorn. Ein armes, geschlagenes, sehr kleines Deutschland, dieses letzte Deutschland, verweht und verstreut im eigenen Land, verweht und verstreut über fremde Länder.

Nun ade du mein lieb Heimatland – – – nein, ich wollte mich noch nicht zurückleben. Nur einige Stunden entfernt saß ich von diesem quälenden und gequälten Land in einem fremden und traumhaften Frieden und wollte so gern noch eine ganz kurze Zeit lang verzaubert bleiben. Mein Gott, sogar die Sterne am Himmel hatten mir in Deutschland zuletzt verändert geschienen – als seien sie bräunlich geworden und hätten Hakenkreuzform angenommen. Verrückt? Warum auch nicht. Ich halte mich da an Lessing: »Wer über gewisse Dinge nicht den Verstand verliert, der hat überhaupt keinen zu verlieren.« Jetzt sah ich endlich wieder brave normale Sterne. Nur nachts im Traum wimmelte es von wüsten wirren Erinnerungen an kaum überstandene Gefahren. Aber das machte nichts, ich habe ganz gern böse Träume – es ist so schön, danach aufzuwachen und langsam und genußvoll zu begreifen, daß ja alles gut ist und leicht.

Ich zögerte auch noch, meinen Haß, den ich für meine Arbeit brauchte, wieder wach werden zu lassen – diesen Haß gegen das dumpfe und hoffnungslos Böse, gegen die häßliche Unlust am klaren Gedanken – diesen Haß, den ich nie loswerden kann und will, den ich aber einmal für kurze Zeit vergessen wollte, denn ich hatte mich manchmal schon ganz zerfetzt gefühlt von Haß.

Glücklich war ich und erfüllt von Dankbarkeit für alles, was um mich herum lebte. Sogar für die glibbrigen Quallen, in die ich am Strand manchmal trat, hatte ich warme Sympathien. Über Kellner, die auf ein Trinkgeld hin lächelten, war ich gerührt. So viel Freundlichkeit für so wenig Geld.

[...]

Eines Tages besuchte mich mein Amsterdamer Verleger in Ostende, wir sprachen von Arbeit und Wirklichkeiten, und mein Traumzustand war plötzlich verschwunden.

Ich sehnte mich nach Arbeit, und ich arbeitete. Dann sehnte ich mich sehr nach Freunden und Kollegen, mit denen ich über ihre und meine Arbeit sprechen konnte. Kaum war diese Sehnsucht fühlbar aufgestiegen, so wurde sie auch schon erfüllt. Als erster erschien Egon Erwin Kisch, »Der rasende Reporter«. Er sprühte und knisterte vor Lebendigkeit, Kampfeslust, Witz und Einfällen. Mit seiner Frau wohnte er eine kurze Straßenbahnfahrt von Ostende entfernt in Bredene sur mer, einem winzigen Badeort, der versunken hinter endlosen weiten Dünen lag, die im Sommer zu einem riesigen weichen Bett für ungezählte Liebespärchen wurden.

Wir saßen am Strand und tranken vin rosé, einen Wein von der Farbe des Abendrotes, der nicht ganz so schön schmeckte, wie er aussah, und lasen einander aus unseren Manuskripten vor. Kisch arbeitete gerade an seinem schwungvollen Erlebnisbuch »Landung in Australien«.

Ich glaube, damals hatten wir noch mitunter Stunden, in denen wir uns vorstellen konnten, daß der nationalsozialistische Spuk bald und plötzlich verschwinden würde. Zuweilen versuchten wir, das zu glauben als Trost für ein Emigranten-Ehepaar, das abends manchmal bei uns saß. Der Mann war ein Arzt aus Berlin mit einer bescheidenen Armen-Praxis, der mal irgendwas für die Rote Hilfe gearbeitet hatte. Auf eine Warnung hin war er mit seiner Frau nach Brüssel geflohen. Irgendein Bekannter hatte ihm eine Stellung in einer Ostender Fischhandlung verschafft und ein kleines Zimmer in Bredene. Als Arzt durfte er sich nirgends niederlassen, er hätte auch garnicht das Geld dazu gehabt. Um seine höchst kümmerliche Stellung in der Fischhandlung kämpfte er einen erbitterten Kampf, täglich sollte ihm die Arbeitsbewilligung entzogen werden. Er fühlte sich alt und müde und im Tiefsten verstört und unfähig zu begreifen, was mit ihm geschehen war. Politik hatte er nie verstanden, unsicher, tastend und bescheiden war er Zeit seines Lebens gewesen, und Zeit seines Lebens war ihm jede Form von Kampf unheimlich und zuwider erschienen. Der einzige Mensch, dem er jemals hatte imponieren können, war seine weitaus jüngere Frau – ein demütiges blondes Wesen mit einem runden Kindergesicht und arbeitsgewohnten Händen. Die schlichte Vergangenheit und das bescheidene Ansehen, das der Mann einst genossen, erschienen ihm nun in märchenhaftem Glanz. Materielle Not und sozialer Abstieg demütigten ihn bis zur Verzweiflung.

Die Frau war tapfer, mit einer gesunden, ursprünglichen Lust am Leben. Sie besaß in sich alle Möglichkeiten, um auch unter schwierigsten Umständen einen Weg für sich zu finden. Sie war fleißig, praktisch, geschickt auf hunderterlei Art und ausgerüstet mit allen Erfahrungen einer erbarmungslos harten Jugend. Keinerlei Armut hätte ihr den Mut nehmen können, wohl aber wurde er allmählich zerstört durch die täglichen und nächtlichen Selbstmordgespräche des Mannes, der ihr Leben genau so hoffnungslos und verzweifelt sehen wollte wie sein eignes. Und sie sah immer noch zu ihm auf und würde es niemals wagen, sich von ihm zu lösen. Eigentlich gefiel ihr das Neue und Fremde mit all seinen Unsicherheiten und dunklen Rätseln. Aber das wagte sie kaum noch sich selbst einzugestehen, und kaum noch wagte sie, sich einmal verstohlen zu freuen, wenn die Sonne voll leuchtender Glut schien und das Meer in blanker Heiterkeit erglänzte.

An manchen Abenden spielten sie Vergangenheit. Sie zogen sich schön an und kamen voll lächelnder Festlichkeit, um artig ein Glas Wein zu trinken und höfliche, glatte, ein wenig leere Konversation zu machen wie wohlanständige Bürger, die zu einem Gesellschaftsabend eingeladen sind und wissen, wie man sich zu benehmen hat.

Eine wahre Erfrischung war ein kleiner Emigranten-Junge vom Wedding, dessen Eltern in Paris lebten, und der für eine Woche zu Kisch in Aufbewahrung gegeben wurde. Er fiel dauernd irgendwo ins Wasser, überschwemmte uns mit Seesternen und brachte es fertig, ein Berliner Französisch zu sprechen, mit dem er sich ohne Scheu und Rücksicht überall verständlich zu machen wußte. Ob er Heimweh nach Berlin habe? Nein, garnicht, warum denn? »Det ist mir egal, wo ick bin, ick spiel überall mit alle Kinder, ick muß nur immer wieder bei meine Mutter sein, weil die mir kocht.« Wir verzichteten darauf, weitere sentimentale Emigranten-Fragen an dieses kummerlose, kosmopolitische Kind zu richten.

Kisch entfaltete übrigens prächtige väterliche Talente ohne pädagogischen Beigeschmack. Er zauberte mit Stecknadeln, Karten und Steinen und malte mit einem Rotstift interessante Gebilde auf schöne weiße Manuskriptblätter. Davon angesteckt, fing ich ebenfalls an, für den dankbaren Knaben Männchen, Schneckenhäuser und Schweine zu zeichnen statt zu schreiben. Arbeit ist ja schön, aber ein moralischer Grund zur Ablenkung ist manchmal noch schöner.

Allmählich wurde es immer lebendiger an der belgischen Küste. Nach Kisch kam Hermann Kesten nach Ostende. Kesten war Literat aus Leidenschaft. Seine Liebe, seine Welt, sein Leben war Literatur. Voll heißhungriger Wut stürzte er sich auf alles Gedruckte, und mit messerscharfer Bosheit kritisierte er alles, was je geschrieben worden war. Nichts genügte ihm – weder das, was andere schrieben, noch was er selbst schrieb. Natürlich haßte er die Nazis, er hatte bittere Gelegenheit gehabt, Kenntnis von ihnen zu nehmen, aber niemals würde er fähig sein, die Nazis so zu hassen wie irgend ein schlecht geschriebenes Buch. Und der wunderbarste aufopferndste Wohltäter der Menschheit hätte in Kesten nur bitteren Widerwillen hervorgerufen, wenn er einen schwächlichen verwaschenen Roman verfaßt hätte. Wo's sich nicht um Literatur handelte, war Kesten sanft und unbeirrbar höflich, hilfsbereit und tolerant.

Damals schrieb Kesten gerade an einem Roman über Philipp II. Den ganzen Sommer über konnte man ihn vor einem der Cafés am Strand finden. Dort saß er, klein und blaß, mit hellen Augen und verwehtem Haar, und vor ihm stand eine Flasche Eau de Spa, und vor ihm lagen saubere Hefte und Blätter und eine ganze Kompanie soldatisch korrekter, musterhaft gespitzter Bleistifte.

Später, als noch mehr Kollegen nach Ostende kamen, hatte jeder ein bestimmtes Café, in dem er an einem stets gleichen Tisch eine Art Dauer-Büro errichtete. Man besuchte einander in den Büros, und besonders gern ließ Kesten sich besuchen, um sich mit heiterem Schwung in ein literarisches Gespräch zu stürzen.

Ich glaube, niemand hatte ein so schönes ordentliches Büro wie Kesten, der weder Alkohol noch Café trank und auch nicht rauchte. Daß er aß, habe ich auch nie gesehen, aber das wird er wohl getan haben. Es gab Büros, in denen die Zigarettenasche aus den Aschenbechern quoll und die porzellanenen Preis-Tellerchen kleine Türme bildeten, denn in Belgien und Frankreich werden die Getränke auf dicken kleinen Untersätzen serviert, auf denen der Preis gedruckt ist, und sie werden aufeinander gestellt, um später zusammengerechnet zu werden, wenn der Gast zahlen möchte.

Immer mehr bekannte Schriftsteller kamen nach Ostende. Aus Salzburg kam Stefan Zweig, aus Paris Joseph Roth, aus London Ernst Toller.

Stefan Zweig wirkte sehr dekorativ – ganz so, wie der Kino-Besucher sich einen berühmten Schriftsteller vorstellen mag. Weltmännisch, elegant, gepflegt, mit sanfter Melancholie im dunklen Blick. Er hatte ein Schloß in Salzburg und eine damenhafte Sekretärin. Er war von einer sehr kleidsamen samtenen Höflichkeit und freundlichster Hilfsbereitschaft. Mit liebevoller Innigkeit sprach er von Wien und malte in anmutigem Pastell Bilder eines Lebens, das bereits angefangen hatte, leise und unaufhaltsam in Verwesung überzugehen.

Zweig wußte damals schon sehr genau, daß Österreich ihm verloren sein würde, er sah das kochende Übel des Nationalsozialismus unaufhaltsam über die Grenzen Deutschlands quellen. Doch noch waren die Erinnerungen hell und frisch, heitere Wanderziele des Geistes. Bald würde die Wirklichkeit auch Vergangenes schmutzig machen und zerstören und Erinnerungen nur noch zur Qual werden lassen.

Die Österreicher genossen damals noch eine Gnadenfrist. Wir deutschen Emigranten hatten bereits erlebt, was es bedeutet, wenn einem das einst vertraute und klare Gesicht des Heimatlandes zu fremder unverständlicher Häßlichkeit entstellt wird. Das einst vertraute und klare Gesicht – mochte man es auch früher nicht etwa vollendet schön gefunden haben – war einem auf ewig zerstört, und nie würde man es wiederfinden. Wenn man auch glaubte und hoffte, das Land später einmal wieder mit ruhigeren und unverzerrteren Zügen zu sehen, so wußte man doch, daß auch dieses Gesicht einem zuerst neu und fremd scheinen würde, und daß man es lange und furchtlos und geduldig würde ansehen müssen, um wieder jene innige Verbundenheit zu spüren, die zarter und stärker ist als Liebe und Haß.

Damals konnte man über das unwiderruflich zerstörte Gesicht trauern, und das bedeutete fast immer Versinken in hoffnungslose Schwermut. Gesünder und das eigene Leben aufrechterhaltender war es, die entstellenden Mächte zu hassen. Trauer schafft Lust zum Tod und Haß, Lust zum Leben. Selbst wer sagt, er hasse das Leben, täuscht sich und haßt allenfalls nur eine bestimmte Form des Lebens.

Stefan Zweig beging während des Krieges in Brasilien Selbstmord. Er gehörte zu denen, die trauerten und nicht hassen mochten und konnten. Und er gehörte zu jener noblen Art von Juden, die dünnhäutig und verletzbar in einer underben gläsernen Welt des Geistes leben und gar keine Fähigkeit haben, selber zu verletzen.

Gewiß gibt es äußere und innere Gründe für einen Selbstmord, die Freunden und auch Fremden bekannt werden können, aber die letzten und entscheidendsten Gründe haben sich wohl meistens in Tiefen des Wesens vorbereitet, die jedem anderen, vielleicht sogar dem Täter selbst, Geheimnis bleiben müssen.

Materielle Not jedenfalls hat Stefan Zweig nicht in den Tod getrieben. Damals in Ostende ist er sicher von vielen armen kleinen Emigranten glühend beneidet worden. Seine Bücher waren in allen Ländern bekannt, geachtet und viel gekauft. In allen Ländern war er mit den namhaftesten Männern bekannt und befreundet. Für ihn gab es keine verschlossenen Grenzen, keine Paß- und Visum-Schwierigkeiten. Er konnte stets leben, wo er wollte und wie er wollte.

Staunend fast sahen wir damals unter uns einen Mann, dessen Geldverhältnisse wunderbar in Ordnung waren. Wir andern hatten eigentlich meistens noch nicht einmal Geldverhältnisse, die in

Unordnung sein konnten. Allein schon das Wort Geldverhältnisse war für uns reichlich pompös und paßte zu uns wie ein Kronleuchter in einen Kaninchenstall.

Roth und ich zum Beispiel waren bald daran gewöhnt, uns immer auf irgend etwas zu verlassen, womit wir garnicht rechnen konnten. Es kam dann auch immer wieder von irgendwoher Geld – vom Verlag, von einer Zeitung oder durch Auslandsübersetzungen. Richtige Not haben wir nicht gelitten und auch nicht gehungert, damals jedenfalls noch nicht.

Peinliche Momente der Geldverlegenheit gab es dauernd. Da war zum Beispiel das Visum abgelaufen, man mußte in ein anderes Land reisen, möglichst im teuren Pullman-Zug, weil man da noch am ehesten der Paß-Kontrolle entgehen konnte. Die Hotelrechnung mußte bezahlt werden. Geld vom Verlag war erst wieder zu erwarten, wenn man genügend Manuskriptseiten eingeschickt hatte. Man hatte aber nicht genügend Manuskriptseiten. Bei einer Arbeit mit Siedehitze konnte man allenfalls in vierzehn Tagen so weit sein. Das Geld aber brauchte man in spätestens drei Tagen.

Es ist mir jetzt auch manchmal schleierhaft, wie es uns immer wieder gelang, uns aus allen drohenden Schwierigkeiten herauszuwinden. Jedenfalls wurden mir nach und nach die Pfandleihen fast aller europäischen Länder so vertraut wie ihre Bahnhöfe und Gasthäuser. Das war zweifellos ein Gewinn. Pfandleihen können interessantere Aufschlüsse über ein Land geben als Juwelierläden und Nachtlokale. [...]

Als ich Joseph Roth zum ersten Mal in Ostende sah, da hatte ich das Gefühl, einen Menschen zu sehen, der einfach vor Traurigkeit in den nächsten Stunden stirbt. Seine runden blauen Augen starrten beinahe blicklos vor Verzweiflung, und seine Stimme klang wie verschüttet unter Lasten von Gram. Später verwischte sich dieser Eindruck, denn Roth war damals nicht nur traurig, sondern auch noch der beste und lebendigste Hasser.

Er schrieb an einem Roman aus dem alten Österreich. Wie viele seiner Bücher war auch dieses Buch von einer fast beklemmenden stilistischen Abgeklärtheit, mit halb gestorbenen, dunkel bewegten Menschen – lebendigen Schatten oder schattenhaft Lebendigen im erbarmunglosen Licht unerbittlicher Wahrheiten. Und über allem die zu Eis erstarrte Luft letzter Hoffnungslosigkeit, die noch hinter der Verzweiflung liegt.

In seinen Büchern versenkte Roth sich gern in die Welt der alten österreichischen Monarchie – in eine Welt, von der er mit verzweifelter Anstrengung und Inbrunst glauben wollte, daß sie ihm – zumindest früher einmal – Heimat des Denkens und des Fühlens war. Doch er wußte, daß er ewig heimatlos war und sein würde. Alles, was seinem Wesen nahe kam – Menschen, Dinge, Ideen –, erkannte er bis in die verborgenste Unzulänglichkeit hinein und bis in jene Kälte, die auch den lebendigsten wärmsten Atem einmal erstarren macht. So suchte er denn nach Welten, die ihm wesensfremd waren und von denen er hoffte, daß sie ihm unerkennbarer und wärmend bleiben würden. Doch was seiner rastlos schaffenden Phantasie gelang, zerstörte ihm immer wieder sein bitterböser unerbittlicher Verstand. Er hätte den Teufel gesegnet und Gott genannt, wenn er ihm geholfen hätte, an ihn zu glauben.

Zuweilen sah er sich selbst in geisterhaft leerem Raum zwischen Rationalismus und Mystik, gelöst von der Wirklichkeit und das Unerreichbare nicht erreichend und wissend dabei, daß es nicht zu erreichen war. Er war gequält und wollte sich selbst los werden und unter allen Umständen etwas sein, was er nicht war. Bis zur Erschöpfung spielte er zuweilen die Rolle eines von ihm erfundenen Menschen, der Eigenschaften und Empfindungen in sich barg, die er selbst nicht hatte. Es gelang ihm nicht, an seine Rolle zu glauben, doch er empfand flüchtige Genugtuung und Trost, wenn er andere daran glauben machen konnte. Seine eigene Persönlichkeit war viel zu stark, um nicht immer wieder das erfundene Schattenwesen zu durchtränken, und so empfand er sich manchmal als ein seltsam wandelndes Gemisch von Dichtung und Wahrheit, das ihn selbst zu einem etwas erschrockenen Lachen reizte.

Roth konnte damals noch seine Qualen und Traurigkeiten vergessen und gern und gut lachen. Er konnte auch zuweilen noch sehr gut, sehr intensiv und äußerst lebendig in der Wirklichkeit leben. Wenn er nicht an seinem Roman arbeitete, schrieb er Artikel gegen den Nationalsozialismus. Ich kenne niemand, der so unerbittlich klar, so überzeugend stark, so leidenschaftlich kompromißlos darüber und dagegen schrieb wie Roth. Ich kenne niemand, der so erbarmungslos auch die kleinste politische Schwäche prominenter und prominentester Emigranten entdeckte und so furcht- und rücksichtslos angriff. Ich kenne niemand, der besser und folgerichtiger hassen konnte. Und ich kenne niemand, dessen Haß so nobel, so großzügig, so weltenweit entfernt von jeder kleinlichen persönlichen Beleidigung war. Ich kenne niemand, der immer so sauber und so mutig Stellung nahm gegen jede Ungerechtigkeit – ganz gleich, wer sie beging, ganz gleich, wo sie begangen wurde. Ich habe nie wieder einen Menschen gekannt, der so viel reiner Empörung fähig war. Nie wieder einen Menschen, der weniger Rücksicht auf eigenen Schaden oder Nutzen nahm. Und nie wieder einen Menschen, der andere so souverän nach eigenem Ermessen wertete – völlig unfähig, jemals auch nur die Spur eines sozialen Unterschiedes gelten lassen zu können. Erst recht nicht, als ihm gelegentlich einfiel, die Rolle eines dem österreichischen Adel Ergebenen zu spielen.

Roth starb noch vor dem Krieg in Paris. Auch er hatte zuletzt nicht mehr gehaßt, sondern war nur noch traurig gewesen. Er hat nicht Selbstmord begangen, doch ein indirekter Selbstmord zumindest war auch sein Tod gewesen.

In Belgien war damals der Ausschank von Schnaps in Gaststätten verboten. Nur in der Restauration eines etwas düsteren katholischen Heims wurde einem heimlich und freundlich und noch dazu billig ein uralter edler Cognac serviert.

Doch auch Roths Büro-Tisch in einem Café an der Place d'armes war trotz des Verbotes immer bedeckt mit klebrigen braunen Flecken von Amer Picon.

Während Roth verkrochen in der dunkelsten Ecke des Cafés saß und rastlos die Seiten eines gelben Heftes mit einer Schrift bedeckte – so zierlich als wär sie mit einer Stecknadel geschrieben – und nur hier und da eine Pause im Schreiben machte, um nach einem Glas zu greifen oder mit den weißen zerbrechlichen Händen flüchtig die entzündeten Augen zu kühlen, glühte draußen der Strand in Fluten von Sonnenlicht. Das Meer jubelte vor Glanz und Farben, und die Menschen jubelten vor Lust am Leben. Unter ihnen turnte, schwamm und lachte auch Ernst Toller. Er war braun gebrannt, alterslos, mit stürmischen dunklen Lokken und glänzenden Augen.

Wenige Jahre später sah ich Toller wieder in New York als müden gealterten Mann – ratlos, mutlos, zweifelnd an der eigenen Kampfeskraft, am eigenen Können, am Sinn weiterer Arbeit. Aus Haß war Schwermut geworden, und er erhängte sich eines unerträglichen Tages in seinem New Yorker Hotel.

Ernst Toller, der einst in einem deutschen Gefängnis das zarte sehnsüchtige »Schwalbenbuch« geschrieben hatte und Revolutionsstücke wie »Hinkemann« und »Hoppla, wir leben«.

Damals wollte Toller ein Stück schreiben, das im Dritten Reich spielte. Er fühlte und fürchtete, daß es ihm nicht gelingen würde. Deutschland mitsamt seinem Dritten Reich war so unwirklich geworden, er war so weit davon entfernt und konnte es nur noch aus dritter Hand sehen und erleben. Und er mochte auch nicht in die Historie flüchten, er wollte und konnte nur gegenwärtige Wirklichkeit schreiben und nur schreiben, indem er angriff und kämpfte.

Und wo sollte so ein Stück aufgeführt werden? Ausländische Bühnen interessierten sich wenig für Stücke, die im Dritten Reich spielten. Nur die Judenverfolgungen wurden damals auch bei breiteren Massen im Ausland als bemerkenswert und verwerflich zur Kenntnis genommen. Was ihnen sonst noch von Deutschland erzählt wurde, schien ihnen meistens dunkel, unverständlich und übertrieben.

Auch Toller beging nicht Selbstmord aus materieller Not. Auch er gehörte zu den wenigen Glücklichen, die leben konnten und sogar gut leben konnten. Und er half so gern und konnte helfen. In seiner Hilfsbereitschaft war er von geradezu jünglinghaftem Idealismus. Und er lachte so gern und war von kindlicher Dankbarkeit für alles Witzige, Bunte und Heitere. Über alle Kollegen sprach er nur Gutes, am liebsten hätte er wohl über alle Menschen nur Gutes gesprochen – der Revolutionär mit dem allzu weichen Herzen, von dem zuletzt nur noch ein müdes weiches Herz übrig geblieben war.

Es traf so besonders hart, wenn einer von den politischen Schriftstellern Selbstmord beging. Das heißt, in der Emigration und allein schon durch die Tatsache der Emigration war eigentlich jeder Schriftsteller politisch, und jeder Selbstmord bedeutete Kampfaufgabe und Entmutigung in den eigenen Reihen und Triumph und Bestätigung für den Feind. Niemand urteilte so unversöhnlich hart über Selbstmord unter diesen Umständen wie der sonst so liebenswürdige und duldsame Kisch. Ich weiß noch wie Kisch und ich in Ostende darüber sprachen in Gedanken an Kurt Tucholsky, den tapferen, klugen, wahrheitsliebenden Journalisten, der als erster nach 1933 in Schweden Selbstmord beging. Nun, es ist den Toten gleichgültig, ob sie bemitleidet, betrauert, beneidet, verurteilt oder gepriesen werden.

Der strahlende Sommer in Ostende war zu einem wilden stürmischen Herbst geworden. Mächtige Wellen stürzten bis über die Strand-Promenade, das lachende Gewimmel der Kinderchen war verschwunden. Die großen Hotels am Dyk rüsteten zum Winterschlaf, die noch vor kurzem flimmernden und schimmernden Juwelierläden lagen grau und tot, ihr Inhalt war in die Brüsseler Filialen zurückgewandert. [...]

Zuerst versuchte ich Briefe zu schreiben. Mein Mann wollte mich in Italien treffen. Ich stellte mir Italien hell vor und sonnig und blau, aber ich mochte nicht hin, ich hatte auch schon Bösartiges gegen Mussolini geschrieben. In Polen würde es kalt sein, und ich haßte Kälte. Trotzdem würde ich nach Polen fahren.

Ich schrieb immer weniger gern Briefe nach Deutschland. Ich lebte in einer so neuen und ganz anderen Welt und konnte noch nicht einmal richtig davon erzählen. Fast jedesmal, wenn ich einen längeren Brief geschrieben hatte, mußte ich ihn hinterher wieder zerreißen, weil irgend etwas darin gestanden hatte, das dem Empfänger vielleicht hätte gefährlich werden können. Deutschland und seine Menschen wurden mir immer ferner und blasser.

Noch verband mich mein Buch, an dem ich schrieb, mit dem Leben in Deutschland. Bald würde es fertig sein. Und dann? Was würde ich dann schreiben? Es hatte mich immer gequält, wenn nicht der Plan zu einer neuen Arbeit in mir drängte, noch ehe die alte Arbeit beendet war. Was ich über das nationalsozialistische Deutschland, so wie ich es kannte, zu schreiben hatte, hatte ich geschrieben. Noch einen Roman konnte ich nicht darüber schreiben. Von nun an kannte ich es ja auch nicht mehr aus eigenem Erleben.

Was schrieben andere emigrierte Schriftsteller?

Kesten schrieb einen Roman über Philipp II., Roth einen Roman über das alte Österreich, Zweig einen Roman über Erasmus von Rotterdam, Thomas Mann über »Lotte in Weimar«, Heinrich Mann über Henri IV., Feuchtwanger über Nero. Leonhard Frank hatte zuletzt den Roman »Traumgefährten« geschrieben, der jenseits aller Zeit und Wirklichkeit mit kostbarer Zartheit das gespensterhaft grausame und blumenhaft unmenschliche Leben in einem Irrenhaus schilderte.

Alle diese Schriftsteller hatten früher einmal die gegenwärtige

Wirklichkeit in ihre Sprache übersetzt und ihr die Kritik geschrieben, die ihnen ihr Temperament und ihre Persönlichkeit diktierten.

Die in Deutschland verbliebenen Schriftsteller mußten sich an der Wirklichkeit vorbeidrücken, die waren überhaupt praktisch überflüssig geworden. Der nationalsozialistische Staat galt als vollkommen, und wo die Vollkommenheit anfängt, hört die Dichtung auf. Auch eine vollkommene Dichtung, gerade eine vollkommene Dichtung, ist nur innerhalb des Unvollkommenen möglich und nur so lange das Unvollkommene zutiefst empfunden wird. Wo's nichts mehr zu kritisieren gibt, da hat der Schriftsteller sein Recht verloren. Was soll er denn im Paradies noch schreiben? Daß die Flügel der Engel zu kurz sind oder zu lang? Sie sind weder das eine noch das andere. Allenfalls kann er noch lernen Harfe zu spielen und Sphärenmusik machen zum Preise des Höchsten.

Aber die Schriftsteller draußen, die konnten doch schreiben, was und wie sie wollten. Warum schrieben sie nun auf einmal fast alle nur historische Romane? Gewiß, selbst diese historischen Romane waren so, daß sie in Deutschland nicht hätten geschrieben werden können, und manche von ihnen werden einmal zum Wertvollsten moderner deutscher Literatur gehören.

Wo aber blieb die große Schilderung gegenwärtiger Wirklichkeit?

Die Emigranten hatten kein Land, das ihnen gehörte, und sie lebten mehr oder weniger eine provisorische Existenz. Deutschland kannten sie nicht mehr und konnten auch nicht mehr darüber schreiben, zumindest keinen gesellschaftskritischen Roman, dessen Personen Blut haben und die man mit der Hand anfassen zu können glaubt.

Nun war doch aber auch das Emigranten-Dasein eine höchst lebendige Wirklichkeit, reich an Gutem und Schlechtem und wohl wert, geschildert und dargestellt zu werden. Ja, und das ging nicht recht. Man konnte sich doch nicht darauf beschränken, einen labbrigen Hymnus auf das Land oder die Länder zu singen, in denen man lebte. Man hätte Links und Rechts und Oben und Unten darstellen müssen und vor allem auch das, was einem nicht gefiel. Man hätte es tun können, man wäre weder totgeschlagen noch eingesperrt und kaum beschimpft worden. Aber es wäre sehr unhöflich und sehr ungehörig gefunden worden. Man war als Emigrant nicht gern gesehen. Leute, die sich mit ihrer Regierung nicht vertragen können, werden vielfach als etwas anrüchig empfunden. Auch damals wurden sie das, auch als diese Regierung Hitler hieß. Überall gab es Verständnisvolle und Gütige und Einsichtsfähige, aber überall gab es auch andere.

Man war in fremden Ländern geduldet, mitunter gern, mitunter ungern. Das hing in der Hauptsache davon ab, ob man Geld hatte und wieviel.

Man hatte dankbar zu sein, und man war auch dankbar. Man brauchte sich nur mal drei Minuten lang des verpesteten Käfigs zu entsinnen, dem man entronnen war, dann schmolz man förmlich vor Dankbarkeit, daß man woanders sein durfte.

Vor allem aber war man Gast im fremden Land. Man war in der Situation eines Menschen, der unaufgefordert eine fremde Familie besucht, weil er aus irgendeinem Grund nicht zu sich nach Haus gehen kann. Er hat zufrieden und dankbar zu sein, wenn die Familie ihn bei sich rumsitzen läßt und freundlich ist, statt ihn rauszuschmeißen. Er kann den Leuten ein paar nette Dinge sagen, aber er kann unmöglich die Hausfrau darauf aufmerksam machen, daß sie schlecht Staub gewischt hat oder daß ihr jüngstes Kind einen mißratenen Eindruck macht oder daß sie ihrem Mann verbieten soll, in der Nase zu bohren.

Nochmals: als Emigrant hatte man dankbar zu sein und nicht zu kritisieren, auch soziale Zustände nicht, die schon garnicht. Man hätte nicht nur sich selbst, sondern auch anderen Emigranten das Leben noch schwerer gemacht, als es ohnehin schon war.

Und konnte man etwa schildern, wie man sich falsche Pässe und Visa verschaffte, um sich in irgendein Land hineinzuschwindeln? Wie und wo man bestechen konnte? Wie man heimlich und verboten arbeitete, als sei es ein Diebstahl? Es gab da so vieles, das man nicht hätte schildern können, da man es nicht verraten durfte.

Andererseits hätte man auch in einem Roman über die deutsche Emigration beim besten Willen nicht nur rührend gute und edle, sondern auch recht zweifelhafte Emigranten schildern müssen. Und damit hätte man vielleicht wiederum manchen geschadet, deren Leben und Existenz sowieso nur noch an einem hauchdünnen Seidenfaden hingen.

Alle diese Erwägungen wurden so beklemmend, daß ich fürchtete, nie in meinem Leben mehr ein Buch schreiben zu können. Wieviel besser hatten es doch die Maler und Musiker! Und wenn einem deutschen Schriftsteller draußen ein gutes Buch gelang, wer würde es dann noch lesen? Bald würde auch Österreich verschlungen sein, und dann blieben nur noch ein paar deutsch lesende Menschen in der Schweiz. Gewiß, die Bücher wurden in fremde Sprachen übersetzt, aber: »mit Übersetzungen ist es wie mit Frauen – wenn sie treu sind, sind sie nicht schön, und wenn sie schön sind, sind sie nicht treu.«

Ich hatte keine Lust, weiter Unangenehmes zu denken, sondern lief lieber schnell mal ins Kasino, setzte zwanzig francs auf siebenunddreißig, plein carré, und gewann einen Haufen bunter Jetons. Es war das erste und letzte Mal, das ich bei irgendeiner Art von Spiel etwas gewonnen habe. Ich kaufte mir einen dicken Pullover – für den Winter in Polen. Den Rest des Geldes schickte ich dem armen Emigranten-Ehepaar nach Bredene, denen ging's weiß Gott schlechter als mir.

Ein paar Tage später nahm ich Abschied von Ostende, und an einem leisen Schmerz merkte ich, daß ich bereits angefangen hatte, hier ein wenig Wurzeln zu schlagen. Dieses Wurzelschlagen würde ich mir künftig abgewöhnen müssen, wenn ich mir nicht alle paar Monate von neuem weh tun wollte.

[...]

Alfred Polgar

Sein letzter Irrtum

[1948]

Mr. Gladham Fröhlich, Redakteur in Diensten der populären Wochenschrift »Panorama«, hielt ein Manuskript des ihm aus europäischen Tagen gut bekannten Mr. Bederich in der linken Hand. In der rechten hielt er einen Rotstift.

Das Manuskript, mit Spuren bedeckt, die der Rotstift hinterlassen hatte, sah aus, als ob es Masern hätte.

»I'm sorry, aber Sie sind nichts für Amerika«, sagte Gladham dem alten Kollegen aus Europa. »Das will ich Ihnen an Hand der siebenundzwanzig stories, über die Sie meine aufrichtige Ansicht erbeten haben, klarlegen. Nehmen wir etwa gleich die erste beste hier: ›Sein letzter Irrtum‹.«

»Es *ist* meine beste.«

»Well! Das erspart uns Beschäftigung mit den übrigen sechsundzwanzig.«

Mr. Gladham lehnte sich in den Stuhl zurück, plazierte seine Plattfüße auf den Schreibtisch, schob den Hut auf die hinterste Rundung seines Schädels. Er war erst seit kurzem Bürger der Vereinigten Staaten und bestrebt, die Neuheit seines Amerikanertums durch Intensität seines Amerikanertums wett zu machen.

»Ihre Geschichte«, begann er seine Kritik an Bederichs Manuskript, »vermeidet grelle Farben, erspart dem Leser die Schilderung aufregender Vorgänge und wirkt überhaupt beruhigend auf das Nervensystem.«

Der Autor murmelte ein kleinlautes »Nun also.«

»Nun also«, fuhr Mr. Gladham fort, »derlei Geschichten werden in Amerika von wenigen Leuten geschrieben und von noch viel weniger Leuten gelesen, schon deshalb, weil sie, wie z. B. die Ihrige da, bestimmt niemals gedruckt werden.«

»Vielleicht könnte ich . . . ändern«, warf Herr Bederich ein.

»Ändern?« Gladham lächelte. »O boy! Wenn Sie ändern wollten, was zu ändern ist, bliebe kaum mehr von Ihrer Arbeit übrig als der Titel. Sehen Sie z. B. gleich hier. Hier schreiben Sie: ›Er hieb ihm mit seinem Stock über den Schädel.‹ Ein guter Satz. Ein sehr guter Satz. Unanfechtbar. Aber was war das für ein Stock? Ein billiger oder ein teurer? Darüber verlieren Sie kein Wort, erzählen hingegen, was der Mann mit dem Stock sich bei dem Hieb *gedacht* hat. Hier verlangt man von einer story Tatsachen. Man verlangt, daß in ihr Faktum sich an Faktum reiht wie Stein an Stein auf einer gut gepflasterten Straße. Auf Ihrer Straße, lieber Freund, sind die Ritzen zwischen den Steinen breiter als diese, und viel überflüssiges Gras wächst aus ihnen.«

»Und daheim haben sie mich Asphalt-Literat geschimpft!« dachte wehmütig Herr Bederich.

»Weiter. Ihr Held sitzt stundenlang in einem gemütlichen Kaffeehaus. In Amerika gibt es kein Kaffeehaus, in dem man stundenlang sitzt, und wenn es eines gäbe, wäre es nicht gemütlich, und wenn es gemütlich wäre, wäre es längst pleite. Wenn in Ihrer story zwei Leute einander begegnen, schütteln sie sich die Hand. Das tut man hierzulande nicht. Ihr Held empfängt von seinem Gegner eine Ohrfeige. In Amerika wird geboxt, nicht geohrfeigt. Ihr Held stellt die Schuhe zum Putzen vor die Tür seines Hotelzimmers. In Amerika ist das nicht üblich. Ihre Heldin hat ein uneheliches Kind. In Amerika gibt es keine unehelichen Kinder, zumindest nicht in Magazinestories. Sie lassen in der Garderobe des Theaters ein großes Gedränge bei der Kleiderabgabe entstehen. In Amerika nimmt der Theaterbesucher seine Überkleider in den Zuschauerraum mit.«

»Auch den nassen Regenschirm?«

»Auch den nassen Regenschirm. Sie lassen einen europäischen Schauspieler hier innerhalb eines Vierteljahres dreimal durchfallen. Das gibt es in Amerika nicht. In Amerika muß der durchgefallene europäische Schauspieler sechs Monate warten, bis er wieder durchfallen darf. Auch wird er nicht, wie das in Ihrer story geschieht, ausgepfiffen, sondern ausgebooht. Und hier, was für ein Einfall!, hier lassen Sie einen alten, weisen Amerikaner sagen: ›So etwas gibt es nicht in Amerika‹. Aber kein alter, weiser Amerikaner würde so etwas sagen, denn es gibt nichts, was es in Amerika nicht gibt.«

Es war ein milder Herbst-Tag. Durch das Fenster des im 32. Stockwerk gelegenen office des Mr. Gladham strömte ozeanisch kräftige Luft ein. Dennoch standen Schweißtropfen auf Bederichs Stirn.

Mr. Gladham fuhr fort in seiner Aufzählung der story-Irrtümer, betreffend Amerikas Bräuche, Anschauungen, Manieren, Geschmack, Methoden und Tabus. »Um es kurz zu fassen«, resümierte er: »Was in Ihrer Geschichte getan wird, das tut man nicht in Amerika. Wie in ihr geliebt wird, so liebt man nicht in Amerika. Wie in ihr gelacht und geweint wird, so lacht bezw. weint man nicht in Amerika. Wie in ihr gelebt und gestorben wird, so lebt und stirbt man nicht in Amerika.«

Bederich schnappte nach Luft. Um besser schnappen zu können, stand er auf und ging ans Fenster.

»Das Klügste wird wohl sein«, sagte er mit unpassender Bitterkeit, »ich nehme meine Manuskripte und werfe sie ins Klosett.«

»Hierzulande wirft man nichts ins Klosett, Mr. Bederich.«

»Es war nicht buchstäblich gemeint, Mr. Gladham.«

»In Amerika drückt man sich exakt aus, Mr. Bederich.«

Bederich stand beim Fenster, sah zu den Wolken hinauf. »Oh, Du lieber Himmel!« wollte er rufen, zögerte aber und fragte vorsichtig erst: »Gibt es einen lieben Himmel in Amerika?«

»Darüber kann ich Ihnen keine zuverlässige Auskunft geben«, erwiderte, leicht pikiert, Mr. Gladham, »aber wenn es Sie interessiert, will ich bei unserem Research Department anfragen.« Und er hob den Telephonhörer ab.

Mr. Bederich war zu nervös, um das Ergebnis der Anfrage abzuwarten. Ungeduldig, Gladham's office zu verlassen, wählte er den zu diesem Zweck kürzesten Weg, den durch das Fenster.

»In Amerika springt man nicht aus dem Fenster!!« schrie, jetzt schon wirklich verärgert, Mr. Gladham ihm nach.

Aber Bederich, bereits beim siebenten Stockwerk unten angelangt, hörte das nicht mehr. Und so blieb ihm das peinliche Bewußtsein erspart, noch in seiner letzten amerikanischen Minute einen europäischen faux pas begangen zu haben.

Alfred Polgar

Der Emigrant und die Heimat

[1948]

Der Weg ins Exil war hart für die meisten von den vielen, die ihn gehen mußten. Nicht wenige blieben auf der Strecke. Tausende verdarben und starben im fremden Land, das Zuflucht schien und Falle wurde. Hitler war schneller als die Konsuln, von deren Laune die rettenden Visen abhingen. Die das Glück hatten, durchzukommen, lernten vorher die Schrecken und Ängste der Flucht und des Verfolgt-Seins gründlich kennen, gingen durch das Grauen der französischen Lager und Gefängnisse, vegetierten Monate, Jahre lang in übelsten Verstecken, stürzten immer wieder in der steeplechase über die Grenzen, verbrauchten ihre geistigen und leiblichen Kräfte in Bewältigung der einen elementaren Aufgabe: zu überleben. Endlich an ein sicheres Ufer gelangt, hatten die meisten erst Zeiten kläglicher Not durchzukämpfen, ehe sie in so etwas wie in eine Illusion der Ruhe oder gar in die eines neuen Lebens hineinfanden. Und ganz heil, nebenbei, ist an solches Ziel, von den Älteren zumindest, nur eine Mindestzahl gekommen. Im Organismus der übrigen steckt, was sie ausgestanden haben, als eine Art Zeitbombe. Es hängt von Gott ab, vom Klima und von den ökonomischen Umständen, wann sie explodiert. Gewöhnlich spricht man dann von Herzattacke.

Die Schicksalslinie derer, die im Naziland geblieben sind – ich meine jene, denen es gefallen hatte, dort zu bleiben –, lief umgekehrt. Erst hatten sie's Jahre lang relativ gut, hatten Arbeit und Erwerb, ein Dach überm Kopf, Feuer im Ofen und Futter auf dem Tisch. Dann kam der Krieg, und da war es trotz Sieg, trotz Raub und Sklaven aus dem geschundenen Europa schon nicht mehr das Richtige. Hernach ereignete sich der große Krach, zerstörte die Dächer, löschte die Ofenfeuer, fegte das Futter vom Tisch. Und die zu Hause Gebliebenen mußten durch die Stationen, die die Davongegangenen zu passieren hatten: durch Not, Furcht, Hilflosigkeit und alle Tücken eines höchst ungewissen Daseins. Sie erlitten in der Heimat Emigranten-Schicksal.

Als das deutsche Volk sich dem Teufel verschrieb, sind auch von Gegnern des Pakts viele im Land geblieben: einfach weil sie keine

Möglichkeit hatten fortzukommen. Andere, die hätten fortgehen können, taten's nicht: etwa weil sie sich dem Abenteuer der Emigration nicht gewachsen fühlten; weil sie an eine kurze Lebensdauer der Teufelei glaubten; weil sie außer unterm Himmel der Heimat, so finster er auch jetzt über ihnen hing, nicht atmen konnten. Niemand wird den dummen Mut haben, ihnen zu verübeln, daß sie geblieben sind.

Es gibt noch eine dritte schmale Kategorie von solchen, die, obschon sie hätten emigrieren können, die Heimat nicht verlassen haben. Sie hielten dort aus, um gegen das Regime zu wirken. Soweit meine Kenntnis reicht, waren es durchaus kleine Leute, Arbeiter zumeist, aus denen die bewundernswerte Truppe sich rekrutierte. Kein Name der deutschen Intelligentsia scheint auf unter ihren Namen. Doch anderen vorwerfen, sie hätten kein Talent zum Märtyrer gezeigt, soll nur, wer selbst Leistungen auf diesem Gebiet vorweisen kann. Und nicht verschwiegen darf auch werden, daß es viele im Nazi-Reich gab, die zu den schmutzigen und blutigen Ereignissen dort zwar nicht laut »Nein« sagten, aber immerhin die keineswegs ungefährliche Charakter-Stärke aufbrachten, nicht laut »Ja« zu sagen. In ihrer Mehrheit jedoch erwiesen sich »die Geistigen« im Reich, gleich der breiten Masse, als brave Schüler in der Schule der Verdummung und Verrohung. Gewiß, der Unterricht war erbarmungslos streng, aber seine Resultate so außerordentlich, daß sie ohne eine gewisse natürliche Begabung der Unterrichteten für den Lehrstoff kaum hätten erzielt werden können.

Sie mußten, so hart es ihnen fiel, hinein in die Schrifttums-Kammer, die Kultur-Kammer, die Theater-Kammer, die Presse-Kammer.

Wenn ich sie nicht recht von Herzen bedauern kann, so deshalb, weil mein Mitleid aufgebraucht wird für die, die in die Gaskammer mußten.

Mit manchen guten Menschen in der Heimat, gleicher Gesinnung wie wir, stößt die Verständigung auf Schwierigkeiten. Sie und die Exilanten sind durch verschiedene Schulen der Erfahrung und des Leidens gegangen, also sind auch die dort gewonnenen Standpunkte und Anschauungen verschiedene, »können beisammen nicht kommen, das Wasser ist viel zu tief«. Die daheim waren all die Zeit über in erzwungenem, engem Kontakt mit einer Welt des

Un-Sinns, der Fälschung und des Falschen. Fraglich, ob ihre Empfindlichkeit gegen dieses durch solch' nahe Nachbarschaft, durch die sozusagen: intime Feindschaft, in der sie mit ihm leben mußten, gesteigert oder gemindert wurde. Sie vegetierten eine kleine Ewigkeit lang wie unter einer Glocke, aus der die reine Luft ausgepumpt und in die beständig zweckentsprechend verdorbene eingepumpt wurde. Ihre Moral hat trotzdem bewundernswert durchgehalten. Besser – bei einigen zumindest – als ihre Logik. (Nach der z. B. man über Konzentrationslager und Gasöfen nicht *so* verzweifelt sein sollte, weil die Deutschen doch auch Hölderlin, die h-Moll-Messe und die Kritik der reinen Vernunft hervorgebracht haben.)

Tausende sind in Deutschland und Österreich gemordet worden, weil sie den so heldenhaften wie aussichtslosen Versuch gewagt haben, die Herrschaft der Bestialität und Stupidität zu unterminieren. Die Gefahr besteht, daß die Erinnerung an solche Taten der Heimat verdunkelt werden könnte von der Erinnerung an die Schandtaten, die dort verübt wurden. Es ist leider wirklich so, daß die Millionen Menschen, die von Deutschen gemordet wurden, den Blick verstellen auf jene Tausende gemordete Deutsche. Eine optische Störung, die man begreifen muß, und vielleicht entschuldigen mag mit der begrenzten Aufnahmefähigkeit des menschlichen Auges. Und des menschlichen Herzens.

Diese vielen Millionen hatten nicht einmal – wie jene tausend – das kärgliche moralische Beneficium eines ursächlichen Zusammenhangs zwischen ihrem Tun und ihrem Leiden.

Da man daheim nicht alle Stützen und Freunde des Hitler-Regimes los werden kann, teils weil man sie braucht, teils weil man eben nicht kann, müssen Anti-Nazi und Nazi einen modus vivendi finden. Mit anderen Worten: Die zufällig nicht umgebracht wurden, müssen ihren Frieden machen mit denen, die zufällig nicht mehr dazu gekommen sind, sie umzubringen.

Viele Briefe kommen aus der Heimat, die verlassen zu müssen wir so unglücklich, die verlassen zu können wir so glücklich waren; manche bestätigen unsere Überzeugung, daß ihre Schreiber während der kritischen Jahre knapp das Existenzminimum an Fügung in die Umstände leisteten, nicht ein Winziges darüber hinaus.

Schade, daß solche alle Zweifel zerstreuenden Briefe meist nur von jenen kommen, über deren Gesinnung und Haltung ein Zweifel nie bestand.

Die Briefe aus der Heimat sind voll von Klagen und Anklagen: höchst berechtigten gewiß. Doch es sind da zwei Gruppen von Klagen zu unterscheiden: eine sehr kleine, in der geklagt wird über das Unerträgliche, das vom März 1938 ab daheim ertragen, mit angesehen, mit erlebt werden mußte. Und eine weit, weit umfangreichere, deren Verfasser kein Wort verlieren über die Schrecken der Nazizeit, nervös sichtlich erst wurden, als Bomben ihnen aufs Haus fielen, und in rechte Klage-Stimmung erst mit der Stunde der Befreiung kamen. Kaum hie und da scheint in ihren Mitteilungen ein opportunes Sätzchen auf, aus dem man zur Not schließen könnte, es sei schon *vor* Bomben und Russen ungemütlich im Vaterland gewesen. Und das Wort »Befreiung« steht zwischen Gänsefüßchen. Auch wir haben uns die Befreiung freier vorgestellt, mit mehr Ausrufungs- und weniger Fragezeichen. Aber den Morgen anklagen, daß er grau ist, das sollten jene nicht tun, die sich so gut zurechtfanden in der pechschwarzen Nacht, die ihm voranging.

In einem solchen Klagebrief ruft der Absender, seine Schicksale mit denen der Emigranten vergleichend, aus: »Ihr habt nur die Heimat verloren.« Nur. Es geht überdies die Sage, ein oder der andere Emigrant hätte, indem er das werden mußte, außer der Heimat noch ein paar Kleinigkeiten verloren, wie etwa sein Leben oder seine Gesundheit, Familie und Freunde, Beruf und Besitz, die Atmosphäre der Muttersprache (für den Geist, was Luft für die Lungen), die Zukunft, für die er vorgebaut hatte, die Vergangenheit, an die ein Wiederanknüpfen ihm nicht mehr möglich ist. In diesem letzten Punkt – ich meine, was die Kontinuität der privaten Lebenslinie anlangt – scheinen die Zuhausegebliebenen doch besser dran zu sein als die Weggegangenen. So schrieb mir z. B. ein Wiener Schauspieler (der als solcher rechtens in hinterer Reihe stand, als wir ihn verließen), die Nazizeit hätte ihre Peinlichkeiten gehabt, aber immerhin habe er sich während ihrer »in die erste Reihe nach vorn gespielt«. Wodurch ihm offenbar jene Peinlichkeiten kompensiert erscheinen.

Es gibt ein »Faust«-Fragment von Lessing, in dem der Geist dem Faust auf die Frage: »Was ist das Schnellste auf Erden?« die Antwort erteilt: »Der Übergang vom Guten zum Bösen.« Ein Beispiel für die Richtigkeit dieser Antwort lieferte vor etlichen Jahren die unfaßbare Rapidität, mit der sich Kreuze in Hakenkreuze, Menschen in Unmenschen verwandelten. Jetzt vollzog sich in gleichem Tempo die Rückverwandlung. Daß sie so schnell vor sich gehen konnte, verdanken wir dem Führer: weil er nämlich an äußeren Manifestationen der Gesinnung nur so oberflächliche von seinem Volk verlangte wie Partei-Abzeichen, Hitlergruß und dergleichen. Stellen wir uns vor, er hätte drastischere, sichtbare Bekundungen der Anhänglichkeit an ihn gefordert. Etwa das Tragen eines Nasenrings. Kein Zweifel, seine Untertanen hätten ihn angelegt, seine Philosophen der Sache den ideologischen Unterbau, seine Kunstgelehrten ihr die ästhetische Rechtfertigung apportiert. Die Rückverwandlung aber von Nazis in Nicht-Nazis wäre nicht so leicht gegangen wie jetzt, wo sie sich rasch und schmerzlos vollzog, im Handumdrehen, im Sinn-Umdrehen.

Ein Geist mit heutigen Erfahrungen hätte wahrscheinlich seiner Antwort an Faust: »das Schnellste ist der Übergang vom Guten zum Bösen« hinzugefügt »und retour«.

So ziemlich alle namhaften Künstler Deutschlands und Österreichs, die das Dritte Reich akzeptierten und von ihm akzeptiert wurden, haben den Reinigungs-Prozeß, dem sie sich der Form halber unterziehen mußten, hinter sich. Nur ein paar besonders schwer zu Säubernde sind noch in der Fleckputzerei; bald werden auch sie für die neue Demokratie tragbar gemacht sein. Mit Künstlern nimmt man es nicht genau. Dem Schuster, der für die Nazi Stiefel gemacht hat, zum Treten und Zertreten, wird das nicht so leicht verziehen wie dem Dirigenten, der für sie Musik gemacht hat, zu ihrer Erbauung und seelischen Stärkung in den Pausen jenes Geschäfts. Manchem kleinen antisemitischen Zeitungsschreiber von gestern ist die Ausübung des journalistischen Gewerbes verboten; dem großen Schauspieler, der durch seine Filmdarstellungen greulicher Juden-Karikaturen die Zuschauer in lebhafteste Pogromstimmung brachte (ein Orpheus, der die Bestien nicht besänftigte, sondern animierte), stehen die Bühnen des neuen Deutschland offen. Da haben wir den Zauber der Kunst! Von einer Lumperei, in ihrem Bezirk geleistet, verschwindet das Lumpige hinter der Leistung. In Kunst getan verliert offenbar, einer Art von archimedischem Prinzip gehorchend, das Gemeine und Böse an Gewicht.

Trotzdem könnte ich als alter Romantiker mir vorstellen, daß ein oder der andere deutsche Künstler, zur Kollegenschaft mit solch' langjährigem Hitlerianer gezwungen, sich weigern möchte, ihm die Hand zu geben. Schon eingedenk dessen, daß der Kollege noch vor kurzem in der Zumutung, die Hand zu nehmen, eine maßlose jüdische Frechheit erblickt, sie mit Abscheu zurückgewiesen, vielleicht der Gestapo gepfiffen hätte.

Man hat die Künstler, die es mit den Nazi hielten, damit entschuldigt, daß sie eben Künstler waren. Nur das. Große Kinder, denen alles recht war, wenn man sie nur ihre Spiele spielen ließ. Unberührt von dem, was sonst um sie vorging (falls sie überhaupt etwas davon merkten), waren sie um nichts bekümmert als um ihren edlen Beruf, und außerhalb dessen Sphäre reine Toren, mit Blindheit und Stumpfheit gesegnet. Nicht den Nazi, sondern ausschließlich der Kunst zuliebe, haben sie ihr Hakenkreuz auf sich genommen.

Eine Spur von Wahrscheinlichkeit besteht immerhin, daß sie dies taten, um im Genuß ihrer Stellungen, ihrer ungestörten Berufsübung, ihrer Beliebtheit und ihres Einkommens zu bleiben. Gewiß durchaus einleuchtende, natürliche Beweggründe (oder richtiger: Stillhaltegründe). Man kann keinem Menschen gewöhnlichen seelischen Formats, keinem Charakter von normaler Wackligkeit vorwerfen, daß er sich in drangvoller Lage benommen hat, wie nur ein ungewöhnlich nobles Herz, ein ungewöhnlich standfester Charakter sich *nicht* benommen hätten. Es setzt, zum Beispiel, den großen Dirigenten wenn auch nicht eben hinauf, so doch keineswegs herunter, daß er die Sicherheiten des Zuhausebleibens den Fragwürdigkeiten des Exils vorgezogen hat. Verdächtig aber ist und macht ihn, daß er diese praktische Entschließung als eine heroische ausgibt. »Emigration«, erklärte der Maestro, »wäre feige Flucht gewesen.« Flucht wovor? Vor Verfolgung, Entrechtung, Lager, Tortur, Schafott? Nicht die geringste Gefahr, in diesen Spielplan des Dritten Reiches einbezogen zu werden, drohte dessen erstem, repräsentativen Musik-Gauleiter. Seine Flucht wäre eine vor anderen Peinlichkeiten gewesen: vor des Führers Händedruck, vor Görings Umarmung, vor der widrigen Aufgabe, dem, was Nazikultur hieß, musikalische Glanzlichter aufzusetzen, vor der Nötigung, dem Ansehen des Mordregimes dienen zu müssen, das sein geliebtes Vaterland vor Gott und Menschen hassenswert machte. Dieses Martyrium hat der Meister zwölf Jahre durchgelitten, ohne Gedanken an feige Flucht Raum zu geben.

Die Künstler, die, um ihren Frieden zu haben, ihn, leichten oder schweren Herzens, mit den Nazi machten, handelten jedenfalls klug. Sie wahrten sich ungestörte Fortsetzung ihrer Arbeit, Huld der Mächtigen lächelte ihnen, ihr Talent, von vieler lästiger Konkurrenz befreit, fand breitesten Raum, sich zu betätigen und zu bestätigen, blieb in Schwung und Übung. Unbeschädigt, wie die Künstler selbst, ging es durch die so viele und vieles zerstörenden Jahre. Und der Standpunkt hat einiges für sich, wonach Verschwendung wäre, es aus zimperlichen Sauberkeitsbedenken nicht dem Kulturbetrieb des neuen Deutschland nutzbar zu machen. So viel reife und reifende künstlerische Begabung, so viele Dichter, Musiker, Maler, Schauspieler sind in Hitlers Lagern, Folter- und Gaskammern verschwunden! Die Künstler, denen seine Sonne schien, sind erhalten geblieben. Trösten wir uns mit diesen über jene. Was man hat, hat man.

Schiller dachte so hoch von den Künstlern, daß er ihnen ein besonderes Mandat verlieh: »Der Menschheit Würde ist in eure Hand gegeben.« Dennoch geschah es, daß die mit der Menschheit Würde vorzugsweise Betrauten den seit Geschichtsbeginn schlimmsten Entwürdigern der Menschheit herzhaft zu Willen und Diensten waren; und es ganz bestimmt noch heute wären, hätten ihre Patrone nicht Kriegspech gehabt. Oder glaubt irgendwer, jener berühmte deutsche Schauspieler hätte sich lange geziert, Star des Films zu sein, in dem die Ausrottung der Juden gefeiert worden wäre? Oder der große Dirigent sich lieber ins Exil begeben, als den Takt zu schlagen für die Jubel-Hymne »Das Hakenkreuz überm Weißen Haus!« Feige Flucht ins Ausland wäre für ihn nicht in Frage gekommen, schon deshalb nicht, allerdings, weil es dann kaum noch viel Ausland gegeben hätte.

Doch wir brauchen uns nicht darüber zu kränken, daß der Dichter das erwähnte Mandat so unsicheren Kantonisten verliehen hat. Jedes Kapitel der Weltchronik, vom Pyramidenbau bis zur Sache mit dem Schiff »Exodus«, erweist nämlich, daß der »Menschheit Würde« gewichtlos ist auf der Waage der Entscheidungen, eine non-va-leur durchaus, und also ziemlich wurscht, wem sie in die Hand gegeben. In diesem Sinn kann man's auch den Künstlern nicht gar zu übel nehmen, wenn für sie die Menschheit nur soweit von Interesse ist, soweit sie als Publikum in Erscheinung tritt.

Abel, wenn er vor den Mordabsichten seines Bruders Kain geflohen wäre, wäre »Emigrant« geschimpft worden und hätte als solcher bittere Unannehmlichkeiten zu erdulden gehabt. Er wäre sein Leben lang in der Welt herumgelaufen mit dem Abel-Zeichen auf der Stirn.

Je länger man in der Fremde lebt, desto fremder wird sie. (Im Anfang scheint es ganz leicht, mit ihr vertraut zu werden.)

Je näher man ihr kommt (oder zu kommen glaubt), desto weiter rückt sie weg.

Je genauer man sie kennenlernt (oder kennen zu lernen glaubt), desto stärker wird die Empfindung, daß man sie niemals richtig kennen wird. Aber vielleicht gilt das nur für die reifere Jugend über sechzig.

Im fremdsprachigen Land wird die eigene, die Muttersprache – sonst war sie Haus und Heim, Sicherheit verbürgend, Wärme und, in ihren Grenzen, das himmlische Gefühl der Grenzenlosigkeit – zum Gefängnis, aus dem auszubrechen auch bei größter Wendigkeit und Geschicklichkeit nur schwer gelingen will.

Was Gerüst war einer herrlich weit gespannten Welt, schrumpft ein zu engenden Gitterstäben.

Es ist der gleiche Himmel, und es sind die gleichen Sterne und ihr Gefunkel das gleiche wie daheim.

Aber ihr Spiegelbild in der Psyche ist ein anderes da und dort.

Die Menschen sind gut oder böse, klug oder dumm, angenehm oder zuwider, ganz wie daheim.

Aber ihre seelische Transpiration ist eine andere.

Und wenn einer in der Fremde stirbt, selbst in einem richtigen Bett an einer richtigen Krankheit, hat er doch, soweit er den Vorgang überhaupt noch kritisch beobachten kann und will, die Empfindung, eines unnatürlichen Todes zu sterben.

Emigranten-Schicksal: Die Fremde ist nicht Heimat geworden. Aber die Heimat Fremde.

Klaus Mann

[Erfahrung Exil]

[1952]

Ich verließ Deutschland am 13. März 1933.

Zwei Zwischenfälle sind es vor allem, die mir aus diesen ersten Wochen der Verbannung im Gedächtnis bleiben, beide scheinbar zufällig und unbedeutend, aber doch lehrreich und charakteristisch.

Der erste Zwischenfall geschah in einem Pariser Restaurant, wo ich mit deutschen Freunden – Emigranten natürlich – bei der Mahlzeit saß. Einer aus unserem Kreise hatte die erste Nummer einer neuen Zeitschrift mitgebracht, eine jener gutgemeinten, aber etwas billig-sensationell aufgemachten Publikationen, mittels deren exilierte deutsche Intellektuelle damals den Hitler-Staat vom Ausland her zu ›entlarven‹ hofften. Die Revue, an der wir uns gerade ergötzten, zeigte ein enormes Hakenkreuz auf der Titelseite, wahrscheinlich troff es von Blut und hatte als Mittelstück eine grinsende Teufelsfratze. Aber diese Details entgingen der Aufmerksamkeit einer amerikanischen Dame, die am Nebentisch Platz genommen hatte; auch bemerkte sie nicht, daß mehrere meiner Begleiter von ausgesprochenen ›nichtarischem‹ Typus waren. Sie sah nur das Hakenkreuz und hörte, daß wir deutsch miteinander sprachen. So erhob sie sich denn, eine stattlich wohlerhaltene Person mittleren Alters mit Zwicker und Federhütchen, schritt auf uns zu und durchbohrte uns mit furchtbarem Blick. »You should be ashamed of yourselves«, sprach die Dame. Und, auf deutsch, mit rührend schlechtem Akzent: »Schämen sollten Sie sich! Dies hier ist Ihre Schmach! Ihre Schande!« Wobei sie mit erzürnter Gebärde auf das Hakenkreuz wies. Wandte sich und ging ab, nicht aber, ohne vorher vor uns ausgespuckt zu haben. Es war das erste und übrigens bis jetzt das letzte Mal in meinem Leben, daß ich eine ›lady‹ mit dem Aplomb und der geübten Technik eines zornigen Müllkutschers spucken sah.

Da saßen wir nun, offenen Mundes. Keiner von uns hatte die Geistesgegenwart oder den Mut gehabt, die ergrimmte Dame aufzuklären, ihren absurden Vorwurf zurückzuweisen. Sollten wir in Zukunft unseren Emigranten-Status durch das Tragen von besonderen Insignien betonen? Vielleicht empfehlen sich Armbinden mit der Aufschrift: ›Ich bin gegen Hitler!‹ oder: ›Ich habe mit dem Dritten Reich nichts zu tun!‹ Aber wir ließen die Idee bald fallen. Die Armbinden hätten uns in der Welt unmöglich gemacht.

Denn die ehrbare Matrone von der anderen Seite des atlantischen Ozeans war eine Ausnahme, wie wir nur zu bald herausbekommen sollten. Die meisten Leute schauten uns schief an, nicht weil wir Deutsche waren, sondern weil wir Deutschland verlassen hatten. So etwas tut man nicht, nach Ansicht der meisten Leute. Ein anständiger Mensch hält zu seinem Vaterland, gleichgültig, wer dort regiert. Wer sich gegen die legitime Macht stellt, wird suspekt, ein Querulant, wenn nicht gar ein Rebell. Und repräsentierte Hitler nicht die legitime Macht? Er tat es, nach Ansicht der meisten.

Und dies war der zweite lehrreiche Schock, dessen ich mich erinnere, kein ›Zwischenfall‹ eigentlich, keine dramatische Szene; nur ein ziviles Gespräch auf einer Café-Terrasse.

Mein Gesprächspartner war ein Schweizer Freund, der mich in Paris besuchte. Ein angenehmer, kultivierter Mensch; ich freute mich seiner Gesellschaft. Aber mit der Harmonie zwischen uns war es zu Ende, sowie auf Politisches die Rede kam. Mein Gast fand, daß ich von den Nazis zuviel Wesens machte. »Eine Regierung wie eine andere auch«, bemerkte er mit einem Achselzucken. Und dann lachte er. Hatte ich etwas Komisches gesagt? »Es ist keine Regierung wie eine andre auch, mein Lieber, es ist Teufelsdreck, der größte Skandal der Epoche!« Dies waren meine Worte gewesen: Dem Eidgenossen kamen sie drollig vor. Seine Heiterkeit wuchs noch, als ich hinzufügte: »Keinen Fuß setze ich in dies Land, solange die Nazis dort herrschen.«

»Das kann doch dein Ernst nicht sein!« rief der gutgelaunte junge Mann aus der freien Schweiz, immer noch amüsiert, dabei aber nicht ohne wirkliche Besorgtheit. »Man gibt doch nicht seine Heimat auf, Karriere, Freunde, Häuslichkeit und alles, nur weil einem die Nase eines gewissen Hitler nicht gefällt! Also, ich muß schon sagen, ich finde das einfach dumm!«

Ich kann sein Gelächter nicht vergessen; auch nicht den halb belustigten, halb mißbilligenden und selbst empörten Ausdruck, mit dem er wiederholte: »So etwas Dummes! Wie kann man nur etwas so Dummes tun!« Er verstand nicht, worum es ging. Er hatte keine Ahnung.

Auch von den in Deutschland verbliebenden Freunden erschienen viele seltsam ahnungslos. Die Briefe, die man unsereinem damals noch aus der Heimat zu schreiben wagte, klangen teils zänkisch, teils erstaunt und vorwurfsvoll. Manche ließen es nicht bei privater Botschaft sein Bewenden haben, sondern kanzelten uns öffentlich ab, Gottfried Benn zum Beispiel: Die zürnende Epistel, die er an mich richtete, ward in der ›Deutschen Allgemeinen Zeitung‹ abgedruckt und dann auch noch am Rundfunk vorgetragen. Der inspirierte Lyriker, der intellektuelle Nihilist und Fortschrittsfeind fand schöne Worte zum Lobe des ›Neuen Staates‹; für mich aber und alle anderen ›Verräter‹ setzte es rhetorische Hiebe von der schärfsten Art. Ein kurioses Dokument!

W. E. Süskind drückte sich höflicher aus, nicht so gesteilt und apodiktisch. Auch war er taktvoll genug, seinen Brief nicht einrücken zu lassen; unter vier Augen gleichsam, in zierlich klarer Handschrift redete er mir ins Gewissen. Hatte ich all meine Neugier, meine Aufgeschlossenheit, meinen Humor verloren? So fragte der Jugendfreund. Seit wann war ich ein politischer Doktrinär, ein starrer Apostel republikanischer Tugend, ein Cato? ›Komm zurück!‹ Es war der Jugendfreund, der mich rief. Er lockte: ›Es ist interessant jetzt bei uns, interessanter als je zuvor! Man diskutiert, experimentiert, es gibt Bewegung, es ist etwas los, warum schließt Du Dich aus? Komm zurück! Dir wird nichts zuleid geschehen. Wäre es hier so arg, wie Du glaubst, würde ich bleiben? Riete ich Dir zu kommen? Du solltest mehr Vertrauen zu mir haben. Wenn *ich* Dich zur Rückkehr auffordere, so muß Dir das zu denken geben. Sei nicht eigensinnig! Komm!‹

Er verstand nicht, worum es ging. Keine Ahnung!

Ich antwortete ihm mit ein paar kurzen Zeilen: ›Danke für Deinen Rat, den ich leider nicht befolgen kann. Ich komme nicht zurück, solange Hitler da ist. Du magst es für Eigensinn halten . . .‹

Sollte ich ihm erklären, warum der Gedanke an Rückkehr sich für mich verbot? Es wäre zu schwierig gewesen – oder zu einfach. Angst spielte wohl nur eine sekundäre Rolle in dem Gefühlskomplex, der meine Position bestimmte. Zu den ›rassisch Verfolgten‹ konnte ich mich nicht rechnen, ganz abgesehen davon, daß der organisierte Antisemitismus um diese Zeit noch nicht in voller Stärke eingesetzt hatte. Selbst die sogenannten ›Nürnberger Gesetze‹, die mehr als drei Jahre später erfunden wurden, hätten mir, wenn ich nicht irre, den Status eines ›aufnordungspflichtigen

Mischlings‹ oder ›Ariers zweiter Klasse‹ zuerkannt. Meine ›rassische Erbmasse‹ war zwar keineswegs einwandfrei, aber doch nicht verderbt genug, um mich im Dritten Reich völlig unmöglich zu machen.

Und meine politische Vergangenheit? Das hätte sich richten lassen. Man konnte bereuen, Abbitte tun, zu Kreuze kriechen, dergleichen ist vorgekommen. Die Nazis waren nicht unversöhnlich. Sie übten Großmut – wo es vorteilhaft für sie schien. K. M., nicht ganz unbekannter Sprößling des bekannten Th. M., als Renegat! Das hätte unserem Goebbels so gepaßt. Noch lieber wäre ihm eine ›Konversion‹ der ganzen Familie gewesen. Mit welch breitem Grinsen würde der diabolische Reklamechef uns empfangen haben!

Waren wir also ›freiwillige‹ Emigranten?

Doch nicht ganz. Wir *konnten* nicht zurück. Der Ekel hätte uns getötet, der Ekel an der eigenen Erbärmlichkeit und an dem widrigen Treiben um uns herum. Die Luft im Dritten Reich war für gewisse Lungen nicht zu atmen. In der Heimat drohte Erstikkungstod. Ein guter, ein wahrhaft zwingender Grund, sich fernzuhalten!

Hitler verbreitete Gestank, *war* Gestank. Wo er sich aufhielt, wallten üble Dünste; wo er regierte, wurde der Staat zur Kloake. Hitler – ein Schicksal? Hitler – ein Problem? Eine Pest war er, die man meidet. Freilich auch eine Gefahr, die man bekämpft.

Hätte ich, hätten *wir* ihn wirkungsvoller bekämpft, wenn wir daheim geblieben oder in die Heimat zurückgekehrt wären? Diese Frage stellten wir uns wohl selbst, gleich zu Anfang und dann immer wieder. Später sollte sie uns auch von anderen vorgelegt werden, von jenen nämlich, die den großen Übelgeruch an Ort und Stelle mitgemacht. Unter ihnen gab es echte Kämpfer; gerade mit diesen suchten wir Emigranten den Kontakt zu wahren, auch helfen konnten wir ihnen wohl zuweilen. Andere behaupteten nachher, gekämpft zu haben; sie zählten sich zur ›inneren Emigration‹, zu einer diskreten Widerstandsbewegung. Die Frage bleibt, ob unsere Gegenwart, unser Beistand ihnen in den Jahren des Gestanks nützlich und willkommen gewesen wären. (Ich sage ›Wir‹ und meine nicht nur die Mitglieder meines Hauses, sondern auch viele nicht-jüdische Schicksalsgenossen, die sich damals mit uns fragen mußten, wohin sie gehörten.) Ganz abgesehen davon, daß wir von Temperamentes wegen nicht ganz zu den ›Stillen‹

paßten, unser schlechter Ruf hätte die heimliche ›résistance‹ kompromittiert. Zu exponiert, um in der Masse zu verschwinden; politisch zu sehr abgestempelt, um feine Indifferenzen vorzutäuschen, hätten wir in Nazi-Deutschland nur zwischen sinnlosem Martyrium und opportunistischem Verrat die Wahl gehabt. Das Konzentrationslager oder die Gleichschaltung, keine dritte Möglichkeit schien sich uns ›drinnen‹ zu bieten. ›Draußen‹ gab es einiges zu tun, auch im Dienst und Interesse jenes ›besseren Deutschland‹, an das wir den Glauben nicht verlieren wollten.

Die Frage, ob unser Platz im Dritten Reich gewesen wäre ... Ich habe sie mir gestellt und ich habe sie mir beantwortet. Die Antwort lautet: *Nein.*

Man hat oft geirrt im Leben, man hat mancherlei zu bereuen. Dies eine hat man richtig gemacht, aus Instinkt mehr denn aus ›Überzeugung‹: Warum sollte man nicht dafür dankbar sein? Die Emigration war nicht gut. Das Dritte Reich war schlimmer. Die Emigration war nicht gut. In dieser Welt der Nationalstaaten und des Nationalismus ist ein Mann ohne Nation, ein Staatenloser, übel dran. Er hat Unannehmlichkeiten; die Behörden des Gastlandes behandeln ihn mit Mißtrauen; er wird schikaniert. Auch Verdienstmöglichkeiten bieten sich nicht leicht. Wer sollte sich des Verbannten annehmen? Welche Instanz verteidigte sein Recht? Er hat ›nichts hinter sich‹, keine Organisation, keine Macht, keine Gruppe. Wer zu keiner Gemeinschaft gehört, ist allein.

Oder bildete unsere Emigration so etwas wie eine Gemeinschaft? Doch wohl kaum. Denn unter den Exilierten gab es ja nur relativ wenige, die aus Gründen der Gesinnung oder des ›Instinktes‹ Deutschland verlassen hatten: nur wenige also, die wir eigentlich als unsere Schicksals- und Kampfgenossen betrachten durften. Bei der Mehrzahl handelte es sich um völlig unpolitische (oder politisch doch ganz unaktive) Opfer des Hitlerschen Rassenwahns: jüdische Geschäftsleute, Anwälte, Ärzte, Gelehrte, Journalisten, die ohne Frage recht gern in Deutschland geblieben wären, wenn die Verhältnisse es gestattet hätten. Diese Feststellung hat nichts Herabsetzendes, enthält keinen Vorwurf. Gewiß, es gab unter den deutschen Juden ebenso viele militante Antifaschisten wie unter den sogenannten ›Ariern‹. Ja, der kämpferische Typ mag sogar im ›nichtarischen‹ Lager prozentual häufiger gewesen sein. Aber die Majorität des deutschen Judentums, und also auch die Majorität ›unserer‹ Emigration, bestand eben doch aus braven Bürgern, die sich in erster Linie als ›gute Deutsche‹, erst in zweiter als Juden und zu allerletzt, oder überhaupt nicht, als Antifaschisten empfanden. Gegen Mussolini hatten sie nichts gehabt. Emil Ludwig und Theodor Wolff sprachen für viele ihrer Stammesbrüder, als sie dem ›Duce‹ publizistisch Weihrauch streuten. Mussolini war nicht antisemitisch. Hitler war es.

Dieser Punkt ist relevant und wichtig, da es hier darum geht, den Charakter der Emigration zu beschreiben, einer Emigration, die keine Gemeinschaft war. Sie konnte keine sein: Es fehlte ihr an gemeinsamen Zielen, an einem Programm, an Repräsentation. Freilich gab es unter den Emigranten eine politisch aktive und organisierte Minorität, nicht nur eine, sondern mehrere. Die Vertreter der geschlagenen deutschen Parteien – weit davon entfernt, sich wenigstens jetzt zur Einheitsfront gegen Hitler zusammenzuschließen – befehdeten einander im Exil mit noch größerer Erbitterung als zuvor. Besonders der alte Hader zwischen Sozialdemokraten und Kommunisten setzte sich munter fort, während die Monarchisten ihre eigenen Intrigen spannen und die Katholiken weise Zurückhaltung übten. Schließlich gab es ein Konkordat zwischen dem Heiligen Stuhl und der derzeitigen deutschen Regierung. Übrigens blieben die professionellen Politiker auch darin der Tradition von Weimar treu, daß sie den Kontakt mit unabhängigen Intellektuellen mieden oder jedenfalls nicht suchten. Die Beziehungen zwischen Schriftstellern und Parteifunktionären blieben in der Verbannung so kühl, wie sie es daheim gewesen waren.

Die deutschen Schriftsteller – es darf mit Genugtuung konstatiert werden – haben sich im Jahre 1933 besser bewährt als irgendeine andere Berufsklasse. Während der letzten Jahre vor Ausbruch des Dritten Reiches hatte es wohl den Anschein, als wären manche unter ihnen bereit, sich mit dem Abscheulichen abzufinden oder dieses gar zu begünstigen, und in der Tat hat es ja an Abtrünnigen nicht ganz gefehlt. Einige glaubten vielleicht allen Ernstes, im Nationalsozialismus das Neue, Revolutionäre zu erkennen und bewundern zu müssen (wie der verblendete Gottfried Benn es tat); andere versuchten, sich dem neuen Regime durch feige Kompromisse akzeptabel zu machen. Aber die Zahl derer, die sich düpieren oder korrumpieren ließen, ist doch vergleichsweise gering, verglichen nämlich mit der erschreckend umfangreichen Liste gleichgeschalteter Philosophen, Historiker, Juristen, Ärzte, Musiker, Schauspieler, Maler, Pädagogen. Die weitaus meisten Autoren von literarischem Rang stellten sich sofort und aufs entschiedenste gegen die Diktatur, an deren zutiefst *geistfeindlichem* Charakter für keinen Klarsichtigen der geringste Zweifel bestehen konnte. Ein Massenexodus der Dichter setzte ein; noch nie zuvor in der Geschichte hat eine Nation innerhalb weniger Monate so viele ihrer literarischen Repräsentanten eingebüßt. Nicht allein die ›rassisch Kompromittierten‹ suchten das Weite; mit ihnen entfernten sich viele von einwandfrei nichtjüdischem Blut: Fritz von Unruh und Leonhard Frank, Bertolt Brecht und Oskar Maria Graf, René Schickele und Annette Kolb, Werner Hegemann und Georg Kaiser, Erich-Maria Remarque und Johannes R. Becher, Irmgard Keun und Gustav Regler, Hans-Henny Jahnn und Bodo Uhse, Heinrich und Thomas Mann: um nur diese zu nennen.

Die literarische Emigration konnte sich sehen lassen; in ihren Reihen gab es Ruhm, Talent, kämpferischen Elan. Während die Parteifunktionäre sich zankten, hielten die Schriftsteller zusammen, auch wenn ihre politischen Ansichten voneinander abwichen. Besonders während der ersten Jahre des Exils, von 1933 bis 1936, war dies Gefühl der Zusammengehörigkeit stark und echt. Ja, die verbannten Literaten bildeten wohl so etwas wie eine homogene Elite, eine wirkliche *Gemeinschaft* innerhalb der diffusen und amorphen Gesamtemigration.

Man wußte, was man wollte; die Forderung des Tages erschien klar vorgezeichnet. Der deutsche Schriftsteller im Exil sah seine Funktion als eine doppelte: Einerseits ging es darum, die Welt vor dem Dritten Reich zu warnen und über den wahren Charakter des Regimes aufzuklären, gleichzeitig aber mit dem ›anderen‹, ›besseren‹ Deutschland, dem illegalen, heimlich opponierenden also, in Kontakt zu bleiben und die Widerstandsbewegung in der Heimat mit literarischem Material zu versehen; andererseits galt es, die große Tradition des deutschen Geistes und der deutschen Sprache, eine Tradition, für die es im Lande ihrer Herkunft keinen Platz mehr gab, in der Fremde lebendig zu erhalten und durch den eigenen schöpferischen Beitrag weiterzuentwickeln.

Es war nicht leicht, diese beiden Verpflichtungen – die politische und die kulturelle – miteinander zu vereinigen. Eine ungewöhnliche, geistig gewagte, in jedem Sinn extreme Situation forderte die ungewöhnliche Anstrengung, den extremen Einsatz der Kräfte. Die Literaturgeschichte der Zukunft (wenn uns eine Zukunft beschieden ist, die sich noch für dergleichen interessiert!) wird feststellen, daß die exilierten deutschen Schriftsteller Bedeutendes geleistet haben. Fast allen gelang es, ihr Niveau zu halten; manche wuchsen über sich hinaus und gaben gerade jetzt, in der Verbannung, ihr Bestes. Die Emigrationsverlage, die sich damals in Amsterdam, Paris, Prag und anderen europäischen Zentren etablierten, haben eine Produktion von imposanter Fülle und Qualität aufzuweisen. Die literarische Ernte des Exils wurde durch ihren Reichtum zum eindrucksvollsten Protest gegen das Barbaren-Regime, das soviel Talent und Fleiß aus dem Lande getrieben hatte.

Nicht weniger notwendig und wesentlich als dieser indirekte Protest erschien vielen von uns der dirckte, das politische Manifest, die enthüllende Analyse, der satirische oder informative Kommentar zum deutschen Drama, das immer wieder neu zu variierende, neu zu begründende *J'accuse* gegen den Hitler-Staat. Deutsche Antifaschisten im Ausland durften nicht müde werden, den noch freien, noch nicht gleichgeschalteten oder angeschlossenen Nationen immer wieder zu versichern: ›Ihr seid in Gefahr. Hitler ist gefährlich. Hitler ist der Krieg. Glaubt nicht an seine angebliche Friedensliebe! Er lügt. Schließt keine Verträge mit ihm! Er wird sie nicht halten. Laßt euch nicht von ihm einschüchtern! Er ist nicht so stark wie er tut, *noch* nicht! Erlaubt ihm nicht, stärker zu werden! Jetzt würde eine Geste, ein starkes Wort von eurer Seite genügen, um ihn zu stürzen. In ein paar Jahren wird der Preis höher sein, schließlich müßt ihr es euch Millionen Menschenleben kosten lassen. Worauf wartet ihr? Stürzt ihn jetzt, solange es billig ist! Brecht die diplomatischen Beziehungen mit ihm ab! Boykottiert ihn! Isoliert ihn! Erledigt ihn!‹

Fehlte es unserem Ruf an Überzeugungskraft? Er überzeugte nicht, er verhallte. Die noch freien, noch unabhängigen Nationen, bei denen wir Emigranten zunächst Unterschlupf fanden, nahmen unsere Kassandra-Schreie mit ›realistischer‹ Skepsis auf. Gewisse Vorkommnisse im Dritten Reich, Bücherverbrennungen, antisemitische Demonstrationen, das Massaker vom 30. Juni 1934, mochten etwas peinlich berühren; indessen waren das nur kleine Schönheitsfehler, die man einer sonst erfolgreichen und in vieler Hinsicht sympathischen Regierung gern verzieh. Hitler war gegen den Kommunismus, was genügte, ihn in feinsten europäischen Kreisen beliebt zu machen. Wenn er Eroberungspläne hatte, so waren sie doch wohl ausschließlich gegen den Osten gerichtet, will sagen, gegen die Sowjetunion. Um so besser! Den feinsten Kreisen konnte das nur recht sein. Für die Warnungen einiger fortgelaufener Literaten hatte man ein mokantes Lächeln oder ein ungeduldiges Achselzucken.

Natürlich gab es in unseren Gastländern Menschen von klarem Verstand und sauberer Gesinnung, die unser Grauen vor der Nazi-Pest durchaus teilten. Aber diese Redlichen waren meist selbst ohne Einfluß und übrigens, gerade aus ihrer Redlichkeit und Rechtlichkeit heraus, oft geneigt, den eigenen Standpunkt und die eigene Argumentation durch gewisse moralische Vorbehalte zu schwächen. Nicht, als ob sie Hitlers Schandtaten hätten verteidigen oder beschönigen wollen! Aber sie hielten es doch für angebracht, uns an Versailles zu erinnern, den ungerechten Frieden, der das deutsche Volk angeblich in die Verzweiflung und damit in die Arme der Demagogen trieb. Ohne Versailles kein Hitler! Und so schlimm dieser auch sein mochte, empfahl es sich nicht trotzdem, in Frieden mit ihm zu leben? Die Redlichen waren Pazifisten. Auch die meisten der emigrierten Schriftsteller, von denen hier die Rede ist, durften diesen Namen für sich in Anspruch nehmen. Um so tiefer ihre Abscheu vor den deutschen Gewaltherren und Gewaltanbetern. Die kompromißlose Haltung dieser Schriftsteller befremdete, stieß vielfach ab. Man warf ihnen Einseitigkeit, Übertreibung vor; der Haß – so hieß es wohl – mache sie blind; die Schärfe ihres Urteils wurde als typisches Symptom der ›Emigrationspsychose‹ erklärt und abgetan. Wäre das deutsche Regime wirklich so völlig schlecht, wie wir es schilderten, könnte es sich dann halten? So fragten die Realisten, um alsbald zu dem Schluß zu kommen: Die Tatsache, daß das Regime sich hält und sogar floriert, widerlegt die Greuelpropaganda der Exilierten. Das deutsche Volk stöhnt nicht unter dem Hitler-Terror; im Gegenteil, die meisten Leute dort scheinen recht vergnügt, es herrscht Wohlstand, die Arbeitslosigkeit hat aufgehört. Ob die Emigranten es nun zugeben oder nicht, die Diktatur ist populär bei den Massen, das deutsche Volk steht hinter seinem Führer.

Wir gaben es nicht zu. ›Hitler ist nicht Deutschland!‹ Die Exilierten bestanden darauf, wiederholten es immer wieder. Hitler ist nicht Deutschland! Das ›eigentliche‹ Deutschland, das ›bessere‹ war gegen den Tyrannen, wie wir der Welt eigensinnig versicherten. Die deutsche Opposition nahm in unseren Artikeln und Manifesten gewaltige Dimensionen an: Es waren Millionen (wir bestanden darauf), die im Kampf gegen das verhaßte System Leben und Freiheit riskierten. Wir flunkerten nicht: Wir *glaubten*. Unser echter, wenngleich naiver Glaube an die Stärke und den Heroismus der innerdeutschen Widerstandsbewegung gab uns den moralischen Halt, den Auftrieb, dessen wir in unserer Isoliertheit und Hilflosigkeit so dringend bedurften.

Ja, wir waren tief davon überzeugt, daß wir im Namen aller ›besseren Deutschen‹ sprachen, eben jener Märtyrer und Helden, die der Terror in der Heimat zum Schweigen brachte. Der Jammerlaut, der in den Konzentrationslagern erstickte, die geflüsterte Kritik, der unterdrückte Schrei, dic Angst, die Frage, die wachsende Beklommenheit des besseren deutschen Menschen, all dies suchten wir zu artikulieren und zur Kenntnis einer lethargisch-ignoranten Welt zu bringen. Erwarteten wir ein Echo? Es wurde uns gewährt, in Form von wüster Schmähung. Die Goebbels-Presse schleuderte ihre übrigens recht phantasielosen Flüche und Invektiven gegen das ›Emigrantenpack‹, was immerhin eine Art von Resonanz bedeutete. Offenbar, unsere Bemühungen waren nicht ganz vergeblich. Wir irritierten die Herren, man bemerkte uns; die Tatsache, daß es irgendwo in der Welt noch Deutsche gab, die den Mund aufzumachen wagten, wurde vom Berliner Ministerium für Volksaufklärung und Propaganda als unerträglicher Skandal empfunden. Wie stellte man ihn ab? Man konnte unsere Zeitschriften und Bücher, unsere Vorträge und Theaterstücke ›draußen‹ nicht verbieten. Aber man konnte uns die Bürgerrechte nehmen, uns ausstoßen aus der Volksgemeinschaft. Waren wir erst keine Deutschen mehr, wurde unser Protest etwas weniger skandalös. So verfiel man auf die drollige ›Ausbürgerungs‹-Idee. Männer und Frauen, die ihrer Geburt nach Deutsche waren, auch bis vor kurzem in Deutschland gelebt und sich dort nützlich gemacht hatten, verloren durch einen Federstrich ihre Nationalität.

Berthold Viertel

Exil

[1956]

Wir gingen ins Exil wie entthronte Könige. Einige von uns hausten tatsächlich wie solche an der Riviera. Andere würgten das Brot der Armut und der Knechtschaft. – Ich verließ kein Königreich. Meine Arbeit hatte bereits im Triebsand zerbröckelnder Verhältnisse begonnen. Sie blieb provisorisch, und auf Abruf getan. Kein größeres Werk gelang mir. Keine geschlossene Abfolge meines Wirkens, auch nicht einmal der bleibende Ansatz einer Tradition, welche die mehr als sieben mageren Jahre überwintern konnte. Ein Gelingen im einzelnen zeigte den richtigen Weg an für die, welche sehen konnten und wollten. Ein einsamer Ton, Bruchstück einer Lebensmelodie, erklang und ging im Kriegslärm unter. Besinnung, die von der Tobsucht verschlungen wurde. Abende glänzten auf und Morgen. Abschiede vollzogen sich, und immer wieder geschah ein Aufbruch und brach ab. Eine Spur war gesichtet worden, die Bahn blieb utopisch. Nirgendwo war ich daheim, mich einzureihen vermochte ich nicht, obwohl ich am Lagerfeuer der Zukunft eine Stimme im Rate der Vorwärtsgerichteten innehatte. Freund der Tapferen und der Geschlagenen, Lehrer ohne Schule, habe ich manche auf den Weg gebracht, den ich selbst nur gegen überwältigende Hindernisse strauchelnd und in die Irre gehen sollte. Dies einer der hastigen Abrisse einer Biographie, die abriß, kaum daß sie noch begonnen hatte.

Armin T. Wegner

Im Jahre des Unheils

[1974/1975]

Meine Nächsten haben sich von mir abgewandt.
Die Worte meiner Tochter verstehe ich nicht mehr.
Sie flüchtete auf eine ferne Insel und spricht
 eine andere Mundart.
Im Jahre neunzehnhundertvierundvierzig war
meine Familie über fünf Erdteile zerstreut.
Von meinen zwei Stiefsöhnen, die nicht mein Blut,
sondern das meiner Frau und mein Herz hatten,
wohnte der eine in Asien, der andere in Australien.
Die Schwiegermutter, an deren Tisch wir jeden Sonntag
 gemeinsam aßen,
verbarg sich in Amerika.

Nicht genug Weltteile hatte die Erde,
 um alle zu verstecken:
die Frau, den Mann, zwei Söhne, eine Tochter
 und eine Greisin, die Mutter der Frau.
Das vergangene und das tragende Geschlecht der Stunde:
 Erinnerung, Augenblick und Zukunft . . .

Ich selbst, lange in Deutschland in einem Moorlager
 gefangen,
floh über England nach der Schweiz, von der Schweiz
 nach Italien.
Jeder rettete sich auf seine Weise, der eine hierhin,
 der andere dorthin.
Es mag wohl das Gesetz der Schwere sein, das dabei
 entschied –
Wer aber schüttelte den Würfelbecher, aus dem wir
 alle fielen?
Es blieb ein Geheimnis!

Auf fünf Erdteilen – fünf Schollen – trieben wir dahin
 in dem reißenden Strom der Welt.

Begegne ich meinem eigenen Sohn in den Straßen von Rom,
so frage ich ihn, wie er heißt,
denn er kennt nicht die Sprache seines Vaters.
Alle träumten von ihrer Heimkehr, doch die Schatten
ihrer Urahnen folgten ihnen in die Fremde.

Keiner kehrte zurück!

Walter Mehring

... gültig zur einmaligen Ausreise

[1979]

Gelebt habe ich zum letzten Male, jedenfalls als derjenige, der hier beschrieben steht, kurz bevor ich zwischen zwei Stacheldrahthecken, dem häufigsten Gewächs der Neuzeitflora, die Hafensperre zur Ausfahrt passierte. Denn da mußte ich alles abgeben, was meine Existenz beglaubigte:

– die annullierte ›Demande d'une Carte de Séjour‹,

– den Einlieferungsschein in ein Sammellager für feindliche Staatenlose,

– einen abgelaufenen (überdies falschen) Paß mit zwei Besuchervisen, einem für den Belgischen Kongo (wohin die »Einreise auf Kriegsdauer untersagt« war) und einem chinesischen (ein kalligraphischen Stück – bis auf den daruntergekritzelten Zusatz *valid only to all other countries*),

– den Kartengruß der Freundin »glücklich gelandet in USA«, kurz, jedes Schriftstück, das noch meinen Namen trug, tauschte ich ein gegen ein Zettelchen mit einer Blaustiftnummer und dem violetten Stempel der ›Sûreté Nationale‹ und dem maschinengetippten Sichtvermerk:

Gültig zur einmaligen Ausreise –
sans idée de retour

So hielt ich, als ich über das Laufbrett in die Bauchhöhle des Frachtdampfers ›Wyoming‹ balancierte, rechts und links von einem Tramontana-Eiswind geohrfeigt, während der Alte Kontinent in einer Schneewehe versank, von dem, was meine Person betraf, nichts in Händen, außer dem aufgeweichten Wisch eines ›Refoulement‹, einer Ausweisung, um die mich in dieser welthistorischen, also katastrophalen Situation Abertausende beneidet, wofür sie tausendfach Werte, die ich nie besessen habe, verpfändet hätten: Millionäre ihre (enteigneten) Guthaben, als Zivilisten getarnte Generäle die Orden ihrer besiegten Vaterländer, Gelehrte, Dichter und Film- und Bühnenstars ihre nun so gefährliche Weltberühmtheit, oh, selbst Revolutionäre ihre grausam enttäuschte Gesinnung. Wahrhaftig, ich hätte mich um die Chance, ausgewiesen zu werden, selber beneiden können... wäre ich noch *ich* selbst gewesen, nicht aber ein auf den Amtslisten ausgestrichener, durchgekreuzter Niemand, ein abgeurteilter Deserteur aus der Realität, der – alle Hürdenrekorde des Verfolgungswahnsinns schlagend, ohne vom Fleck zu kommen – die Grenzen des Verstandes überspringt...

ja, eigentlich ging in dem Augenblick, als ich, von einem Matrosen der ›Wyoming‹ angebrüllt: »Mensch, Sie schlafen wohl!«, einem über mir baumelnden Warenballen mit einer Charly-Chaplin-Pirouette auswich (halbwegs zwischen Europa und einem getarnten Blockadebrecher), ein Jugendtraum in Erfüllung – oder vielmehr zu Ende. Hatte mich nicht die bloße Vorstellung, in einer Koje nachts auf hoher See zu schaukeln, unter der Kinderbettdecke sündhaft erregt, war ich nicht als Knabe, auf Besuch bei einer Kleinstadttante, an Frühlingsabenden den Zigeunerinnen nachgelaufen, querfeldein und mit dem Vorsatz, von ihnen verschleppt zu werden in heißere Zonen – womöglich bis nach Marseille...?

So also verließ ich Europa, mit nichts im Schädel als einem Buchplan, zu dessen Niederschrift ich nicht gekommen bin, über dessen Quellenstudium und Arbeitstitel

Die verlorene Existenz. Versuch einer Autobiographie des Individuums: Sein Werdegang, sein Wandel und sein Verbleib

ich nie hinauskam, weil immer etwas dazwischen gekommen ist: Frauen und Ideale, Pflichten und Krankheiten, Mißerfolge und Mißgunst, Ungerechtigkeit und andere Ausflüchte, Weltkriege (zwei) und andere Bagatellen, Utopien, Aktualitäten und sonstige Anachronismen... Sie gehören überhaupt ins vorige Jahrhundert! haben mir die Leute oft versichert mit jener Verächtlichkeit, die jede Epoche für die eben abgelaufene hat, Leute, die das Schwert eines schartigen Glaubens oder die Fahne einer durchlöcherten Zukunftshoffnung im Munde führten, die Unteroffiziere des Fortschritts, die »Schritt halten mit der Gegenwart!« kommandierten. – Nein, ich bin nie mit der Zeit marschiert. So eilig habe ich es nie gehabt. Denn ich wußte, sie würde mich ohnedies einholen, sobald die Spitzen der Elite, die Avantgarde der Zeitgenossen – von den angeführten Massen überrannt – *hinter* mir wieder auftauchten, soweit sie nicht auf der Strecke geblieben waren: die Moderne: von gestern, geschminkt und dada; die Jugend: eine zerschundene Herme im Rollstuhl, mit angekitteter Nase und Glasaugen; die Nation: ein geköpfter Hahn, der noch mit den Flügeln der Nike um sich schlug.

Wir sind und bleiben unbequeme Zeugen

Hans Sahl

Die Letzten

[1973]

Wir sind die Letzten.
Fragt uns aus.
Wir sind zuständig.
Wir tragen den Zettelkasten
mit den Steckbriefen unserer Freunde
wie einen Bauchladen vor uns her.
Forschungsinstitute bewerben sich
um Wäscherechnungen Verschollener,
Museen bewahren die Stichworte unserer Agonie
wie Reliquien unter Glas auf.
Wir, die wir unsre Zeit vertrödelten,
aus begreiflichen Gründen,
sind zu Trödlern des Unbegreiflichen geworden.
Unser Schicksal steht unter Denkmalschutz.
Unser bester Kunde ist das
schlechte Gewissen der Nachwelt.
Greift zu, bedient euch,
Wir sind die Letzten.
Fragt uns aus.
Wir sind zuständig.

»Das Entsetzen ist heute so groß wie damals«
Gespräch mit Hermann Kesten

Wie haben Sie von den Bücherverbrennungen in Deutschland am 10. Mai 1933 erfahren?

Durch die Zeitungen. Ich las damals zahlreiche Zeitungen in vielen Sprachen, und natürlich auch die deutschen Reichszeitungen. Es war eine schreckliche Erfahrung, zu erleben, wie ein Volk sich selber geistig und kulturell unmündig erklärt und sich selber beschneidet.

Wo waren Sie am 10. Mai 1933?

Ich war entweder in Paris oder in Amsterdam. Ich bin am 17. März 1933 von Berlin nach Paris gefahren, in der Absicht, dort den Hauptteil meines Exils zu verbringen, war aber inzwischen der literarische Leiter des ersten deutschen Exilverlags – Allert de Lange in Amsterdam – geworden, und mußte daher zwei Monate im Frühjahr jeden Jahres und zwei Monate im Herbst in Amsterdam verbringen.

War Ihnen klar, daß es ein längeres Exil sein würde?

Ein deutscher Schriftsteller namens Max Krell, der in Deutschland geblieben ist während der Hitler-Jahre, hat in seinen Memoiren gesagt, daß er mich im März 1933 mit Koffern auf dem Kurfürstendamm traf und mich fragte, wohin ich fahre. Ich sagte: nach Paris. Und er fragte, wann ich zurückkommen wolle und ich antwortete: in zwölf Jahren.

Das sagten Sie ihm damals?

Ja, das berichtete er.

Wie haben Sie in Berlin vor der »Machtergreifung« gelebt?

Ich hatte eine Wohnung in der Nähe des Kurfürstendamm, und lebte dort mit meiner Frau, meiner Mutter und einer meiner Schwestern. Ich war ein freier Schriftsteller und außerdem der Cheflektor des Verlages Gustav Kiepenheuer. Das war ein Verlag, der, als Hitler zur Macht kam, so aussah, als würde der Nationalsozialismus hauptsächlich gegen diesen Verlag gerichtet sein. Wir hatten sehr viele Autoren, die sogleich verboten wurden und deren Bücher im Mai 1933 verbrannt und vernichtet wurden.

Wie war das Leben und Arbeiten im Kiepenheuer Verlag?

Nach dem 30. Januar 1933 war es sehr schwer, es kamen täglich andere Autoren, ängstlich, erschüttert, verwirrt, die unseren

Rat haben wollten. Das Entsetzen war für uns alltäglich geworden.

Wie sah der Alltag aus, gab es direkte Repressionen?

Für mich sah es so aus, daß einmal die Gestapo in unser Haus kam, und ein andermal, daß der Völkische Beobachter und andere nationalsozialistische Zeitungen einen großen Artikel brachten, der sich gegen die schlimmsten Feinde der Nationalsozialisten richtete, nämlich gegen die liberalen Schriftsteller wie Heinrich Mann, oder Alfred Döblin, oder Hermann Kesten und Erich Maria Remarque und Erich Kästner. Das war natürlich eine Drohung, die ans Leben ging.

Das war schon Anfang 33 klar? Haben Sie je damit gerechnet, in Deutschland bleiben zu können?

Nein. Schon 1932 hatten Fritz Landshoff, der Leiter des Gustav Kiepenheuer Verlags, der Schriftsteller Joseph Roth und ein Prokurist des Verlags, Walter Landauer, und ich darüber gesprochen, was sein würde, wenn Hitler zur Regierung käme, und wir wollten eine Filiale in Basel errichten, aber dazu kam es nicht. Gustav Kiepenheuer blieb allein zurück, aber es war schwer für ihn, weiterzuarbeiten, da die meisten seiner Autoren verboten waren. Ein Beispiel: Eines meiner Bücher, »Glückliche Menschen«, sollte damals mit Illustrationen von George Grosz, der gleichfalls den Nationalsozialisten nicht genehm war, in einer billigen Ausgabe in fünfzigtausend Exemplaren erscheinen. Sie wurden gedruckt, aber nie ausgeliefert, denn sowohl George Grosz wie ich wurden sogleich verboten. Dann kam der Reichstagsbrand und danach wurde eine ganze Reihe von Schriftstellern verhaftet und verfolgt. Zum Glück war Ernst Toller, zu dem damals die Gestapo kam, nicht da, und auch Landshoff, der vorübergehend die Wohnung mit Toller teilte, war im Ausland, so daß beide gerettet wurden.

Wie sind Sie von Berlin aus Deutschland geflohen, war das noch ohne weiteres möglich?

Es war ohne weiteres möglich. Man durfte kaum Geld mitnehmen, ich glaube zwei- oder dreihundert Mark. Ich war natürlich ängstlich, und wir machten es so, daß meine Frau in den Zug einstieg und ich mit einem Blumenstrauß vor dem Zug stand. Die Polizei und die SA gingen schon durch den Zug, und wie der Zug im Abfahren war, stieg ich auf. An der Grenze kamen wir durch, es war, wie es immer in solchen Verhältnissen zugeht: Schlamperei und Verfolgung mischten sich. Wenn man Glück hatte, fiel man durch das Netz der Schlamperei.

In Paris war es für uns Schriftsteller sehr schwer, denn ein Gehalt bekam ich nicht mehr vom Kiepenheuer Verlag – nicht aus Böswilligkeit, sie hatten einfach kein Geld mehr, keine Einnahmen mehr –, und es war schwer, mit den wenigen hundert Mark durchzukommen. Ich hatte aber insofern Glück, als der Allert de Lange Verlag Kontakt zu schon ausgereisten deutschen Schriftstellern suchte, da er einen deutschen Verlag gründen wollte. Da der Verlag bei uns unbekannt war, hatten ihm alle abgesagt, ich akzeptierte aber, schloß einen Vertrag über einen Roman mit ihm ab, und da er hörte, daß ich Lektor bei Kiepenheuer war, fragte er mich, ob ich die Leitung des deutschen Verlags übernehmen wollte. Ich lehnte das ab, da ich nicht in Amsterdam leben wollte, sondern in Paris – mir gefiel Paris besser –, aber ich übernahm die literarische Leitung, also nicht die geschäftliche, das wäre ja auch zuviel geworden, denn ich wollte meine Bücher schreiben und nicht ein Verleger werden. Ich schlug dann vor, daß Walter Landauer, der ja im Kiepenheuer Verlag war, die geschäftliche Leitung übernehmen sollte. Das geschah im Herbst 1933. Die Verbindung mit Allert de Lange begann für mich schon im Mai 1933, im Herbst kam Landauer dazu. Gerard de Lange, der Chef des Verlages, war sehr großzügig, er sagte, er hielte die Vorstellung nicht aus, daß die besten deutschen Schriftsteller nicht mehr gedruckt, sondern verbannt und verleumdet wurden, und er wolle sie drukken. Er war auch in finanzieller Hinsicht sehr großzügig. Leider starb er im Jahre 1934, und sein Nachfolger war ein kühler Geschäftsmann.

Aber das Programm der deutschsprachigen Bücher wurde fortgeführt?

Das wurde fortgesetzt, der deutsche Verlag hörte erst auf, als die deutsche Armee in Holland einmarschierte. Der Verlag hatte nach dem Kriege die Absicht, weiterzuproduzieren, aber die meisten Autoren wollten doch wieder in Deutschland erscheinen. Er macht noch vereinzelte Ausgaben, so zum Beispiel zusammen mit dem Verlag Kiepenheuer & Witsch die Joseph Roth Ausgabe.

Es gab in Amsterdam ja noch einen zweiten Exilverlag, Querido, unter Leitung von Fritz Landshoff und dem Lektorat von Klaus Mann. Gab es eine Zusammenarbeit zwischen de Lange und Querido?

Querido und de Lange, die Verleger selber, mochten einander nicht, waren sogar Feinde. Wir aber waren beste Freunde und an die Zusammenarbeit gewöhnt, und erkannten keine Konkurrenz an, sondern berieten miteinander. Wir wohnten teilweise in der selben Pension, in der Pension Hirsch, die die Mutter des späteren deutschen Verlegers Rudolf Hirsch führte, dort wohnten Landauer und Landshoff und Klaus Mann, und auch ich, wenn ich in Amsterdam war. Dort besprachen wir, welcher Autor am besten zu de Lange oder zu Querido passe. Einige Autoren sind abwechselnd bei uns und bei Querido erschienen.

Gab es für Sie Möglichkeiten, die Literatur im Reich zu beobachten? Wie haben Sie auf die Kollegen reagiert, die dort blieben?

Natürlich konnte man die Bücher, die im deutschen Reich erschienen sind, lesen, wenn man das Geld und die Lust hatte, sie zu kaufen, oder man konnte sie in Lesesälen lesen. Was mich betrifft, so führte ich keinen Krieg gegen das deutsche Reich und nicht gegen die deutsche Literatur. Es gab in Deutschland Schriftsteller wie Ricarda Huch, die abgelehnt hatte, weiter Mitglied der Preußischen Akademie der Künste zu sein, da diese Akademie liberale und jüdische Autoren wie Thomas Mann, Heinrich Mann, Alfred Döblin, Leonhard Frank und andere ausgeschlossen hatte, oder diese Autoren selber zurückgetreten waren, weil sie in dieser Akademie nicht mehr existieren konnten. Es gab natürlich auch nationalsozialistische Autoren, und es gab die Mehrzahl der Autoren, die weiterschreiben wollten wie bisher, und weder die Kraft noch den Mut noch die Absicht hatten, Deutschland zu verlassen, und die sich dann einrichteten, wie sie konnten; zum Teil gezwungen wurden, zum Teil mitmachten. Es gab verschiedene Autoren, wie zum Beispiel einen nationalen Autor, einen »Blut und Boden«-Dichter wie Ernst Wiechert, der trotz allem vor Münchner Studenten aufgetreten ist und Kritik an der Unterdrückung des freien Geistes und der Literatur geübt hat, wofür er dann auch ins Konzentrationslager gekommen ist.

Gab es für Sie Möglichkeiten, zu den Kollegen in Deutschland Kontakt zu halten?

Ich hatte einen guten Freund, Erich Kästner, der mir schrieb. Das ging dann bis ins Bedeutungslose, nichts konnte ausgesprochen werden. Er schrieb mir Postkarten, ich schrieb ihm Postkarten. Ich brach diese Korrespondenz ab und sagte, das Vergnügen, solche Postkarten zu wechseln, sei nicht groß genug, um die eventuelle Gefährdung zu verursachen. Dann gab es den Fall der Irmgard Keun, die uns aus Deutschland schrieb, ob wir ihre Bücher bringen würden, wenn sie herauskäme. Wir teilten ihr durch einen Mittelsmann mit, sie sei uns willkommen, und sie kam dann auch und Allert de Lange und Querido verlegten ihre Bücher.

Sie ist aber später wieder nach Deutschland zurückgegangen.

Sie ist während des Einmarsches der Deutschen in Holland, in Amsterdam, steckengeblieben und fühlte sich natürlich gefährdet. Sie ging dann nach Deutschland zurück und blieb versteckt in Köln, bei ihren Eltern. Sie hat dieses Deutschland mitgemacht und später beschrieben.

Sie haben bis zur Besetzung von Paris dort gelebt?

Ich war bis zum Mai 1940 in Paris, zuvor September und Oktober 1939 für fünf Wochen in einem französischen Lager, wurde dann mit Hilfe französischer Autoren wie Jules Romains und Giraudoux befreit und wollte sofort aus Frankreich weg, da ich den Eindruck hatte, daß die Franzosen den Krieg nicht wollten und den Deutschen nicht gewachsen sein würden. Ich versuchte, nach Skandinavien oder England zu kommen, vielleicht auch nach China, Shanghai. Das war alles sehr schwer und es glückte mir schließlich, ein visitor visa für Amerika zu bekommen, aber auch das war nur durch großes Glück möglich, da der amerikanische Konsul durch Zufall ein Leser meiner Bücher war, die ins Englische übersetzt waren. Er half mir.

Warum waren Sie in dem französischen Lager interniert?

Alle Deutschen, und alle, die aus deutschsprachigen Ländern kamen, wurden interniert, weil man fürchtete, es könnten darunter irgendwelche Anhänger Hitlers sein. Wir empfanden es als widersinnig, daß die besten Freunde, die Frankreich aus Deutschland hatte, eingesperrt wurden, während zuvor der nationalsozialistische Außenminister Rippentrop aufs höflichste empfangen worden war. Und auch da hat man einige der Autoren für die Zeit des Besuchs eingesperrt.

Die Gefahr für Sie war doch sehr groß, denn Sie hätten ja auch der deutschen Wehrmacht in die Hände fallen können.

Die Gefahr war sehr groß, und eine ganze Reihe deutscher Autoren lief ja diese Gefahr später, einige wie Hasenclever und Walter Benjamin brachten sich um, damit sie nicht in die Hände der Deutschen fielen, anderen wie Heinrich Mann, Feuchtwanger und Werfel ist es geglückt, hinauszukommen. Als ich am 17. Mai 1940 in New York ankam, bemühte ich mich sofort um meine Kollegen, war in Verbindung mit vielen Komitees und war zusammen mit Thomas Mann der Berater des Emergency Rescue Committee, eines eigens gegründeten Komitees amerikanischer Autoren, um den gefährdeten deutschen, holländischen, französischen oder belgischen Autoren und anderen europäischen Schriftstellern, eben allen, die gegen Hitler waren, zu helfen.

Wie lebte der Schriftsteller Hermann Kesten in Paris oder in Amsterdam? Konnten Sie schreiben?

Ich habe eine Reihe von Büchern geschrieben, ich habe im Exil meinen Roman »Der Gerechte« bei Allert de Lange herausgebracht, später zwei historische Romane »Ferdinand und Isabella« und »Philipp der Zweite«, und dann »Die Kinder von Gernika«, der vom Bürgerkrieg in Spanien handelte, später erschienen dann in New York, zum Teil zuerst in englischer Übersetzung, einige meiner Bücher wie »Copernicus« und »Die Zwillinge von Nürnberg«, aber auch ältere Bücher wie »Glückliche Menschen«. Ich hatte das Glück, daß während meiner Zeit in Amerika zwölf meiner Bücher erschienen, so daß ich von dem Honorar schlecht, aber recht leben konnte.

Sie haben weiterhin in deutscher Sprache geschrieben?

Ich habe immer Deutsch geschrieben, ich habe nur einmal auf ein Telegramm einer Chikagoer Zeitung schnell einen englischen Aufsatz geschrieben, aber das war eine Verlegenheitsarbeit. Man hat mich gefragt, warum ich nicht Englisch schriebe, und ich sagte, ich wolle lieber ein Schriftsteller ersten Ranges in deutscher Sprache sein, als ein Schriftsteller dritten Ranges in englischer Sprache. Es gab eine Reihe von Autoren, die in zwei Sprachen schreiben konnten, zum Beispiel Peter de Mendelssohn, der das Glück hatte, daß er in England seine Schulzeit verbracht hatte; Robert Neumann, von dem man gesagt hat, daß seine deutschen Bücher schon ein eigentümliches Deutsch hatten, seine englischen ein eigentümliches Englisch; Vicki Baum, Klaus Mann, Erika Mann. Es gab auch einen Schriftsteller, der Schwedisch schrieb, und später als Dramatiker berühmt wurde: Peter Weiss. Es gab Schriftsteller, die Französisch schrieben, wie René Schickele, dessen Mutter eine Französin war, die kein Wort Deutsch konnte, und der zwar ein deutscher Schriftsteller geworden war, aber sein letztes Buch ›Le Retour‹ französisch schrieb, oder Iwan Goll, der ein Elsässer war und Deutsch wie Französisch schrieb. Es gab schon eine Reihe, die in zwei Sprachen schrieben, aber die Mehrheit konnte es nicht.

Wie lange blieben Sie in Amerika?

Ich blieb bis zum 27. Mai 1949 in New York, ging dann nach Europa für ein Jahr, kehrte wieder nach New York zurück und wechselte immer für ein halbes Jahr New York, ein halbes Jahr Europa.

Waren Sie 1949 auch in Deutschland?

Ich war zum Beispiel in Frankfurt, ich hörte damals die Goetherede von Thomas Mann, und Thomas Mann sagte auch, bevor wir in die Paulskirche gingen – es sah etwas bedrohlich aus –, ob wir wieder lebend herauskommen würden. Er meinte es nicht so ernst, aber ein Unterton war schon echt. Thomas Mann hat es ja abgelehnt, trotz der dringenden Aufforderung der sogenannten »inneren Emigrationsdichter«, nach Deutschland zurückzukehren, er ging nach Amerika und später in die Nähe von Zürich.

War es für Sie eine Überlegung, nach Deutschland zurückzukehren?

Selbstverständlich. Für einen Romancier, und ich empfand mich vorzüglich als Romancier, ist es das Natürliche, dort zu leben, wo seine Personen leben, seine fiktiven Personen, die aber vielfach echte zum Vorbild hatten. Andererseits wollte ich nicht in ein Land zurückkehren, wo der zweitwichtigste Mann, der Deutschland regierte, ein Globke war. Jener Globke, der veranlaßt hatte, daß in den jüdischen Pässen ›Isaak‹ oder ›Sarah‹ stand, und der die deutschen Judengesetze verfertigt hatte. Ich sprach einmal in der Freien Universität in Berlin, die mich später zu ihrem Ehrendoktor machte, vor tausend Studenten über die Situation der exilierten Schriftsteller nach dem Ende des Krieges, und mehrere Studenten forderten mich auf, nach Berlin zu kommen, denn solche Leute wie mich bräuchte man. Ich nannte ja schon das deutsche Mißgeschick mit Globke, und heute wird Ernst Jünger den Goethe-Preis erhalten, was Goethe diffamiert und für Frankfurt eine Schande ist. Ernst Jünger war einer der namhaften Vorläufer des Nationalsozialismus, wenn auch kein Mitglied der Partei, so hat er doch gesagt, »ich wünsche, daß diese Partei siegt«. Er sagte auch jetzt in einem Interview, »in einem Land, in dem man nicht sagen darf, man sei ein Faschist . . .«

Wenn Sie heute, mit dem Abstand von fünfzig Jahren, auf die

Bücherverbrennung, die Vertreibung der Schriftsteller zurückblicken, wo sehen Sie Folgen für die Literatur der Bundesrepublik? Gab es eine Eingliederung der Exildichter?

Über die Bücherverbrennung kann man nur das Schlimmste denken, das ist grausig, das ist die Selbstverstümmelung einer Kultur und einer Literatur. Heine sagte, wenn man beginne, Bücher zu verbrennen, so ende man damit, Menschen zu verbrennen. Und das ist ja geschehen. Das Entsetzen ist heute so groß wie damals. Ich erinnere mich, daß ich 1933 in Sanary bei Thomas Mann ein Gespräch mit ihm und Heinrich Mann hatte, und beide sagten, so Schreckliches habe es in der Geschichte der Menschheit noch nicht gegeben. Ich sagte ihnen, nein, ich bin nicht der Ansicht, es hat das alles, es hat diese Deutschen immer gegeben. Sie waren damals entsetzt und dachten vielleicht, ich sei ein halber Verteidiger des Nationalsozialismus, während ich dachte, Thomas Mann wollte sich nicht zum Exil bekennen – damals – sondern wollte, daß seine Bücher weiter in Deutschland erscheinen. Das Schicksal der Exilierten nach dem Krieg war so verschieden wie das Schicksal der Exilierten während der Nazizeit. Eine Anzahl von ihnen, insbesondere Musiker, Wissenschaftler oder Maler, waren im Ausland weltberühmt geblieben oder weltberühmt geworden, eine Reihe der besten deutschen Architekten baute in Amerika. Andere sind wieder zurückgegangen, wie zum Beispiel Adorno und Horkheimer, die von der Universität Frankfurt zeitweise einen großen Einfluß auf die deutschen Studenten, auf die deutsche Jugend und auf die deutschen Intellektuellen ausübten. Es sind zum großen Teil die Politiker zurückgegangen, und zwar sowohl die sozialdemokratischen Politiker, wie auch die kommunistischen Politiker und die kommunistischen Literaten, die sind nach Ostberlin und in die spätere DDR gegangen. Mir hat viele Jahre später ein bekannter DDR-Autor, dessen Namen ich nicht nennen will, gesagt, sie fühlten sich unterdrückt. Die exilierten Autoren wie Johannes R. Becher, Anna Seghers und Arnold Zweig seien zurückgekommen und beherrschten das literarische Feld, und die jungen Autoren kämen gar nicht recht zum Zuge. Nun, heute sind die meisten Exil-Autoren ja schon lange tot, und die neuen Autoren sind zum Zuge gekommen.

In der Bundesrepublik wurden wir zu Beginn behandelt, als wären wir albanische oder neugriechische Autoren, aber man nimmt uns nicht auf, man empfängt uns nicht wie deutsche Autoren. Auch da gab es natürlich verschiedene Schicksale: Thomas Mann wurde angefeindet und doch groß wieder aufgenommen und kam in beiden deutschen Staaten zu großem, verdientem Ruhm. Andere, wie Alfred Döblin, hatten es sehr schwer. Er hatte vielleicht das ›Unrecht‹, daß er in Oberstenuniform nach Deutschland zurückkam, als französischer Oberst ›verkleidet‹. Er versuchte, eine deutsche Zeitschrift zu machen, was nicht gut ausging. Einen seiner letzten bedeutenden Romane hat er vielen deutschen Verlagen vergeblich angeboten, er wurde schließlich, etwas gekürzt, in der DDR veröffentlicht und erst viele Jahre nach seinem Tod in der Bundesrepublik. Meine ersten Bücher erschienen noch bei Querido, dann bei S. Fischer und später hat Desch meine Bücher übernommen und eine Ausgabe ›Gesammelte Werke‹ gemacht. Als der Verlag zugrunde ging, durch Schuld des Verlegers, übernahm der Ullstein Verlag zwanzig meiner Bücher als ›Gesammelte Werke‹ in Taschenbüchern.

»Den Mordgeruch vorausriechen ...«

Gespräch mit Konrad Merz

Warum haben Sie Deutschland verlassen müssen?

Ein ehemaliger Schüler des Berliner Abendgymnasiums war der Erste, der Hitler ermorden wollte. Er ist dann später der »Heini« in meinem Buch »Ein Mensch fällt aus Deutschland« geworden. Er hat den Anschlag versucht, es ist schiefgelaufen, und er hat sich bei mir versteckt. Man hatte mich gewarnt. Ich war sowieso gefährdet: als der Reichstag gebrannt hatte, erzählte ich vor der U-Bahn, warum ich es für unmöglich hielt, daß van der Lubbe den Reichstag angesteckt hatte. Da sprang hinter mir einer vor und rief: »Der Lump behauptet, Göring hat den Reichstag angesteckt ...« Da bin ich schnell in die U-Bahn gesprungen und war weg. Es war einer der wenigen Wege, die auch noch später manchmal Menschen gerettet haben.

Gab es eine konkrete Gefährdung?

So konkret war das alles nicht. Jeder mußte damit rechnen, daß er morgen abgeholt wird. Man wußte eben nicht, ob sie einen abholten. Ich konnte es in Deutschland überhaupt nicht aushalten, die Luft legte sich um meinen Hals wie Stacheldraht – ich mußte raus. Ich hatte im voraus gemerkt, was später kommen würde. Darum habe ich auch schon 1936 mein Buch »Ein Mensch fällt aus Deutschland« mit den Worten eröffnet: »Den Opfern«, die es damals noch nicht gab, vieles war noch unvorstellbar. Ich habe voraus gerochen – darum lebe ich noch.

Wie haben Sie Deutschland verlassen?

Manchmal war der gewöhnlichste Weg der einzige, der ging: Ich bin auf dem Bahnhof Alexanderplatz in den Zug gestiegen: am 12. Juni 1934.

Das Ziel war von Anfang an Holland?

Ja, ich hatte in Utrecht eine Freundin, die mir geschrieben hat, daß sie mich aufnehmen könne. Man mußte eine Adresse haben, ich hatte kein Geld, ich wußte nicht, wie ich leben sollte.

Wie haben Sie denn in Utrecht gelebt?

In Utrecht habe ich überhaupt nicht gelebt, ich konnte keinen Menschen mehr sehen und bin zu den Tieren gegangen – nach Ilpendam. Weil ich in Deutschland die Menschen nicht mehr gern haben konnte, habe ich in Holland die Kühe gestreichelt.

Sie haben auf einem Bauernhof gearbeitet?

Ja, und in einer Gärtnerei. Da fühlte ich mich erst wieder als ein kleiner »Menschling«. Dort schrieb ich das Buch »Ein Mensch fällt aus Deutschland« – das dann der »Titel« unserer Emigration geworden ist. Ich habe zuerst meine Erlebnisse unter Hitler beschrieben und sie an das »Neue Tage-Buch« in Paris geschickt, dort erschien es unter dem Titel: »Aus dem Tagebuch eines Berliner Studenten« im November 1934.

War das Schreiben im Exil auch Therapie?

Ich konnte nicht anders, ich mußte schreiben, weil ich ja mit niemandem sprechen konnte – ich konnte nicht einmal Holländisch damals. Ich war ganz allein in Ilpendam. Das ist unser Schicksal gewesen: Deutschland konnte uns noch so fremd werden, wir sind an Deutschland gebunden. Davon kommt man nicht los, das ist die Nabelschnur, an der wir aufgehängt sind. Die deutsche Sprache ist noch immer mein Vaterland, ich schreibe deutsch. Seit einem halben Jahrhundert spreche ich täglich holländisch, aber ich kann nur deutsch schreiben.

Wie kam der Deutsche Konrad Merz in Holland an einen deutschsprachigen Exilverlag?

Das war ein Wunder, wie es tausend Wunder sind, daß ich noch am Leben bin. Das Buch ist aus Tagebüchern entstanden und ich hatte die Hälfte geschrieben, also den Text aus dem »Neuen Tage-Buch« mit den Erlebnissen eines deutschen Emigranten in Holland verbunden. Menno ter Braak schrieb damals über Emigrantenliteratur, daß er es gerne sähe, wenn endlich einer mit einer eigenen Sprache aus der Emigration spricht, ich habe ihm geschrieben, er hat mich eingeladen und nach dem Manuskript gefragt. Ich hatte das Manuskript handschriftlich verfaßt und wollte es ihm vorlesen, aber er bat mich, es abzuschreiben. Er las es und sagte: »Wenn alles so gut ist, dann mache ich alles dafür.« Er hat dafür gesorgt, daß ich als erster Unbekannter im Querido Verlag erschien. Querido verlegte hauptsächlich die Berühmten, ein Unbekannter hatte fast keine Chance. Ich bin dort erschienen, weil der holländische Kritiker Menno ter Braak, der sich an dem Tage, als die Deutschen Holland besetzten, das Leben nahm, sich für mich eingesetzt hat. Als das Buch erschien, hat ter Braak in »Het Vaderland« einen großen Artikel geschrieben, der hieß »De Emigratie aanvaard«, also »Ja zur Emigration«, darin stand, daß zum ersten Mal die Emigration mit einer eigenen Stimme gesprochen hat. Ich war fünf Minuten berühmt, in der sechsten Minute natürlich schon wieder vergessen. Ter Braak hat mich entdeckt und das Komische ist, daß ich jetzt zum zweiten Male entdeckt worden bin durch den Schweizer Verleger Egon Ammann, der ein Buch von mir im Antiquariat fand und mein Verleger ist. Ich hoffe, daß nicht noch eine dritte Entdeckung nötig wird ...

Wie haben Sie bis zum Einmarsch der Deutschen in Holland gelebt?

Ich bin vom ersten Bauernhof weg auf den nächsten. Zwischendrin wurde ich von der holländischen Fremdenpolizei verhaftet, weil ich in einem Postamt saß und einen Brief in deutscher Sprache schrieb; dazu arbeitete ich in Ilpendam, das damals den Ruf hatte, kommunistisch zu sein. Ich hatte kein Geld, nur 35 Cent, also 35 Pfennig. Das war für mich damals viel Geld und ich konnte gar nicht verstehen, warum die mich deswegen rausschmeißen wollten. Auf dem Bauernhof habe ich einen Gulden pro Woche verdient – man war froh, wenn man etwas zu essen hatte. Es waren auch in Holland sehr schwierige Zeiten. Dann erschien das Buch bei Querido und ich hatte zweimal 35 Pfennig und auch dreimal 35 Pfennig, das Buch erschien auch in holländisch und ich hatte mehreremale 35 Pfennig.

Wie haben Sie den deutschen Überfall auf Holland erlebt?

Ich habe mich versteckt, weil alle Deutschen zuerst verhaftet wurden – ich konnte nicht auf einem Schiff nach England entkommen. Die Deutschen waren natürlich scharf darauf, mich zu packen, denn ich hatte ja dieses Buch geschrieben. Ich traf in Amsterdam die Sekretärin des Querido Verlages, die sagte: »Ich dachte, Sie sind in Amerika! Sie müssen verschwinden! Die Gestapo hat mich die ganze Nacht nach Ihrer Identität gefragt, ich habe Sie nicht verraten. Aber nicht, um Sie zu retten, sondern um mich zu retten. Sie müssen sofort verschwinden!« Also bin ich verschwunden, und zwar zu der Witwe des ersten Gärtners, bei dem ich gearbeitet hatte. Sie hatte mir das angeboten, was damals sehr viel war, denn was konnte ich ihr denn geben? Es gab keine Organisation, die das Verschwinden vorbereitete. Ich bin dann dort in den Kasten gekrochen, denn mich durfte niemand sehen. Wenn ich überhaupt ein Talent hatte, dann das, den Mordgeruch von Hitler vorauszuriechen. Ich dachte, laß dich nicht auf der Straße sehen, denn sonst weiß man später – wenn es zu spät ist –, daß da ein Flüchtling steckt.

Wie lange haben Sie sich dort versteckt?

Fünf Jahre, bis zur Befreiung. 1944 kam noch ein Freund, der gegen seinen Willen als Soldat dienen mußte, dazu.

Sie haben dort fünf Jahre gelebt, ohne jemals rauszukommen?

Kaum, nur ein paarmal. Ich mußte mal zur Zahnärztin nach Purmerend. Sie arbeitete im Widerstand. Ich fuhr mit dem Rad, und hundert Meter vor mir fuhr noch einer, der hatte eine Taschenlampe, mit der er nach unten geleuchtet hätte, wenn ein deutscher Posten aufgetaucht wäre. Dann wäre ich sofort zurückgefahren. Die Ärztin zog mir den Zahn, es gab keine andere Möglichkeit, sonst hätte ich ja nochmal hinfahren müssen, was zu gefährlich gewesen wäre.

Was macht man denn eigentlich, wenn man fünf Jahre untertaucht?

Ich hatte den Eindruck, daß ich lebendig begraben war. Ich habe in dem Vorwort zu meinem Buch »Glücksmaschine Mensch« geschrieben, daß der Kasten, in dem ich versteckt war, vielleicht der sympathischste Sarg war, den es jemals gegeben hat, denn der Schlüssel war nur von innen zu drehen. Hätte man ihn von außen gedreht, so wäre das mein Ende gewesen. Ich habe morgens eine halbe Stunde Gymnastik gemacht, ich bin – immer auf dem Fleck – gerannt und habe mir dabei bestimmte Wege in Berlin hinzugedacht, zum Beispiel vom Eichkamp in den Grunewald. Ich habe viel gelesen: Goethe, Fontane, Kleist, Kierkegaard, Karl Barth, Ignatius von Loyola. Von den Sachen, die ich damals gelesen habe, lebe ich jetzt noch.

Haben Sie geschrieben?

Hab ich auch, aber schlecht. Ich habe später einmal über diese Jahre geschrieben: »Von 1940 bis 45 gestorben.« Nach der Befreiung vom 4. Mai 1945 habe ich geschrieben: »Ein Ermordeter schreibt keine Romane.« Meine ganze Familie war ermordet, alle Freunde ermordet – ich konnte mir nicht vorstellen, daß ich noch da bin. Ich wollte mir das beweisen und habe versucht, Menschen, die nicht mehr laufen konnten, zu behandeln, daß sie wieder laufen konnten. So habe ich wieder angefangen und bin medizinischer Masseur geworden. Ich bin ein Freund der Sonne, ich kann ohne Sonnenschein nicht leben, aber ich konnte damals die Sonne nicht vertragen. Ich hatte fünf Jahre im Mauseloch gelebt, und als ich raus kam, wurde ich krank, wenn mich die Sonne beschien. Es hat Jahre gedauert, bis ich wieder wagen konnte, in die Sonne zu gehen. Man war ganz dem Leben entwöhnt, ich habe in der Zeit, als ich untergetaucht war, krankhafte Gesichte gehabt, das eine war die schwarze Erde in Holland, die war bei mir naß, feucht und da waren Goldfunken drin, das andere war Afrika – ich bin nie in Afrika gewesen –, das war für mich eine goldene Farbe, ich habe geträumt von Afrika und vom Gold auf den Körpern von Tigern und Löwen. Das sind krankhafte Gebilde, die jeder Sträfling hat, der lange gefangen ist.

Haben Sie nach der Befreiung überlegt, nach Deutschland zurückzugehen?

Was in Deutschland geschehen war, war für mich dermaßen schrecklich, daß ich Angst haben mußte, daß sogar meine deutsche Zunge nicht mehr leben würde, wenn meine Augen sehen würden, was sie sehen mußten in Deutschland. Was Hitler über die Menschheit gebracht hat, ist nicht nur fünf Jahre Krieg gewesen oder zwölf Jahre Tausendjähriges Reich, sondern der Untergang des Menschen. Ich halte es nicht für unmöglich, daß unser ganzes Jahrhundert in den vierziger Jahren durch zwei Geschehnisse kaputtgegangen ist: die Atombombe und Auschwitz. Das sind zwei Sachen, die es vorher nie gegeben hat und die etwas ganz anderes auf diese Welt gebracht haben, worüber man keine Worte machen kann, weil die Worte es nicht fassen können. Warum bin ich nicht zurückgegangen? Erstens gibt es kein Zurück, denn das Deutschland, von dem ich weggegangen war, gab es nicht mehr, und zweitens könnte es sein, daß ich irgendwo esse und an meinem Tisch ein Mann sitzt, der vielleicht der Mörder meiner Mutter ist. Meine Mutter ist in Auschwitz zu Seife verarbeitet worden, und da sitzt vielleicht der Mann, der das gemacht hat. Das halte ich nicht aus. Und dann ist es so, daß ich als Schriftsteller noch heute in Deutschland nicht empfangen werde; zwar ist mein Buch nachgedruckt, aber es gibt keinen, der mich in Deutschland in der Öffentlichkeit als Schriftsteller anerkannt hat.

Man kann ja nicht mit eingeschlagenem Kopf nach Deutschland zurückkommen und sagen, nun bin ich wieder ein Deutscher. Ich weiß, daß ich in einer gewissen Schuld bin, weil ich noch am Leben bin. Das Wort »Lieber fünf Minuten feige als das ganze Leben tot« ist ein schöner Witz, aber eine schlechte Wahrheit.

»Wir sind und bleiben unbequeme Zeugen«

Gespräch mit Ernst Erich Noth

Wie haben Sie von der Bücherverbrennung im Mai 1933 erfahren, wie haben Sie sie erlebt?

Selbstverständlich habe ich sie nicht mehr persönlich erfahren können, da ich bereits im Exil war, ich mußte bekanntlich schon, da ich bereits verhaftet gewesen war, in der Nacht vom 4. zum 5. März Deutschland verlassen. Die Bücherverbrennung war erst etwas später. Durch Berichte von Teilnehmern an diesen Verbrennungen, durch die sehr ausführlichen Presseberichte im Ausland und gerade durch ausländische Zeitungen, die sich damals sehr für dieses Phänomen interessierten, natürlich mit der verständlichen negativen Akzentgebung dem Dritten Reich gegenüber. Das Material hat mir durchaus gereicht, um eine kleine Szene über eine Bücherverbrennung in einer fiktiven größeren deutschen Universitätsstadt, wo sich allerdings verschiedene Elemente aus verschiedenen Bücherverbrennungen, auch in anderen Städten, in dichterischer Freiheit zusammengemischt haben, niederzuschreiben, in meinem Roman »Weg ohne Rückkehr«.

Sie haben also von der Bücherverbrennung nur aus Zeitschriften erfahren?

Aus der Presseberichterstattung, aber auch durch Emigranten, die damals laufend von Deutschland über die Grenze – bei Nacht und Nebel mehr oder weniger – nach Paris kamen.

Sie lebten im Mai 1933 in Paris?

Das stimmt ganz und gar nicht, ich war nur etwas öfter in Paris. Ich lebte damals in der Provence in Südfrankreich.

Haben Sie dort gearbeitet, geschrieben?

Ich habe dort gearbeitet und geschrieben, gleich zwei Werke auf einmal: den Roman »Der Einzelgänger«, der erst 1935 in französischer Sprache und dann 1936 in deutscher Sprache erschien, und den Essayband »Die Tragödie der deutschen Jugend«, der wahrscheinlich demnächst in deutscher Sprache erscheinen wird und den Untertitel haben könnte: »Vom Hohen Meißner der Jugendbewegung in die Hitlerkaserne«. Ein Titel, der einige Brisanz für heutige Verhältnisse und Jugendprobleme in der Bundesrepublik enthält.

Können Sie versuchen zu beschreiben, wie Sie damals die Tat-

sache der Bücherverbrennungen empfunden haben?

Ich muß ehrlich sagen, das klingt wie nachherige Einsicht und die Rechthaberei des von weither Zurückblickenden: es hat mich natürlich keineswegs überrascht, da die vorausgegangenen Verfolgungsmaßnahmen bereits in diese Richtung gedeutet hatten. Die Nazis hatten es ja überhaupt von Anfang an für ihre Machtergreifung und zu ihrer Machtbefestigung mit der Brandstifterei. Ich erinnere an den Reichstagsbrand, mit dem man das anfing und dem dann die Bücherverbrennungen folgten, und diese Dinge sind bereits oft gesagt und erwähnt worden, aber man kann nicht oft genug daran erinnern, diesen Brandstiftungen und Brennereien folgte dann ja außerordentlich folgerichtig das Brennen und Verbrennen von ganz Deutschland, nachdem man vorher, wenigstens nach europäischen Maßstäben, einen flammenden Weltenbrand veranstaltet hatte. Aber als Überraschung kam es nicht, wir mußten mit diesen Maßnahmen rechnen, Zensur, Verbot, die Aufhetzung und Aufpeitschung der leichtentflammbaren Jugendlichen, die exekutiven Träger dieser Sache, die Angestifteten, waren ja bekanntlich Studenten, also junge Menschen, die nicht einmal immer wußten, in wessen Auftrag und aufgrund welcher Manipulation sie diese Schandtat begingen.

Wie haben Sie in Deutschland nach der Machtergreifung gelebt?

Das war eine sehr kurze Zeit, die Machtergreifung war bekanntlich am 30. Januar 1933 und ich habe Deutschland schon in der Nacht vom 4. zum 5. März verlassen. Ich war schon im Zusammenhang gerade mit dem Reichstagsbrand verhaftet gewesen, das geschah in einer kleineren Stadt, in der ich glücklicherweise persönlich unbekannt war. Ich weilte von Frankfurt kommend zu Besuch in Hagen in Westfalen, und erklärte dort, in guter, demokratischer Offenheit, die schon gar nicht mehr galt, daß die Brandstifter ganz bestimmt die Nazis selbst gewesen sein müßten, aus zwingender politischer Logik ...

Wo haben Sie das dort erklärt?

In Hagen, in einem Café. Ich wurde am nächsten Tag polizeilich vorgeführt, und aufgrund der sympathischen Komplicität meines Kommissars wurde ich auf mein studentisches Ehrenwort – sowas gabs früher noch, diese merkwürdigen Dinge – vorübergehend entlassen, und da der Herr gleichzeitig mit großem Nachdruck ans Fenster trommelte und dabei pfiff »Nun ade, du mein lieb Heimatland«, war der Wink für mich außerordentlich verständlich.

Mein Buch »Die Mietskaserne«, mein Erstroman, wurde in Frankfurt von den Studenten verbrannt, später wurde nicht nur »Die Mietskaserne« gerichtlich verboten, sondern mein gesamtes Werk unter besonderer und ausdrücklicher Berufung auf den Roman »Der Einzelgänger«, der in der Schweiz erschienen war, im gleichen Verlag, wo Langhoffs Buch »Die Moorsoldaten«, das in Deutschland besonders unbeliebt war, erschienen war. Und auch unter Berufung auf ein Kapitel aus meinem Roman »Weg ohne Rückkehr«, der bis zum Herbst dieses Jahres nur in französischer Sprache 1937 erschienen war, wovon aber ein Kapitel in der in Moskau erschienenen Zeitschrift »Das Wort« vorabgedruckt worden war. Weitere Verfolgungsmaßnahmen – ich bin die gewöhnt – bestanden darin, daß ich unmittelbar nach Hitlers sogenannter »Machtergreifung« – ich war damals Doktorand an der Johann-Wolfgang-Goethe-Universität in Frankfurt am Main – Promotionsverbot erhielt und ein paar Wochen später relegiert wurde, und zwar wegen Betätigung im sogenannten staatsfeindlichen Sinne, lies also: im anti-nationalsozialistischen Sinne.

Was war das für eine Betätigung?

Diese Betätigung bestand erstensmal schon in dem unliebsamen Buch »Die Mietskaserne«, wegen dessen starken sozialen Charakters aus dem Berliner Elendsmilieu, fernerhin gehörte ich studentischen Gruppen an, die als linksstehend eingestuft wurden, zunächst der »Roten Studentengruppe«, zum Schluß der Studentengruppe der damals gerade gegründeten SAP, der Sozialistischen Arbeiter Partei. Außerdem war ich Vorstandsmitglied des »Verbandes minderbemittelter Studenten«, und war gerade in diesem Sinne außerordentlich tätig. Grund zum unliebsamen Auffallen – für die Nazis – bestand schon.

Hat sich das durch direkte Repressionen gezeigt?

Ich bin auch in Frankfurt einmal verhaftet worden, und zwar im Anschluß an die Erstürmung der Universität durch nationalsozialistische Horden. Wir versuchten am nächsten Morgen eine Gegendemonstration zu veranstalten, und dabei wurde ich verhaftet und zwei Tage in Polizeigewahrsam gehalten. Später wurde ich, wie schon gesagt, von der Universität relegiert. Ich wußte also durchaus, daß ich das Land verlassen mußte oder aber meine Freiheit, wenn nicht gar mein Leben verlieren würde.

Wie sind Sie aus Deutschland geflohen?

Höchst einfach. Statt des üblichen Gepäcks, das ich nicht mehr holen konnte, da meine Studentenbude schon polizeilich überwacht war, hatte ich nicht einmal die sprichwörtliche Zahnbürste dabei, sondern lediglich etwa hundert Mark in Bargeld, das mir von der Redaktion der »Frankfurter Zeitung«, wo ich Mitarbeiter war, überreicht wurde. Ich bin erst nach Paris gegangen und dann aus ökonomischen Gründen nach Südfrankreich, wo das Leben unendlich viel billiger war als in der französischen Hauptstadt.

Konnten Sie die Reichsgrenze so einfach überqueren? Ihren Paß hatten Sie noch?

Es gab Kontrollen und meinen Paß hatte ich glücklicherweise noch, ebenso das Visum nach Frankreich. Den Grenzübertritt habe ich ziemlich realistisch in meinem Roman »Weg ohne Rückkehr« beschrieben.

Kommen wir noch einmal zurück auf Frankfurt und Ihre Arbeit in den Studentengruppen. Wie sah der Kampf gegen den Faschismus aus?

Im jugendlichen Übermut haben wir unsere Möglichkeiten, natürlich auch angeheizt durch die offiziellen Parolen, maßlos überschätzt. Es wurde viel von der sogenannten Illegalität geredet, aber niemand war wirklich darauf vorbereitet, und als die Vorbereitung auf die Illegalität dieser Studentenzellen in vollem Gange war, beschloß man von oben her, daß wir eine Demonstration machen müßten gegen »Hochschulfaschismus« und »Lehrreaktion«. Wir gingen alle auf die Straße mit Bannern und Transparenten, was es nicht nur der Polizei, sondern auch den Nazis, die damals schon »vorsorgend« eingriffen, sehr leicht machte, sich die nötigen Photographien zu beschaffen. Selbstverständlich gehörte ich zu den Leuten, die meinten – und ich fürchte, heute aus der Nachsicht nicht völlig unrecht gehabt zu haben –, daß man Hitler in Deutschland hätte schlagen können und schlagen müssen in einem, bis etwa 1932 doch noch möglichen bürgerkriegsartigen Zustand, der allerdings mehrere hundert, wenn nicht tausend Menschenleben gekostet hätte. Dies hätte uns möglicherweise die Abermillionen Toten erspart.

Wer hätte den Bürgerkrieg gegen Hitler anfangen können, doch nicht die Studentengruppen?

Nicht die Studentengruppen, aber diese Studentengruppen waren ja nicht alleine, sie waren ja Emanation von hinter ihnen stehenden Parteien. Hinter der »Roten Studentengruppe« stand zum Beispiel die damals sehr mächtige Kommunistische Partei Deutschlands, und hinter der Studentengruppe der SPD stand immerhin die SPD und alle sogenannten republikanischen Parteien und die Gewerkschaften.

Hatten Sie in Frankfurt Kontakt zu anderen Schriftstellern?

Hauptsächlich durch die »Frankfurter Zeitung«. Dort lernte ich Joseph Roth kennen, den ich im Exil wiedertraf. Aber auch Fritz von Unruh.

Haben Sie sich mit anderen Schriftstellern getroffen, um eine Emigration vorzubereiten?

Keineswegs. Die Emigration hat alle Schriftsteller, die ja auf ihre Art immer einzelgängerisch waren, total überrascht, es gibt ja heutzutage geförderte, geradezu gräßliche Evidenzen über die Ungeschultheit politischer Art vieler dieser Schriftsteller. Als die Nazis kurz vor der Machteroberung standen, haben berühmte und damit auch begüterte Kollegen, die ich unerwähnt lassen möchte, neue Grundstücke und Häuser gekauft, was ja darauf hindeuten konnte, daß man vorhatte, ewig und immer in Deutschland zu bleiben.

Es gab Ausnahmen, wie Tucholsky, die durch ihre journalistischen Tätigkeiten schon früh im Ausland waren und dort blieben. Sie aber als frühe Emigranten zu bezeichnen, ist bedenklich. Tucholsky hatte vielleicht doch den klarsten Kopf in dieser Hinsicht und wußte, daß es schiefgehen würde. Remarque war auch Frühemigrant, wahrscheinlich aber aus wirtschaftlichen Gründen.

Die Bücherverbrennung war geplant, sie war keine spontane Veranstaltung. Wer hat die Verbrennungen geplant? Wer stand hinter den Studenten?

Nominell war es der »Nationalsozialistische Studentenbund«, aber es ist wohl inzwischen bewiesen, daß es Goebbels war, der dahinter stand. Es machten auch schon die Verbindungsstudenten mit, mehr oder weniger spontan, aber sie machten mit.

Wie stellten sich die Hochschullehrer dazu?

Die machten auch mit. Wenn auch nicht alle, denn es gab viele, die nicht mehr mitmachen konnten, da sie schon ihres Amtes entbunden und vertrieben waren. Viele jüdische Hochschullehrer waren schon suspendiert, wenn nicht von sich aus emigriert, aber einige der sogenannten Märzgefallenen und freiwillig Gleichgeschalteten machten mit, indem sie die dazugehörigen »Brandreden« entweder im Rundfunk zur psychologischen Vorbereitung oder am Scheiterhaufen selbst hielten und sich dazu hergaben, wie in meinem Roman geschildert, in feierlichem Talar dem von Ochsen gezogenen Mistkarren, auf denen die verbotenen und zu verbrennenden Bücher lagen, voranzuschreiten. Und damit natürlich weithin sichtbar dem ganzen Land, aber auch dem Ausland zu verstehen gaben, daß diese Schandtat am deutschen Geist ihre volle Billigung hatte.

Was fühlte damals der Schriftsteller Ernst Erich Noth, als er hörte, daß sein Buch verbrannt werden sollte?

Merkwürdigerweise zunächst eine Art Befriedigung darüber, daß man von den Leuten als Feind erkannt worden war. Ein gewisser, wohl noch jugendlicher Stolz darauf. Das Weiterdenken über die Folgen setzte erst viel später ein, und dieses Weiterdenken führte zu gräßlichen Erkenntnissen, nicht etwa als Betroffener demgegenüber, was uns persönlich angetan worden war, sondern was dem Land, Deutschland, angetan worden war. Die Folgen dieses Aktes muß das deutsche Geistes- und Kulturleben, aber auch das deutsche Wissenschaftsleben heute noch bezahlen. Es war natürlich nur ein symbolischer Akt, der aber unerhörte praktische Folgen hatte, denn damit verbunden war ja die Austreibung der von dieser Untat betroffenen Autoren, von denen viele für immer der deutschen Sprache und Literatur verloren gegangen sind. Das ist aber gar nicht mal so wichtig, wenn man es vergleicht mit dem, was sich im wissenschaftlichen Betrieb abgespielt hat. Der Anschluß an diese vertriebene, verbrannte Generation ist nie wieder ganz gelungen, bis auf den heutigen Tag. Auch die Eingliederung der Exilschriftsteller in den deutschen Sprach- oder Kulturkreis ist nicht voll gelungen, da wir ja, vor allem die jungen unter uns, ganz andere Wege zu gehen hatten, in eine ganz andere Umwelt gerieten, ganz andere Probleme hatten, uns mit ganz anderen Kulturen und Zivilisationen auseinanderzusetzen hatten als zuvor. Es gibt eine Kluft, die wahrscheinlich nicht mehr zu füllen ist. Nun darf man das nicht zu tragisch und zu schmerzlich sehen, denn bei allem Hader gebe ich durchaus zu, daß es auch eine geistige Bereicherung dargestellt hat. Ich bin in eine Art von geistigem, moralischem und ideellem Weltbürgertum gleichsam hineingeprügelt worden, das hat mich natürlich bereichert. Meine Begegnung mit dem französischen und dem angelsächsischen Literatur- und Wissenschaftskreis stellt auch in diesem Sinne eine Mehrung der geistigen Kräfte und Potentialitäten dar. Aber diese wieder zurückzuvermitteln ist auch heute noch besonders schwer.

Damit sind Sie aber doch ein Sonderfall, indem Sie sagen, daß Ihnen das Exil etwas gebracht hat; natürlich haben Sie Deutschland, Ihre Heimat verloren für lange Jahre, aber Sie haben zumindest ideelle Vorteile durch das Exil gehabt, für Ihre Arbeit und für Sie persönlich. Sie haben auch sehr schnell in einer anderen Sprache geschrieben.

Ich muß verbessern: eigentlich in zwei. Vorweigend in französischer Sprache, aber auch in Englisch. Ich habe bisher sechzehn Bücher veröffentlicht, aber von diesen Büchern sind, mit einer Ausnahme, die nur Englisch vorliegt, alle in französischer Sprache erschienen. In deutscher Sprache sind es bisher vier. Später habe ich auch in englischer Sprache geschrieben, ich habe ja zehn Jahre lang in den Vereinigten Staaten die damals noch führende internationale Literaturzeitschrift »Books Abroad« herausgegeben, dazu bedurfte es allerdings einer genauen Kenntnis der englischen Sprache.

Bei Ihnen fiel also schon sehr früh ein Punkt, unter dem viele Emigranten gelitten haben, weg: der Verlust der Sprache, der deutschen Sprache.

Das liegt aber auch daran, daß ich sehr früh ins Exil mußte. Ich gehöre heute bereits zu den Letzten der überlebenden Emigranten und verbrannten Autoren, aber ich war damals erst vierundzwanzig Jahre alt, als ich ins Exil ging: einer der Allerjüngsten.

Wie haben Sie im Exil zu Ihren Schriftstellerkollegen Kontakt halten können?

Mehr als man meinen könnte, obwohl ich in Frankreich meine Zeit zwischen der Provence und Paris geteilt hatte, die Provence war notwendig, um die Bücher zu schreiben, und Paris, um sie an den Mann zu bringen. Ich kannte fast alle Exilschriftsteller persönlich, und ich habe laufend über das Schaffen meiner Kollegen in »Vendredi«, der kulturpolitischen Wochenschrift der Front Populaire, berichtet, da hatte ich eine Rubrik über Exilliteratur, dann vor allem in den »Nouvelles Litteraires«, der bekannten Literaturwochenzeitschrift, wo ich sehr viele Interviews mit Exilierten oder Besprechungen ihrer Bücher veröffentlicht habe, und ebenfalls in den »Cahiers du Sud«, wo ich Mitglied der Redaktion war. Später, als Herausgeber von »Books Abroad«, habe ich mich sehr stark nicht nur für die Exilliteratur, sondern für die deutschsprachige Literatur überhaupt eingesetzt. Ich habe »Books Abroad« 1949 übernommen, da hatte der Name der deutschen Literatur gerade im Ausland noch gar keinen guten Klang, und es bedurfte einigen Mutes, diese Sachen, auch die der im Dritten Reich verbliebenen Autoren, wieder zu bringen.

Wie war die Meinung der Exilierten über ihre Kollegen, die in Deutschland geblieben waren?

Frankreich war damals ein Land mit einem sehr aufmerksamen Literaturbetrieb, und man hatte sehr bald erkannt, daß nicht nur der Zufall es so wollte, daß die wesentlichen deutschen Schriftsteller im Ausland, und viele davon in Frankreich, lebten. Man dachte nicht sehr hoch von den in Deutschland verbliebenen Autoren.

Warum haben Sie Ihre Bücher nicht weiterhin in Deutsch geschrieben und in einem der deutschsprachigen Exilverlage veröffentlicht?

Da müssen Sie einmal die deutschsprachigen Exilverlage fragen, weshalb die meine Werke nicht veröffentlicht haben.

Sie sind nicht an die Verlage herangetreten?

Nein, mit der einen Ausnahme von »Weg ohne Rückkehr«, die Feuchtwanger hat vermitteln wollen, aber das führte zu nichts. Nun war ich natürlich ein Einzelgänger und ein sehr unkonformistischer Einzelgänger, d. h. die Emigration ist ja kein Kollektiv im Sinne einer zusammengehörenden Identität gewesen, sondern gerade in Frankreich gab es ein Maß an Zerstrittenheit, das heute unvorstellbar ist. Ich habe mich aus diesen Dingen stark herausgehalten und gehörte zu denen, die merkten, daß es auf der Welt nicht nur eine totalitäre Diktatur, sondern viele gab, auch wenn man das faschistische Italien wegläßt, das in geistiger Hinsicht viel toleranter war, wo ich noch bis 1936 in deutscher Sprache Gedichte veröffentlicht hatte.

Haben Sie zu Ihren Freunden in Deutschland Kontakt halten können?

Keineswegs, nicht einmal zu meiner Familie. Ein Auslandsbriefwechsel war automatisch für die in Deutschland Gebliebenen kompromittierend, führte auch zu Untersuchungen. In meinem Fall hätte das für alle Betroffenen äußerst unangenehme Folgen haben können, weil ich ja ein Verpönter war.

Aber Ihre Familie war noch in Deutschland?

Was von der Familie in Berlin übriggeblieben war, war in Deutschland, und sie haben alle ein furchtbares Schicksal erlitten, diese Brandstifter haben ja auch dafür gesorgt. Meine Schwester starb bei einem Bombenangriff auf Berlin und mein Bruder fiel vor Stalingrad.

Erzählen Sie doch von Ihrem Leben in Frankreich.

Das literarische Leben unter den Exilanten ist mir nur durch gelegentliche Besuche und Kontaktnahmen bekannt, zum Beispiel war es für mich ein Leichtes, von Aix-en-Provence aus, in dessen Nähe ich lebte, oft nach Sanary zu fahren, wo die große Exilantengruppe um Feuchtwanger, Balder Olden und andere lebte. Besonders eng verbunden war ich zum Schluß mit René Schickele, wir besuchten uns regelmäßig. In Paris hatte ich einmal eine Lesung aus meinem Werk »Weg ohne Rückkehr« im Schutzverband, hatte aber wenig Kontakt zu dieser von Kantorowicz geleiteten Gruppe, da diese ja durch Kantorowicz und andere politisch dogmatisch einseitig ausgerichtet war. Mir war das literarische Leben in Frankreich viel vertrauter, ich gehörte merkwürdigerweise mehr zur französischen Literaturszene.

Wie sind Ihre Bücher in Frankreich aufgenommen worden?

Es klingt nicht gut, wenn es der Autor selber sagt, aber sie hatten viel Erfolg. Besonderen Erfolg hatte mein erster in Französisch geschriebener Roman »Le Désert«. Auch meine essayistischen Sachen, vor allem »L'Homme contre le Partisan«, übersetzt: »Mensch gegen Parteigänger«, oder besser: »Mensch gegen politische Fanatiker«. Dies ist eine Abrechnung mit allen totalitären Ideologien und war auch damals schon ein Versuch, sich dem zu widersetzen, woran auch heute noch vieles krankt, unter anderem die Exilforschung in Deutschland, die ja so etwas wie ein Nebenkriegsschauplatz politisch-ideologischer Auseinandersetzung geworden ist.

Woran liegt das?

Das liegt daran, daß wir unser Erbübel aus der Weimarer Republik durchaus perpetuiert haben.

Was meinen Sie mit Erbübel?

Der Deutschen Zug zum Absoluten, der durchaus idealistische Motivierung haben kann, aber in seiner Verallgemeinerungswut nichts gelten läßt, als was der eigenen Parteidoktrin entspricht. Sehen Sie, wir haben heute eine Exilgeschichtsschreibung, die schon wieder unterscheidet zwischen guten und schlechten Emigranten, wobei der Gute jeweils der zur eigenen Partei gehörende ist, und der Schlechte der, der nicht dazugehört.

Das Kreuz der Exilforschung in Deutschland besteht ja noch immer, es gibt einige, die sich intensiv mit Exilforschung beschäftigen, z. B. Hans-Albert Walter oder Ernst Loewy, es gibt die Forschungs- und Sammelstellen an den Universitäten in Frankfurt und Hamburg, aber angefangen hat es sehr spät ...

Es hat sehr spät, fast zu spät angefangen ...

Abgesehen von den ersten beiden Büchern zum Thema, eben Walter A. Berendsohns »Die humanistische Front« und F. C. Weiskopfs »Unter fremden Himmeln«, ist doch für lange Jahre nur eine Verdrängungsleistung zu notieren.

Berendsohn war der Erste, er war ja selber Emigrant, das würde ich nicht mal aus der deutschen Perspektive geschrieben betrachten, sondern aus der Emigrationsperspektive geschrieben. Er hatte sehr schlechtes Quellenmaterial zur Verfügung, das Buch enthält ungeheure sachliche Irrtümer; manche sind charmant, zum Beispiel schreibt er dort über mich, daß ich den Krieg in Frankreich im Widerstand verbracht hätte, was eigentlich logisch gewesen wäre. Nun war mir das leider gar nicht gelungen, und alle meine Bücher gerieten in Frankreich nach der Besetzung auf die berüchtigte Liste »Otto« und wurden also auch in Frankreich verboten, und ich selbst, im Zuge des einschlägigen Paragraphen des Waffenstillstandsvertrages, sollte ausgeliefert werden. Ich lebte dann illegal, bevor ich mit einem Sondervisum des damaligen amerikanischen Präsidenten Roosevelt nach Amerika konnte.

Wie lange haben Sie in Frankreich, zwar im Exil, aber dennoch wieder unter deutscher Herrschaft, gelebt?

Ein Jahr noch. Ich habe Frankreich erst Anfang Juli 1941 verlassen.

Und wie haben Sie in diesem Jahr gelebt?

Außerordentlich schlecht, außerordentlich prekär und natürlich sehr abenteuerlich, unter verschiedenen Identitäten, mit ungeheuer vielen falschen Papieren. Ich war versteckt bei Privatleuten, in vielen Klöstern und zum Schluß in einer alten Hütte in der Provence unter dem Dachboden.

Wie und wohin sind Sie 1941 geflohen?

Die Flucht war erstmal unmöglich, da ich von den Franzosen

interniert wurde. Nach Auflösung des Lagers ging ich nach Marseille und von dort an versteckte ich mich in Klöstern, und zum Schluß – es ist wirklich unglaublich – in einem Nonnenkloster in Perpignon. Da wurde ich auch wieder aufgestöbert und bereitete langsam die Flucht nach Amerika vor. Ich ging illegal über die spanische Grenze, das wurde von der französischen Widerstandsbewegung organisiert, aber dennoch brauchte man einen Stempel als Ausreisevisum und da brach jemand in die Präfektur ein und besorgte diesen Stempel. Dieser Mann wurde später unter de Gaulle nach der Befreiung der erste Justizminister Frankreichs. Durch Spanien wurden wir durch unsere persönlichen Kontakte durchgeschleust, dann kamen wir nach Portugal und mußten auf das letzte nach Amerika fahrende Schiff warten.

Wann sind Sie nach Deutschland zurückgekehrt?

Weihnachten 1970.

Warum haben Sie so lange gewartet?

Ich hatte große Bedenken, ich bin schließlich ein gebranntes Kind. So leicht ist das auch von uns aus nicht. Und dann meinte ich, man sollte es doch zumindest mit der Generation der Enkel versuchen. Ich folgte einem Ruf als Gastprofessor an die Frankfurter Universität.

Was war das für ein Gefühl, von eben dieser Universität einen Ruf zu bekommen?

Ich habe ihn gern angenommen.

Gab es in den Jahren zwischen 1945 und 1970 Momente, in denen Sie überlegten, nach Deutschland zurückzukehren?

Das muß ich Ihnen ganz ehrlich sagen, und es mag vielen mißfallen: die gab es nicht. Um auf das Phänomen des Vergessens zurückzukommen: man wendet sich gegen den an sich nicht völlig ungesunden Selbsterhaltungsinstinkt seiner Mitmenschen, insbesondere gegen den der von einer furchtbaren Geschichte belasteten Deutschen. Das viele von uns vergessen oder verdrängt werden, liegt ja an einer sehr verständlichen Sache: wer Hitler und alles, was geschah, verdrängen will und verdrängen muß, muß uns, die Emigranten und die verbrannten Autoren, zwangsläufig mitverdrängen. Wir sind und bleiben unbequeme Zeugen und Mahner, deren Werk immer wieder an diese Dinge rührt und sie beim Namen nennt. Ich verstehe durchaus, daß es viele Leute gibt, viele Leute geben muß, die gar nicht so dafür sind, daß die Exilliteratur wieder lebendig gemacht wird. Statt die verbrannten

Autoren wieder da zu integrieren, wohin sie gehören, nämlich in die deutsche Literatur in ihrer Gesamtheit, baut man ihnen wieder ein Extragetto, indem man sie nur als Exilautoren behandelt, wobei es einfach nicht stimmt, daß irgendeiner von uns einzig und allein durch die Exilerfahrung geprägt wurde.

Gab es nach dem Ende des Krieges Angebote an Sie, wieder nach Deutschland zu kommen?

Da muß ich mein Gedächtnis sehr anstrengen, aber es ist von deutscher Seite kein Versuch gemacht worden.

Wann erschien Ihr erstes Nachkriegsbuch in Deutschland?

1971, die »Erinnerungen eines Deutschen«. Das Buch war zuvor in Frankreich erschienen, der Verlag Claassen hörte davon und erwarb die Rechte.

Nun muß ich hinzufügen, daß es von mir aus keine besondere Motivation gab, zurückzugehen. Ich erwartete auch keine Angebote. Wenn man einmal aus der Bahn geworfen ist, dann folgt man einem anderen Umlaufkreis.

»Solange du schreibst, lebst du noch«
Gespräch mit Hans Sahl

Ihr Gedicht »Die Letzten« beginnt mit den Versen »Wir sind die Letzten. / Fragt uns aus. / Wir sind zuständig.« Haben Sie das Gefühl, daß man Sie in den letzten Jahren zu wenig befragt hat?

Nein. Nachdem das Buch erschienen war, haben es doch einige Leute gelesen und ich bekam daraufhin Anfragen von Leuten, die mich ausfragen wollten. Aber sie fragen meistens dasselbe, sehr wenige fragen einmal etwas anderes. Eine Frage, die immer wieder auftaucht, ist, wie ich reagiert habe, als ich merkte, daß Hitler an die Macht kommen würde. Das ist eine Sache, die junge Leute sehr interessiert, wahrscheinlich, weil sie sich vorstellen, wie sie heute reagieren würden. Aber das Letzte kann darüber nicht gesagt werden, man kann es interpretieren, beschreiben, was geschah zwischen Deutschen und Juden. Aber es bleibt irrational für mich, obwohl ich fast ein Leben lang versucht habe, es zu verstehen.

Es kommen heute immer mehr junge Leute zu mir nach New York, es kommt jetzt eine andere Generation, Menschen zwischen dreißig und vierzig, die sich auf die verschiedenste Weise mit der Vergangenheit auseinandergesetzt haben. Sie kommen nun zu uns, weil sie hier die letzten Zeugen zu finden glauben, und fragen, wie mir zumute war, als ich ahnte, daß Hitler an die Macht kommen würde. Alle Parteien machten sich damals lächerlich über ihn, der »Anstreicher von Braunau«, ich erlebte das auch in meiner Familie. Ich selbst habe immer ein Gefühl für Unheil in der Geschichte gehabt, ich habe gewußt, daß da etwas hinaufzieht. Ich versuchte, das meinen Eltern und Verwandten klarzumachen, aber wenn ich sagte, »Es besteht durchaus die Möglichkeit, daß die Nazis an die Macht kommen«, dann wurde ich ausgelacht als unheilbarer Pessimist. Ich riet meinem Vater, ein bißchen Geld ins Ausland zu bringen. Da hat er mich angestarrt und gesagt: »Ich wußte immer, daß du sehr links bist.«

Haben Sie als Schriftsteller versucht, gegen den drohenden Faschismus »anzuschreiben«?

Ich habe im »Tagebuch« von Leopold Schwarzschild eine Untersuchung über die Unterhaltungsliteratur dieser Zeit veröffentlicht und habe versucht, diese Unterhaltungsliteratur zu analysieren. Es ging um Autoren wie Rudolf Stratz und Herzog, und ich habe gefunden, daß hier bereits das, was später Naziideologie genannt wurde, beinahe vollständig enthalten war. Es war der Fremdenhaß, die Revanchelust gegenüber Frankreich, der patriotische Kitsch, der Haß gegen alles Undeutsche – und es war Mordlust. Das alles habe ich versucht zu analysieren und habe davor gewarnt. Ich schrieb, daß das deutsche Volk nicht Thomas Mann, Leonhard Frank, Bruno Frank oder Hermann Hesse liest, das deutsche Volk liest Bücher in hunderttausenden Exemplaren, die Rassenhaß, Kriegsvorbereitungen und die soziale Lüge vorbereiteten. Das waren Autoren, die einen wesentlich größeren Einfluß auf die Mentalität der Deutschen hatten als Thomas Mann, Hermann Hesse und andere. Und das war das Verhängnis, daß die Gebildeten glaubten, sie seien Deutschland, daß sie die literarischen Repräsentanten des deutschen Volkes seien. Sie waren es nicht.

Es waren die Repräsentanten der bürgerlichen Literatur . . .

Ja, der bürgerlichen, aber das Volk, das las Rudolf Stratz. Ich ging in die Leihbibliotheken, in denen diese Bücher standen und sah die Arbeiter, die sich dort diese Bücher holten. Man soll nicht glauben, daß die Arbeiter Thomas Mann lasen.

Wann haben Sie Deutschland verlassen?

Als Hitler an die Macht kam, da habe ich nicht aus »rassischen« Gründen, sondern aus politischen Gründen Deutschland verlassen. Ich habe es nicht als Jude verlassen, sondern als ein Gegner Hitlers. Es kamen diese letzten, seltsamen Tage, wo plötzlich das Wort Flucht in das Bewußtsein trat. Früher hatte man es nur in Filmen gesehen. Im Leben eines bürgerlich erzogenen Menschen war Flucht etwas, auf das man nicht vorbereitet war. Wie flieht man? Was macht man da eigentlich? Wir hatten ja gar keine Erfahrung.

Wie sind Sie geflohen?

Man sagte mir, ich solle nach Prag fahren, die Frage war, ob die Grenze noch offen war und ob ich auf einer Liste stand. Ich stand sicher auf einer Liste, da ich ja seit den zwanziger Jahren gegen die Nazis geschrieben hatte. Nicht nur die Serie, sondern noch andere Aufsätze.

Man ging herum und erkundigte sich, ob jemand Bekannte habe, die geflohen seien. Natürlich kannte niemand so jemanden.

Ein Freund von mir bot an, mich zum Bahnhof zu bringen, dann würden wir weitersehen. Wir betranken uns zuerst in seiner Wohnung, dann legte er seinen Orden »Pour le mérite« an, und wir fuhren zum Bahnhof. Die SA war bereits an der Sperre und mein Freund schnarrte: »Der Mann steht unter meinem persönlichen Schutz«, und die SA-Leute wichen zurück, und ich passierte die Sperre. Wir gingen zu dem Zug, der bis auf drei Leute menschenleer war. Einer saß darin und hatte den Hut tief ins Gesicht gerückt, das war Max Reinhardt. Er wirkte gar nicht mehr wie der große Max Reinhardt, sondern eher wie ein Statist in einer seiner großen Inszenierungen. Er war einer, der nicht gesehen werden wollte, was ja bei Reinhardt auch selten war. Er saß da, und ich erkannte ihn sofort, tat aber so, als ob ich ihn nicht erkenne. Jeder versuchte, sich so unauffällig wie möglich zu benehmen. In Dresden ging die SA durch den Zug und musterte die Reisenden, später kam der Grenzbeamte mit einer großen Liste, und ich dachte, jetzt kommt der Augenblick, jetzt werde ich verhaftet. Er kontrollierte die Pässe und verglich mit seiner Liste. Vor ihm war noch Deutschland, hinter ihm bereits das Ausland. Er war die Grenze, die durch den Zug ging. Er kam zu mir, nahm den Paß und verglich ihn mit der Liste. Ich sah, wie sich sein Finger dem ›S‹ näherte, aber er fand nichts. Er fragte mich, wie lange ich wegbleiben wolle, was ich in Prag suche. Ich antwortete möglichst unbefangen, er gab mir den Paß zurück und ging zum Nächsten. Ich war jenseits der Grenze. Man kennt aus Filmen ganz andere Szenen über Flucht, aber bei mir war das ganz reibungslos: der Grenzer schritt an mir vorbei, und ich war über der Grenze. Ich kam früh um sieben in Prag an und wußte nicht, was ich machen sollte und ging zu Max Brod, den ich kannte. Ein Dienstmädchen öffnete, holte Brod, der rief: »Um Himmels willen, was ist passiert?« Ich antwortete: »Lesen Sie keine Zeitungen? Ich bin geflohen.« Brod sagte zu seiner Frau, daß es bei ihnen wohl auch noch so weit kommen würde.

Wovon lebten Sie?

Wenn Sie auf der Straße einen Bettler fragen, »Wovon leben Sie«, dann wird er einen Herzschlag bekommen. Ich kann Ihnen nicht sagen, wovon ich gelebt habe. Man hat ein Pump-System entwickelt, ähnlich dem, das heute unter Geschäftsleuten herrscht. Sie müssen wissen, wen sie anpumpen können und zu welchem Zeitpunkt und um wieviel. Man muß wissen, wen man ein Vierteljahr in Ruhe lassen muß – es ist wie mit einem Feld, das man ein Jahr nicht bepflanzt, das aber im übernächsten Jahr um so bessere Früchte trägt. Das alles erforderte natürlich Geschick, Nachdenken, Intelligenz, Praxis, Erfahrung, aber vor allem Takt. Es war eine gute Lehre.

Gab es Möglichkeiten zur Publikation?

Gleich Null. Ich war zwar in Deutschland als Kritiker bekannt, aber nicht als Schriftsteller. Andere hatten ihre großen Erfolge schon gehabt, auch im Ausland gab es Verlage, die sie publizierten. Ich war als Film- und Buchkritiker in Berlin bekannt, aber nicht als Buchautor. Ich hatte zwar einen Vertrag mit Rowohlt gemacht, über die »Geschichte des Stummfilms«, aber das war wenige Wochen vor meiner Flucht.

Ich habe im Exil weitergeschrieben, weil das Schreiben für mich die einzige moralische Sicherheit war, die ich nötig hatte, um am Leben zu bleiben. Durch mein ganzes Exil gab es nur dieses: Solange du schreibst, lebst du noch. Hätte ich aufgehört zu schreiben, wäre meine Existenz im Exil sinnlos geworden. Wir mußten ja etwas tun, wir mußten Hitler bekämpfen, Hitler beschreiben, den Kampf gegen Hitler formulieren, also gab es unendlich viel zu denken und zu schreiben. In Prag haben wir eine Zeitung gegründet, den »Prager Mittag«, da schrieb ich dann Filmkritiken, aber leben konnte man davon nicht. Ich schrieb zwei Aufsätze in der »Neuen Weltbühne«, »Das Dritte Reich des Films« und »Die braune Leinwand«, das sind zwei grundlegende Aufsätze über die Situation des Films. Hitler hatte doch versprochen, wenn er an die Macht käme, würde der Film deutsch werden, weil die Juden auch den Film hatten verkommen lassen, und er nun eine »deutsche Filmkunst« installieren werde.

Diese beiden Aufsätze waren ein Beitrag im Kampf gegen Hitler.

1934 erschien im »Tagebuch« der Aufsatz »Emigranten-Literatur« des holländischen Kritikers Menno ter Braak, er beklagte sich darüber, daß die Schriftsteller in ihren Arbeiten so wenig Kenntnis von den ungeheuren Veränderungen genommen hätten und weiterarbeiteten, als ob nichts geschehen wäre. Es gab eine erregte Debatte, an der ich mit einem Beitrag »Emigration – eine Bewährungsfrist« teilnahm. Darin steht der Satz: »Wir müssen die geographische Entfernung von Deutschland durch geistige Nähe ersetzen.« Wenn ich zurückblicke, so wirkt dieser Satz wie ein Leitmotiv des Exils. Wie kann man das tun, geographische Entfernung durch geistige Nähe ersetzen? Erstens, indem man alles Erreichbare liest, deutsche Publikationen verfolgt, mit deutschen Menschen sprach, die über die Grenze kamen. Zweitens, indem man sich vorstellt, was die Menschen in Deutschland denken, was sie bewegt, wie sie leben. Man hat sich ein Idealbild eines Deutschen, der nicht dazugehörte, vorgestellt ...

Wir haben immer gedacht: einmal wird der Tag kommen, wo man für jedes Wort zur Rechenschaft gezogen wird, dann wird sich zeigen, ob man hysterisch war oder sachlich geschrieben hat. Der Moment bei mir kam, als die Moskauer Prozesse begannen, der Hitler-Stalin-Pakt abgeschlossen wurde und die stalinistische Politik immer wirksamer wurde. Ich war dem deutschen Volk schuldig, gegen die Ungerechtigkeit und die Grausamkeit nicht nur in Deutschland zu schreiben. Hitler *und* Stalin waren zu bekämpfen – das erwarten die Deutschen von mir. Das Merkwürdige war, daß sich nach meiner Rückkehr zeigte, daß die Deutschen es nicht erwartet hatten – die deutschen Intellektuellen waren damit beschäftigt, sich mit Hitler auseinanderzusetzen.

Wann sind Sie nach Deutschland zurückgekehrt?

1947. Ich hatte während der Emigration ein Epos »Der verlorene Sohn« veröffentlicht, das in Deutschland nach dem Kriege in der Zeitschrift »Der Ruf« nachgedruckt wurde. Ich behandelte dort die Kollektivschuld und lehnte den Begriff ab. Dort war in dichterischer, aber verbindlicher Form meine Auffassung zum Thema Kollektivschuld niedergelegt. Ich schrieb dort: »Nichts ist geschehen, was nicht wieder gutgemacht werden könnte, und es wird eine Zeit kommen, da man begreifen wird, wer es geschehen ließ und wer nicht.« Darin liegt allerdings ein Irrtum, und ich muß heute sagen, daß es Dinge gibt, die nicht wiedergutzumachen sind. Es gibt in der Geschichte Dinge, die irreparabel sind. Je mehr ich mich geistig von diesen Zeiten entferne und in deutscher Sprache für Deutsche schreibe, so habe ich das Gefühl, daß etwas Irreparables geschehen ist. Während wir noch im Kampf waren und außerhalb Deutschlands Hitler bekämpften, dachten wir immer, daß eines Tages alles zu Ende sei und wir zurückkehren würden. Als wir dann später von Auschwitz erfuhren, wurde es schon in Zweifel gezogen, ob es jemals zu reparieren wäre. Wobei es nicht in mein »Weltbild« paßt, zu sagen, daß es sich hierbei um eine rein deutsche Angelegenheit handelt. Für mich ist Auschwitz nicht nur eine jüdische Tragödie gewesen, sondern auch eine deutsche und eine Menschheitstragödie. Daß es im 20. Jahrhundert, das einmal das Jahrhundert des Fortschritts genannt wurde, möglich gewesen ist, bedeutet ein Mißtrauensvotum gegen den Menschen als Gattung, als ein von Gott geschaffenes Wesen. Da hat der liebe Gott einen Konstruktionsfehler gemacht. Ich sage, Auschwitz war ein Konstruktionsfehler einer höheren Instanz ...

Darf ich hier einhaken? Ich finde es etwas zu harmlos, wenn Sie sagen, daß etwas wie Auschwitz passieren konnte, ist ein Konstruktionsfehler Gottes. War nicht der Bau und die Benutzung von Auschwitz eine logische Folge des deutschen Faschismus? War denn der deutsche Faschismus nicht von Anfang an auf Menschenvernichtung hin angelegt?

Jetzt kommen wir in eine Diskussion, in der heute noch das, was ich sagen möchte, bei vielen Widerspruch erregt. Auschwitz steht ja nicht isoliert in der Geschichte. Es gab im Frankreich der Revolution die Guillotine, mit der Tausende geköpft wurden. Camus hat einmal gefragt: »War die französische Revolution das wert?« Er selbst bezweifelte es. Auch der Archipel Gulag zählt zu den furchtbaren Betriebsunfällen der Geschichte. Jedes Volk hat zu seiner Zeit sein Auschwitz. Massenvernichtung ist keine rein deutsche Angelegenheit, natürlich hat es hier Formen angenommen, die in dieser Brutalität nur in Deutschland möglich waren durch den Gehorsams- und Autoritätsfanatismus der Deutschen. Amerikaner oder Briten hätten vielleicht diese Befehle nicht angenommen.

Sie sagten, daß Sie 1947 in Deutschland waren, warum sind Sie nicht hiergeblieben?

Die rein technische Antwort ist, daß es damals ein Gesetz gab, daß naturalisierte Amerikaner nicht länger als fünf Jahre von Amerika fortbleiben durften, sonst verloren sie ihre Staatsbürgerschaft. Ich war vierdreiviertel Jahre in Deutschland, und es kam der Moment, in dem ich mich entscheiden mußte, ob ich die amerikanische Staatsbürgerschaft verlieren wolle. Nun war diese Staatsbürgerschaft mit vielen Opfern erkauft, man war jahrelang staatenlos gewesen und hatte sie nun. Der geistige Grund war, daß ich wenig Ansatzpunkte für mich fand. Man war in Deutschland damit beschäftigt, Hitler aufzuarbeiten, wir Emigranten hatten viele Jahre Zeit gehabt, weiterzudenken, und in Deutschland wurde da begonnen, wo man 1933 aufgehört hatte. Sie hatten Nachholunterricht nötig und waren nicht sehr geneigt, uns als Lehrmeister zu akzeptieren. Sie sagten: »Laßt uns unsere eigenen Erfahrungen machen«, und sie mußten ja durch all das hindurch. Die heutige Generation hat es hinter sich, sie ist nicht ignorant dem gegenüber, was war.

Sie sind also nicht aus Deutschland weggegangen, weil Sie im Nachkriegs-Deutschland nicht leben wollten, sondern weil Sie sonst die amerikanische Staatsbürgerschaft verloren hätten?

Ich wollte die amerikanische Staatsbürgerschaft noch behalten. Nicht, weil ich ein so begeisterter Amerikaner war, aber ich bin Amerika viel schuldig. Ich verdanke Amerika meine Rettung. Die amerikanische Demokratie hat mich die Spielregeln der Demokratie gelehrt, von denen ich in der Weimarer Republik keine Ahnung hatte.

Wenn Sie heute auf Bücherverbrennung und Exil zurückblikken, wo sehen Sie die Folgen für die Bundesrepublik und die deutsche Literatur?

Deutsche und Juden hatten schon immer eine seltsame Affinität zueinander. Richard Wagner war einer der schlimmsten Antisemiten, und die Juden haben ihn geliebt und haben Wagners Ruhm in der Welt verbreitet. Sie sind mit Wagnermusik in den Tod gegangen – denken Sie an Auschwitz, wo vor den Gaskammern Musik gemacht wurde. Ich bin überzeugt, daß auch da Wagner gespielt wurde.

Zwischen Deutschen und Juden war eine merkwürdige Verwandtschaft und diese kulturelle Durchdringung, die nach der Emanzipation begonnen hatte und durch das 19. Jahrhundert ging, fand in den zwanziger Jahren ihren Höhepunkt. In den zwanziger Jahren wurde ja auch der Geist des Jahrhunderts geprägt, und zwar in Deutschland. Die Bücherverbrennung war nur eine symbolische Handlung, sie war eine lächerliche Kinderei gegenüber der Vertreibung und Ausrottung der Juden.

Als ich nach Deutschland zurückkehrte und Rowohlt traf, sagte er: »Was uns fehlt, sind die Juden.« Er meinte sowohl als Autoren wie als Konsumenten, Käufer unserer Bücher. Wenn ich nach Deutschland komme, empfinde ich persönlich den Mangel an jüdischem Einfluß. Es fehlen auch die Deutschen, deren Witz, Schärfe und Esprit von den Juden profitiert hatte. Die Juden waren die besten Dramaturgen und Lektoren, sie hatten die große

Fähigkeit und Neigung zu intellektueller Auseinandersetzung, das kam der deutschen Kultur sehr zugute. Die besten Bücher über deutsche Künstler wurden von Juden geschrieben, sie wirkten befruchtend für gewisse Kunstrichtungen. Alfred Kerr zum Beispiel hat Gerhart Hauptmann entdeckt, gefördert und interpretiert.

Eine leise Langeweile hat sich in Deutschland eingeschlichen, seit die Juden fehlen.

»Vielleicht ist die Zeit gekommen . . .«
Gespräch mit Fritz H. Landshoff

Wann sind Sie in den Gustav Kiepenheuer Verlag eingetreten?

Im Jahre 1925 lernte ich Gustav Kiepenheuer kennen. Er war damals in großen finanziellen Schwierigkeiten und suchte nach einem jungen Partner, der dem Verlag durch die schwierige Zeit hindurch helfen konnte. Ich war bei E. A. Seemann in Leipzig und suchte nach einer Möglichkeit, in die Leitung eines literarischen Verlages zu kommen. Kiepenheuer hatte schon damals eine sehr ansehnliche Anzahl wichtiger Autoren, unter anderen Georg Kaiser, Ernst Toller, Lion Feuchtwanger, Hans Henny Jahnn, Ernst Glaeser. Er war aber im Begriff, seine Autoren zu verlieren, da er seinen vertraglichen Verpflichtungen nicht nachkommen konnte. Wir einigten uns sehr schnell – ich selber hatte zwar keine Mittel, konnte aber durch Freunde etwas Geld in den Verlag einbringen, so daß die allernächste Zukunft gesichert schien und wir die weitere Abwanderung von Autoren verhindern konnten. Meine erste Aufgabe war, Kontakt zu den Autoren aufzunehmen und sie zu überzeugen, daß wir in Zukunft in einer einigermaßen gesicherten Situation sein würden. Einer der ersten Autoren, die ich besuchte, war Lion Feuchtwanger, der seinen Vertrag mit uns gekündigt hatte. Der Verlag war damals in Wildpark Potsdam, ich fuhr nach Berlin und nahm mir ein Taxi zum Fehrbelliner Platz, wo Feuchtwanger seine Wohnung hatte. Ich stellte im Auto fest, daß ich mein Geld vergessen hatte, und mußte zu Feuchtwanger, den ich nicht kannte, gehen. Er öffnete die Tür, ich sagte: »Mein Name ist Landshoff, wollen Sie so freundlich sein und mein Taxi bezahlen.« Das war der vielversprechende Anfang meiner Tätigkeit im Kiepenheuer Verlag.

Kurz nach meinem Eintritt in den Verlag nahm ich die Verbindung zu meinem Frankfurter Studienfreund Hermann Kesten auf. Ich hatte einen Vorabdruck seiner Novelle »Vergebliche Flucht« in der ›Frankfurter Zeitung‹ gelesen und war von der Lektüre außerordentlich beeindruckt. Ich rief ihn in Nürnberg an und lud ihn ein, zu uns nach Potsdam zu kommen, um die Möglichkeit einer Zusammenarbeit zu besprechen.

Er kam und nach wenigen Gesprächen verpflichteten wir ihn unserem Verlag als Autor und Lektor. Er übersiedelte nach Berlin und blieb bei uns bis zum bitteren Ende nach Hitlers Machtübernahme.

Die Entwicklung des Kiepenheuer Verlages ließ sich 1926 günstig an. Es waren Jahre, in denen das literarische Klima günstig war und die Möglichkeit bestand, junge Autoren zu lancieren, auch war die ökonomische Situation so, daß man mit relativ kleinen Mitteln in der Lage war, Bücher junger und unbekannter Autoren mit der Aussicht auf Erfolg zu veröffentlichen.

Welche Autoren haben Sie für den Kiepenheuer Verlag gewonnen?

Hermann Kesten war der erste und noch ganz unbekannte Autor, den ich gebracht habe. Dann erhielt ich eines Tages das Manuskript einer Erzählung von knapp 100 Seiten, das unter dem Namen ›Seghers‹ eingereicht wurde; es war kein Vorname genannt, ich wußte also nicht, ob es eine Autorin oder ein Autor war. Nach zehn Tagen rief mich eine Frau Dr. Radvanyi an und fragte, ob ich ihr Manuskript »Seghers, Der Aufstand der Fischer von St. Barbara« bereits gelesen hätte. Sie bat mich, es so schnell wie möglich zu tun, da sie in der allernächsten Zeit ein Kind erwarte und gerne vor der Geburt gewußt hätte, ob das Manuskript einen Verleger gefunden hätte. Ich las es am selben Abend, rief sie am nächsten Tage an, um ihr zu versichern, daß wir das Buch noch im selben Jahre veröffentlichen würden. Ich kann mich leider nicht rühmen, den ungewöhnlichen Erfolg des kleinen Werkes vorausgesehen zu haben. Das Buch erhielt den Kleistpreis und wurde in sehr viele Sprachen übersetzt. Zu den Autoren, die wir neu gewinnen oder wiedergewinnen konnten, gehörten unter vielen anderen Bertolt Brecht, Lion Feuchtwanger, Marie Luise Fleisser, Leonhard Frank, Gottfried Benn, Arthur Holitscher, Georg Kaiser, Klabund, Karin Michaelis, Werner Hegemann, Joseph Roth, F. C. Weiskopf und Arnold Zweig. Wir hatten neben dem Verlag einen Bühnenvertrieb, der viele der genannten Autoren vertrat.

Bekam der Verlag Anfang der dreißiger Jahre Schwierigkeiten, da er doch eine große Anzahl kommunistischer oder linksliberaler Autoren verlegte?

Wir haben mit verschiedenen Büchern große Schwierigkeiten gehabt. Die Autoren dieser Publikationen waren keineswegs alle Kommunisten, sondern fortschrittlich gesinnte, linksliberale Autoren, die schon damals von gewissen Kreisen als kommunistisch bezeichnet wurden. Ich finde es wichtig, dies hervorzuheben, da damals wie heute häufig gesagt wird, daß jemand ein Kommunist sei, der nichts mit Kommunismus zu tun hat. Das Wort Kommunist wird allzuoft für jemanden gebraucht, der mißliebig war, oder den weiten Rechtskreisen, die schon damals sehr erheblichen Einfluß in Deutschland hatten, unerwünscht war.

Wie hat man den Verlag spüren lassen, daß diese Autoren nicht erwünscht waren?

Schon Anfang der dreißiger Jahre konnte es vorkommen, daß unser Vertreter in einer Buchhandlung mit den Worten empfangen wurde: »Sie brauchen Ihre Bücher gar nicht anzubieten, wir wünschen keine kommunistischen Autoren.« Wir haben solche Erfahrungen z. B. mit Lion Feuchtwangers Buch »Erfolg« gemacht, es gab eine nicht unerhebliche Anzahl Buchhandlungen in verschiedenen Teilen Deutschlands, vor allem in Ostpreußen und Bayern, die sich solcher Literatur verschlossen und diese Bücher gar nicht zu führen beabsichtigten. Auch ein großer Teil der Presse verhielt sich negativ zu diesem politischen Roman.

Haben Sie vor dem 30. Januar 1933 überlegt, den Verlag ins Ausland zu bringen oder zu schließen?

Wir haben wohl mal in Gesprächen mit diesem Gedanken gespielt, auch erinnere ich mich nur zu gut an meine Reise mit Ernst Toller zu einer Aufführung der »Maschinenstürmer« in Leipzig, die am Tage der Reichstagswahlen 1930 stattfand. Als wir am nächsten Morgen erfuhren, daß die NSDAP von einigen wenigen Sitzen auf 107 Sitze angewachsen war, hat das uns beiden einen ungeheuren Schock versetzt. In den auf diese Wahlen folgenden Tagen und Wochen haben wir alle darüber gesprochen, daß man eigentlich gar nicht mehr in Deutschland bleiben könne und der Verlag ins Ausland übersiedeln sollte, aber ernsthafte Versuche sind nicht gemacht worden.

Sie waren auch auf eine persönliche Emigration nicht vorbereitet?

Nein, wir waren das nicht, natürlich haben wir in den folgenden Jahren bei den Wahlen immer wieder einen neuen Schreck bekommen, aber gerade 1932 im Herbst war ja ein gewisser Rückgang der Nazi-Partei festzustellen, und wir hatten etwas mehr Hoffnung, so daß die Entwicklung im Januar 1933 wiederum eine große Überraschung war. Man darf auch nicht vergessen, daß sehr weite Kreise die Möglichkeit eines Eintritts Hitlers in die

Regierungsleitung nicht einmal ganz so tragisch genommen hat, wie es nötig gewesen wäre. Schließlich hatte Hitler sein Buch »Mein Kampf« schon lange geschrieben und sein Programm klar angekündigt.

Tatsächlich hat ja Hitler, wie kaum ein zweiter, sein Programm sehr deutlich ausgedrückt, und der eine Vorwurf, den man ihm nicht machen kann, ist, daß er etwas anderes getan hat, als er vorausgesagt hat.

Am Tage der Machtübernahme hatte ich eine Verabredung zum Essen mit Georg Kaiser im »Kranzler« am Kurfürstendamm, ein Zeitungsjunge kam in das Restaurant, und ich kaufte ihm eine Zeitung ab. Es war die Sonderausgabe der »B.Z. am Mittag« mit der Schlagzeile »Hitler – Reichskanzler«. Kaiser nahm sie mir aus der Hand, legte sie auf den Stuhl und sagte zu mir: »Ein Kegelverein ändert seinen Vorstand.« Als ich Kaiser eine Woche darauf wiedersah, hatte er eine andere Auffassung der Lage. Trotzdem ist seine Äußerung bezeichnend, es gab weite Kreise, die die volle Bedeutung der Machtübernahme keineswegs sogleich erkannt haben.

Wie lange blieben Sie noch in Berlin?

Ich bin nicht ganz so schnell, wie es nötig gewesen wäre, weggegangen, denn ich hatte ein äußerst törichtes, beinahe preußisches Pflichtgefühl, der Gläubigerversammlung des Kiepenheuer Verlages beiwohnen zu müssen. Der Verlag war natürlich in hoffnungslose Schwierigkeiten gekommen, da ungefähr achtzig Prozent unserer Autoren Linkskreisen angehörten und ihre Publikationen in Deutschland unerwünscht oder gleich verboten und beschlagnahmt waren. Wir hatten gerade zwei Volksausgaben veröffentlicht, die in sehr großen Auflagen gedruckt waren: »Die Vorlesungen zur Einleitung in die Psychoanalyse« von Sigmund Freud und »Das Kapital« von Marx. Beide Ausgaben erreichten nicht einmal den Buchhandel, sie wurden schon beim Buchbinder beschlagnahmt. Die Bücher sind später im Laufe einer Aktion des Propagandaministeriums ins Ausland verkauft worden, so hat sich die Regierung Devisen besorgt.

Ich bin in der ersten Aprilhälfte aus Deutschland weggegangen, meine Freunde Kesten und Landauer waren bereits einen Monat früher aus dem Verlag ausgeschieden und hatten Deutschland verlassen. Ich wurde im Laufe des April durch einen holländischen Übersetzer und Journalisten, mit dem wir sehr freundschaftlich standen – Nico Rost – besucht. Herr Querido, der holländische Verleger, hatte sich an ihn gewandt und ihn gebeten, mich zu fragen, ob ich bereit sein würde, mit ihm in Holland eine Unterabteilung seines literarischen Verlages zu gründen, in der Autoren, die in Deutschland nicht mehr erscheinen konnten, in deutscher Sprache verlegt werden sollten. Ich habe dieses Angebot freudig aufgenommen und bin am selben Abend nach Amsterdam gefahren, habe Herrn Querido aufgesucht und innerhalb weniger Stunden haben wir ein paar Zeilen aufgesetzt, die unsere Zusammenarbeit für lange Zeit festlegten.

Wie haben Sie Autoren für den Verlag gewonnen?

Ich hatte die Verpflichtung übernommen, die Autoren in den Verlag einzubringen. Diese Aufgabe habe ich mit großem Vertrauen auf mich genommen und bin noch am selben Abend nach Paris und von dort aus in die Schweiz und nach Südfrankreich gefahren und habe innerhalb von weniger als zwei Wochen ein Dutzend Verträge gemacht und Manuskripte mitgenommen. Das war Anfang Mai 1933, die ersten Bücher erschienen September und Oktober, darunter »Der Haß« von Heinrich Mann, Lion Feuchtwangers »Geschwister Oppermann«, dessen Titel wir in »Geschwister Oppenheim« ändern mußten, Alfred Döblins »Die jüdische Erneuerung«, Anna Seghers »Kopflohn«. Außerdem hatte ich bereits auf meiner ersten Reise im April in Paris mit Klaus Mann über die Gründung der Zeitschrift »Die Sammlung« gesprochen, was sehr schnell zu einem positiven Resultat führte. Das erste Heft der »Sammlung« erschien gleichzeitig mit den ersten Büchern.

Was hatten Sie für Vertriebsmöglichkeiten?

Ich habe großen Wert darauf gelegt, Herrn Querido deutlich zu machen, daß Deutschland für die Art von Büchern, die wir herauszubringen gedachten, kein Absatzgebiet sein könnte. Wir haben zu keinem Zeitpunkt auch nur den Versuch gemacht, in Deutschland zu verkaufen. Wir haben unsere Bücher im wesentlichen in Holland, der Schweiz, der Tschechoslowakei, Österreich – das waren die vier Hauptabsatzgebiete – vertrieben, in bescheidenem Umfang in Skandinavien, Frankreich, England, USA und Südamerika, aber nicht in Deutschland.

Wie macht man denn deutschsprachige Bücher bekannt, wie wirbt man für sie, wenn der Verlag in Holland ist und der Verkauf in der Tschechoslowakei stattfinden soll?

Wir hatten zwei Vertreter, einen für Holland, der auch hier wohnte, und einen zweiten für alle anderen Länder, die ein potentielles Absatzgebiet waren. Ich hatte Herrn Querido gegenüber die Absatzmöglichkeit auf bestenfalls 3000 Exemplare pro Buch geschätzt. Zu meiner eigenen Überraschung hat sich diese Schätzung als zu niedrig erwiesen. Wir haben mit einigen Büchern erheblich größere Erfolge gehabt, als wir vorausgesehen haben. Ein Buch wie »Der Haß« von Heinrich Mann wurde sehr schnell nachgedruckt. Wir verkauften ungefähr 7000 Exemplare, von Feuchtwangers Roman »Die Geschwister Oppermann« haben wir ungefähr 20 000 Exemplare verkauft, aber das war das Äußerste, was man erreichen konnte. Einen ähnlichen Erfolg hatten wir mit Wassermanns letztem Roman »Kerkhovens dritte Existenz«, Remarques »Drei Kameraden« und mit Vicki Baums Romanen.

Die Autoren, die Sie bisher nannten, waren schon vor 1933 in Deutschland bekannte oder berühmte Autoren.

Das trifft in der Tat auf eine große Zahl unserer Autoren zu, aber wir haben auch Autoren herausgebracht, die schon 1933 in Deutschland keine großen Auflagen hatten. Wir haben einen Roman von Gustav Regler, »Der verlorene Sohn«, veröffentlicht, dem kurz darauf sein Roman »Die Saat« folgte. Auch haben wir ein erstes Buch eines ganz unbekannten Autors gebracht, nämlich Konrad Merz' »Ein Mensch fällt aus Deutschland« ...

Das meine ich. Gab es denn Möglichkeiten für junge Autoren, die in Deutschland noch nicht veröffentlicht hatten, ihr erstes Buch bei Querido zu publizieren? Gab es außer Konrad Merz noch andere Autoren?

Natürlich haben wir eine große Anzahl von Manuskripten bekommen, wie jeder Verlag, aber der allergrößte Teil war unter keinen Umständen zur Veröffentlichung geeignet. Ich glaube nicht, daß wir viele Manuskripte aus finanziellen Gründen abgelehnt haben.

Sehr viele der Bücher, die wir herausbrachten, sind in der Tat nur in ungefähr 1500 Exemplaren verkauft worden, aber die Tatsache, daß wir mit einem großen Erfolg nicht rechnen konnten, hat uns nicht abgeschreckt, da wir ja auch schöne Erfolge gehabt haben, die uns Experimente ermöglichten.

Es ist natürlich nicht zu bestreiten, daß der größte Teil der Autoren schon eine literarische Vergangenheit hatte.

Es gab in Amsterdam noch einen zweiten deutschsprachigen Exilverlag – Allert de Lange –, in dem zwei ehemalige Mitarbeiter des Kiepenheuer Verlags, Walter Landauer und Hermann Kesten, arbeiteten. Wie war die Zusammenarbeit der beiden Verlage?

Die Zusammenarbeit zwischen Landauer und Kesten einerseits und Klaus Mann und mir andererseits war so freundschaftlich und so eng, wie sie nur sein konnte. Wir wohnten alle zusammen in der Pension Hirsch, die glücklicherweise zwei Hausnummern hatte. Eine gebrauchten wir für Landauer und Kesten, die andere für Klaus Mann. Herr Querido und Herr de Lange standen sich als Konkurrenten gegenüber.

Querido war ein alter Sozialist, ein Verleger durch und durch, der vom Buchhandel kam und seinen Beruf mit großer Leidenschaft betrieb. De Lange hatte Neigungen auf sportlichem Gebiet und war keineswegs literarisch orientiert. Er hatte eine große Hemmung, in den Verlag zu gehen, die meisten Sitzungen hatte er außerhalb des Verlages. Seine politische Richtung unterschied sich auch sehr von der Queridos, obgleich auch de Lange ein überzeugter Anti-Nazi war. Beide Verleger gründeten die Verlage nicht aus materiellen Überlegungen, sie waren sich darüber im klaren, daß an diesem Unternehmen nichts zu verdienen war.

Wie kam es, daß einige Autoren mal bei Querido, mal bei de Lange erschienen? Waren das nicht Absprachen?

Ja, das waren in der Tat Absprachen, die wir unter uns getroffen haben. Es handelte sich um Autoren, deren materielle Lage besonders ungünstig war. Wir versuchten dann, wenn der Vorschuß in einem Verlag allzu hoch gestiegen war, das nächste Buch des Autors im andern Verlag erscheinen zu lassen, so daß dem Autor die Möglichkeit gegeben war, sich einige Zeit von anderer Seite finanzieren zu lassen.

Es gab aber keine Versuche, dem jeweils anderen Verlag Autoren abzujagen?

Nein, ich wüßte keinen einzigen Fall, in dem einer von uns den Versuch gemacht hätte, dem anderen einen Autor abzujagen.

Wie weit war die »Sammlung« Klaus Manns Zeitschrift, wie weit waren Sie an der Herausgabe mitbeteiligt?

Unzweifelhaft war Klaus Mann und niemand andres der alleinige Herausgeber der Zeitschrift, und es ist noch heute meine Überzeugung, daß er diese Aufgabe vortrefflich erfüllt hat. Natürlich habe ich von Anfang an größtes Interesse für die Zeitschrift gezeigt, und da Klaus und ich zusammen wohnten und jeden Abend zusammen verbrachten, haben wir sehr ausführlich über die Beiträge und Zusammenstellung der Beiträge gesprochen. Wir haben die »Sammlung« in 3000 Exemplaren gedruckt und der Absatz war zu Anfang relativ gut, von den ersten Nummern wurden um die 2000 Exemplare verkauft. Mit der Zeit nahm die Anzahl der Abnehmer ab, das lag zu einem nicht unerheblichen Teil an der politischen Entwicklung. Es gab Schwierigkeiten mit gewissen Aufsätzen in gewissen Ländern. Einmal war die »Sammlung« in Österreich verboten, weil ein Artikel über die politische Entwicklung in Österreich bei der Regierung Mißfallen erregt hat. Der Markt wurde auch immer begrenzter, weil der Druck, der von Deutschland ausgeübt wurde, manche Buchhandlungen veranlaßt hat, den Vertrieb von Emigrantenliteratur, und im besonderen der »Sammlung«, einzuschränken und die Zeitschrift überhaupt nicht mehr zu führen. Nachdem wir zwei Jahre, vierundzwanzig Nummern, durchgehalten hatten, waren die nötigen Investitionen nicht mehr aufzubringen, und wir mußten das Erscheinen der Zeitschrift einstellen.

Die Zusammenarbeit mit Klaus war sehr freundschaftlich und sehr fruchtbar. Er hat unglaublich viel in der Emigration geleistet; ich habe die größte Bewunderung für seine enorme Arbeitsleistung. In gewissem Sinne war seine Arbeitsweise mit der seines Vaters zu vergleichen.

Jeder Morgen fand ihn an seinem Schreibtisch, und er arbeitete ununterbrochen und unabgelenkt bis zum späten Nachmittag. Er hatte ja nicht nur die Redaktion der »Sammlung«, sondern auch jeden Brief mußte er selbst schreiben.

Die »Sammlung« war ja nur ein Teil seiner Tätigkeit, er hat sehr viel bei anderen Zeitschriften mitgearbeitet und wichtige Romane und Essays geschrieben. Seine essayistische Arbeit wird immer noch unterschätzt, sie ist außerordentlich interessant und hat auch heute noch ihre Gültigkeit.

Wie war die Situation für Sie und den Verlag 1940, als Deutschland Holland besetzte?

Ich bin zufällig beim Einmarsch der Deutschen nicht in Amsterdam gewesen, ich hatte eine Verlagsverhandlung in London. Ich hatte keinen gültigen deutschen Paß mehr, war inzwischen auch ausgebürgert worden, bekam aber durch Vermittlung eines englischen Verlegers ein Visum und ein Exit-Visum, um am 10. Mai wieder zurückzufahren. An diesem Morgen wurde ich im Hotel geweckt und erfuhr, daß Holland und Belgien von den Nazis besetzt war. Alle Verbindungen von England nach Holland waren unterbrochen, und ich konnte nicht mehr zurückkehren. Sämtliche Spuren des deutschen Verlages wurden – mit Recht, um niemanden zu gefährden – vom holländischen Verlag verwischt, das Archiv ist verbrannt worden, von der umfangreichen Autorenkorrespondenz ist kein Stück erhalten geblieben.

Was haben Sie in England gemacht?

Ich hatte keine Arbeit und keine Mittel. Zuerst versuchte ich, irgend etwas für die in Holland gebliebenen Mitarbeiter des Verlages zu tun, ich bin aufs Home Office gegangen, ins Auswärtige Amt – alles vergeblich. Eine Möglichkeit, um den Freunden zu helfen, war nicht gegeben. Im Verlauf der sehr bald einsetzenden Aktion gegen Angehörige der deutschen Nation bin ich verhaftet worden und in ein Lager gekommen. Ich will ausdrücklich sagen, daß ein Lager in England keineswegs mit anderen Lagern in anderen Ländern zu vergleichen war. Wir haben es gut gehabt, waren aber natürlich völlig abgeschlossen. Ich bin mit Hilfe von befreundeten Autoren mit einem mexikanischen Visum und einem amerikanischen Transitvisum nach Amerika gefahren. Dort traf ich Gottfried Bermann Fischer, der aus Schweden gekommen war, und wir haben gemeinsam 1941 den Verlag L. B. Fischer gegründet. Vorher hatte ich mit Hilfe der holländischen Regierung den deutschsprachigen Querido Verlag von Amsterdam nach Batavia verlegt, aber Batavia wurde sehr bald durch die Japaner besetzt. Der in Stockholm verbliebene Bermann Fischer Verlag hat uns dann Obdach gegeben, und wir konnten eine Anzahl Querido-Bücher dort erscheinen lassen, unter anderem Remarque, Anna Seghers, Vicki Baum. Im L. B. Fischer Verlag haben wir ausschließlich amerikanische Bücher verlegt, u. a. eine große Anthologie unter dem Titel »The Heart of Europe«, die Klaus Mann und Hermann Kesten herausgaben. Der Verlag L. B. Fischer wurde dann 1946 an einen anderen amerikanischen Verlag verkauft.

Sind Sie nach dem Krieg nach Deutschland gegangen?

Nein, ich bin nicht nach Deutschland zurückgekehrt, ich bin nach Holland gegangen. Die Situation nach dem Krieg war für einen Emigranten außerordentlich kompliziert, auch die Gefühlslage, in der ich mich befand.

Es ist wohl allgemein bekannt, daß die Aufnahmewilligkeit, insbesondere in der Bundesrepublik, für die Literatur der Emigration anfangs sehr begrenzt war. Es gab nur einen kleinen Kreis von literarisch interessierten Menschen, die für diese Periode Interesse zeigten. Ich möchte an dieser Stelle einen Namen nennen, der eine Ausnahme ist: Hans-Albert Walter, der ein sehr ambitiöses Werk über die Emigration angefangen hat und dessen Bemühungen ich heute unterschätzt finde.

Die Situation hat sich im letzten Jahrzehnt geändert, und wie es sehr oft geschieht, ist das Pendel in die andere Richtung geschlagen.

Vielleicht ist die Zeit gekommen, in der die im Exil entstandene Literatur ihren legitimen Platz in der deutschen Literatur des zwanzigsten Jahrhunderts erhält.

»Die Folgen dieses Vandalismus sind nicht überwunden«

Gespräch mit Gottfried Bermann Fischer

Wie haben Sie die Bücherverbrennung am 10. Mai 1933 in Berlin erlebt?

Man hielt es zunächst nicht für möglich, daß in Deutschland Bücherverbrennungen stattfinden könnten. Im Lande der Kultur, der Dichter und Denker. Aber schließlich ist es eben doch geschehen. Wir waren tief deprimiert, wir und alle meine Freunde. An dem Tage, an dem das abscheuliche Ereignis stattfand, gingen wir zusammen mit dem Regisseur Jürgen Fehling, mit Golo Mann und mit Pierre Bertaux auf den Opernplatz, wo ein hohes Gerüst aufgebaut war, auf dem Goebbels stand. Zu seinen Füßen der Scheiterhaufen, umgeben von dem Beifall spendenden Publikum. Goebbels brüllte die Namen der Autoren, deren Werke er mit unflätigen Beschimpfungen dem Feuer übergab. Von unserem Verlag waren es die Bücher von Alfred Kerr und Alfred Döblin. Wir hatten den Eindruck, daß die herumstehenden Studenten sich manche der für das Feuer bestimmten Bücher aneigneten.

Es war ein gespenstischer Anblick, die lodernden Flammen gegen den Nachthimmel zu sehen, ein schier unglaublicher, barbarischer Vorgang.

Haben Sie mit Ihren Autoren Schritte überlegt, wie der Verlag weitergeführt werden konnte? Es war ja nicht nur der Verlag bedroht, sondern Sie, Ihre Frau, Ihre Eltern und Schwiegereltern. Dennoch sind Sie noch über zwei Jahre in Deutschland geblieben.

Ich hatte Vorkehrungen getroffen. Ich hatte rechtzeitig, in Voraussicht, was da kommen würde, in der Schweiz eine Auffanggesellschaft gegründet, in die ich die Verträge mit meinen Autoren – mit deren Zustimmung – eingebracht habe. Sie waren auf diese Weise vor dem Zugriff der Nazis geschützt. Das hat mir später die Gründung meines Exilverlages ermöglicht. Natürlich habe ich mit den Autoren mündlich und schriftlich diskutiert, inbesondere mit Thomas Mann, was zu tun sei. Thomas Mann war lange Zeit der Ansicht, daß es wichtig sei, seine Bücher so lange wie möglich dem deutschen Publikum zu erhalten.

Zunächst ereignete sich für den Verlag sehr wenig oder garnichts. Bei uns wurden mit wenigen Ausnahmen keine Bücher beschlagnahmt, und wir konnten ungestört weiter arbeiten.

Konnten denn die Bücher, die auf dem Scheiterhaufen verbrannt worden waren, weiterhin ausgeliefert werden?

Nein.

Die Bestände waren noch in Ihrem Lager in Leipzig, oder waren sie schon beschlagnahmt?

Sie waren in Leipzig, in unserem dortigen Auslieferungslager, in dem nichts beschlagnahmt wurde.

Gab es für Sie Möglichkeiten, den Kontakt zu Ihren Autoren, die sich schon im Exil befanden, aufrecht zu erhalten?

Wir haben korrespondiert, das war ohne weiteres möglich. Außerdem aber besuchte ich des öfteren die im Exil befindlichen Autoren in der Schweiz, in Frankreich und in England.

Wie war Ihr Verhältnis zu den Autoren, die dem neuen Regime nahestanden, sei es, daß sie in der nationalsozialistischen Partei waren, sei es, daß sie das System unterstützten?

Von den vielen Autoren des S. Fischer Verlages waren es nur sehr wenige, die mit dem System sympathisierten. Die Beziehungen zu ihnen wurden abgebrochen.

Wie war Ihr Verhältnis zu Gerhart Hauptmann?

Unser freundschaftliches Verhältnis war zunächst ungestört, obwohl ich mit seinem unentschiedenen Verhalten gegenüber den Nazis nicht einverstanden war. Gestört wurde es erst später, als er die Besetzung Österreichs begrüßte und der Meinung war, daß Wien die Hauptstadt Europas werden würde. Von da an haben meine Beziehungen zu ihm aufgehört.

War es Ihnen möglich, neue Autoren vorzustellen, ohne diese vorher einer Zensur zu unterwerfen?

Ja.

Der Verlag konnte also wie in normalen Zeiten arbeiten?

Obwohl es keine Zensur gab, arbeitete der Verlag unter bedrohlichem Druck. Wir mußten jeden Moment mit der Schließung rechnen.

Wann wurde Ihnen deutlich, daß Sie den Verlag nicht mehr in Deutschland fortführen können, daß Sie versuchen müssen, den Verlag außerhalb Deutschlands wieder aufzubauen?

Daß ich den Verlag auf die Dauer unter den gegebenen Umständen nicht fortführen konnte, war mir immer klar. Ich konnte aber nicht über das Schicksal des Verlages ohne Zustimmung meines

Schwiegervaters S. Fischer verfügen, der damals noch am Leben war und nicht bereit war, Deutschland zu verlassen. Die Situation, in der ich mich befand, was außerordentlich schwierig: ich konnte einerseits 1933 den großen Verlag nicht einfach stehen und liegen lassen und die Autoren im Stich lassen, und andererseits mußte ich auf meine Schwiegereltern Rücksicht nehmen. Als mein Schwiegervater 1934 starb, konnte ich selbst entscheiden. Ich unterbreitete dem Propagandaministerium meinen Plan, die verfemten Autoren aus Deutschland herauszunehmen und den Restverlag unter dem Namen S. Fischer Verlag unter neuer Leitung in Deutschland zu belassen. Der Plan wurde zu aller meiner Freunde Verwunderung angenommen. So konnte ich mit den bedeutendsten Verlagsautoren in die Emigration gehen.

Gab es Autoren, die Sie vor 1936 aufforderten, mit dem Verlag zu emigrieren?

Die Frage wurde dauernd diskutiert.

Aber dennoch gab es für Sie keine Möglichkeit, den Verlag über das Jahr 1936 hinaus zu retten?

Die Möglichkeit bestand schon für mich persönlich nicht. Ich wäre als Jude nach 1936 den Nazis zum Opfer gefallen. Es zeigte sich, in welcher Gefahr ich war, als Wien von den Nazis besetzt wurde. Ich konnte im letzten Moment noch mit meiner Familie Österreich verlassen. Am ersten Tag nach der Besetzung war schon die SS in meinem Haus, um mich festzunehmen. Es war nur die Kinderschwester da, die die drei SS-Leute mit der Mitteilung empfing, daß ich abgereist sei. Die Reaktion war: »Hat der ein Schwein gehabt«. Man war sich offenbar, als man mir die Erlaubnis gab, die verfemten Autoren aus Deutschland herauszubringen, im Propagandaministerium nicht im klaren darüber, daß ich im Ausland einen erfolgreichen Exilverlag, den Bermann Fischer Verlag, Wien, später Stockholm, wieder aufbauen würde.

Wenn Sie heute an die Bücherverbrennung und das sich anschließende Exil denken – an die Vertreibung der deutschen Literatur aus ihrem Land –, was sind die Folgen für die Bundesrepublik Deutschland?

Ich meine, daß die Folgen dieses Vandalismus nicht überwunden worden sind. Als ich die Werke der verfemten Autoren nach Deutschland zurückbrachte, d. h. sie als Lizenzausgaben in dem damaligen Suhrkamp Verlag erscheinen ließ (ich selbst konnte als Amerikaner zu dieser Zeit noch kein Verlagsunternehmen eröffnen), wurden sie mit großer Aufnahmebereitschaft vom deutschen Publikum aufgenommen. Als ich dann im Jahre 1950 den S. Fischer Verlag wieder neu eröffnen konnte, bemühte ich mich, dazu beizutragen, die Folgen der Nazizeit auf kulturellem und psychologischem Gebiet nach Möglichkeit zu überwinden. So brachte ich in der Fischerbücherei eine ganze Reihe von Aufklärungsbüchern über den Nationalsozialismus heraus: »Der Nationalsozialismus« von Prof. Walther Hofer, »Justiz im Dritten Reich« von Prof. Ilse Staff, »Medizin ohne Menschlichkeit« von Prof. Alexander Mitscherlich, »Deutsche Geschichte von 1919-1945« von Prof. Golo Mann. Das hat gewiß heilsame Folgen gehabt. Trotzdem sehe ich aber immer wieder, wenn ich mit jungen Deutschen spreche, wie wenig sie über die Vorgänge von 1933-1945 orientiert sind. Ich spüre immer noch diese gewisse Mentalität des »Deutschland, Deutschland über alles«, eine Überheblichkeit gegenüber allem, was von außen kommt, ein Mangel an Bereitwilligkeit, die Vorgänge während des Nazismus wirklich zu verarbeiten. Die Schuld daran liegt bei denen, die stillschweigend oder aktiv mitgemacht haben und sich heute in leitenden Stellungen befinden.

S. 33 *Proskriptionsliste:* sogenannte ›Schwarze Listen‹, in denen die unerwünschten bzw. verbotenen Bücher aufgeführt wurden. Die erste Liste stellte Wolfgang Herrmann zusammen, sie wurde durch die Erklärung »Prinzipielles zur Säuberung der öffentlichen Büchereien« eingeleitet. Die Bücher werden in drei Gruppen eingeteilt: »Gruppe 1 fällt der Vernichtung (Autodafé) anheim, z. B. Remarque. Gruppe 2 kommt in den Giftschrank (z. B. Lenin). Gruppe 3 enthält die zweifelhaften Fälle, die eingehend zu prüfen sind, ob später zu Gruppe 1 oder 2 gehörig (z. B. Traven).«
Die erste Liste führte 131 Autoren auf.

S. 34 *»Pan«:* Literarische Zeitschrift, 1894 gegründet. Kerr war seit 1912 Herausgeber.

S. 45 *Peter Panter:* Pseudonym Kurt Tucholskys

S. 55 *Aus unserm Verlag:* Loerke war Lektor des S. Fischer Verlags in Berlin.
Suhrkamp und *Dr. Bermann:* vgl. S. 471 und S. 447.

S. 57 *Die Tatsache dieser Bücherverbrennung:* Erstaunlich naiv ist Ebermayers Überraschung, denn er hätte wissen können, daß die Bücherverbrennungen kein spontaner Akt waren. Die Vorbereitungen zu den Autodafés waren keineswegs geheim. Noch deutlicher wird seine Ahnungslosigkeit in der Eintragung vom 11. Mai: »Nach allem, was ich von den Herren weiß, ist Goebbels der klügste von ihnen. Da Goebbels Schrifttum und Presse unterstehen, da Goebbels gestern nicht gesprochen hat, und da seine Presse den Scheiterhaufen fast übergeht, ist die Hexenverbrennung vermutlich ohne seine Zustimmung, vielleicht sogar gegen seinen Willen erfolgt.«
Goebbels sprach am 10. Mai 1933 abends in Berlin und gewiß ist, daß die Bücherverbrennung mit seiner Zustimmung erfolgte. Eine publizistische Zurückhaltung der Presse ist nicht festzustellen.

S. 65 *Ihr getreuer Edgar:* = Kurt Tucholsky

S. 66 *Will Vesper:* (1882-1962). Nationalsozialistischer Schriftsteller und Herausgeber der Zeitschrift »Die Neue Literatur«, in der er zahlreiche Hetzartikel, insbesondere gegen Emigranten und »verjudete« Verlage veröffentlichte.

S. 66 *»Horst Wessel«:* Roman von Hanns Heinz Ewers (1871-1943), der die Lebensgeschichte des Mitglieds der NSDAP Horst Wessel schildert, der bei seiner Freundin, einer Prostituierten, erschossen wird. Wessel wurde von den Faschisten zum Helden stilisiert.

S. 91 *»Feuersprüchen«:* Von Studenten gerufene Begleitsprüche während der Bücherverbrennungen:
1. Gegen Klassenkampf und Materialismus, für Volksgemeinschaft und

idealistische Lebenshaltung! Ich übergebe der Flamme die Schriften von Marx und Kautsky.

2. Gegen Dekadenz und moralischen Verfall! Für Zucht und Sitte in Familie und Staat! Ich übergebe der Flamme die Schriften von Heinrich Mann, Ernst Glaeser und Erich Kästner.
3. Gegen Gesinnungslumperei und politischen Verrat, für Hingabe an Volk und Staat! Ich übergebe der Flamme die Schriften von Friedrich Wilhelm Förster.
4. Gegen seelenzerfasernde Überschätzung des Trieblebens, für den Adel der menschlichen Seele! Ich übergebe der Flamme die Schriften von Sigmund Freud.
5. Gegen Verfälschung unserer Geschichte und Herabwürdigung ihrer großen Gestalten, für Ehrfurcht vor unserer Vergangenheit! Ich übergebe der Flamme die Schriften von Emil Ludwig und Werner Hegemann.
6. Gegen volksfremden Journalismus demokratisch-jüdischer Prägung, für verantwortungsbewußte Mitarbeit am Werk des nationalen Aufbaus! Ich übergebe der Flamme die Schriften von Theodor Wolff und Georg Bernhard.
7. Gegen literarischen Verrat am Soldaten des Weltkriegs, für Erziehung des Volkes im Geist der Wahrhaftigkeit! Ich übergebe der Flamme die Schriften von Erich Maria Remarque.
8. Gegen dünkelhafte Verhunzung der deutschen Sprache, für Pflege des kostbarsten Gutes unseres Volkes! Ich übergebe der Flamme die Schriften von Alfred Kerr.
9. Gegen Frechheit und Anmaßung, für Achtung und Ehrfurcht vor dem unsterblichen deutschen Volksgeist! Verschlinge, Flamme, auch die Schriften der Tucholsky und Ossietzky!

Mit geringen Abweichungen und Ergänzungen wurden diese »Feuersprüche« bei sämtlichen Autodafés des 10. Mai 1933 verwendet.

S. 103 *Diskussion:* Die Daten:

Notiz: Das Neue Tage-Buch, Heft 2/1936. S. 30 f.

Thomas Mann, Hermann Hesse, Annette Kolb: Erklärung. In: Neue Zürcher Zeitung, 18. Januar 1936.

Leopold Schwarzschild: Antwort an Thomas Mann. Das Neue Tage-Buch, Heft 4/1936. S. 82 ff.

Eduard Korrodi: Deutsche Literatur im Emigrantenspiegel. In: Neue Zürcher Zeitung, 26. Januar 1936.

Thomas Mann: Antwort an Eduard Korrodi. In: Neue Zürcher Zeitung, 3. Februar 1936.

Eduard Korrodi: Vom deutschen Literaturschicksal. In: Neue Zürcher Zeitung, 8. Februar 1936.

Leopold Schwarzschild: Literatur. Das Neue Tage-Buch, Heft 7/1936. S. 154 ff.

S. 106 *Roman:* Emil Strauss, Das Riesenspielzeug. München: Langen-Müller 1935.

S. 110 *dieser Zeitschrift:* Internationale Literatur. Exilzeitschrift; Herausgeber der deutschen Ausgabe waren Hans Günther, Johannes R. Becher u. a. Die »Internationale Literatur« erschien von Juni 1931 bis Dezember 1945.

S. 124 *Bewegung »Freies Deutschland«:* Organisation deutscher Antifaschisten in Mexiko, gegründet im Januar 1942.

S. 124 *Heinrich-Heine-Klub:* im November 1941 gegründete »Vereinigung antinazistischer Intellektueller deutscher Sprache« in Mexiko, die zahlreiche Veranstaltungen organisierte. Mitglieder waren u. a. Anna Seghers, Egon Erwin Kisch und Bodo Uhse.

S. 124 *Verlag »Das Freie Buch«:* Von Alexander Abusch, Theodor Balk, Leo Katz, Egon Erwin Kisch, Paul Meyer, Paul Merker, Ludwig Renn, Anna Seghers und Bodo Uhse in Mexico City gegründeter Exilverlag (Editorial el Libro libre).

S. 125 *»Aktionskomitees gegen den undeutschen Geist«:* Komitees zur Vorbereitung der Bücherverbrennungen und der »Säuberung« der öffentlichen Bibliotheken, die in allen Universitätsstädten, aber auch in der Provinz, gebildet wurden. Die Deutsche Studentenschaft veröffentlichte am 13. April 1933 folgenden »Aufruf«:
»Wider den undeutschen Geist.«
1. Sprache und Schrifttum wurzeln im Volke. Das deutsche Volk trägt die Verantwortung dafür, daß seine Sprache und sein Schrifttum reiner und unverfälschter Ausdruck seines Volkstums sind.
2. Es klafft heute ein Widerspruch zwischen Schrifttum und deutschem Volkstum. Dieser Zustand ist eine Schmach!
3. Reinheit von Sprache und Schrifttum liegt an Dir! Dein Volk hat Dir die Sprache zur treuen Bewahrung übergeben.
4. Unser gefährlichster Widersacher ist der Jude und der, der ihm hörig ist.
5. Der Jude kann nur jüdisch denken. Schreibt er deutsch, dann lügt er. Der Deutsche, der deutsch schreibt, aber jüdisch denkt, ist ein Verräter. Der Student, der undeutsch spricht und schreibt, ist außerdem gedankenlos und seiner Aufgabe untreu.
6. Wir wollen die Lüge ausmerzen, wir wollen den Verrat brandmarken, wir wollen für den Studenten nicht Stätten der Gedankenlosigkeit, sondern der Zucht und der politischen Erziehung.
7. Wir wollen den Juden als Fremdling achten, und wir wollen das Volkstum ernst nehmen.
Wir fordern deshalb von der Zensur:
Jüdische Werke erscheinen in hebräischer Sprache.
Erscheinen sie in deutsch, sind sie als Übersetzung zu kennzeichnen.
Schärfstes Einschreiten gegen den Mißbrauch der deutschen Schrift.

Deutsche Schrift steht nur dem Deutschen zur Verfügung. Der undeutsche Geist wird aus öffentlichen Büchereien ausgemerzt.
8. Wir fordern vom deutschen Studenten Wille und Fähigkeit zur selbständigen Erkenntnis und Entscheidung.
9. Wir fordern vom deutschen Studenten den Willen und die Fähigkeit zur Reinerhaltung der deutschen Sprache.
10. Wir fordern vom deutschen Studenten den Willen und die Fähigkeit zur Überwindung des jüdischen Intellektualismus und der damit verbundenen liberalen Verfallserscheinungen im deutschen Geistesleben.
11. Wir fordern die Auslese von Studenten und Professoren nach der Sicherheit des Denkens im deutschen Geiste.
12. Wir fordern die deutsche Hochschule als Hort des deutschen Volkstums und als Kampfstätte aus der Kraft des deutschen Geistes.

S. 127 *Erich Kästner:* Hier irrte Kantorowicz, Erich Kästner starb am 29. 7. 1974. Solche Irrtümer waren nicht selten, da die Emigranten vielfach auf Gerüchte aus Deutschland angewiesen waren. Auch Armin T. Wegner gehörte zu den Totgesagten.

S. 131 *»Wenn ich das Wort Kultur höre . . .«:* Vielzitierte Zeile aus dem Drama »Schlageter« von Hanns Johst (1890-1978). Die Zeile lautet korrekt: »Wenn ich Kultur höre, entsichere ich meinen Browning.« »Schlageter« wurde am 20. April 1933, dem Geburtstag Hitlers, uraufgeführt.

S. 135 *»Society of the Friends of the Burned Books«:* Komitee zur Sammlung der in Deutschland verbotenen und verbrannten Bücher. Präsident war H. G. Wells. In Frankreich gab es eine ähnliche Vereinigung, das »Comité d'Initiative pour la Fondation d'une Bibliothéque Allemande des Livres Brulés«. In Frankreich wie in England wurden umfangreiche Bibliotheken der verbrannten Bücher aufgebaut.

S. 136 *»Council of Books in Wartime«:* Verband amerikanischer Verlage, Buchhandlungen und Bibliotheken, der die Veranstaltungen zum zehnten Jahrestag der Bücherverbrennungen organisierte.

S. 136 *»Komitee für die Wiederherstellung verbrannter und verbannter Bücher in Europa«:* = Joint Committee for the Restauration of Burned and Banished Books in Europe. Das Komitee verbreitete Listen der Bücher, die nach der Befreiung Europas wieder aufgelegt und in die Bibliotheken eingereiht werden sollten.

S. 142 *meinem Verleger:* Anton Kippenberg (1874-1950), Verleger des Insel Verlages in Leipzig.

S. 152 *Jan Petersen:* Petersen (1906-1969) leitete in Berlin eine Widerstandsgruppe, der zahlreiche Schriftsteller angehörten. Er kam 1935 illegal zum Ersten Internationalen Schriftstellerkongreß zur Verteidigung der Kultur nach Paris.

S. 192 *Aufruf:* Der Aufruf hatte folgenden Text:
Dringender Appell!

Die Vernichtung aller persönlichen und politischen Freiheit in Deutschland steht unmittelbar bevor, wenn es nicht in letzter Minute gelingt, unbeschadet von Prinzipiengegensätzen alle Kräfte zusammenzufassen, die in der Ablehnung des Faschismus einig sind. Die nächste Gelegenheit dazu ist der 31. Juli. Es gilt, diese Gelegenheit zu nutzen und endlich einen Schritt zu tun zum Aufbau einer einheitlichen Arbeiterfront, die nicht nur für die parlamentarische, sondern auch für die weitere Abwehr notwendig sein wird. Wir richten an jeden, der diese Überzeugung mit uns teilt, den dringenden Appell, zu helfen, daß ein Zusammengehen der SPD und KPD für diesen Wahlkampf zustande kommt, am besten in der Form gemeinsamer Kandidatenlisten, mindestens jedoch in der Form von Listenverbindung. Insbesondere in den großen Arbeiterorganisationen, nicht nur in den Parteien, kommt es darauf an, hierzu allen erdenklichen Einfluß aufzubieten. Sorgen wir dafür, daß nicht Trägheit der Natur und Feigheit des Herzens uns in die Barbarei versinken lassen!

Der Appell war u. a. von Albert Einstein, Kurt Hiller, Erich Kästner, Käthe Kollwitz, Heinrich Mann, Theodor Plivier, Ernst Toller und Arnold Zweig unterzeichnet.

S. 198 *Gerhart Hauptmanns Schande:* Kerr hatte Hauptmann bis 1933 in Theaterkritiken und Aufsätzen höchst gelobt, er sagte sich 1933 von ihm los, nachdem Hauptmann in Deutschland blieb und mit den Nationalsozialisten sympathisierte.

S. 203 *»Gelöbnis treuester Gefolgschaft«:* Folgende Schriftsteller unterschrieben: Friedrich Arenhövel, Gottfried Benn, Werner Beumelburg, Rudolf G. Binding, Walter Bloem, Hans Fr. Blunck, Max Karl Böttcher, Rudolf Brandt, Arnolt Bronnen, Otto Brües, Alfred Brust, Karl Bulcke, Hermann Claudius, Hans Martin Cremer, Marie Diers, Peter Dörfler, Max Dreyer, Franz Dülberg, Ferdinand Eckardt, Richard Euringer, Ludwig Fink, Otto Flake, Hans Franck, Gustav Frenssen, Heinrich von Gleichen-Rußwurm, Friedrich Griese, Max Grube, Johannes Günther, Carl Haensel, Max Halbe, Ilse Hamel, Agnes Harder, Karl Heinl, Hans Ludwig Held, Friedrich W. Herzog, Rudolf Herzog, Paul Oskar Höcker, Rudolf Huch, Hans von Hülsen, Bruno W. Jahn, Hanns Johst, Max Jungnickel, Hans Knudsen, Ruth Köhler-Irrgang, Gustav Kohne, Karl Lange, Johannes von Leers, Heinrich Lersch, Heinrich Lilienfein, Oskar Loerke, Gerhard Menzel, Herybert Menzel, Alfred Richard Meyer, Agnes Miegel, Walter von Molo, Georg Mühlen-Schulte, Fritz Müller-Partenkirchen, Börries von Münchhausen, Eckart von Naso, Helene von Nostiz-Wallwitz, Josef Ponten, Rudolf Presber, Arthur Rehbein, Ilse Reicke, Hans Richter, Franz Schauwecker, Johannes Schlaf, Anton Schnack, Friedrich Schnack, Richard Schneider-Edenkoben, Wilhelm von Scholz, Lothar Schreier, Gustav Schroer,

Wilhelm Schussen, Ina Seidel, Willy Seidel, Heinrich Sohnrey, Dietrich Speckmann, Heinz Steguweit, Lulu von Strauß und Torney, Eduard Stucken, Will Vesper, Magnus Wehner, Leo Weißmantel, Bruno E. Werner, Heinrich Zerkaulen, Hans-Caspar von Zobeltitz.

S. 203 *Proklamation der deutschen Intellektuellen:* Gemeint ist der Aufruf »An die Kulturwelt« in »Die Aktion«, Heft 5/1915. Sp. 284 f., in dem die deutsche Kriegsführung verteidigt und der Krieg bejaht wird. Auszug: »Es ist nicht wahr, daß Deutschland diesen Krieg verschuldet hat. Weder das Volk hat ihn gewollt noch die Regierung, noch der Kaiser. Von deutscher Seite ist das Äußerste geschehen, ihn abzuwenden. [...] Es ist nicht wahr, daß der Kampf gegen unsern sogenannten Militarismus kein Kampf gegen unsre Kultur ist, wie unsre Feinde heuchlerisch vorgeben. Ohne den deutschen Militarismus wäre die deutsche Kultur längst vom Erdboden getilgt. [...]«
Neben zahlreichen Universitätsprofessoren unterzeichneten: Richard Dehmel, Herbert Eulenberg, Ludwig Fulda, Max Halbe, Gerhart Hauptmann, Max Liebermann, Max Reinhardt, Hermann Sudermann, Hans Thoma.

S. 203 *»Zum guten Europäer«:* Otto Flake, Zum guten Europäer. Zwölf Chroniken Werrenwags. Berlin: Gottschalk 1924.

S. 205 *Bermann und Suhrkamp:* Über Flakes Beziehung zu seinen Verlegern gibt Peter Härtling Auskunft: Peter Härtling, Der unbequeme Flake. In: Otto Flake, Werke I. Erzählungen. S. 453 ff. Frankfurt am Main: S. Fischer 1973.

S. 208 *Hindenburg der deutschen Literatur:* Gerhart Hauptmann.

S. 209 *»Flucht zu den Schachtelhalmen«:* Gemeint ist der Aufsatz »Die Flucht zu den Schachtelhalmen« von Rudolf Arnheim, Weltbühne, Heft 2/1933, Seite 64 ff.

S. 225 *Franz Pfemfert:* (1878-1954) Schriftsteller und Herausgeber der Zeitschrift »Die Aktion«.

S. 236 *Als ich Benn [...] publizistisch warnte:* Gemeint ist Klaus Manns Vortrag »Zweifel an Gottfried Benn«, den er 1930 in Wien hielt. Abgedruckt in: Klaus Mann, Prüfungen. Schriften zur Literatur. Herausgegeben von Martin Gregor-Dellin. München: Nymphenburger Verlagshandlung 1968. S. 171 ff.

S. 281 *»Die Welt im Licht«:* Sammlung der Aufsätze und Kritiken Kerrs: Alfred Kerr, Die Welt im Licht. Zwei Bände. Berlin: S. Fischer 1920 (= Alfred Kerr, Gesammelte Schriften, Zweite Reihe.). Die »Erste Reihe« erschien 1917 in fünf Bänden unter dem Titel »Die Welt im Drama«.

S. 287 *Dori:* Ferdinand Bruckner (1891-1958).

S. 291 *Fall des Schriftstellers Liepmann:* Gemeint ist Heinz Liepmann (später Liepman), (1905-1966), der nach der »Machtergreifung« in ein Konzentrationslager eingeliefert wurde, aber trotz erlittener Mißhandlungen fliehen konnte. Liepmann floh im Februar 1934 nach Holland und wurde in Amsterdam von der holländischen Polizei verhaftet. Ihm wurde vorgeworfen, in seinem Roman »Das Vaterland« »das Staatsoberhaupt einer befreundeten Macht beleidigt zu haben«. Das Staatsoberhaupt war Generalfeldmarschall von Hindenburg. Es gilt als sicher, daß Liepmanns Verhaftung und Verurteilung auf Betreiben der Gestapo zustandekam. Liepmann wurde zu einem Monat Gefängnis verurteilt, allerdings nicht – wie von Deutschland gefordert – ausgeliefert; er wurde am 18. März 1934 aus dem Gefängnis entlassen und nach Belgien abgeschoben.

S. 309 *Der Verleger, der neue:* De Gemeenschap in Bilthoven. Dort erschienen zwei Bücher Roths: »Die Kapuzinergruft« (1938) und »Die Geschichte von der tausendundzweiten Nacht« (1939).

S. 310 *Herr Lion:* Ferdinand Lion (1883-1965), Schriftsteller und Kritiker, Redakteur bei »Maß und Wert«.

S. 310 *Huebsch:* Ben Huebsch (1876-1964), Verleger der Viking Press in New York. Roths Verlag in Amerika.

S. 327 *Der Entschluß zu sterben:* Reaktion Zuckmayers auf den Freitod Stefan Zweigs. Zweig war am 22. Februar 1942 mit seiner Frau Lotte aus dem Leben geschieden.

S. 339 *Carl Beisler:* (1900-1972) Rechtsanwalt, Freund Kestens seit der Schulzeit.

S. 339 *Walter Landauer:* (1902-1945) Seit 1928 im Kiepenheuer Verlag, seit 1933 Verlagsleiter des Exilverlags Allert de Lange in Amsterdam. Nach dem Einmarsch der Deutschen in Holland floh Landauer im Sommer 1940, wurde an der französisch-belgischen Grenze verhaftet und in das Konzentrationslager Bergen-Belsen verschleppt, wo er 1945 umkam.

S. 341 *Mein Emigranten-Verlag:* Zuerst Allert de Lange in Amsterdam (Das Mädchen, mit dem die Kinder nicht verkehren durften, 1936), dann Querido in Amsterdam (Nach Mitternacht, 1937. D-Zug dritter Klasse, 1938. Kind aller Länder, 1938.)

S. 369 *W. E. Süskind:* (1901-1970), bis 1933 enger Freund von Klaus Mann. Er forderte Klaus Mann brieflich auf, nach Deutschland zurückzukehren. Klaus Mann antwortete ihm: »Ist denn die allgemeine Psychose in Deutschland so stark, daß selbst die Besten jeden Sinn für geistigen Anstand, für das überhaupt noch Menschenmögliche verlieren? Wißt ihr denn nichts?« Er hält Süskind auch das erste Heft der Zeitschrift »Die Literatur« vor, deren Herausgeber Süskind von 1933 bis 1942 war. Das Heft enthält Schmähungen gegen Thomas Mann, den Süskind gut kannte, in dessen Haus er ein und aus ging. Süskind bezeichnete Thomas Mann als »Prototyp des Entarteten« (so Klaus Mann in seiner Antwort) und meinte, auch der »Tod in Venedig« gehöre auf die Scheiterhaufen.

S. 377 *Kein größeres Werk:* In der Exilzeit erschienen lediglich zwei Gedichtbände: Fürchte dich nicht. New York: Fles 1941 und Der Lebenslauf. New York: Aurora 1946.

S. 386 *Max Krell:* Kesten irrt ein wenig, die Stelle lautet in Krells Erinnerungen: »Erich Kästner hat mir erzählt, er habe Hermann Kesten auf dem Kurfürstendamm mit einem Köfferchen getroffen. ›Sie verreisen? Auf lange?‹ Und Kesten habe geantwortet: ›Vielleicht für zehn Jahre!‹«. Zitiert nach: Max Krell, Das alles gab es einmal. Reinbek: Rowohlt Taschenbuch Verlag 1965 (= Rowohlt Taschenbuch 719). S. 149.

S. 391 *›Le Retour‹:* Französische Ausgabe: Le Retour. Souvenirs inédits. Paris: Fayard 1938. Deutsche Ausgabe: Heimkehr. Aus dem französischen Original übersetzt von Ferdinand Hardekopf. Vorwort von Hermann Kesten. Strasbourg: Brant 1939.

S. 392 *dringenden Aufforderung der sogenannten »inneren Emigrationsdichter«:* Die Debatte wurde mit einem Brief von Walter von Molo (1880-1958) an Thomas Mann eröffnet. Molo schrieb: »Bitte, kommen Sie bald und geben Sie den zertretenen Herzen durch Menschlichkeit den aufrichtigen Glauben zurück, daß es Gerechtigkeit gibt, man nicht pauschal die Menschheit zertrennen darf, wie es so grauenvoll hier geschah.« Der Brief fordert Thomas Mann mehrfach und eindringlich auf, nach Deutschland zurückzukehren. Frank Thieß (1890-1977) griff in die Debatte ein: »Auch möchte ich nebenher erwähnen, daß viele von uns schon deshalb nicht emigrieren konnten, weil sie wirtschaftlich dazu außerstande waren.« Thieß vergaß, daß auch die, die Deutschland verließen, in ihrer Mehrheit nicht vermögend waren. Es ist eine peinliche Spitze gegen Thomas Mann, der wohlhabend war und im Exil keine Not hatte. Thieß schreibt weiter: »Ich glaube, es war schwerer, sich hier seine Persönlichkeit zu bewahren, als von drüben Botschaften an das deutsche Volk zu senden, welche die Tauben im Volke ohnedies nicht vernahmen, während wir Wissenden uns ihnen stets um einige Längen voraus fühlten.« Thieß spricht hier auf Thomas Manns Radioansprachen »Deutsche Hörer!« an. Thomas Mann antwortete Molo und legte dar, warum er nicht nach Deutschland zurückkäme, betonte aber seine Solidarität mit Deutschland und seine Wurzeln: »Nie werde ich aufhören, mich als deutscher Schriftsteller zu fühlen ...« Thieß veröffentlichte danach seinen »Abschied von Thomas Mann«: »Freilich, ein Opfer wird er dafür bringen müssen, und ich fürchte für ihn, er hat es schon gebracht: das Opfer seiner Zugehörigkeit zum deutschen Schrifttum.« Thomas Mann antwortet wiederum, diesmal durch eine Radiorede, Thieß beschließt die Debatte vorläufig, nicht ohne nochmals eine Rechtfertigung der inneren Emigranten zu versuchen.

S. 394 *Oberstenuniform:* Döblin war seit 1936 französischer Staatsbürger und kam 1946 als Offizier der französischen Armee nach Deutschland.

S. 394 *deutsche Zeitschrift:* Von 1946 bis 1951 gab Döblin die Zeitschrift »Das Goldene Tor« heraus, in der auch Beiträge von Exilautoren gedruckt wurden.

S. 394 *letzten bedeutenden Romane:* Hamlet oder Die lange Nacht nimmt ein Ende. Berlin: Rütten & Loening 1956.

S. 397 *Egon Ammann:* 1982 erschien im Ammann Verlag in Zürich Merz' Buch »Glücksmaschine Mensch«.

S. 407 *Feuchtwanger hat vermitteln wollen:* Fritz H. Landshoff erinnerte sich vage an dieses Angebot. Recherchen sind nicht möglich, da das Archiv und die Korrespondenz des Querido Verlages 1940 beim Einmarsch der Deutschen nach Holland verbrannt wurden.

S. 409 *Liste »Otto«:* Verbotsliste im besetzten Frankreich. Aus dem Vorwort: »Es handelt sich um Schriften, die durch ihren unwahren und tendenziösen Charakter zur systematischen Vergiftung der öffentlichen Meinung Frankreichs beigetragen haben. Die Liste enthält insbesondere die Publikationen der politischen Emigranten oder der jüdischen Schriftsteller, die unter Mißbrauch der Gastfreundschaft, die Frankreich ihnen gewährt hatte, zu einem Kriege hetzten, aus dem sie in egoistischer Weise für sich selbst Gewinn zu ziehen hofften.«
Die Liste der verbotenen Bücher wurde im Oktober 1940 veröffentlicht.

S. 410 *der erste Justizminister Frankreichs:* Francois de Menthon (Geb. 1900).

S. 412 *Untersuchung über die Unterhaltungsliteratur:* Gemeint ist die fünfteilige Serie »Klassiker der Leihbibliothek«, die im »Tage-Buch« erschien. Die Beiträge: Rudolf Herzog. Heft 21/1926. S. 716 ff. Rudolf Stratz. Heft 22/1926. S. 756 ff. Der Scherl-Stratz. Heft 23/1926. S. 794 ff. Skowronnecke und Zobeltitze. Heft 25/1926. S. 881 ff. Ludwig Wolff. Heft 29/1926. S. 1041 ff.

S. 415 *Das Dritte Reich des Films:* In: Die Neue Weltbühne, Heft 28/1933. S. 869 ff.
Die braune Leinwand: In: Die Neue Weltbühne, Heft 31/1933. S. 965 ff.

S. 415 *Aufsatz »Emigranten-Literatur«:* In: Das Neue Tage-Buch, Heft 52/1934. S. 1244 f. Die anderen Beiträge: Erich Andermann, Größere Strenge gegen die Dichter? Das Neue Tage-Buch, Heft 1/1935. S. 1267 f. Ludwig Marcuse, Zur Debatte über die Emigranten-Literatur. Das Neue Tage-Buch, Heft 2/1935. S. 43 ff. Hans Sahl, Emigration – eine Bewährungsfrist. Das Neue Tage-Buch, Heft 2/1935. S. 45.

S. 416 *»Der verlorene Sohn«:* Wiederabgedruckt in: Der Ruf, Heft 1/1946.

S. 416 *»Der Ruf«:* Kulturpolitische Zeitschrift, erschienen von 1946 bis

1949. Herausgeber waren Alfred Andersch, ab Heft 4/1946 Andersch und Hans Werner Richter.

S. 432 *unter neuer Leitung:* nach Bermann Fischers Emigration leitete Peter Suhrkamp (vgl. S. 471) den Verlag, ohne dessen Hilfe die von Bermann Fischer geplante Transaktion kaum zustande gekommen wäre.

Bio-bibliographische Angaben
Quellenverzeichnis

Die bibliographischen Angaben führen nur selbständige Publikationen auf, die in der Zeit von 1933 bis 1945 erschienen sind. Erschien ein Werk innerhalb eines Jahres in verschiedenen Verlagen, so ist in der Regel der Verlag der Erstausgabe angegeben.

Alexander Abusch
Geboren am 14. 2. 1902 in Krakau, gestorben am 27. 1. 1982 in Berlin/DDR.
1916 Beginn einer kaufmännischen Lehre, 1918 Mitglied der Freien Sozialistischen Jugend, später Kommunistischer Jugendverband Deutschlands. Abusch war bis 1934 Redakteur bzw. Chefredakteur verschiedener kommunistischer Zeitungen und Mitglied im Bund proletarisch-revolutionärer Schriftsteller. Er emigrierte 1933 nach Frankreich, 1941 nach Mexiko. Während des Exils Chefredakteur von »Unsere Zeit«, »Gegenangriff«, »Arbeiterzeitung« und der illegalen »Roten Fahne«. Mitherausgeber des »Braunbuchs über Reichstagsbrand und Hitler-Terror«. Bis 1946 Chefredakteur der Zeitschrift »Freies Deutschland«.
Nach seiner Rückkehr bis 1953 Bundessekretär des Kulturbundes zur demokratischen Erneuerung Deutschlands, 1954 bis 1956 Stellvertreter des Ministers für Kultur der DDR, 1958 Minister für Kultur, 1961 bis 1971 Stellvertreter des Vorsitzenden des Ministerrates der DDR, Mitglied der Akademie der Künste, Berlin.
Werke: Der Irrweg einer Nation. Mexiko: El Libro libre 1945.
Am Tage der Bücherverbrennung. S. 140
Aus: Freies Deutschland. Heft 7/1944. S. 31
Abdruck mit freundlicher Genehmigung von Hilde Abusch, Berlin/DDR.

Auf den Scheiterhaufen! S. 68
Aus: Braunbuch über Reichstagsbrand und Hitler-Terror. Vorwort von Lord Marley. Basel: Universum Bücherei 1933. Reprint Frankfurt am Main: Röderberg 1978. S. 155 ff. Abdruck mit freundlicher Genehmigung des Röderberg Verlags, Frankfurt am Main.
Das ›Braunbuch über Reichstagsbrand und Hitler-Terror‹ war eine gemeinsame Leistung emigrierter Schriftsteller und Antifaschisten, die diese Dokumentation in fünfmonatiger Arbeitszeit zusammenstellten. Die Quellen waren neben Zeitungen und Zeitschriften vor allem Personen, die aus Deutschland flohen und direkt berichten konnten, und in Deutschland verbliebene Personen, die ihre Nachrichten und Dokumente an die Herausgeber übermittelten. Das ›Braunbuch‹ erschien am 1. August

1933, Redaktionsschluß war »gegen Ende Juni«. Mitarbeiter waren Alexander Abusch, Alfred Kantorowicz, Otto Katz, Arthur Koestler, Gustav Regler, Max Schröder, Bodo Uhse u. a., Herausgeber Willi Münzenberg. Neben der Ausgabe in der Universum Bücherei erschien eine weitere deutschsprachige Ausgabe in den Editions du Carrefour.

Theodor Balk

Geboren am 22. 9. 1900 in Zemun, gestorben am 25. 3. 1974 in Prag. Balk studierte Medizin in Zagreb und Wien, 1924 Dr. med. Bis 1929 Arzt in Belgrad, im selben Jahr Emigration nach Deutschland. Mitarbeiter der »Roten Fahne« und der »Welt am Abend«, Redakteur der »Linkskurve« (ab 1932). Mitglied der Kommunistischen Partei Deutschlands und des Bundes proletarisch-revolutionärer Schriftsteller. 1933 Emigration nach Prag, später nach Paris und Saarbrücken. Während des Exils Mitarbeiter bei den Zeitschriften »Der Gegenangriff«, »Unsere Zeit«, »Deutsche Volkszeitung« und »Freies Deutschland«. 1937 bis 1939 Teilnahme am spanischen Bürgerkrieg als Bataillonsarzt der 14. Internationalen Brigade, 1939 nach Frankreich, wo er nach Kriegsausbruch in den Lagern Le Vernet und Les Miles interniert war. Balk geht 1941 nach Mexiko und kehrt 1945 nach Jugoslawien zurück.

Werke: Ein Gespenst geht um. Mit einer Einleitung von Egon Erwin Kisch. Paris: Combat 1934. Hier spricht die Saar. Moskau/Leningrad: Verlagsgenossenschaft ausländischer Arbeiter 1934. Hier spricht die Saar. Ein Land wird interviewt. Zürich: Ring 1934. Das verlorene Manuskript. Moskau: Verlagsgenossenschaft ausländischer Arbeiter 1935. Die Rassen. Mythos und Wahrheit. Zürich 1935. La Quatorzième. Madrid: Verlag der internationalen Brigaden 1937. Führer durch Sowjet-Krieg und Frieden. Mexiko: El Libro libre 1942. El Marisal Tito. Mexiko: Nuevo Mundo 1944.

Alameda und Opernplatz. S. 123

Aus: Freies Deutschland. Heft 8/1942. S. 15

Abdruck mit freundlicher Genehmigung von Lenka Reinerova-Fodorova, London.

Gottfried Benn

Geboren am 2. 5. 1886 in Mansfeld, gestorben am 7. 7. 1956 in Berlin. Studierte ursprünglich Theologie und Philologie, ab 1905 Medizin, 1912 Dr. med. Bis 1914 Arzt in Berlin, während des Ersten Weltkriegs Militärarzt in Belgien, ab 1917 wieder in Berlin. Mitarbeit an den Zeitschriften »Die Aktion«, »Pan«, »Der Sturm«, »Das neue Pathos« und den »Weißen Blättern«. Benn wurde 1932 Mitglied der Preußischen Akademie der Künste. Er blieb während des Faschismus in Deutschland und war bis Ende 1934 Befürworter und Förderer des Nationalsozialismus. Ab 1935

Bruch mit dem deutschen Faschismus, Flucht in die von ihm so genannte »aristokratische Form der Emigration«. 1935 Militärarzt, 1936 Ausschluß aus der Ärzteorganisation, 1938 Ausschluß aus der Reichsschrifttumskammer, Schreibverbot. Nach dem Krieg arbeitete Benn wieder als Arzt in Berlin.
Werke: Der neue Staat und die Intellektuellen. Stuttgart: Deutsche Verlags-Anstalt 1933. Kunst und Macht. Stuttgart: Deutsche Verlags-Anstalt 1934. Ausgewählte Gedichte 1911-1936. Stuttgart: Deutsche Verlags-Anstalt 1936. Zweiundzwanzig Gedichte 1936-1943. Privatdruck 1943.
Antwort an die literarischen Emigranten. S. 211
Aus: Gottfried Benn, Autobiographische und vermischte Schriften. Vierter Band der Gesammelten Werke. Herausgegeben von Dieter Wellershoff. Wiesbaden und München: Limes 1977. (Dritte Auflage) S. 239 ff. Abdruck mit freundlicher Genehmigung der Verlagsgemeinschaft Klett-Cotta, Stuttgart.
Offener Brief Benns, den er erstmals am 24. 5. 1933 im Rundfunk las, Erstdruck in: Deutsche Allgemeine Zeitung vom 25. 5. 1933.

Gottfried Bermann Fischer
Geboren am 31. 7. 1897 in Gleiwitz, lebt in Camaiore (Italien).
Studium der Medizin, Chirurg in Berlin, ab 1925 im S. Fischer Verlag in Berlin, auf Wunsch des Schwiegervaters S. Fischer. 1928 Geschäftsführer, 1933 Verlagsleitung mit Peter Suhrkamp und S. Fischer, nach Fischers Tod (15. 10. 1934) Verleger. Gründete nach der Emigration die Bermann-Fischer Verlag GmbH in Wien (der in Deutschland verbliebene Verlagsteil wurde von Peter Suhrkamp übernommen und weitergeführt), nach der Besetzung Österreichs Flucht nach Schweden, wo der Verlag erneut aufgebaut wurde. 1940 Flucht in die USA, Gründung eines Verlages, Zusammenarbeit mit dem Querido Verlag, Gründung der L. B. Fischer Publishing Corp. in New York. Nach Kriegsende Rückkehr nach Deutschland, seit 1950 wieder alleiniger Besitzer des S. Fischer Verlages in Frankfurt. 1962 Entschluß zum Verkauf des Verlages, 1965 Abschied vom Verlag.
»Die Folgen dieses Vandalismus sind nicht überwunden.« S. 430
Niederschrift eines Gesprächs mit Gottfried Bermann Fischer vom 15. 9. 1982 in Camaiore/Italien. Abdruck mit freundlicher Genehmigung von Gottfried Bermann Fischer. Erstdruck.

Ernst Bloch
Geboren am 8. 7. 1885 in Ludwigshafen, gestorben am 4. 8. 1977 in Tübingen.
Studium der Philosophie, Philologie, Musik und Physik, 1908 Dr. phil. Bloch emigrierte 1933 zuerst in die Schweiz, 1936 in die Tschechoslowa-

kei, 1938 in die USA. Gründete dort 1944 mit Bertolt Brecht, Ferdinand Bruckner, Alfred Döblin, Lion Feuchtwanger, Oskar Maria Graf, Wieland Herzfelde, Heinrich Mann, Ernst Waldinger, Berthold Viertel und F. C. Weiskopf den Aurora Verlag. Bloch kehrte 1949 nach Deutschland zurück und war bis zu seiner Zwangsemeritierung 1957 Professor für Philosophie in Leipzig. Nach seiner Übersiedelung in die Bundesrepublik war er Professor für Philosophie an der Universität Tübingen.
Werke: Erbschaft dieser Zeit. Zürich: Oprecht und Helbling 1935. Freiheit und Ordnung. New York: Aurora 1946.
Erinnerung: Hitlers Gewalt. S. 19
Aus: Ernst Bloch, Erbschaft dieser Zeit. Erweiterte Ausgabe. Gesamtausgabe Band 4. Frankfurt am Main: Suhrkamp 1962. Seite 160 ff. © Suhrkamp Verlag Frankfurt am Main 1962.
Erstdruck: Das Tage-Buch, Heft 15/1924
Tag und Dunkel. S. 48
Aus: Ernst Bloch, Politische Messungen, Pestzeit, Vormärz. Gesamtausgabe Band 11. Frankfurt am Main: Suhrkamp 1970. S. 87 f. © Suhrkamp Verlag Frankfurt am Main 1970.
Ansprache auf dem Congress of American Writers. S. 317
Aus: Ernst Bloch, Politische Messungen, Pestzeit, Vormärz. Gesamtausgabe Band 11. Frankfurt am Main: Suhrkamp 1970. S. 261 ff. © Suhrkamp Verlag Frankfurt am Main 1970.

Bertolt Brecht
Geboren am 10. 2. 1898 in Augsburg, gestorben am 14. 8. 1956 in Berlin/DDR.
Brecht studierte Literatur, Philosophie und Medizin, unterbrach Ende 1918 das Studium und wurde Soldat. 1918 auch Mitglied des Augsburger Soldatenrates. Ab 1919 Fortsetzung des Studiums, seit 1923 Regisseur und Dramaturg in München. Für sein Stück »Trommeln in der Nacht« erhält er 1922 den Kleist-Preis. Brecht übersiedelt 1924 nach Berlin und arbeitet in den folgenden zwei Jahren als Dramaturg bei Max Reinhardt am Deutschen Theater. Er flieht 1933 aus Deutschland, zuerst nach Österreich, dann in die Schweiz und nach Frankreich, schließlich nach Dänemark. Zusammen mit Willi Bredel und Lion Feuchtwanger Herausgeber der Zeitschrift ›Das Wort‹ (ab 1936). 1941 Flucht in die USA über die Stationen Schweden, Finnland und Sowjetunion. Brecht kehrte 1947 nach Europa zurück, lebte zuerst in der Schweiz, ab 1948 in Berlin. Mitglied der Deutschen Akademie der Künste und Präsident des deutschen PEN-Zentrums Ost und West. 1951 erhielt er den Nationalpreis der DDR, 1954 den Internationalen Lenin-Friedenspreis.
Werke: Dreigroschenroman. Amsterdam: de Lange 1934. Lieder, Gedichte, Chöre. Paris: Editions du Carrefour 1934. Fünf Schwierigkeiten beim Schreiben der Wahrheit. Paris: Imprimerie Coopérative Etoile 1935. Die

Gewehre der Frau Carrar. London: Malik 1937. Gesammelte Werke. London: Malik 1938. Svendborger Gedichte. London: Malik 1939. Furcht und Elend des Dritten Reiches. Moskau: Meshdunarodnaja Kniga 1941; New York: Aurora 1945.

Die Bücherverbrennung. S. 64

Aus: Bertolt Brecht, Gedichte. Band IV der Gesammelten Werke. Herausgegeben vom Suhrkamp Verlag in Zusammenarbeit mit Elisabeth Hauptmann. Frankfurt am Main: Suhrkamp 1967. S. 694. © Suhrkamp Verlag Frankfurt am Main 1967.

Erstdruck: Internationale Literatur, Deutsche Blätter. Heft 10/1937. S. 55.

Deutschland. S. 259

Aus: Bertolt Brecht, Gedichte. Band IV der Gesammelten Werke. Herausgegeben vom Suhrkamp Verlag in Zusammenarbeit mit Elisabeth Hauptmann. Frankfurt am Main: Suhrkamp 1967. S. 487 f. © Suhrkamp Verlag Frankfurt am Main 1967.

Erstveröffentlichung in: Bertolt Brecht, Lieder, Gedichte, Chöre. Paris: Editions du Carrefour 1934.

Über die Bezeichnung Emigranten. S. 308

Aus: Bertolt Brecht, Gedichte. Band IV der Gesammelten Werke. Herausgegeben vom Suhrkamp Verlag in Zusammenarbeit mit Elisabeth Hauptmann. Frankfurt am Main: Suhrkamp 1967. S. 718. © Suhrkamp Verlag Frankfurt am Main 1967.

Erstdruck: Die neue Weltbühne. Heft 53/1937. S. 1672.

Elisabeth Castonier

Geboren am 6. 3. 1894 in Dresden, gestorben am 24. 9. 1975 in München.

Elisabeth Castonier wuchs in Paris auf, übersiedelte später nach Berlin, erste Publikation im »Berliner Tageblatt«. 1934 floh sie nach Österreich, nach der Besetzung über Italien und Frankreich nach England, wo sie zehn Jahre als Magd in Hampshire arbeitete. Mitarbeiterin bei: »Das Neue Tage-Buch«, »Pariser Tageszeitung«, »New Statesman« und der BBC.

Werke: Eternal Front. London: Clarke 1941. Shippy the tortoise. London: Collins 1942. Aim the goat. London: Collins 1942. Emily the toad. London: Collins 1944. Lolly the bat. London: Collins 1944. Tony the donkey. London: Collins 1945.

[Der 10. Mai 1933]. S. 176

Aus: Elisabeth Castonier, Seltsames Muster. Begegnungen, Schicksale. München: Winkler 1971. S. 89 ff. © 1971 Elisabeth Castonier. Abdruck mit freundlicher Genehmigung des Winkler Verlags, München.

Franz Theodor Csokor
Geboren am 6. 9. 1885 in Wien, gestorben am 5. 1. 1969 in Wien. Csokor studierte Kunstgeschichte, arbeitete anschließend als Dramaturg in Wien. 1938 Flucht nach Jugoslawien, zwei Jahre auf Korcula interniert. 1946 Rückkehr nach Wien. Präsident des österreichischen PEN-Zentrums.
Werke: Gottes General. Bilthoven: De Gemeenschap 1939. Als Zivilist im polnischen Krieg. Amsterdam: de Lange 1940.
[Brief an Lina Loos]. S. 287
Aus: Franz Theodor Csokor, Zeuge einer Zeit. Briefe aus dem Exil 1933-1950. München und Wien: Albert Langen-Georg Müller 1964. S. 70 f. Abdruck mit freundlicher Genehmigung des Albert Langen-Georg Müller Verlags, München.

Alfred Döblin
Geboren am 10. 8. 1878 in Stettin, gestorben am 28. 6. 1957 in Emmendingen.
Studium der Medizin, Dr. med. Mitbegründer des »Sturm«. Mitglied des Vereins sozialistischer Ärzte, 1921 Mitglied der Sozialdemokratischen Partei Deutschlands. Döblin flieht aus Deutschland 1933, zuerst in die Schweiz, 1940 in die USA. 1944 Mitbegründer des Aurora Verlags in New York. 1946 Rückkehr nach Deutschland, von 1946 bis 1951 Herausgeber der Zeitschrift »Das goldene Tor«. Von 1953 bis 1956 in Frankreich, dann wieder in Deutschland.
Werke: Jüdische Erneuerung. Amsterdam: Querido 1933. Babylonische Wandrung. Amsterdam: Querido 1934. Pardon wird nicht gegeben. Amsterdam: Querido 1935. Flucht und Sammlung des Judenvolkes. Amsterdam: Querido 1935. Die Fahrt ins Land ohne Tod. Amsterdam: Querido 1937. Der blaue Tiger. Amsterdam: Querido 1938. Die deutsche Literatur (im Ausland seit 1933). Paris: Science et Littérature 1938. Bürger und Soldaten 1918. Stockholm: Bermann Fischer 1939. Nocturno. Los Angeles: Pazifische Presse 1944.
[Brief an Ferdinand Lion vom 28. April 1933]. S. 56
Aus: Alfred Döblin, Briefe. Ausgewählte Werke in Einzelbänden. In Verbindung mit den Söhnen des Dichters herausgegeben von Walter Muschg †. Weitergeführt von Heinz Graber. Olten und Freiburg: Walter 1970. S. 179. © Walter Verlag AG, Olten 1970. Abdruck mit freundlicher Genehmigung des Walter Verlags, Olten.
[Verbrannte und verbotene Bücher]. S. 120
Aus: Alfred Döblin, Schriften zur Politik und Gesellschaft. Ausgewählte Werke in Einzelbänden. In Verbindung mit den Söhnen des Dichters herausgegeben von Walter Muschg †. Weitergeführt von Heinz Graber. Olten und Freiburg: Walter 1972. S. 343 ff. © Walter Verlag AG, Olten 1972. Abdruck mit freundlicher Genehmigung des Walter Verlags, Olten.

Erstdruck: Der öffentliche Dienst (Zürich), Heft 7/1937, S. 2.
Vorab war eine Erklärung der Redaktion gedruckt: »Die ›Deutsche Freiheits-Bibliothek‹ in Paris – eine Bibliothek, die sich die Sammlung und Bewahrung der im Dritten Reich verbrannten und verbotenen Bücher zur Aufgabe gemacht hat – veranstaltete unter dem Titel ›Das freie Deutsche Buch‹ vor einigen Wochen eine Ausstellung von in Deutschland verbotenen Büchern. Zur Begrüßung dieser Ausstellung sandten Heinrich Mann und Alfred Döblin die folgenden Kundgebungen.«

Erich Ebermayer
Geboren am 14. 9. 1900 in Bamberg, gestorben am 22. 9. 1970 in Terracina bei Rom.
Ebermayer studierte Jura in München, Heidelberg und Leipzig, 1922 Dr. jur. Von 1926 bis 1933 arbeitete er als Rechtsanwalt, dann bis 1934 als Dramaturg und Regisseur am Schauspielhaus in Leipzig. 1934 Entlassung, 1935 Berufsverbot. Trotz Berufsverbot und Verbot seiner Bücher blieb Ebermayer in Deutschland.
Werke: Werkzeug in Gottes Hand. Wien: Zsolnay 1933. Fall Claasen. Wien: Zsolnay 1935. Romanze. Wien: Zsolnay 1936. Befreite Hände. Wien: Zsolnay 1938. Unter anderem Himmel. Wien/Berlin/Leipzig: Bischoff 1941. Der Schrei der Hirsche. Wien: Zsolnay 1944-1949. (Band 1: Torheit der Jugend 1944. Band 2: Gefährliches Wunderland 1949). Der Traum des Krösus. Berlin/Wien/Leipzig: Bischoff 1944.
[Die Tatsache dieser Bücherverbrennung ist etwas Irreparables]. S. 57
Aus: Erich Ebermayer, Denn heute gehört uns Deutschland ... Persönliches und politisches Tagebuch. Von der Machtergreifung bis zum 31. Dezember 1935. Hamburg/Wien: Zsolnay 1959. S. 77 ff.
Abdruck mit freundlicher Genehmigung des Verlages Paul Zsolnay, Wien.

Axel Eggebrecht
Geboren am 10. 1. 1899 in Leipzig, lebt in Hamburg.
Eggebrecht war 1917–1918 Kriegsteilnehmer am Ersten Weltkrieg, studierte dann Germanistik und Philosophie. Ab 1921 Arbeit als Vertreter, Hilfskraft beim Film und Packer. Bis 1925 Mitglied der Kommunistischen Partei Deutschlands. Seit 1925 Mitarbeiter der »Weltbühne« und der »Literarischen Welt«. Nach der Machtergreifung wurde er verhaftet, verbrachte den größten Teil des Jahres 1933 im Konzentrationslager, später erhielt er Berufsverbot. Während des Faschismus gezwungenermaßen Mitarbeit an Unterhaltungsfilmen. Nach dem Krieg Mitbegründer des Nordwestdeutschen Rundfunks, bis 1973 Kommentator des NDR und Leiter des Nachwuchsstudios.
Wer weiter liest, wird erschossen! S. 44

Aus: Die Weltbühne. Heft 2/1932. S. 51 ff.
Abdruck mit freundlicher Genehmigung von Axel Eggebrecht, Hamburg.

Lion Feuchtwanger
Geboren am 7. 7. 1884 in München, gestorben am 21. 12. 1958 in Pacific Palisades, Kalifornien.
Feuchtwanger studierte Germanistik und Philosophie, Dr. phil. Er war 1933 auf einer Vortragsreise in den USA, ging von dort nach Südfrankreich. 1936 bis 1939 Gründer und Herausgeber der Zeitschrift »Das Wort«, zusammen mit Willi Bredel und Bertolt Brecht. 1940 wurde er in Frankreich interniert und floh 1941 in die USA, dort Mitbegründer des Aurora Verlags in New York. 1953 Nationalpreis der DDR.
Werke: Die Geschwister Oppenheim (später: Die Geschwister Oppermann). Amsterdam: Querido 1933. Die Aufgaben des Judentums. Paris: Europäischer Merkur 1933. Marianne in Indien. Paris: Europäischer Merkur 1934. Die Söhne. Amsterdam: Querido 1935. Der falsche Nero. Amsterdam: Querido 1936. Stücke in Prosa. Amsterdam: Querido 1936. Moskau 1937. Ein Reisebericht für meine Freunde. Amsterdam: Querido 1937. Zwei Erzählungen. Moskau: Meshdunarodnaja 1938. Exil. Amsterdam: Querido 1940. Unholdes Frankreich. Mexiko: El Libro libre 1942. Die Brüder Lautensack. London: Hamilton 1944. Simone. Stockholm: Neuer Verlag 1945. Der Tag wird kommen. Stockholm: Bermann Fischer 1945.
Trübe Gäste. S. 312
Aus: Lion Feuchtwanger, Exil. Frankfurt am Main: Fischer Taschenbuch Verlag 1979 (= Fischer Taschenbuch 2128). S. 121 ff. © Marta Feuchtwanger 1968. Abdruck mit freundlicher Genehmigung von Marta Feuchtwanger, Pacific Palisades, USA.
Erstveröffentlichung: Das Wort. Heft 6/1938. S. 3 ff. Vorabdruck aus ›Exil‹.
Arbeitsprobleme des Schriftstellers im Exil. S. 333
Aus: Das Goldene Tor. Heft 2/1947. S. 142 ff. Abdruck mit freundlicher Genehmigung von Marta Feuchtwanger, Pacific Palisades, USA.
Niederschrift eines Vortrags, den Feuchtwanger auf dem Schriftstellerkongreß in Los Angeles 1943 hielt.

Otto Flake
Geboren am 29. 10. 1880 in Metz, gestorben am 10. 11. 1963 in Baden-Baden.
Studierte Germanistik, Philosophie und Kunstgeschichte. 1903 zusammen mit René Schickele Herausgeber der Zeitschrift »Der Merker«, 1912 bis 1913 Korrespondent der »Neuen Rundschau« in Konstantinopel, lebte seit 1928 in Baden-Baden. 1948 Dr. med. h.c., Hebbel-Preis 1954. Fla-

ke blieb nach 1933 in Deutschland.
Werke: Hortense oder Die Rückkehr nach Baden-Baden. Berlin: S. Fischer 1933. Der Straßburger Zuckerbeck. Berlin: Stuffer 1933. Die junge Monthiver. Berlin: S. Fischer 1934. Die Töchter Noras. Berlin: S. Fischer 1934. Anselm und Verena. Berlin: S. Fischer 1935. Scherzo. Berlin: S. Fischer 1936. Sternennächte am Bosporus. Berlin: S. Fischer 1936. Schön-Bärbel von Ottenheim. Berlin: Rembrandt 1937. Die vier Tage. Berlin: S. Fischer 1937. Türkenlouis. Berlin: S. Fischer 1937. Personen und Persönchen. Berlin: S. Fischer 1938. Große Damen des Barock. Berlin: S. Fischer 1939. Straßburg. Düsseldorf: Schwann 1940. Das Quintett. Berlin: Suhrkamp 1943.
[Eine große Dummheit]. S. 107
Aus: Otto Flake, Es wird Abend. Bericht aus einem langen Leben. Mit einem Nachwort von Peter de Mendelssohn. Frankfurt am Main: Fischer Taschenbuch Verlag 1980 (= Fischer Taschenbuch 2272). S. 429. © Fischer Taschenbuch Verlag, Frankfurt am Main 1980. Abdruck mit freundlicher Genehmigung des Fischer Taschenbuch Verlags.
Flakes Autobiographie erschien erstmals 1960.

Oskar Maria Graf
Geboren am 22. 7. 1894 in Berg am Starnberger See, gestorben am 28. 6. 1967 in New York.
Graf erlernte den Bäckerberuf, wurde im Ersten Weltkrieg wegen Befehlsverweigerung verurteilt und von 1915 bis 1917 in einem Irrenhaus festgehalten. Er floh 1933 aus Deutschland nach Österreich, lebte von 1934 bis 1938 in der Tschechoslowakei, dort Mitherausgeber der »Neuen Deutschen Blätter«, ab 1938 in den USA. Mitbegründer des Aurora Verlags in New York.
Werke: Der harte Handel. Amsterdam: Querido 1935. Der Abgrund. London: Malik 1936. Anton Sittinger. London: Malik 1937. Der Quasterl. Moskau: Das internationale Buch 1938. The Life of my Mother. New York: Howell, Soskin 1940.
Verbrennt mich! S. 61
Aus: Oskar Maria Graf, An manchen Tagen. Reden, Gedanken und Zeitbetrachtungen. Frankfurt am Main: Nest 1961. S. 14 f. Abdruck mit freundlicher Genehmigung des Süddeutschen Verlags, München.
Erstveröffentlichung in der Wiener Arbeiterzeitung vom 12. 5. 1933
Nachschrift zu diesem Protest 1960. S. 62
Aus: Oskar Maria Graf, An manchen Tagen. Reden, Gedanken und Zeitbetrachtungen. Frankfurt am Main: Nest 1961, S. 15 ff. Abdruck mit freundlicher Genehmigung des Süddeutschen Verlags, München.
Nie wieder vergessen! S. 133
Aus: Zur Tradition der deutschen sozialistischen Literatur. Eine Auswahl von Dokumenten 1941-1949. Veröffentlichung der Akademie der Künste

der Deutschen Demokratischen Republik. Sektion Literatur und Sprachpflege. Abteilung Geschichte der sozialistischen Literatur. Berlin und Weimar: Aufbau 1979. S. 206 f.
Erstveröffentlichung in Aufbau (New York), Heft 19/1943.
Abdruck mit freundlicher Genehmigung des Süddeutschen Verlags, München.

George Grosz
Geboren am 26. 7. 1893 in Berlin, gestorben am 6. 7. 1959 in Berlin.
Künstler, Satiriker, Mitglied der Dada-Bewegung seit 1918. Grosz lebte von 1932 bis 1959 in Amerika.
[Brief an Walter Mehring vom 18. 5. 1933]. S. 67
Aus: George Grosz, Briefe 1913-1959. Herausgegeben von Herbert Knust. Reinbek: Rowohlt 1979. S. 173. © 1979 by Rowohlt Verlag GmbH, Reinbek bei Hamburg. Abdruck mit freundlicher Genehmigung des Rowohlt Verlags, Reinbek.

Max Herrmann-Neiße
Geboren am 23. 5. 1886 in Neiße, gestorben am 8. 4. 1941 in London.
Er studierte Philosophie und Kunstgeschichte, ab 1917 freier Schriftsteller und Kritiker. Floh 1933 aus Deutschland nach England, Stationen waren Frankreich, Holland und die Schweiz.
Werke: Um uns die Fremde. Zürich: Oprecht 1936. Letzte Gedichte. Aus dem Nachlaß. London: Bamerlea 1941. Mir bleibt mein Lied. New York: Fles 1942.
Verdammnis 1933. S. 49
Rast auf der Flucht. S. 305
Ein deutscher Dichter bin ich einst gewesen. S. 306
Rechtfertigung eines Emigranten. S. 321
Heimatlos. S. 322
Litanei der Bitternis. S. 323
Aus: Max Herrmann-Neiße, Ich gehe, wie ich kam. Gedichte. Herausgegeben und mit einem Nachwort von Bernd Jentzsch. München und Wien: Carl Hanser 1979. S. 66, 67, 71, 78, 84, 89. Abdruck mit freundlicher Genehmigung des Albert Langen-Georg Müller Verlags, München.

Ricarda Huch
Geboren am 18. 7. 1864 in Braunschweig, gestorben am 17. 11. 1947 in Schönberg/Taunus.
1888 bis 1891 Studium der Geschichte, Philosophie und Philologie, Dr. phil. Arbeitete als Sekretärin, Lehrerin, dann freie Schriftstellerin. Ricarda Huch blieb nach 1933 in Deutschland.
Werke: Römisches Reich Deutscher Nation. Zürich: Atlantis 1934. Quel-

len des Lebens. Leipzig: Insel 1935. Zeitalter der Glaubensspaltung. Zürich: Atlantis 1937. Frühling in der Schweiz. Zürich: Atlantis 1938. Weiße Nächte. Zürich: Atlantis 1943. Herbstfeuer. Leipzig: Insel 1944.
[Briefwechsel mit der Preußischen Akademie der Künste] S. 191
Aus: Ricarda Huch, Briefe an die Freunde. Ausgewählt und eingeführt von Marie Baum. Tübingen: Rainer Wunderlich 1955. S. 154 ff. © 1955 by Rainer Wunderlich Verlag Hermann Leins, Tübingen. Abdruck mit freundlicher Genehmigung des Verlags Rainer Wunderlich, Tübingen.

Werner Ilberg
Geboren am 20. 7. 1896 in Wolfenbüttel, gestorben am 30. 12. 1978 in Berlin/DDR.
Arbeitete als Textilkaufmann und war am väterlichen Geschäft beteiligt, später Buchhändler. Seit 1932 Kritiker und Mitglied im Bund proletarisch-revolutionärer Schriftsteller. 1933 Flucht aus Deutschland, zuerst in die Tschechoslowakei, dann nach England. 1947 Rückkehr nach Deutschland, bis 1956 Wolfenbüttel, seitdem lebt Ilberg als freier Schriftsteller in Berlin/DDR. Generalsekretär des PEN-Zentrums der DDR.
Werke: Die Fahne der Witwe Grasbach. 1948. (1935 entstanden)
Schriftstellernöte. S. 330
Aus: 10 Jahre Kulturbarbarei im Dritten Reich. 10 Jahre freie deutsche Kultur im Exil. London: Free German League of Culture in Great Britain 1943. S. 52 ff. Abdruck mit freundlicher Genehmigung von Edith Ilberg, Berlin/DDR.

Erich Kästner
Geboren am 23. 2. 1899 in Dresden, gestorben am 29. 7. 1974 in München.
Kästner besuchte ein Lehrerseminar, wurde 1917 Soldat. Nach dem Ersten Weltkrieg arbeitete er als Bankangestellter und Redakteur, studierte dann Germanistik, 1925 Dr. phil. Seit 1927 lebte er als freier Schriftsteller in Berlin. Obwohl 1933 seine Bücher verbrannt wurden und er Berufsverbot erhielt, blieb er in Deutschland und publizierte im Ausland. Von 1945 bis 1948 war er Feuilletonredakteur der »Neuen Zeitung«, 1946 Gründer und Herausgeber der Jugendzeitschrift »Der Pinguin«. Präsident des deutschen PEN-Zentrums.
Werke: Das fliegende Klassenzimmer. Stuttgart: Deutsche Verlags-Anstalt 1933. Emil und die drei Zwillinge. Zürich: Atrium 1934. Drei Männer im Schnee. Zürich: Rascher 1934. Die verschwundene Miniatur. Zürich: Atrium 1935. Doktor Erich Kästners lyrische Hausapotheke. Zürich: Atrium 1936. Georg und die Zwischenfälle (späterer Titel: Der kleine Grenzverkehr). Zürich: Atrium 1938. Till Eulenspiegel. Zürich: Atrium 1938.

Bei Durchsicht meiner Bücher. S. 146
Aus: Erich Kästner, Gesammelte Schriften Band 5. Vermischte Beiträge. Zürich: Atrium 1959. S. 488 f. (Gekürzt). Vorwort Kästners zu: Bei Durchsicht meiner Bücher. Gedichtauswahl. Stuttgart und Hamburg: Rowohlt 1946.
Der Titel wird meist mit »Bei Verbrennung meiner Bücher« angegeben, der aber nicht von Kästner stammt.
Über das Verbrennen von Büchern. S. 167
Aus: Erich Kästner, Gesammelte Schriften Band 5. s. o. S. 571 ff. Ansprache Kästners auf der PEN-Tagung in Hamburg am 10. Mai 1958. Abdruck der Texte von Erich Kästner mit freundlicher Genehmigung von Dr. Ulrich Constantin, München

Alfred Kantorowicz
Geboren am 12. 8. 1899 in Berlin, gestorben am 27. 3. 1979 in Hamburg.
Kantorowicz war im Ersten Weltkrieg Soldat, studierte dann Literaturwissenschaft und Jura, 1923 Dr. jur. Arbeitete als Journalist für die »Vossische Zeitung«, die »Literarische Welt« und die »Neue Rundschau«. 1931 Mitglied der Kommunistischen Partei Deutschlands. Er verließ Deutschland 1933, ging nach Frankreich. Dort Mitbegründer und Generalsekretär des Schutzverbandes Deutscher Schriftsteller im Exil, Gründer und Leiter der Deutschen Freiheitsbibliothek in Paris. Von 1936 bis 1938 Teilnahme am Spanischen Bürgerkrieg als Offizier der XI., dann der XII. Internationalen Brigade. 1938 Rückkehr nach Frankreich, 1940 Internierung, 1941 Flucht in die USA, dort Mitarbeiter der CBS. Kantorowicz kehrte 1946 nach Deutschland zurück, gründete in Ost-Berlin die Zeitschrift »Ost und West«, wurde 1950 Professor am Germanistischen Institut der Humboldt-Universität. 1957 erhielt er politisches Asyl in der Bundesrepublik und lebte ab 1962 in Hamburg.
Werke: Why a Library of Burned Books? Paris: Committee Library of the Burned Books 1934. In unserem Lager ist Deutschland. Paris: Editions du Phénix 1936. Verboten und verbrannt. Berlin: Ullstein 1947. (mit Richard Drews)
Ein Jahr Deutsche Freiheitsbibliothek. S. 91
Aus: Alfred Kantorowicz, In unserem Lager ist Deutschland. Reden und Aufsätze. Paris: Editions du Phénix 1936. S. 23 ff.
Dem Text geht die folgende Bemerkung voraus: »Rede, gehalten am 10. Mai 1935, dem zweiten Jahrestag der Bücherverbrennungen in Deutschland und dem ersten Jahrestag der Errichtung der Deutschen Freiheitsbibliothek«.
Vortrupp der Zukunft. S. 125
Aus: Freies Deutschland. Heft 7/1942. S. 16 f.
Am 10. Mai 1933 ... S. 149

Aus: Verboten und Verbrannt. Deutsche Literatur – 12 Jahre unterdrückt. Herausgegeben von Richard Drews und Alfred Kantorowicz. Berlin und München: Heinz Ullstein – Helmut Kindler 1947. S. 6 ff.

Alltag in der Emigration. S. 294

Aus: Alfred Kantorowicz, Porträts. Deutsche Schicksale. Berlin: Chronos 1947. S. 82 ff.

Dem Text geht die folgende Bemerkung voraus:

»Eine der letzten, vielleicht die letzte größere Arbeit Maxim Gorkis war die Initiierung und Redaktion eines Sammelbandes, der betitelt war: ›Ein Tag in aller Welt‹. Maxim Gorki hatte an Hunderte von Arbeitern, Schriftstellern, Wissenschaftlern, Politikern, Männern und Frauen des öffentlichen Lebens vieler Länder Briefe gesandt mit der Bitte, einen wahrheitsgetreuen Bericht ihrer Erlebnisse, Erfahrungen und Gedanken an einem noch zu bestimmenden Stichtage niederzuschreiben. Als Stichtag wurde der 27. September 1935 festgesetzt. Im folgenden ist der Bericht über diesen Alltag, so wie ich ihn in meinem Paris Exil erlebte und wie er in dem Sammelbande ›Ein Tag in aller Welt‹ unter der Redaktion Maxim Gorkis veröffentlicht wurde.«

Der Abdruck sämtlicher Texte von Alfred Kantorowicz erfolgt mit freundlicher Genehmigung von Ingrid Kantorowicz, Hamburg.

Hermann Kasack

Geboren am 24. 7. 1896 in Potsdam, gestorben am 10. 1. 1966 in Stuttgart.

Kasack studierte Germanistik und Nationalökonomie. Von 1920 bis 1925 war er Lektor im Kiepenheuer Verlag, 1926 bis 1927 Lektor im S. Fischer Verlag, dann freier Schriftsteller. Kasack blieb nach 1933 in Deutschland, übernahm 1941 das Lektorat im Suhrkamp Verlag und für die Dauer der Internierung Suhrkamps die Verlagsleitung. 1948 Mitbegründer des deutschen PEN-Zentrums. 1953 bis 1963 Präsident der Deutschen Akademie für Sprache und Dichtung in Darmstadt.

Werke: Echo. Gedichte. Berlin: Rabenpresse 1933. Tull, der Meisterspringer. Leipzig: Schneider 1935. Der Strom der Welt. Hamburg: Ellermann 1940. Das ewige Dasein. Berlin und Frankfurt: Suhrkamp 1943.

[Anmerkung]. S. 206

Aus: Oskar Loerke, Tagebücher 1903-1939. Herausgegeben von Hermann Kasack. Fünfte Veröffentlichung der Deutschen Akademie für Sprache und Dichtung, Darmstadt. Heidelberg und Darmstadt: Lambert Schneider 1955. S. 349 f. Abdruck mit freundlicher Genehmigung des Verlags Lambert Schneider, Heidelberg.

Die Anmerkung Kasacks bezieht sich auf die Tagebucheintragung Loerkes vom 1. 11. 1933.

Alfred Kerr
Geboren am 25. 12. 1867 in Breslau, gestorben am 12. 10. 1948 in Hamburg.
Kerr studierte Philosophie und Germanistik, Dr. phil. Seit 1895 Kritiker, 1900 bis 1919 am »Tag« in Berlin, ab 1920 am »Berliner Tageblatt«. Seit 1911 Herausgeber der Zeitschrift »Pan«. Kerr floh 1933 aus Deutschland, zuerst in die Schweiz, dann Frankreich, 1936 nach England. 1941 bis 1947 Vorsitzender des PEN-Zentrums deutschsprachiger Autoren im Ausland.
Werke: Die Diktatur des Hausknechts. Brüssel: Les Associés 1934. Walter Rathenau. Amsterdam: Querido 1935. Melodien. Paris: Editions Nouvelles Internationales 1938. The Influence of German Nationalism upon the Theatre and Film in the Weimar Republic. London: Fight for Freedom 1945.
Zwecklose Prophetie. S. 17
Vergebliche Warnung. S. 33
Gerhart Hauptmanns Schande. S. 198
Die Diktatur des Hausknechts. S. 268
Empfindsame Flucht. S. 275
Aus: Alfred Kerr, Die Diktatur des Hausknechts und Melodien. Nachwort Walter Huder. Hamburg: Konkret Literatur Verlag 1981. (= Bibliothek der verbrannten Bücher, herausgegeben von Hein Kohn und Werner Schartel.) S. 88 f., 85 ff., 23 ff., 13 ff., 28 ff. © 1981 Konkret Literatur Verlag, Hamburg. Abdruck mit freundlicher Genehmigung des Konkret Literatur Verlags.

Hermann Kesten
Geboren am 28. 1. 1900 in Nürnberg, lebt in Basel.
Kesten studierte Jura, Volkswirtschaft, Germanistik und Geschichte, Dr. phil. 1927 bis 1933 Lektor im Kiepenheuer Verlag. Kesten flieht 1933 aus Deutschland, zuerst nach Frankreich und Holland, wo er der literarische Leiter der deutschsprachigen Abteilung des Verlags Allert de Lange wurde. Er geht 1939 nach Frankreich, wird dort interniert und flieht in die USA. Mitarbeiter des Emergency Rescue Committee in New York. 1972 Vorsitzender des deutschen PEN-Zentrums, dessen Ehrenpräsident Kesten heute ist.
Werke: Der Gerechte. Amsterdam: de Lange 1934. Ferdinand und Isabella. Amsterdam: de Lange 1936. König Philipp II. Amsterdam: de Lange 1938. Die Kinder von Gernika. Amsterdam: de Lange 1939.
[Brief an Carl Beisler vom 25. Juli 1946]. S. 339
Aus: Deutsche Literatur im Exil. Briefe europäischer Autoren 1933-1949. Herausgegeben von Hermann Kesten. Frankfurt am Main: Fischer Taschenbuch Verlag 1973 (= Fischer Taschenbuch 1388). S. 215. © 1964 by Kurt Desch GmbH, München–Wien–Basel. Abdruck mit freundlicher

Genehmigung von Hermann Kesten, Basel.
»Das Entsetzen ist heute so groß wie damals.« S. 386
Niederschrift eines Gesprächs mit Hermann Kesten vom 28. 8. 1982 in Basel. Abdruck mit freundlicher Genehmigung von Hermann Kesten. Erstdruck.

Irmgard Keun
Geboren am 6. 2. 1910 in Berlin, gestorben am 5. 5. 1982 in Köln.
Irmgard Keun besuchte eine Schauspielschule, arbeitete als Schauspielerin und wurde von Kurt Tucholsky als Schriftstellerin entdeckt und gefördert. Sie weigerte sich 1933 der Reichsschrifttumskammer beizutreten und erhielt daraufhin Schreibverbot. 1935 floh sie aus Deutschland nach Frankreich und Holland, wo sie 1940 vom Überfall der Deutschen überrascht wurde. Sie kehrte nach Deutschland zurück und lebte bis 1945 versteckt und unter falschem Namen. Seit Ende des Krieges freie Schriftstellerin in Köln.
Werke: Das Mädchen, mit dem die Kinder nicht verkehren durften. Amsterdam: de Lange 1936. Nach Mitternacht. Amsterdam: Querido 1937. D-Zug dritter Klasse. Amsterdam: Querido 1938. Kind aller Länder. Amsterdam: Querido 1938. Bilder und Gedichte aus der Emigration. Köln: Epoche 1947.
[Bilder aus der Emigration]. S. 341
Aus: Irmgard Keun, Wenn wir alle gut wären (gekürzt). Herausgegeben und mit einem Nachwort von Wilhelm Unger. Köln: © Verlag Kiepenheuer & Witsch 1983. Abdruck mit freundlicher Genehmigung des Verlages.

Egon Erwin Kisch
Geboren am 29. 4. 1885 in Prag, gestorben am 21. 3. 1948 in Prag.
Kisch studierte an der Technischen Hochschule in Prag, 1918 Soldat. Von 1906 bis 1913 Reporter der »Bohemia«, 1913 bis 1914 Mitarbeiter am »Berliner Tageblatt«, Dramaturg am Künstlertheater in Berlin. 1918 Führer der Roten Garden in Wien, 1919 Mitglied der Kommunistischen Partei Österreichs. Mitbegründer des Bundes proletarisch-revolutionärer Schriftsteller. 1933 wurde er verhaftet, auf tschechischen Protest hin freigelassen und abgeschoben. 1937 bis 1938 Teilnahme am Spanischen Bürgerkrieg. Er war Mitarbeiter im Schutzverband Deutscher Schriftsteller und im Hilfskomitee für Opfer des Faschismus. 1939 flieht er nach Mexiko, wo er bis 1946 lebt. Mitarbeiter des »Freien Deutschland«. Kisch kehrte 1946 nach Prag zurück.
Werke: Eintritt verboten. Paris: Editions du Carrefour 1934. Geschichten aus sieben Ghettos. Amsterdam: de Lange 1934. Abenteuer in fünf Kontinenten. Paris: Editions du Carrefour 1936. Soldaten am Meeresstrand. Valencia: La Semana Grafica ca. 1936. Landung in Australien. Amsterdam: de Lange 1937. Die drei Kühe. Madrid: Amalien 1938. Marktplatz

der Sensationen. Mexiko: El Libro libre 1942. Entdeckungen in Mexiko. Mexiko: El Libo libre 1945.
Briefwechsel mit Gottfried Benn. S. 222
Aus: Egon Erwin Kisch, Nichts ist erregender als die Wahrheit. Reportagen aus vier Jahrzehnten. Herausgegeben von Walther Schmieding. Band 2. Köln: Kiepenheuer & Witsch 1979. S. 71 ff. © Aufbau Verlag, Berlin und Weimar. Die Rechte für die Bundesrepublik liegen beim Verlag Kiepenheuer & Witsch. Abdruck mit freundlicher Genehmigung des Verlages Kiepenheuer & Witsch, Köln und des Aufbau Verlags, Berlin und Weimar.

Fritz H. Landshoff
Geboren am 29. 7. 1901 in Berlin, lebt in Bentveld (Niederlande).
Landshoff studierte Germanistik, 1923 Dr. phil. 1926 trat er als literarischer Leiter in den Gustav Kiepenheuer Verlag ein. 1933 Emigration nach Holland, dort literarischer Leiter des deutschen Exilverlages Querido in Amsterdam. Beim Einmarsch der Deutschen zufällig in London, wurde dort interniert und ging anschließend nach New York, wo er zusammen mit Gottfried Bermann Fischer den L. B. Fischer Verlag gründete. Der Querido Verlag wurde nach Batavia verlegt. Nach 1945 Mitdirektor des Querido Verlages in Amsterdam, dann des S. Fischer Verlages in Frankfurt. 1951 Eintritt in den Verlag Harry N. Abrams.
»Vielleicht ist die Zeit gekommen ...« S. 420
Niederschrift eines Gespräches mit Fritz H. Landshoff vom 17. Dezember 1982 in Bentveld/Niederlande. Abdruck mit freundlicher Genehmigung von Fritz H. Landshoff. Erstdruck.

Oskar Loerke
Geboren am 13. 3. 1884 in Jungen/Weichsel, gestorben am 24. 2. 1941 in Berlin.
Nach einer Forst- und Landwirtschaftslehre studierte Loerke Philosophie, Germanistik, Musik und Geschichte. Dramaturg beim Bühnenvertrieb F. Bloch in Berlin, ab 1917 Lektor des S. Fischer Verlages, Schriftsteller und Mitarbeiter der »Neuen Rundschau«. Loerke blieb nach 1933 in Deutschland.
Werke: Der Silberdistelwald. Berlin: S. Fischer 1934. Das unsichtbare Reich. Berlin: S. Fischer 1935. Das alte Wagnis des Gedichts. Berlin: Die Rabenpresse 1935. Der Wald der Welt. Berlin: S. Fischer 1936. Anton Bruckner. Berlin: S. Fischer 1938. Der Steinpfad. Berlin: Stomps 1938. Magische Verse. Berlin: S. Fischer 1938. Hausfreunde. Berlin: S. Fischer 1939. Kärntner Sommer 1939. Berlin: Stomps 1939. Zehn Gedichte. Hamburg: Ellermann 1941.
[Aus dem Tagebuch. Eintragung vom 27. April 1933]. S. 55
[Aus dem Tagebuch. Eintragung vom 1. November 1933]. S. 205

Aus: Oskar Loerke, Tagebücher 1903-1939. Herausgegeben von Hermann Kasack. Fünfte Veröffentlichung der Deutschen Akademie für Sprache und Dichtung, Darmstadt. Heidelberg und Darmstadt: Lambert Schneider 1955. S. 272, 283. Abdruck mit freundlicher Genehmigung des Verlages Lambert Schneider, Heidelberg.

Heinrich Mann
Geboren am 27. 3. 1871 in Lübeck, gestorben am 12. 3. 1950 in Santa Monica/USA.
Buchhandelslehre in Dresden, danach Arbeit im S. Fischer Verlag, Berlin, freier Schriftsteller. 1930 bis 1933 Präsident der Preußischen Akademie der Künste, Sektion Dichtkunst, aus der er 1933 ausgeschlossen wird. Er emigrierte über Prag nach Frankreich, 1940 in die USA, mit den Stationen Spanien und Portugal. 1944 Mitbegründer des Aurora Verlags in New York. 1947 Ehrenvorsitzender des Schutzverbandes Deutscher Autoren, 1949 National-Preis der DDR und Präsident der Deutschen Akademie der Künste.
Werke: Der Haß. Amsterdam: Querido 1933. Die Jugend des Königs Henri Quatre. Amsterdam: Querido 1935. Es kommt der Tag. Zürich: Europa 1936. Die Vollendung des Königs Henri Quatre. Amsterdam: Querido 1938. Mut. Paris: Edition du 10 mai 1939. Lidice. Mexiko: El Libro libre 1943. Ein Zeitalter wird besichtigt. Stockholm: Neuer Verlag 1946.
Die Bücherverbrennung. S. 112
Aus: Heinrich Mann, Verteidigung der Kultur. Antifaschistische Streitschriften und Essays. Nachbemerkung von Werner Herden. Hamburg: Claassen 1960. S. 153 ff.
Aufsatz anläßlich des dritten Jahrestages der Bücherverbrennung. Hier in der Fassung der ›Neuen Weltbühne‹ vom 18. Juni 1936.
Aufgaben der Emigration. S. 261
Aus: Heinrich Mann, Verteidigung der Kultur. Antifaschistische Streitschriften und Essays. Nachbemerkung von Werner Herden. Hamburg: Claassen 1960. S. 9 ff.
Erstveröffentlichung in der ›Neuen Weltbühne‹, Heft 50/1933.
© Aufbau Verlag, Berlin und Weimar. Alle Rechte für die Bundesrepublik beim Claassen Verlag, Düsseldorf. Abdruck mit freundlicher Genehmigung des Aufbau Verlags, Berlin und Weimar.

Klaus Mann
Geboren am 18. 11. 1906 in München, gestorben am 22. 5. 1949 in Cannes.
Nach Besuch der Hochwaldhausener Bergschule und der Odenwaldschule war er 1924/25 Kritiker in Berlin und Mitarbeiter der »Weltbühne«. 1933 Flucht aus Deutschland nach Holland, Frankreich, Schweiz. 1938 in

Spanien, schreibt Reportagen über den Spanischen Bürgerkrieg. 1933-1935 Herausgeber der »Sammlung«, 1941-1942 Herausgeber von »Decision«. Seit 1937 lebte Klaus Mann in den USA, trat 1942 in die amerikanische Armee ein, war Korrespondent von »Stars and Stripes«. Als Kriegskorrespondent Rückkehr nach Deutschland.
Werke: Flucht in den Norden. Amsterdam: Querido 1934. Symphonie Pathétique. Amsterdam: Querido 1935. Mephisto. Amsterdam: Querido 1936. Vergittertes Fenster. Amsterdam: Querido 1937. Der Vulkan. Amsterdam: Querido 1939. The Turning Point. New York: L. B. Fischer 1942. André Gide and the Crisis of Modern Thought. New York: Creative Age Press 1943.
88 am Pranger. S. 203
Aus: Das Neue Tage-Buch. Heft 19/1933. S. 537.
Abdruck mit freundlicher Genehmigung von Golo Mann, Kilchberg.
[Brief an Gottfried Benn vom 9. Mai 1933]. S. 208
Aus: Klaus Mann, Prüfungen. Schriften zur Literatur. Herausgegeben von Martin Gregor-Dellin. München: Nymphenburger 1968. S. 175 ff.
Gottfried Benn oder die Entwürdigung des Geistes. S. 219
Aus: Klaus Mann, Prüfungen. s. o. S. 178 ff. Erstveröffentlichung in: Die Sammlung. Heft 1/1933.
Gottfried Benn. Die Geschichte einer Verirrung. S. 234
Aus: Klaus Mann, Prüfungen. s. o. S. 181 ff. Erstveröffentlichung in: Das Wort. Heft 9/1937.
Abdruck mit freundlicher Genehmigung des Verlages Heinrich Ellermann, München.
[Erfahrung Exil]. S. 367
Aus: Klaus Mann, Der Wendepunkt. Ein Lebensbericht. München: edition spangenberg im Ellermann Verlag 1976. S. 328 ff. © Verlag Heinrich Ellermann, München 1976. Abdruck mit freundlicher Genehmigung des Verlags Heinrich Ellermann, München.
Klaus Manns Autobiographie erschien zuerst 1942 in englischer Sprache unter dem Titel ›The Turning Point‹ im Verlag L. B. Fischer, New York. Die deutsche Erstausgabe erschien 1952 im S. Fischer Verlag, Frankfurt am Main.

Thomas Mann
Geboren am 6. 6. 1875 in Lübeck, gestorben am 12. 8. 1955 in Kilchberg bei Zürich.
Mitarbeiter an den Zeitschriften »Das zwanzigste Jahrhundert« und »Simplicissimus«. Seit 1901 freier Schriftsteller, 1919 Ehrendoktor der Universität Bonn, Mitglied der Preußischen Dichterakademie, 1929 Literaturnobelpreis. Zur Zeit der Machtübernahme der Faschisten war Thomas Mann auf einer Auslandsreise, er blieb im Ausland, wohnte ab Herbst 1933 in Küsnacht bei Zürich. 1934 Reise in die USA, ab 1936

bewußtes Eintreten für die Emigration und für Gegnerschaft zum faschistischen Deutschland. 1937 bis 1939 Herausgeber von »Maß und Wert«. 1938 Übersiedelung in die USA, ab 1940 Rundfunkreden nach Deutschland (Deutsche Hörer!). 1949 erste Deutschlandreise, 1952 Rückkehr nach Europa. Lebte bis 1954 in Zürich, dann in Kilchberg.
Werke: Die Geschichten Jaakobs. Berlin: S. Fischer 1933. Der junge Joseph. Berlin: S. Fischer 1934. Leiden und Größe der Meister. Berlin: S. Fischer 1935. Joseph in Ägypten. Wien: Bermann Fischer 1936. Achtung Europa! Stockholm: Bermann Fischer 1938. Lotte in Weimar. Stockholm: Bermann Fischer 1939. Die vertauschten Köpfe. Stockholm: Bermann Fischer 1940. Deutsche Hörer! Stockholm: Bermann Fischer 1942. Joseph der Ernährer. Stockholm: Bermann Fischer 1943. Das Gesetz. Los Angeles: Pazifische Presse 1944. Adel des Geistes. Stockholm: Bermann Fischer 1945.
Deutsche Hörer! S. 135
Aus: Thomas Mann, Reden und Aufsätze 3. Band XI der Gesammelten Werke in dreizehn Bänden. Zweite, durchgesehene Auflage. Frankfurt am Main: S. Fischer 1974. S. 1072 ff. © 1960, 1974 S. Fischer Verlag GmbH, Frankfurt am Main. Abdruck mit freundlicher Genehmigung des S. Fischer Verlags, Frankfurt am Main.
Deutsche Hörer! hieß eine Folge von fünfundfünfzig Radiosendungen nach Deutschland. Die hier gedruckte Sendung wurde am 25. Mai 1943 gesendet.
Briefwechsel mit Bonn. S. 249
Aus: Thomas Mann, Reden und Aufsätze 4. Band XII der Gesammelten Werke in dreizehn Bänden. Zweite, durchgesehene Auflage. Frankfurt am Main: S. Fischer 1974. S. 785 ff. © 1960, 1974 S. Fischer Verlag GmbH, Frankfurt am Main. Abdruck mit freundlicher Genehmigung des S. Fischer Verlags, Frankfurt am Main.
Erstveröffentlichung in: Neue Zürcher Zeitung vom 24. 1. 1937.

Hans Marchwitza
Geboren am 25. 6. 1890 in Scharley (Schlesien), gestorben am 17. 1. 1965 in Potsdam.
Als Bergarbeiter tätig, 1915 Soldat, seit 1919 Mitglied der Unabhängigen Sozialdemokratischen Partei Deutschlands, seit 1920 der Kommunistischen Partei Deutschlands. Mitglied des Bundes proletarisch-revolutionärer Schriftsteller. 1933 Flucht aus Deutschland in die Schweiz, 1935 nach Frankreich. 1936 Teilnahme am Spanischen Bürgerkrieg, 1938 zurück nach Frankreich, dort 1939 interniert, 1941 Flucht in die USA. Marchwitza kehrte 1946 nach Deutschland zurück, zuerst nach Stuttgart, 1947 nach Babelsberg. Gründungsmitglied der Akademie der Künste in Ost-Berlin, Literaturpreis des Freien Deutschen Gewerkschaftsbundes 1959, Nationalpreis der DDR 1950, 1955 und 1964.

Werke: Die Kumiaks. Zürich: Büchergilde Gutenberg 1934. Janek und andere Erzählungen. Charkow und Kiew: Staatsverlag der nationalen Minderheiten 1934. Zwei Erzählungen. Moskau: Meshdunarodnaja Kniga 1939. Untergrund. New York: Selbstverlag 1942. Wetterleuchten. New York: Selbstverlag 1942.

Flüchtlinge. S. 299

Aus: Das Wort. Heft 1/1936. S. 37 ff. Abdruck mit freundlicher Genehmigung des Tribüne Verlags, Berlin/DDR.

Hans Mayer

Geboren am 19. 3. 1907 in Köln, lebt in Tübingen.

Mayer studierte Jura, Geschichte und Philosophie, 1935 Flucht aus Deutschland, zuerst Frankreich, dann in die Schweiz. Nach dem Krieg Rückkehr nach Deutschland, von 1948 bis 1963 Professor für Literaturgeschichte in Leipzig. Von 1963 bis 1973 Professor für deutsche Literatur und Sprache an der Technischen Universität Hannover.

Werke: Von der dritten zur vierten Republik. Geistige Strömungen in Frankreich. Zürich–Affoltern 1945.

Die deutsche Literatur und der Scheiterhaufen. S. 155

Aus: Hans Mayer, Nach Jahr und Tag. Reden 1945-1977. Frankfurt am Main: Suhrkamp 1978. S. 39 ff. © Suhrkamp Verlag, Frankfurt am Main 1978.

Rede, gehalten in Berlin am 10. Mai 1948 anläßlich einer Veranstaltung im Haus des Kulturbundes zur demokratischen Erneuerung Deutschlands.

Walter Mehring

Geboren am 29. 4. 1896 in Berlin, gestorben am 3. 10. 1981 in Zürich. 1914 bis 1915 studierte Mehring Kunstgeschichte, war dann Mitarbeiter der Zeitschriften »Der Sturm«, »Die Zukunft« und der »Weltbühne«. Mitbegründer der Berliner Dada-Sektion, 1920 Gründer des Politischen Cabarets. 1933 Flucht aus Deutschland, zuerst nach Frankreich, dann nach Österreich. 1939 in Frankreich interniert, 1940 Flucht aus dem Lager in die USA. Nach dem Krieg Rückkehr nach Europa, lebte als freier Schriftsteller in Zürich.

Werke: ... und euch zum Trotz. Paris: Europäischer Merkur 1934. Müller. Chronik einer deutschen Sippe. Wien: Gsur 1935. Die Nacht des Tyrannen. Zürich: Oprecht 1937. Timoshenko, Marshal of the Red Army. New York: Unger 1942. No Road Back. New York: Curl 1944.

Porträt nach der Natur. S. 43

Aus: Walter Mehring, Chronik der Lustbarkeiten. Die Gedichte, Lieder und Chansons 1918-1933. Werke, herausgegeben von Christoph Buchwald. Düsseldorf: Claassen 1981. S. 403 f. © 1981 by Claassen Verlag, Düsseldorf.

Erstveröffentlichung in: Die Weltbühne vom 1. 3. 1932, S. 329.
In der Fassung der »Weltbühne« lautet die zehnte Zeile: »Süddeutsch gefettet!«

Die letzte Sitzung. S. 181
Aus: Walter Mehring, Wir müssen weiter. Fragmente aus dem Exil. Werke, herausgegeben von Christoph Buchwald. Düsseldorf: Claassen 1979. S. 11 f. © 1979 by Claassen Verlag, Düsseldorf.

Die kleinen Hotels. S. 283
Aus: Walter Mehring, Staatenlos im Nirgendwo. Die Gedichte, Lieder und Chansons 1933-1974. Werke, herausgegeben von Christoph Buchwald. Düsseldorf: Claassen 1981. S. 40 f. © 1981 by Claassen Verlag, Düsseldorf.

Der Emigrantenchoral. S. 285
Aus: Walter Mehring, Staatenlos im Nirgendwo. s. o. S. 17 ff. © 1981 by Claassen Verlag, Düsseldorf.

... gültig zur einmaligen Ausreise. S. 380
Aus: Walter Mehring, Wir müssen weiter. s. o. S. 91 ff. © 1979 by Claassen Verlag, Düsseldorf.
Abdruck sämtlicher Texte von Walter Mehring mit freundlicher Genehmigung des Claassen Verlags, Düsseldorf.

Konrad Merz
Geboren am 2. 4. 1908 in Berlin, lebt in Purmerend (Niederlande). Abendgymnasium, dann Jura-Studium. 1934 Flucht nach Holland, Arbeit in einer Gärtnerei und auf einem Bauernhof. Nach dem deutschen Überfall auf Holland lebte er in der Nähe von Amsterdam im Versteck, das er erst 1945 verlassen konnte. Nach dem Krieg Ausbildung zum medizinischen Masseur und schriftstellerische Arbeit.
Werke: Ein Mensch fällt aus Deutschland. Amsterdam: Querido 1936.

Die Scheiterhaufen unsrer Bücher schwelen noch. S. 183
Originalbeitrag. © 1983 by Konrad Merz, Purmerend. Abdruck mit freundlicher Genehmigung von Konrad Merz, Purmerend/Niederlande.

»Den Mordgeruch vorausriechen ...« S. 395
Niederschrift eines Gespräches mit Konrad Merz vom 16. 12. 1982 in Purmerend/Niederlande. Abdruck mit freundlicher Genehmigung von Konrad Merz. Erstdruck.

Ernst Erich Noth
Geboren am 25. 2. 1909 in Berlin, gestorben am 15. 1. 1983 in Bensheim (Odenwald).
Studium der Germanistik, Philosophie, Geschichte und Soziologie, Dr. phil. Mitarbeit an der »Frankfurter Zeitung«. 1933 Flucht nach Frankreich, dort Mitarbeit an verschiedenen literarischen Zeitschriften.

1941 Flucht in die USA, Herausgeber von »Books Abroad«, Professor für vergleichende Literaturwissenschaft an der Universität Oklahoma. Rückkehr nach Deutschland 1970, Gastprofessur für Literaturwissenschaft an der Universität Frankfurt.
Werke: La Tragédie de la Jeunesse allemande. Paris: Grasset 1934. Der Einzelgänger. Zürich: Schweizer Spiegel Verlag 1936. La voie barrée. Paris: Plon 1937. Le Roman allemand. Kolmar: Le Point 1938. L'Homme contre le Partisan. Paris: Grasset 1938. L'Allemagne exilée en France. Paris: Bloud et Gay 1939. Le désert. Paris: Gallimard 1939. La Guerre pourrie. New York: Brentano 1942.
[Vorspiel zum Weltenbrand]. S. 116
Aus: Ernst Erich Noth, Weg ohne Rückkehr. Frauenfeld und Stuttgart: Huber 1982. S. 224 ff. Abdruck mit freundlicher Genehmigung des Huber Verlags, Frauenfeld.
Der Roman wurde unter dem Titel ›La voie barrée‹ zuerst 1937 bei der Librairie Plon, Paris veröffentlicht. Übertragung in die deutsche Sprache durch Ernst Erich Noth.
»Wir sind und bleiben unbequeme Zeugen« S. 400
Niederschrift eines Gesprächs mit Ernst Erich Noth vom 18. August 1982 in Lindenfels. Abdruck mit freundlicher Genehmigung von Ernst Erich Noth. Erstdruck.

Carl von Ossietzky
Geboren am 3. 10. 1889 in Hamburg, gestorben am 4. 5. 1938 in Berlin.
Ossietzky arbeitete von 1907 bis 1910 als Hilfsschreiber im Amtsgericht Hamburg, bis 1914 als Angestellter im Grundbuchamt Hamburg. Ab 1911 war er Mitarbeiter bei der Wochenzeitung »Das freie Volk«, 1915 Soldat, nach dem 1. Weltkrieg Mitglied der Deutschen Friedensgesellschaft und Redakteur der Zeitung »Nie wieder Krieg«. Ossietzky geht 1919 nach Berlin, wird Redakteur der »Berliner Volkszeitung«, Sekretär der Deutschen Friedensgesellschaft (bis 1923) und Parteigründer der »Republikanischen Partei«, die aber bedeutungslos bleibt. In den Jahren von 1924-1926 war er Mitarbeiter der Wochenschrift »Das Tage-Buch« und wird nach dem Tod von Siegfried Jacobsohn (3. 12. 1926) dessen Nachfolger als verantwortlicher Redakteur der »Weltbühne«, später (ab Oktober 1927) Herausgeber. Am 23. 11. 1931 wird Ossietzky wegen Landesverrates zu 18 Monaten Gefängnis verurteilt, er tritt die Strafe am 10. Mai 1932 an. Am 22. 12. 1932 wird er entlassen (Weihnachtsamnestie), aber schon am 28. 2. 1933 wieder in die Festung Spandau eingeliefert, und am 6. 4. 1933 in das Konzentrationslager Sonnenburg überführt. Die Jahre 1934 und 1935 ist er im KZ Papenburg-Esterwegen interniert, ab Mai 1936 liegt er aufgrund der Folgen der KZ-Haft im Krankenhaus in Berlin. Ossietzky erhält am 23. 11. 1936 den Friedensnobelpreis.

Kommt Hitler doch? S. 36
Aus: Die Weltbühne. Heft 50/1931. S. 875 ff.
Abdruck mit freundlicher Genehmigung des Aufbau Verlags, Berlin und Weimar.
Wiederabgedruckt in: Carl von Ossietzky, Rechenschaft. Publizistik 1913-1933. Herausgegeben von Bruno Frei. Berlin und Weimar: Aufbau 1982.

Ernst Ottwalt
Geboren am 13. 11. 1901 in Zippnow (Pommern), gestorben am 24. 8. 1943 in einem Lager in der Nähe von Archangelsk.
1921-1922 studierte Ottwalt Jura, er war Mitglied der Kommunistischen Partei Deutschlands und des Bundes proletarisch-revolutionärer Schriftsteller. 1933 flieht er aus Deutschland nach Dänemark, später in die Tschechoslowakei, 1934 in die Sowjetunion. Er wird 1936 verhaftet und nach Sibirien deportiert. Während des Exils Mitarbeiter der Zeitschriften »Neue Deutsche Blätter«, »Die Neue Weltbühne«, »Deutsche Zentral-Zeitung«, »Internationale Literatur« und »Das Wort«.
Werke: Die letzten Dinge. Moskau: Verlagsgenossenschaft ausländischer Arbeiter 1936.
In diesen Tagen. S. 98
Aus: Ernst Ottwalt, Schriften. Herausgegeben von Andreas W. Mytze. Berlin: europäische ideen 1976. S. 207 ff. (Gekürzt)
Erstveröffentlichung in: Internationale Literatur, Heft 5/1936
Literarische Rückschalter. S. 244
Aus: Ernst Ottwalt, Schriften. s. o. S. 106 ff. Erstveröffentlichung in: Die Neue Weltbühne, Heft 37/1934.
Abdruck der Texte von Ernst Ottwalt mit freundlicher Genehmigung des Verlages europäische ideen, Berlin.

Alfred Polgar
Geboren am 27. 10. 1873 in Wien, gestorben am 24. 4. 1955 in Zürich.
Studierte Musik, lernte Klavierbauer. Schrieb Theaterkritiken für das »Wiener Montagsblatt«, ab 1925 für »Die Weltbühne«, »Das Tage-Buch« und das »Berliner Tageblatt«. Polgar ging 1933 zurück nach Wien, floh 1938 über die Schweiz nach Frankreich, 1940 in die USA. 1949 kehrte er nach Europa zurück.
Werke: In der Zwischenzeit. Amsterdam: de Lange 1935. Sekundenzeiger. Zürich: Humanitas 1937. Handbuch des Kritikers. Zürich: Oprecht 1938. Geschichte ohne Moral. Zürich: Oprecht 1943.
Schicksal in drei Worten. S. 307
Aus: Alfred Polgar, Kleine Schriften Band I. Musterung. Herausgegeben von Marcel Reich-Ranicki in Zusammenarbeit mit Ulrich Weinzierl.

Reinbek: Rowohlt 1982. S. 145. © 1982 by Rowohlt Verlag GmbH, Reinbek bei Hamburg.
Erstveröffentlichung in: Die Nation IV (40) vom 1. 10. 1936. S. 8.
Sein letzter Irrtum, S. 356
Aus: Alfred Polgar, Auswahl. Prosa aus vier Jahrzehnten. Herausgegeben von Bernt Richter. Mit einem Vorwort von Siegfried Melchinger. Reinbek: Rowohlt 1968. S. 134 ff. © Rowohlt Verlag GmbH, Reinbek bei Hamburg, 1968.
Erstveröffentlichung in: Alfred Polgar, Anderseits. Erzählungen und Erwägungen. Amsterdam: Querdio 1948. S. 93 ff.
Der Emigrant und die Heimat. S. 359
Aus: Alfred Polgar, Kleine Schriften Band I, s. o. S. 209 ff. © 1982 by Rowohlt Verlag GmbH, Reinbek bei Hamburg.
Erstveröffentlichung in dieser Form in: Alfred Polgar, Anderseits. s. o. S. 219 ff. Teile erschienen von 1945-1947 im ›Aufbau‹.
Abdruck sämtlicher Texte von Alfred Polgar mit freundlicher Genehmigung des Rowohlt Verlags, Reinbek bei Hamburg.

Gustav Regler
Geboren am 25. 5. 1898 in Merzig (Saar), gestorben am 14. 1. 1963 in Neu-Delhi.
Studium der Philosophie, Romanistik und Geschichte, Dr. phil. Regler wird 1928 Mitglied der Kommunistischen Partei Deutschlands und lebt als freier Schriftsteller in Berlin. 1933 Flucht nach Frankreich, 1936 Mitglied der Internationalen Brigaden im Spanischen Bürgerkrieg, wo er schwer verwundet wird. Er geht 1939 zurück nach Frankreich und ist bis 1940 im Lager Le Vernet interniert. 1940 Flucht in die USA, 1941 nach Mexiko. Regler sagt sich vom Kommunismus los und kehrte nach dem Krieg nach Deutschland zurück. 1960 erhielt er den Kunstpreis des Saarlandes
Werke: Der verlorene Sohn. Amsterdam: Querido 1933. Im Kreuzfeuer. Ein Saar-Roman. Moskau und Leningrad: Verlagsgenossenschaft ausländischer Arbeiter 1934; Paris: Editions du Carrefour 1934. Die Saat. Roman aus den Bauernkriegen. Amsterdam: Querido 1936. The great Crusade. New York: Longmans 1940. The Hour 13. Mexiko: DYN 1942. The Bottomless Pit. Mexiko: DYN 1943. Wolfgang Paalen. Mexiko: DYN 1944. Jungle hut. Mexiko: DYN 1945.
Am Vorabend der Autodafés. S. 75
Aus: Die Neue Weltbühne. Heft 19/1934.
Abdruck mit freundlicher Genehmigung von Annemay Regler-Repplinger, Merzig.

Ludwig Renn
Geboren am 22. 4. 1889 in Dresden, gestorben am 21. 7. 1979 in Berlin/DDR.
Renn war Soldat und begann die Offizierskarriere. Nach den Kriegserfahrungen im Ersten Weltkrieg nahm er 1920 seinen Abschied aus der Armee. 1920-1927 studierte er mit Unterbrechungen Kunstgeschichte, russische Philologie und Jura; seit 1928 Mitglied der Kommunistischen Partei Deutschlands und des Roten Frontkämpferbundes, von 1928-1932 war er Sekretär des Bundes proletarisch-revolutionärer Schriftsteller und Mitherausgeber der »Linkskurve« und des »Aufbruch«. Er wurde nach dem Reichstagsbrand verhaftet und zu zweieinhalb Jahren Gefängnis verurteilt, 1935 entlassen. Renn flieht 1936 in die Schweiz und nimmt in den Jahren 1936 und 1937 als Führer des Thälmann-Bataillons und Stabschef der XI. Internationalen Brigade am Spanischen Bürgerkrieg teil. 1939 wird er in Frankreich interniert und flieht nach Mexiko. 1941-1946 Präsident des Nationalkomitees Freies Deutschland. 1947 Rückkehr nach Deutschland, freier Schriftsteller. Mitglied der Akademie der Künste in Berlin/DDR. 1955 und 1961 Nationalpreis der DDR, 1969 Erich-Weinert-Preis.
Werke: Vor großen Wandlungen. Zürich: Oprecht 1936. Warfare. London: Faber 1939. El arte de hacer la guerra. Mexiko: Ediapsa 1940. Adel im Untergang. Mexiko: El Libro libre 1944.
[Neunter Jahrestag der Bücherverbrennung]. S. 131
Aus: Ludwig Renn, In Mexiko. Auswahl des Anhangs und Nachwort von Wolfgang Kießling. Berlin und Weimar: Aufbau 1979. S. 113 ff. © Aufbau Verlag Berlin und Weimar 1979. Abdruck mit freundlicher Genehmigung des Aufbau Verlags, Berlin und Weimar.
Text einer Radioansprache Renns, die 1979 erstmals gedruckt wurde. Aus dem Spanischen von Christel Dobenecker.

Joseph Roth
Geboren am 2. 9. 1884 in Brody (Ukraine), gestorben am 27. 5. 1939 in Paris.
Roth studierte Germanistik, von 1916-1918 war er Soldat in der österreichisch-ungarischen Armee. Umfangreiche journalistische Tätigkeit in »Österreichs Illustrierte Zeitung«, »Prager Tageblatt«, »Der Neue Tag«, 1921 geht er nach Berlin und wird Mitarbeiter von »Berliner Börsen-Courier«, »Vorwärts«, »8-Uhr-Abendblatt«, »Der Drachen« und »Lachen links«. Von 1923-1932 war er ständiger Korrespondent der »Frankfurter Zeitung« und reiste in deren Auftrag durch ganz Europa. Literarische Veröffentlichungen auch in »Die neue Rundschau«, »Das Tage-Buch« und »Die literarische Welt«. Am 30. Januar 1933 geht Roth nach Paris, er lebt dort – von weiteren Reisen unterbrochen – bis zu seinem Tod.

Werke: Tarabas. Amsterdam: Querido 1934. Der Antichrist. Amsterdam: de Lange 1934. Die hundert Tage. Amsterdam: de Lange 1936. Beichte eines Mörders. Amsterdam: de Lange 1936. Das falsche Gewicht. Amsterdam: Querido 1937. Die Kapuzinergruft. Bilthoven: De Gemeenschap 1938. Die Geschichte von der 1002. Nacht. Bilthoven: De Gemeenschap 1939. Die Legende vom heiligen Trinker. Amsterdam: de Lange 1939. Der Leviathan. Amsterdam: Querido 1940.

Dichter im Dritten Reich. S. 227

Aus: Joseph Roth, Werke. Vierter Band. Herausgegeben und eingeleitet von Hermann Kesten. Köln: Kiepenheuer & Witsch 1976. S. 280 ff. © 1976 by Verlag Allert de Lange, Amsterdam. Abdruck mit freundlicher Genehmigung des Verlags Kiepenheuer & Witsch, Köln.

Erstveröffentlichung in: Das Neue Tage-Buch vom 1. 7. 1933.

[Brief an Stefan Zweig vom 8. August 1937]. S. 309

Aus: Joseph Roth, Briefe 1911-1939. Herausgegeben und eingeleitet von Hermann Kesten. Köln und Berlin: Kiepenheuer & Witsch 1970. S. 502 ff. © 1970 by Verlag Allert de Lange, Amsterdam und Verlag Kiepenheuer & Witsch, Köln–Berlin. Abdruck mit freundlicher Genehmigung des Verlags Kiepenheuer & Witsch, Köln.

Hans Sahl

Geboren am 20. 5. 1902 in Dresden, lebt in New York.

Studierte Literatur- und Kunstgeschichte, 1924 Dr. Phil. Sahl arbeitete seit 1927 als Theater- und Filmkritiker in Berlin für »Das Tage-Buch«, »Montag-Morgen« und den »Berliner Börsen-Courier«. Er emigrierte 1933 zuerst nach Prag, 1934 nach Zürich, dann nach Paris. 1939-1940 in Frankreich interniert. 1941 Flucht in die USA, lebt dort als freier Schriftsteller, Übersetzer und Korrespondent deutscher Zeitungen. Korrespondierendes Mitglied der Deutschen Akademie für Sprache und Dichtung in Darmstadt.

Werke: Jemand. Zürich: Oprecht 1938. Die hellen Nächte. Gedichte aus Frankreich. New York: Fles 1942.

An eine Schulklasse. S. 175

Die Letzten. S. 385

Aus: Hans Sahl, Wir sind die Letzten. Gedichte. Mit einem Nachwort von Fritz Martini. 50. Veröffentlichung der Deutschen Akademie für Sprache und Dichtung Darmstadt. Heidelberg: Lambert Schneider 1976. S. 17, 13. © 1976, Verlag Lambert Schneider GmbH, Heidelberg. Abdruck mit freundlicher Genehmigung des Verlags Lambert Schneider, Heidelberg.

»Solange du schreibst, lebst du noch.« S. 412

Niederschrift eines Gespräches mit Hans Sahl vom 21. 10. 1982 in Frankfurt am Main. Abdruck mit freundlicher Genehmigung von Hans Sahl. Erstdruck.

Anna Seghers
Geboren am 19. 11. 1900 in Mainz, lebt in Berlin/DDR.
Anna Seghers studierte Philologie, Kunstgeschichte und Geschichte, 1924 Dr. phil. Seit 1928 Mitglied der Kommunistischen Partei Deutschlands und des Bundes proletarisch-revolutionärer Schriftsteller. 1928 Kleist-Preis. 1933 flieht sie nach Frankreich und wird Mitherausgeberin der in Prag erscheinenden »Neuen Deutschen Blätter«. Sie flieht 1941 nach Mexiko über die Stationen Martinique, Dominikanische Republik und USA. 1947 Rückkehr nach Deutschland. Vizepräsidentin des Kulturbundes zur demokratischen Erneuerung Deutschlands, Gründungsmitglied der Deutschen Akademie der Künste in Berlin und Präsidentin des Schriftstellerverbandes der DDR. Sie erhält 1947 den Georg-Büchner-Preis, 1951 den Internationalen Lenin-Friedenspreis, 1951, 1959 und 1971 den Nationalpreis der DDR.
Werke: Der Kopflohn. Amsterdam: Querido 1933. Der Weg durch den Februar. Paris: Editions du Carrefour 1935. Die Rettung. Amsterdam: Querido 1937. Das siebte Kreuz. Mexiko: El Libro libre 1942. Transit. Mexiko: Nuevo Mundo 1944 (span.), Konstanz: Weller 1948 (dt.). Der Ausflug der toten Mädchen und andere Erzählungen. New York: Aurora 1946.
Geglüht und gehärtet. S. 138
Aus: Anna Seghers, Aufsätze, Ansprachen, Essays 1927-1953. Gesammelte Werke in Einzelausgaben, Band XIII. Berlin und Weimar: Aufbau 1980. S. 134 f. Abdruck mit freundlicher Genehmigung des Aufbau Verlags, Berlin und Weimar.
Erstveröffentlichung in: Freies Deutschland. Heft 6/1943. S. 2.

Peter Suhrkamp
Geboren am 28. 3. 1891 in Kirchhatten (Oldenburg), gestorben am 31. 3. 1959 in Frankfurt am Main.
Suhrkamp studierte am Lehrerseminar in Oldenburg, er trat seine erste Stelle 1911 in Idafehn/Ostfriesland an. 1914-1918 Soldat. Nach dem Ersten Weltkrieg studierte er Germanistik, unterrichtete gleichzeitig an der Odenwaldschule und in der Freien Schulgemeinde Wickersdorf. 1919 Privatsekretär von Rudolf G. Binding. 1922-1925 Regisseur und Dramaturg am Landestheater Darmstadt, kurze Zeit freier Schriftsteller in Berlin, dann bis 1929 Lehrer und pädagogischer Leiter in Wickersdorf. Wieder in Berlin, wird Suhrkamp Redakteur beim »Uhu«, ab 1933 Redakteur der »Neuen Rundschau«, im September 1933 Mitglied des Vorstands des S. Fischer Verlags, 1937 Verlagsleiter, nachdem Gottfried Bermann Fischer mit einem Teil des Verlags Deutschland verlassen konnte. 1942 erzwungene Umbenennung des Verlags in »Suhrkamp Verlag vormals S. Fischer«, zwei Jahre später muß auf Anordnung auch der Zusatz entfallen. Am 13. April 1944 wird Suhrkamp verhaftet und in das Konzen-

trationslager Ravensbrück gebracht, dann in das Gefängnis Berlin-Moabit. Nach der Einstellung des Verfahrens wird er im Gestapogefängnis Lehrter Straße inhaftiert, ab Januar 1945 im Konzentrationslager Sachsenhausen, Freilassung im Februar 1945. Neuaufbau des Verlages in Berlin, später in Frankfurt am Main. 1950 – nach Zerwürfnis mit Bermann Fischer – Gründung des Suhrkamp Verlags.
Zur Bücherverbrennung am 10. Mai 1933. Ansprache 1947. S. 148
Aus: Peter Suhrkamp, Ausgewählte Schriften zur Zeit- und Geistesgeschichte. Frankfurt: Privatdruck 1951. S. 142 f. © Suhrkamp Verlag, Frankfurt am Main 1951.

Ernst Toller
Geboren am 1. 12. 1893 in Samotschin (Posen), gestorben am 22. 5. 1939 in New York.
Studierte Jura, unterbrach das Studium und meldete sich als Freiwilliger zum Militärdienst im Ersten Weltkrieg. 1916 nach einer Verwundung entlassen. Nach den Kriegserlebnissen wurde Toller Pazifist; Mitglied der Unabhängigen Sozialdemokratischen Partei Deutschlands und Vorstandsmitglied des Zentralrats der Arbeiter-, Bauern- und Soldatenräte Bayerns. 1919 wird er als Mitglied der Münchner Räteregierung zu fünf Jahren Festungshaft verurteilt. Toller flieht 1933 aus Deutschland in die Schweiz, 1935 nach Frankreich, 1936 in die USA. Verzweifelt und isoliert begeht er in New York Selbstmord.
Werke: Eine Jugend in Deutschland. Amsterdam: Querido 1933. Briefe aus dem Gefängnis. Amsterdam: Querido 1935. No more peace! A thoughtful comedy. London: Lane 1937. Pastor Hall. London: Lane 1939.
Reichskanzler Hitler. S. 24
Aus: Ernst Toller, Gesammelte Werke, Band 1. Kritische Schriften, Reden und Reportagen. Herausgegeben von John M. Spalek und Wolfgang Frühwald. München: Carl Hanser 1978 (= Reihe Hanser 250). S. 69 ff. © 1978 by Sidney Kaufman.
Erstveröffentlichung in: Die Weltbühne. Heft 41/1930. S. 535 ff.
Offener Brief an Herrn Goebbels. S. 73
Aus: Ernst Toller, Gesammelte Werke, Band 1. s. o. S. 76 f.
Erstveröffentlichung in: Braunbuch über Reichstagsbrand und Hitler-Terror. Basel: Universum-Bücherei 1933. S. 369 f.
Ernst Tollers Anklage. S. 289
Aus: Ernst Toller, Gesammelte Werke, Band 1. s. o. S. 173 ff.
Erstveröffentlichung in: Deutsche Stimmen. Beilage zur ›Deutschen Freiheit‹ vom 10. August 1934.
Abdruck der Texte von Ernst Toller mit freundlicher Genehmigung des Carl Hanser Verlags, München.

Kurt Tucholsky
Geboren am 9. 1. 1890 in Berlin, gestorben am 21. 12. 1935 in Hindås (Schweden).
1909-1912 Jurastudium, 1914 Dr. jur. 1915-1918 als Soldat im Ersten Weltkrieg. 1918-1922 Mitglied der Unabhängigen Sozialdemokratischen Partei Deutschlands. 1918-1920 Chefredakteur des »Ulk«, seit 1924 Korrespondent der »Weltbühne« und der »Vossischen Zeitung« in Paris, 1927 Herausgeber der »Weltbühne«. Tucholsky lebte ab 1929 in Schweden, seine letzte Buchveröffentlichung zu Lebzeiten war »Schloß Gripsholm«, das 1931 bei Rowohlt erschien.
Der Hellseher. S. 28
Aus: Kurt Tucholsky, Gesammelte Werke, Band III. 1929-1932. Herausgegeben von Mary Gerold-Tucholsky und Fritz J. Raddatz. Reinbek: Rowohlt 1960. S. 397 ff. © 1960 Rowohlt Verlag GmbH, Reinbek bei Hamburg.
Erstveröffentlichung in: Die Weltbühne. Heft 14/1930. S. 499 ff.
[Brief an Walter Hasenclever vom 17. Mai 1933]. S. 65
Aus: Kurt Tucholsky, Ausgewählte Briefe 1913-1935. Herausgegeben von Mary Gerold-Tucholsky und Fritz J. Raddatz. Reinbek: Rowohlt 1962. S. 258 f. © 1962 Rowohlt Verlag GmbH, Reinbek bei Hamburg.
Abdruck mit freundlicher Genehmigung des Rowohlt Verlags, Reinbek bei Hamburg.

Berthold Viertel
Geboren am 28. 6. 1885 in Wien, gestorben am 24. 9. 1953 in Wien.
Viertel studierte Geschichte und Philosophie, war Mitarbeiter des »Simplicissimus«, der »Schaubühne« und der »Fackel«. Von 1912 bis 1914 Dramaturg der Wiener Volksbühne, die er mitbegründete. 1918 Regisseur in Dresden, 1922 in Berlin, ab 1926 in Düsseldorf. Von 1928 bis 1933 arbeitete er als Regisseur und Drehbuchautor in Hollywood, floh 1933 aus Deutschland nach England, 1939 in die USA. Mitbegründer des Aurora Verlags in New York. Er kehrte 1948 nach Wien zurück.
Werke: Fürchte dich nicht. New York: Fles 1941. Der Lebenslauf. New York: Aurora 1946.
Der Fall von Paris. S. 320
Das anständige Leben. S. 325
Auswanderer. S. 326
Aus: Berthold Viertel, Daß ich in dieser Sprache schreibe. Gesammelte Gedichte. Herausgegeben von Günther Fetzer. München und Wien: Carl Hanser 1981. S. 77, 57, 51. © 1981 Carl Hanser Verlag, München–Wien.
Abdruck mit freundlicher Genehmigung des Carl Hanser Verlags, München.
Erstveröffentlichung in: Berthold Viertel, Fürchte dich nicht. Neue Ge-

dichte. New York: Barthold Fles 1941.
Die Frauen. S. 324
Exil. S. 377
Aus: Berthold Viertel, Dichtungen und Dokumente. Gedichte, Prosa, Autobiographische Fragmente. Ausgewählt und herausgegeben von Ernst Ginsberg. München: Kösel 1956. S. 58, 322. Abdruck mit freundlicher Genehmigung von Elisabeth Viertel-Neumann, Wien.
Erstveröffentlichung von ›Die Frauen‹: Berthold Viertel, Fürchte dich nicht. s. o.

Armin T. Wegner
Geboren am 16. 10. 1886 in Elberfeld, gestorben am 17. 5. 1978 in Rom.
Jura-Studium, 1913 Dr. jur. 1914-1917 Teilnahme am Ersten Weltkrieg, anschließend ausgedehnte Reisen, Redakteur der Zeitschrift »Der neue Orient«. 1928 Mitglied der Kommunistischen Partei Deutschlands. 1933 wird Wegner verhaftet, im Berliner Columbia-Haus mißhandelt und kommt anschließend in ein Konzentrationslager. Er flieht 1934 nach England, weiter nach Italien, 1938 nach Palästina. 1941 bis 1942 Lehrtätigkeit in Italien, wo er seitdem lebte.
Im Jahre des Unheils. S. 378
Aus: Armin T. Wegner, Odyssee der Seele. Ausgewählte Werke. Herausgegeben von Ronald Steckel. Wuppertal: Peter Hammer 1976. S. 331 f. Abdruck mit freundlicher Genehmigung des Peter Hammer Verlags, Wuppertal.

Erich Weinert
Geboren am 4. 8. 1890 in Magdeburg, gestorben am 20. 4. 1953 in Berlin/DDR.
Weinert lernte von 1905 bis 1908 in einer Maschinenfabrik, besuchte dann bis 1910 die Kunstgewerbeschule, bis 1912 die Kunsthochschule in Berlin. Arbeitete als Kunstgewerbelehrer und Schauspieler, ab 1921 erste Veröffentlichungen. In den zwanziger Jahren Mitarbeit an zahlreichen Kabaretts. 1928 Vorstandsmitglied des Bundes proletarisch-revolutionärer Schriftsteller, Redaktionsmitglied der »Linkskurve«, 1929 Mitglied der Kommunistischen Partei Deutschlands. Weinert floh 1933 in die Schweiz, dann nach Frankreich und in das Saargebiet. 1935 geht er nach Moskau, 1937 Teilnahme am Spanischen Bürgerkrieg. Er wird 1939 in Frankreich im Lager St. Cyprien interniert, geht nach der Befreiung wiederum in die Sowjetunion. 1946 Rückkehr nach Deutschland. 1950 Mitglied der Akademie der Künste, Nationalpreis der DDR 1949 und 1952.
Werke: Alltägliche Balladen. Moskau: Staatsverlag 1933. Es kommt der Tag. Moskau: Verlagsgenossenschaft ausländischer Arbeiter 1934. Pfla-

stersteine. Saarbrücken: Wedding 1934. Ausgewählte Gedichte. Moskau: Staatsverlag 1936. Rot Front. Kiew: Staatsverlag der nationalen Minderheiten 1936. Gedichte. Moskau: Verlagsgenossenschaft ausländischer Arbeiter 1936. Nimeccyna. Charkow: Derzlitvydar 1937. Stalin im Herzen der Völker. Kiew: Staatsverlag der nationalen Minderheiten 1939. Der Dämon. Moskau: Internationales Buch 1940. Der Tod fürs Vaterland. Moskau: Internationales Buch 1942. Stalin spricht. Moskau: Verlag für fremdsprachige Literatur 1942. An die deutschen Soldaten. Moskau: Verlag für fremdsprachige Literatur 1942/1943. Erziehung vor Stalingrad. New York: The German American 1943. Gegen den wahren Feind. Moskau: Verlag für fremdsprachige Literatur 1944.

Der Brand auf dem Opernplatz. S. 89

Aus: Erich Weinert, Rufe in die Nacht. Gedichte aus der Fremde, 1933 bis 1943. Berlin: Volk und Welt 1947. S. 49 f. Abdruck mit freundlicher Genehmigung des Aufbau Verlags, Berlin und Weimar.

Paul Zech

Geboren am 19. 2. 1881 in Briesen (Westpreußen), gestorben am 7. 9. 1946 in Buenos Aires.

Zech arbeitete zwei Jahre als Bergmann, Metallarbeiter und Heizer, war ab 1910 Bibliothekar, Redakteur und Dramaturg. Von 1913 bis 1920 Mitherausgeber der Zeitschrift »Das neue Pathos«, 1918 Kleist-Preis. Zech wurde 1933 verhaftet, floh im selben Jahr nach Argentinien. Freier Schriftsteller.

Werke: Bäume am Rio de la Plata. Buenos Aires: Quadriga 1937. Neue Welt. Buenos Aires: Quadriga 1939. Ich suchte Schmied und fand Malva wieder. Buenos Aires: Estrellas 1941. Stefan Zweig. Eine Gedenkschrift. Buenos Aires: Quadriga 1943.

Die Tür ins Freie. S. 97

Aus: Walter Zadek (Hg.), Sie flohen vor dem Hakenkreuz. Selbstzeugnisse der Emigranten. Ein Lesebuch für Deutsche. Unter Mitarbeit von Christine Brinck. Reinbek: Rowohlt Taschenbuch Verlag 1981 (= Rowohlt Taschenbuch 4836). S. 29 f. Abdruck mit freundlicher Genehmigung des Greifenverlags zu Rudolstadt/DDR.

Carl Zuckmayer

Geboren am 27. 12. 1896 in Nackenheim am Rhein, gestorben am 18. 1. 1977 in Visp (Wallis).

Von 1918-1920 studierte Zuckmayer Naturwissenschaft, Philosophie und Germanistik. Er ging 1920 nach Berlin, arbeitete als Dramaturg. Seit 1925 freier Schriftsteller. Er lebte von 1926 bis 1938 in Österreich, floh in die Schweiz, 1939 in die USA. Von 1940 bis 1946 lebte er zurückgezogen auf einer Farm in Vermont. Rückkehr in die Schweiz. Zuckmayer erhielt zahlreiche Preise, unter anderen den Kleist-Preis 1925, Büchner-Preis

1929, Goethe-Preis 1952, Österreichischer Staatspreis 1960.
Werke: Der Schelm von Bergen. Berlin: Propyläen 1934. Salware oder die Magdalena von Bozen. Berlin: S. Fischer 1935. Ein Sommer in Österreich. Wien: Bermann Fischer 1937. Pro Domo. Stockholm: Bermann Fischer 1938. Herr über Leben und Tod. Stockholm: Bermann Fischer 1938. Bellman. Chur: A. G. für Verlagsrechte 1938.
Aufruf zum Leben. S. 327
Aus: Carl Zuckmayer, Aufruf zum Leben. Porträts und Zeugnisse aus bewegten Zeiten. Frankfurt am Main: S. Fischer 1976. S. 11 ff. © S. Fischer Verlag GmbH, Frankfurt am Main 1976. Abdruck mit freundlicher Genehmigung des S. Fischer Verlags, Frankfurt am Main.
Erstveröffentlichung in: Aufbau (New York), Heft 8/1942. S. 3

Arnold Zweig
Geboren am 10. 11. 1887 in Groß-Glogau, gestorben am 26. 11. 1968 in Berlin/DDR.
Zweig studierte von 1907 bis 1915 Philologie und Philosophie. 1915 Kleist-Preis, ab 1923 Redakteur der »Jüdischen Rundschau«, 1929 Vorsitzender des Schutzverbandes Deutscher Schriftsteller. 1933 floh er nach Palästina, 1942 bis 1943 Mitherausgeber der Zeitschrift »Orient«. 1948 Rückkehr nach Deutschland, 1950 bis 1953 Präsident der Deutschen Akademie der Künste in Ost-Berlin, ab 1957 Präsident des PEN-Zentrums der DDR. Zweig erhielt 1950 den Nationalpreis der DDR, 1958 den Internationalen Lenin-Friedenspreis.
Werke: Spielzeug der Zeiten. Amsterdam: Querido 1933. Bilanz der deutschen Judenheit. Amsterdam: Querido 1934. Erziehung vor Verdun. Amsterdam: Querido 1935. Einsetzung eines Königs. Amsterdam: Querido 1937. Versunkene Tage. Amsterdam: Querido 1938.
Rückblick auf Barbarei und Bücherverbrennung. S. 81
Aus: Arnold Zweig, Über Schriftsteller. Ausgewählt und mit einem Geleitwort von Heinz Kamnitzer. Berlin und Weimar: Aufbau 1967. S. 40 ff. © 1967 by Aufbau Verlag, Berlin und Weimar. Abdruck mit freundlicher Genehmigung des Aufbau Verlags, Berlin und Weimar.

Stefan Zweig
Geboren am 28. 11. 1881 in Wien, gestorben am 23. 2. 1942 in Petropolis (Brasilien).
Studium der Germanistik und Romanistik, Dr. phil. Emigrierte während des Ersten Weltkriegs in die Schweiz. Seit 1934 zweiter Wohnsitz in England, 1938 endgültige Übersiedelung nach dort, 1940 in die USA, 1941 nach Brasilien.
Werke: Triumph und Tragik des Erasmus von Rotterdam. Wien: Reichner 1934. Maria Stuart. Wien: Reichner 1935. Castellio gegen Calvin oder ein Gewissen gegen die Gewalt. Wien: Reichner 1936. Kaleidoskop.

Wien: Reichner 1936. Begegnungen mit Menschen, Büchern, Städten. Wien: Reichner 1937. Magellan. Wien: Reichner 1938. Ungeduld des Herzens. Stockholm: Bermann Fischer 1939. Sternstunden der Menschheit. New York: Viking 1940. Brasilien. Stockholm: Bermann Fischer 1941. Amerigo, die Geschichte eines historischen Irrtums. Stockholm: Bermann Fischer 1944. Schachnovelle. Buenos Aires: Pigmalion 1942. Die Welt von Gestern. Stockholm: Bermann Fischer 1944.

[Brief an Frans Masereel vom 15. April 1933]. S. 53

Aus: Stefan Zweig, Briefe an Freunde. Herausgegeben von Richard Friedenthal. Frankfurt am Main: S. Fischer 1978. S. 226 ff. © S. Fischer Verlag GmbH, Frankfurt am Main 1978.

[Mittelalter war mit einemmal Trumpf geworden]. S. 142

Aus: Stefan Zweig, Die Welt von Gestern. Erinnerungen eines Europäers. Gesammelte Werke in Einzelbänden. Frankfurt am Main: S. Fischer 1981. S. 415 ff. © Bermann-Fischer Verlag A. B., Stockholm, 1944. Erstveröffentlichung 1944 im Bermann-Fischer Verlag, Stockholm.

Abdruck der Texte von Stefan Zweig mit freundlicher Genehmigung des S. Fischer Verlags, Frankfurt am Main.

Zu den Texten

Die Texte werden in der Regel ungekürzt wiedergegeben, Auslassungen sind durch [...] gekennzeichnet. Auszüge aus Romanen oder längeren Essays sind nicht gekennzeichnet, in den Anmerkungen zu den Quellen aber bezeichnet. Titel in eckigen Klammern sind vom Herausgeber gewählt, in der Regel aber den Texten entnommen. Die Rechtschreibung und Interpunktion wurde nicht verändert, lediglich offensichtliche Verschreibungen oder falsch wiedergegebene Namen korrigiert.

Die Versuchung, alle Texte zur Bücherverbrennung zu sammeln, ist groß, aber unrealistisch. Insbesondere zu den Jahrestagen des 10. Mai erschienen zahlreiche Artikel und Stellungnahmen in der Exilpresse, die naturgemäß ähnlichen Inhalts waren.

Nicht aufgenommen wurden Beiträge, deren Essenz schon publiziert war; so finden sich zum Beispiel noch mehrere Aufsätze von Alfred Kantorowicz zum Thema oder eine zweite Beschreibung der Berliner Bücherverbrennung von Elisabeth Castonier. Verzichtet wurde auf Artikel von Max Zimmering, F. C. Weiskopf, Ludwig Marcuse, Franz Leschnitzer und sicherlich auf einige, die übersehen oder nicht gekannt wurden.

Die Gespräche, allesamt 1982 geführt, sind kein Versuch, »Wahrheiten« zu produzieren, sondern – vielfach letzte – Möglichkeit, die Betroffenen zu befragen. Auf suggestive Fragen oder »Interviewtechniken« wurde verzichtet.

Die Texte sind in der Chronologie ihres Erstdruckes bzw. Entstehens (Briefe und Tagebuchaufzeichnungen) abgedruckt. Die chronologische Folge wurde nur in einigen Fällen geändert, um den unmittelbaren Zusammenhang zu erhalten. So steht z. B. Brechts Gedicht »Die Bücherverbrennung« direkt nach Oskar Maria Grafs Aufruf »Verbrennt mich«, auf den es sich bezieht. Im Kapitel »Auseinandersetzungen« findet man thematisch zusammengehörende, zeitlich aber auseinanderliegende Beiträge zu den beiden Debatten, an denen Klaus Mann beteiligt war.

Gedankt sei allen Autoren, Rechteinhabern und Verlagen, die Genehmigungen zum Abdruck gaben. Mein besonderer Dank für Rat und Unterstützung gilt Hans-Albert Walter, Hofheim; Ilse Staff, Kelkheim; Heike Kraft, Frankfurt; Mechthild Hahner und Ursula Butt, Frankfurt (Exil-Abteilung der Deutschen Bibliothek); Lothar Romain, Bonn; Fred Oberhauser, St. Ingbert und Volker Michels, Offenbach.

Bildnachweis

Umschlagbild: Photomontage von John Heartfield. Erstveröffentlichung in der »Arbeiter-Illustrierte-Zeitung«, Heft 5/1933.
Abdruck mit freundlicher Genehmigung von Gertrud Heartfield, Berlin/DDR und der Elefanten Press Galerie, Berlin/BRD.
Originaltitel der Montage: Durch Licht zur Nacht.
Unterschrift: Also sprach Dr. Goebbels: Laßt uns aufs neue Brände entfachen, auf daß die Verblendeten nicht erwachen!

Nachbemerkung

Ziel dieses Bandes ist es nicht allein, die Ereignisse des 10. Mai 1933 in den Stimmen der Betroffenen darzustellen, sondern auch das Davor und das Danach. Thomas Mann vermutete nicht zu Unrecht, daß »diese blödsinnige Feierlichkeit der Welt am meisten Eindruck gemacht hat und wahrscheinlich am allerlängsten im Gedächtnis der Menschen fortleben wird.« Mit der Bücherverbrennung verbindet sich heute eine verschwommene Vorstellung von Scheiterhaufen und »Feuersprüchen«, Machtdemonstration übelster Art, kollektiver Wahn eines Teils der deutschen Studenten. Die deutschen Faschisten bewiesen auch hier wieder ihre fatale Begabung für großangelegte Schauspiele, Massenveranstaltungen und die Vermischung brutaler Gewalt mit mythischen Reminiszenzen. Der Eindruck muß ein ungeheurer gewesen sein, aber auch die Bereitschaft hier mitzutun, nicht nur stumm zu schauen, zu erleben, sondern selbst an der »Reinigung des deutschen Schrifttums« mitzuwirken. Es gibt Zeugnisse, die von der spontanen Bereitschaft, berichten, eigene Bibliotheken und Bücherbretter durchzusehen und im Sinne der neuen Machthaber zu »reinigen«. Eine neue Form der Steigerung nationalsozialistischen Wahns war erreicht: Vorboten des Kommenden.

Eine große Zahl deutscher Schriftsteller hatte das Land, das nun ihre Werke vernichtete, schon in den ersten Wochen und Monaten des Jahres 1933 verlassen; sie waren nicht bereit, das Schicksal ihrer Bücher zu teilen. Illusionen machten sich nur noch wenige über die Folgen des 10. Mai. Hier ging es um ein Fanal, eine Schau, eine Eröffnungszeremonie. Allein die Bücher zu verbrennen genügte nicht, der nächste Schlag würde gegen deren Urheber gehen, ausnahmslos, auch die Unterwerfung bot keine Chance. Die Wenigen, die versuchten, sich mit den Nationalsozialisten zu arrangieren, hatten nur kurze Zeit Gelegenheit, beim »Aufbau« dabei zu sein, ihre Rolle war beschränkt, ihre Funktion begrenzt.

Die Mehrheit der deutschen Schriftsteller, und nicht nur die sogenannten Kommunisten, hatte rechtzeitig genug erkannt, daß für sie in dem »neuen« Deutschland kein Platz mehr war und hatten ihr Land verlassen. Verlief auch die Flucht anfänglich noch nicht unter dramatischen Umständen, so war doch der Verlust des Besitzes und aller Rechte zu gewärtigen.

Wer unerwünscht war, wußte es. Das »Börsenblatt für den deutschen Buchhandel« veröffentlichte in der Nummer vom 16. Mai 1933 eine erste offizielle Liste der verfemten Bücher. Zahlreiche Autoren waren mit ihrem Gesamtwerk betroffen, von anderen durften einige Werke verbleiben, so zum Beispiel der »Emil« von Erich Kästner oder die »Kalendergeschichten« von Oskar Maria Graf. Graf reagierte prompt (vgl. S. 61). Graf war konsequent, wenn seine Bücher schon verbrannt wurden, dann auch alle. Er hatte mit den deutschen Faschisten nichts gemein, und eine Einvernahme seines Werkes für die neue »Kulturpolitik« kam nicht in Frage. Natürlich war es Ziel der nationalsozialistischen Politik, die unerwünschten Schriftsteller zum Schweigen zu bringen. Ihre Werke wurden verboten, verbrannt – sie selbst waren emigriert oder wurden verhaftet, einige in Konzentrationslagern umgebracht. Wie man um Graf bemüht war, so warb man anfänglich um Thomas Mann, war doch sein Nobelpreis für Literatur erst vier Jahre alt. Thomas Manns Zögern in der Lossagung von Deutschland schien eine vorläufige Rücksichtnahme zu rechtfertigen, aber er blieb im Exil und wurde ein deutlicher Gegner des Faschismus.

In Deutschland verblieben nur einige prominente Autoren, und von diesen verstummte der größere Teil. Einzig Gottfried Benn bekannte sich öffentlich zum Nationalsozialismus und seiner »Kulturpolitik«: »Was die Zukunft angeht, so erscheint es mir selbstverständlich, daß kein Buch erscheinen darf, das den neuen Staat verächtlich macht.« Gerhart Hauptmanns Antwort auf die Frage, warum er Deutschland nicht verlasse: »Ich bin feige, verstehen Sie? Ich bin feige.« Es war die Stunde der Hanns Johst, Walter Bloem, Hanns Heinz Ewers und Will Vesper, »völkischer« und »nationalgesinnter« Autoren, deren Emporkommen mit literarischer Qualität nicht zu begründen ist. Der Nationalsozialismus hatte sein Ziel in relativ kurzer Zeit erreicht und die deutsche Literatur aus dem Land gejagt; Verlage waren nicht mehr in der Lage, ihr Programm frei zu gestalten, die Presse gleichgeschaltet, die Autorenverbände aufgelöst, die Akademie »umgebildet«. Hitler schrieb am 31. Dezember 1933 an Rosenberg: »Eine der ersten Voraussetzungen für den Sieg der nationalsozialistischen Bewegung war die geistige Zertrümmerung der uns gegenüberstehenden feindlichen Gedankenwelt.« Dies war im Lande gelungen, aber die deutsche Literatur lebte fortan im Ausland, im Exil. Erste Zentren der Emigration entstanden in den Niederlanden, in Frankreich, der Tschechoslowakei und in Österreich. Die neugefundene Heimat war vorläufig, durch den »Anschluß« der Tschechoslowakei und Österreichs und den folgenden Krieg wurde aus der Flucht eine permanente. Solange in Europa Zuflucht zu finden war, ergaben sich auch noch Publikationsmöglichkeiten, wenn auch nicht alle emigrierten Autoren sofort wieder eine verlegerische Heimat finden konnten. Die Möglichkeiten der Exilverlage blieben beschränkt, vor allem fehlte das Absatzgebiet. Export in das faschistische Deutschland war ausgeschlossen, und die deutschen Sprachkolonien außerhalb Österreichs und der Schweiz waren klein. Honorarzahlungen an die Autoren verdienten den Namen nicht; Heinrich Mann gehörte mit seiner monatlichen Rente von ca. 250 Mark, die er vom Querido Verlag erhielt, schon zu den Bessergestellten. Erfolge wie Feuchtwangers »Geschwister Oppenheim« (ca. 20 000 verkaufte Exemplare) waren Ausnahmen, bekannte Autoren wie Anna Seghers und Oskar Maria Graf mußten einige ihrer Bücher im Selbstverlag erscheinen lassen. Den Schriftstellern waren die Möglichkeiten zur Veröffentlichung ihrer Werke zum Teil entzogen, und, was schwerer wog, sie waren ihrer Leser beraubt. Hinzu kam »das Herzasthma des Exils, die Entwurzelung, die nervösen Schrecken der Heimatlosigkeit«, wie Thomas Mann es nannte. »Die Welt von Gestern« existierte nicht mehr, und die neue Welt brachte nichts als Haß, Verfolgung, Krieg und Mord.

Zur Entwurzelung, zum Verlust der Heimat, der Familie und der Freunde kam der Verlust der Sprache. Der Prozeß des Schreibens war unterbrochen, die gewohnten Bindungen zerstört, der Hintergrund deutschen Lebens und deutscher Kultur vernichtet. In Deutschland regierten Fanatismus und Barbarei. Mord war an der Tagesordnung, legalisiert und zum Prinzip erhoben. Die Vernichtung ganzer Völker stand auf dem Programm. In der Hoffnungslosigkeit war der Freitod für Stefan Zweig, Ernst Toller, Ernst Weiß, Walter Hasenclever, Walter Benjamin und Kurt Tucholsky die letzte Möglichkeit. Wer aus Deutschland fliehen konnte, war wenige Jahre später gezwungen, aus Europa zu fliehen. Nur wenige hatten schon frühzeitig den Kontinent gewechselt, z. B. Arnold Zweig, der nach Palästina ging, oder Karl Wolfskehl, der die größte Entfernung suchte und sich in Neuseeland niederließ. Die deutschen Exilanten hatten – trotz des gemeinsamen Schicksals – kein Programm. Es einte sie der kleinste gemeinsame Nenner, der Antifaschismus. Nur selten gelang es, Gruppen zu bilden, gemeinsame Projekte voranzutreiben oder sich in der Hilfe für die Ärmsten der Vertriebenen zusammenzufinden. Die Wohlhabenden wie Stefan Zweig, Thomas Mann und Emil Ludwig taten viel für ihre mittellosen Kollegen, die nur ab und zu in einer der Exilzeitschriften veröffentlichen konnten. Die Zahl von 400 Exilblättern hört sich vielversprechend an, bedacht werden muß, daß diese Zeitschriften zum Teil nur einige Nummern vorlegen konnten, über die ganze Welt verstreut erschienen und Honorare zahlten, die in keinem vertretbaren Verhältnis zum Aufwand der Schreibenden standen. Hans-Albert Walter, Doyen der deutschen Exilforschung, nennt ein Beispiel: »Für ein von ihm für die ›Sammlung‹ bestelltes, zwölf Seiten umfassendes Manuskript bot Klaus Mann Walter Benjamin 150 Francs an (umgerechnet 25 Mark), und als Benjamin daraufhin 250 Francs forderte, bekam er die Rezension zurück, obwohl sie bereits gesetzt gewesen war.«

Was mit Hitlers »Machtergreifung« begann und in den Bücherverbrennungen einen ersten Höhepunkt fand, gehört in der Bundesrepublik heute noch zum Ungekannten. Die Jahre der Nachkriegszeit waren Jahre des Versäumnisses und des Verdrängens. Wer nichts mehr von Hitler und vom Faschismus hören wollte, mußte auch die Vertriebenen und Ermordeten vergessen. Es begann »Die heile Welt«, so der Titel von Bergengruens Gedichtband von 1950. Die Bücherverbrennung selbst war nur ein Schauspiel, aber mit grauenhaften Folgen, die bis heute andauern.

Bücherverbrennungen in Deutschland sind kein Phänomen des Faschismus, schon fünfundzwanzig Jahre nach dem 10. Mai 1933 gab es wieder eine Kampagne gegen »Schmutz- und Schundliteratur«: im Herbst 1958 fanden in der Bundesrepublik Bücherverbrennungen statt. Der Einwand, es handelte sich um »Heftchen« oder »Pornographie«, zieht nicht – wer bestimmt die Grenze, wer urteilt?

1977 steht ein Bernd Neumann, prominentes Mitglied der CDU-Fraktion in der Bremer Bürgerschaft, nicht hintan und fordert: »Derartige Werke sollten verbrannt werden«. Da ging es schon wieder um Literatur, Erich Frieds Bücher waren für den

Scheiterhaufen vorgesehen. Fried emigrierte 1938 nach England, wo er noch heute lebt. Er wird wissen, warum er dort blieb.

»Terroristenliteratur« nannte ein Hildesheimer Amtsrichter Bücher von Heinrich Heine, Heinrich Mann und Alfred Döblin und verweigerte die Zustellung an einen Strafgefangenen. Geschehen 1983. Der Schoß ist fruchtbar noch.

Diese furchtbaren Nachfahren des 10. Mai erhalten die ihnen zukommende Publizität, die Forderung von Heinrich Böll, Bernt Engelmann, Günter Grass, Martin Gregor-Dellin und Walter Jens, sich der heutigen Emigranten anzunehmen, wird mit dunklen Hinweisen auf kommende Asylantenpraxis erstickt. Die Erinnerung »In unserem Land leben heute exilierte und asylsuchende Schriftsteller aus aller Welt, die wie die deutschen Autoren damals auf Hilfe angewiesen sind«, setzt nichts in Gang.

Wen interessieren die Emigranten von heute, wo doch die eigenen Emigranten von damals noch immer unbequem sind? Die deutschen Schriftsteller, die vor fünfzig Jahren aus ihrem Land gejagt wurden, sind bis heute noch nicht wieder in den Kanon der deutschen Literatur eingegliedert. Die Aufgabe lautet noch immer, in der Entwicklung der deutschen Literatur eine Linie zu sehen, und nicht, der vertriebenen Literatur und ihren Repräsentanten einen Platz im wohlwollenden Getto zuzuweisen. Dazu bedarf es immer noch, sich der Ereignisse im faschistischen Deutschland zu erinnern. Die Sammlung *Dort wo man Bücher verbrennt* will dazu ein Beitrag sein.

Klaus Schöffling

[illegible]

[illegible] Martin Walser [illegible]

[illegible]

Zur Geschichte [illegible]

[illegible]

[illegible] Walser [illegible]

[illegible]

[illegible]

[illegible]

[illegible]

[illegible]

st 822 Marcel Proust
Sodom und Gomorra
Auf der Suche nach der verlorenen Zeit
Vierter Teil
Deutsch von Eva Rechel-Mertens
2 Bände, zus. 724 Seiten
»Von der Erfahrung Prousts in Deutschland verspreche ich mir Entscheidendes, nicht im Sinne der Nachahmung, sondern in dem des Maßstabes. ... Angesichts des desorientierten Zustandes der deutschen Prosa, wenn nicht der Krisis der Sprache überhaupt, ist Rettendes zu hoffen von der Rezeption eines Dichters, der das Exemplarische vereint mit dem Avancierten.«
Theodor W. Adorno

st 823 Sylvia Beach
Shakespeare and Company
Ein Buchladen in Paris
Aus dem Amerikanischen von Lilly v. Sauter
Mit Abbildungen
248 Seiten
»*Shakespeare and Company* ist kein gelehrtes Buch, es ist ein ganz persönlicher Bericht. In Sylvia Beachs Erinnerungen kommen nahezu alle vor, die in den zwanziger Jahren eine Rolle spielten, und Sylvia Beach zählte sie alle zu ihren Bekannten.« *The New Yorker*

st 824 Erik H. Erikson
Lebensgeschichte und historischer Augenblick
Übersetzt von Thomas Lindquist
296 Seiten
Die Frage, um die es Erikson in diesem Buch geht, lautet: Psychoanalyse – Anpassung oder Freiheit? Erikson plä-

diert für eine Form von Adaption, die den Patienten befähigt, die Realität so zu sehen, wie sie ist, was nicht bedeutet, sie in ihrer Faktizität einfach hinzunehmen. Eriksons »goldene Regel« für seine eigene Praxis ist ein Begriff von Anpassung, der auf Gegenseitigkeit und Anerkennung basiert.

st 825 Volker Erbes
Die blauen Hunde
Erzählung
190 Seiten
Die blauen Hunde erzählt die Geschichte einer Krankheit. Scheinbar unangekündigt trifft sie eine junge Frau. Die Vorgeschichte zeigt, daß die Formen ihres Wahns nicht zufällig sind oder abstrus, sondern bis in die absonderlichen Details biographisch bestimmt. Auch der Erzähler, der ehemalige Freund dieser Frau, wird von dem Wahn, der der Wahn einer Epoche ist, erfaßt. Indem er ihre Geschichte erzählt, entdeckt er betroffen die Rolle, die er darin spielt.

st 826 Phantasma
Polnische Geschichten aus dieser und jener Welt
Herausgegeben und übersetzt von Klaus Staemmler
Phantastische Bibliothek Band 77
282 Seiten
Zwanzig Erzählungen von neunzehn Autoren stellt dieser Band vor, utopische und phantastische Geschichten, heitere und ernste, amüsante und besinnliche; Spekulationen über die Zukunft stehen neben satirischen Seitenhieben auf die wenig vollkommene Gegenwart. Und es gibt auch gar schauerliche, diabolische und unheimliche Geschichten.

st 828 Hermann Lenz
Die Begegnung
Roman
204 Seiten
»Ein wundersames und wunderbares Buch ... ein Roman, der ganz unwichtig tut und doch voll Weisheit ist; der beiläufig erzählt wirkt und doch Existentiellem auf den Grund geht; der in geschichtlicher Zeit spielt und uns die eigene Zeit und unsere eigene Zerrissenheit besser wahrnehmen läßt.« *Deutsche Zeitung*

st 829 Pablo Neruda
Liebesbriefe an Albertina Rosa
Zusammengestellt, eingeführt und mit Anmerkungen versehen
von Sergio Fernández Larraín
Aus dem Spanischen von Curt Meyer-Clason
Mit Abbildungen
338 Seiten
Wer die Memoiren Nerudas gelesen hat, kennt seine Erzählhaltung. Das Schreiben sei für ihn wie das Schuhemachen – und so urpersönlich, sympathisch warm und menschlich ist auch der Ton dieser Briefe. Sie befassen sich mit Zuneigung und alltäglichen Sorgen, mit Hoffnungen und Enttäuschungen.

st 831 Helm Stierlin
Delegation und Familie
Beiträge zum Heidelberger familiendynamischen Konzept
258 Seiten
»Die Beiträge des Bandes verarbeiten eine Fülle von Fallbeispielen und therapeutischen Erfahrungsdaten vor dem Hintergrund der psychoanalytischen Grundannahmen zu einem komplexen System von Hilfestellung für die unterschiedlichsten familiären Konstellationen. Lesenswert für jeden, der an Einsicht in ein komplexes Gefüge von Zusammenhängen interessiert ist.«

Wissenschaftlicher Literaturanzeiger

st 833 J. G. Ballard
Die Tausend Träume von Stellavista
und andere Vermilion-Sands-Stories
Aus dem Englischen von Alfred Scholz
Phantastische Bibliothek Band 79
204 Seiten
Vermilion Sands, ein Wüstenkurort zur Erfüllung der ausgefallensten Träume der gelangweilten Reichen, jetzt Künstlerkolonie für Maler, Literaten, bildende Künstler und Musiker, ist in einem langsamen, aber unaufhaltsamen Verfall begriffen. Dichter drücken lediglich auf die Knöpfe ihrer Computer, die automatisch für sie dichten; tönende Skulpturen wachsen aus dem Boden, und empfindsame Pflanzen reagieren auf die Töne der Musik.

Alphabetisches Gesamtverzeichnis der suhrkamp taschenbücher